◎ 工商管理国家一流本科专业建设点成果

◎ 湖南师范大学校级规划教材立项建设成果

◎ 湖南师范大学MBA学位点建设成果

企业管理案例分析、研究与MBA论文写作

主　编 / 蒋才芳

副主编 / 罗富政

湖南大学出版社

· 长沙 ·

图书在版编目（CIP）数据

企业管理案例分析、研究与 MBA 论文写作 / 蒋才芳主编 .-- 长沙 : 湖南大学出版社 ,2025.4.-- ISBN 978-7-5667-3903-2

Ⅰ. F272；F203.9

中国国家版本馆 CIP 数据核字第 20246B0P72 号

企业管理案例分析、研究与 MBA 论文写作

QIYE GUANLI ANLI FENXI、YANJIU YU MBA LUNWEN XIEZUO

主　　编：蒋才芳

责任编辑：黎　镔

印　　装：长沙创峰印务有限公司

开　　本：880 mm × 1230 mm　1/16　**印　　张：**17.5　**字　　数：**482千字

版　　次：2025年4月第1版　**印　　次：**2025年4月第1次印刷

书　　号：ISBN 978-7-5667-3903-2

定　　价：58.00元

出 版 人：李文邦

出版发行：湖南大学出版社

社　　址：湖南·长沙·岳麓山　**邮　　编：**410082

电　　话：0731-88822559（营销部）　88649149（编辑部）　88821006（出版部）

传　　真：0731-88822264（总编室）

网　　址：http：//press.hnu.edu.cn

前言
PREFACE

管理怎么教？管理怎么学？这是众说纷纭的话题。但用案例教学法则是全世界工商管理界认同的不二法则。自从美国哈佛大学商学院于 1921 年首创案例教学方法以来，案例教学已在美国乃至全世界得到了相当广泛的应用。目前，在我国许多高校的工商管理（包括会计学、企业管理、旅游管理和技术经济及管理）本科生、研究生培养教学环节中，特别是管理学院的主产品 MBA（Master of Business Administration），均已采用案例教学方法，并取得了较好的效果。

2021 年 10 月 12 日，全国教材工作会议暨首届全国教材建设奖表彰会在北京召开。2023 年 11 月 24 日，《教育部关于深入推进学术学位与专业学位研究生教育分类发展的意见》（教研〔2023〕2 号）指出："分类加强教材建设。学术学位教材应充分反映本学科领域的最新知识及科研进展……专业学位教材应充分反映本行业产业的最新发展趋势和实践创新成果，要将真实项目、典型工作任务、优秀教学案例等纳入专业核心教材……做好案例征集、开发及教学，加强案例库建设……"传统的管理教育一直存在着重理论轻实务、重宏观轻微观、重传授轻参与的缺陷。而管理科学是门实践性很强的学科，在教学中必须注意联系实际，结合国情。因此，案例教学是现代管理学教育中一种不可替代的重要方法。其主要功能是培养学生的实际管理能力，包括综合运用所学理论解决实际管理问题的能力、处理人际关系的能力、沟通说服能力、系统分析能力等，并极大地丰富学生关于各行业的背景知识，帮助学生树立管理权变的理念。用于教学的案例则是一种运用语言形式或各种视听手段而描述的真实的特定管理情景。案例将企业带入课堂，让学生自己通过对案例的阅读和分析，以及在群体中的共同讨论，促使学生进入特定的管理情景和管理过程，并寻求解决问题的方案。

本书是多年工作在教学第一线、具有丰富实践经验的专业教师在广泛搜集资料和调查研究的基础上编写的，按照企业管理案例分析、研究与 MBA 论文写作进行体系构建，共计 3 篇 21 章，每章内容涵盖学习目标、思维导图和思考练习。1—7 章属于“管理案例分析篇”，包括“管理案例分析教学概述”“管理案例分析教学的实施”“规范性案例的学习和讨论”“自编案例的学习与书面报告”“管理案例分析中的创造性思维”“管理案例分析成果的口头表述”“中国本土经典管理案例”。管理案例分析教学的主要目的，在于培养学生分析问题和解决问题的能力，对于管理专业的学生来说就是培养他们从事实际管理工作的能力。这种能力既需要深厚的理论功底，也需要一定的实践经验。管理案例分析课程正是不断采取实际训练的办法促使二者进行碰撞，通过对读、写、说这种管理能力外在形式的不断延伸，强化这种碰撞，实现对这种管理实际能力的培养。

8—14 章属于“管理案例研究篇”，包括“管理案例研究概述”“管理案例研究的理论分析”“管理案例研究设计”“管理案例研究的数据收集”“管理案例研究的数据分析”“管理案例研究的模型表达”“管理案例研究的学术论文撰写”。管理案例研究篇旨在引导工商管理高年级本科生和 MBA 学生认识管理案例的学术研究范式，特别是使得学生熟悉管理案例研究中的理论分析、研究设计、数据收集、数据分析、模型表达与论文撰写程序。

15—21 章属于“MBA 论文写作篇”，包括“MBA 论文写作概述”“MBA 论文的选题”“ MBA 论文的结构”“MBA 论文开题报告”“MBA 论文正文的写作方法”“MBA 论文材料的收集与处理”“MBA 论文研究方法”。作者综合参考了《工商管理专业学位类别硕士学位论文基本要求（试行）》及国内外知名大学 MBA 学位论文写作的要求，在深入研究和大量实践的基础上，对 MBA 论文的写作过程进行了全程分析，全面、系统地介绍了 MBA 论文写作思路与方法，目的是指导 MBA 学生顺利完成学位论文的写作，具有较强的指导和参考价值。

本书由湖南师范大学商学院蒋才芳教授任主编，罗富政副教授任副主编，研究生邓湘庆、邹希烈、欧阳晓琪、黄臻参与了本书研讨、资料搜集和校稿。蒋才芳、邓湘庆负责全书结构设计和统稿工作。

本书从选题确定、制定编写大纲，到形成初稿、修改定稿，不仅编写者投入了大量的时间和精力，而且得到了湖南师范大学商学院和教务处，以及湖南大学出版社相关编审老师的宝贵支持与指导。此外，本书的出版得到了湖南师范大学工商管理国家级一流本科专业建设点、湖南师范大学校级规划教材立项以及 MBA 学位点的支持，对此我们一并表示衷心的感谢。本书定位明确、系统性强，结构完整、内容充实全面，理论与实践紧密结合，适用于普通高等学校工商管理类本科专业学生和 MBA 专业学生。由于水平有限和时间仓促，书中难免有疏漏和不足之处，敬请读者对本书批评指正！

管理案例研究篇 / 053

管理案例分析篇

第1章

管理案例分析教学概述

1. 了解管理案例分析教学在国内外的发展过程。
2. 了解管理案例分析教学的目的和意义。
3. 了解管理案例分析课程在课程体系中的地位。
4. 掌握管理案例分析教学的内容和特点。

1.1 认识管理案例分析

管理案例是对一个组织及其某一特定管理情景的客观书面描述或介绍。

案例分析是分析者以既定的管理案例为直接对象，运用自己的理论知识和实际经验，对案例进行研究，揭示案例中各现象之间的内在联系和本质，从而寻求有效管理的方法、技巧以及方案。

1.2 管理案例分析教学的产生和发展

1.2.1 管理案例分析教学的产生

管理案例分析作为管理教育的一种形式与方法，是伴随着管理实践与理论的发展和变化而产生的。

在我国的教学实践中，用大量实际情况和经历材料来训练学生，由来已久。医学院采用的病例，军事学院采用的战例与法学院采用的判例所进行的教学，都属此类。只是上述这些教学所提供的案例是当作一种可模仿的范例来起作用的，其案例并不要求学生自己去处理，从某种意义上说，它们都是一些已经终了的过程。而管理案例则不然，它要求学生自己去处理案例，以锻炼他们实际的管理能力。

欧美一些主要的资本主义国家在完成工业革命之后，凭经验进行管理的家庭手工作坊式的小企业逐渐退出历史舞台，继而以大企业为代表的社会化大生产方式迅速发展起来。为了适应管理的需要，现代管理学的先驱者们试着总结出为数不多的、明确精练的管理通则来指导管理的实践。与此相对应，在管理学的教育中主要是以这些通则为内容，采用灌输性“结构式”教学法，进行长篇系统的讲授。

然而到了 21 世纪初，社会化大生产发展到了空前的规模，企业越来越大，管理面临的环境与形势也越来越复杂，越来越多变。那些由管理的先驱者们所总结的少数通则的局限性也越来越明显。为了适应变化了的情况，只好加上一些“例外规则”。随着“例外规则”的增多，通则实际上也就失去了指导意义。面对瞬息万变、头绪纷繁的局面，管理者的成败，显然不是取决于对一些通则的一般了解，而是取决于审时度势、剖析权衡、把握战机、对症下药的工作能力。这种能力的获得又显然不是单靠读书和听讲所能获得的，而是需要在实践中学习与体会。

不过，如果强调事事亲身实践，要求学生走出校门，深入企业，完全以实践代替学习，不仅失去了学校教育的特点，而且在时间上也难以把握。短期实习，犹如蜻蜓点水，体会不深；长期蹲点，一则学制不允许，二则蹲在点上，所接触到的也只是个别具体情况，因此所获难免片面。正是在这种管理教育进退维谷的形势下，案例教学法便应运而生了。

管理案例所具有的拟真性，把一个个独特但为数众多的具体管理情景揭示给学生，使学生不离校就能“了解”各式各样的实际管理局面，经济而有效地弥补了他们实践的不足。但其意义还远不止于此，管理案例分析不是单纯的“代理式学习”（即通过学习别人的直接经验而取得的第二手间接经验式的学习），因为学员通过自己和集体在假定的、模拟的但接近实践的不同管理环境中多次操演锻炼，如亲临其境，这比单纯“代理”更深刻。

1.2.2 案例教学在国外的发展

案例教学法为美国哈佛商学院于 20 世纪 20 年代所首创和倡导，它刚一问世就显示出了强大的生命力，特别是在培养适用型、应用型人才方面具有独特的效果，所以受到美国企业界、学术界、教育界的重视和支持，一些资金雄厚的大基金会也解囊相助。到了 20 世纪 40 年代，哈佛已开始有了初具规模的包括案例的选题、搜集、编写、应用、储存、建档、注册、审批、更新、发行、经销、交换、版权保护等各方面在内的较完整的管理案例系统。案例教学法普遍用于大多数管理课程的教学中，某些教授在一些高年级综合性管理课程中，甚至把案例教学当作主要甚至是唯一的教学方式。案例教学发展至今，不但已传遍美国各院校，而且早已扩展到世界各国。

1.2.3 案例教学在我国的发展

在我国，案例教学法的运用还不普遍，人们说得多，做得少，甚至有不少管理学教师还不知道什么是真正的案例教学。由于长期以来我国的学生也习惯了传统的教学方式，有些学生对于案例教学一时也难以适应，但是真正经过一个案例教学的实践过程后，情况就会发生重大变化。在我国案例教学的实施中，最初比较有影响的是大连培训中心对管理干部的培训。大连培训中心当时从美国聘请来的教师，有哈佛商学院的 J. 巴鲁奇，达特蒙大学的 J. B. 奎因，哥伦比亚大学的 J. 纽曼等，这些教师基本上就是采用案例教学法。我国的干部学员由于一时不习惯这种教学形式，起初还产生过一些抵触情绪，但随着学习的深入，逐渐体会出了其中的优点，最后结束时，多数人反映开设这种课很有收获。总的说来，案例教学在我国发展还是较慢的，原因如下。

第一，新中国成立以后，在相当长的一个时期内，我国的管理教育较弱，管理院校寥寥可数，对管理教育的方法研究自然明显不足。

第二，传统的由教师进行课堂讲授的教学模式根深蒂固，具有较大的惯性，使新的教学手段和教学方法难以破土而出。

第三，案例教学本身具有一定的难度，如缺乏指导案例教学的教材，教师没有这方面的经验。同时，案例教学本身还有些局限性，例如难以实现宏观管理的目标；没有一定量的案例储备，教学就难以开展；等等。这一切形成了案例教学在我国姗姗来迟而又发展缓慢的局面。但是随着市场经济体制的建立和深入发展，社会对教育的要求也越来越高，特别是当前针对传统教育模式的某些弊端，要求教育尽快尽多地培养出适用型、应用型人才的呼声已越来越高。可以相信，案例教学法将会有一个迅速的发展，并将为我国的管理教育开辟出一条新的路径。

1.3 管理案例分析教学的目的和意义

1.3.1 管理案例分析教学的目的

管理案例分析教学的目的在于，通过深入分析追求管理效能的过程，锤炼并提升分析者的问题识别与解决能力。对于管理专业的学生来说，就是培养从事实际管理工作的能力。在教学范畴内，这种案例分析虽非真实的管理实践，却是一种模拟真实情境的管理技能训练。管理本身是一种创新性的劳动，每个案例虽具有一定的代表性，能够为解决类似的管理问题提供借鉴，但世上绝无完全相同的两个案例。因此，最佳的管理策略并非直接来源于案例分析的内容，而是依赖于分析者的能力。换句话说，有效的管理策略的获取与分析者的主观能力紧密相连。一旦管理者掌握了分析和解决问题的能力，便能适应各种复杂多变的管理环境。无论情况多么特殊，管理者都能准确把握，从现象中洞察本质，进而探寻出最有效的管理方案。

1.3.2 管理案例分析教学的意义

管理案例分析教学通过将抽象的管理理论与具体的实践情境相结合，培养学生分析问题、解决问题的能力，增强其决策意识和团队协作精神，使学生在面对复杂多变的实际管理问题时，能够运用所学知识进行有效应对，从而提升管理实践能力和综合素质。具体而言，其意义可以概括为以下三点。

（1）帮助学生建立起专业课程理论总体框架，深化课堂理论教学。

（2）增强学生对专业知识的感性认识，加速知识向能力的转化。

（3）推进“启发式”教学，提高教学质量。

1.4 管理案例分析教学的内容和特点

1.4.1 相互联系的两大内容

1. 案例分析的直接对象及其所涉及的内容

案例分析的直接对象是一个个管理案例。案例涉及的内容相当广泛，就一个企业而言，管理的有关组织和原理、企业的经营决策和经营计划、生产过程的管理，以及科学技术管理和其他职能管理等多个方面都是案例反映的内容。甚至可以说，企业的全部生产经营活动都能构成可供分析研究的案例。

2. 案例分析本身的方法、技巧所涉及的内容

从案例分析本身所应讲究的技巧和方法来考察，所涉及的教学内容也是多方面的。分析研究是一个思维运行的过程，而且是一个创造性思维的过程。分析成果的表述，不论是书面表述，还是口头表述，都是一种读、写、说的综合训练。这些过程所涉及的学科和知识十分广泛，甚至可以说是一个综合的知识和技能的体系。

1.4.2 重实践、重能力培养的教学特点

1. 以现实的管理案例为研究对象，没有固定不变的教材

不以固定的书本作为教材，这是管理案例分析课在教学要素的组织方面，明显与其他课程相区别的地方。管理案例分析课不以某一本书的章节来控制教学的进程，而是面对案例，通过分析研究现实的管理活动，在总结管理的经验和教训以及寻求管理的有效性的过程中吸取新的知识，培养和提高学生的管理能力。当然，管理案例分析的这一特点并不是对现有教材包括有关基础课和专业课教材的否定。管理案例分析课程不以固定的书本作为教材是出于以下两个方面的考虑：一方面，管理案例分析课是在高年级开设的。在开设该课之前，学生已经进行了多学科的理论学习，在基础理论和专业理论方面已经有了一定的基础。这正是管理案例分析课可以不以固定书本为唯一教材的前提条件。另一方面，任何教材（书本）都是一定历史阶段的产物，随着人们认识的不断深化和实践的不断发展，它总需要不断补充、丰富和更新。而且在以固定的某本教材为蓝本的理论教学中，尽管一贯提倡理论和实际相结合，但理论和实际脱节的现象总是存在，以至于在学校经常可以看到不少高分低能的学生。不能否认，这就是传统理论教学模式的不足。管理案例分析主张不以固定的书本作为教材，意在要求学生能够抛开书本，面对实际，从具体的活生生的管理案例中，寻找理论和实践的结合点，训练自己运用所学理论知识去分析研究实际问题的能力，进而从实践的角度出发，使自己所学到的书本知识得到巩固、补充和丰富。

2. 尊重前人的经验，但更重视分析者对现实的见解

在案例分析中，我们也主张认真研究和学习别人过去的经验（包括教训），原因是这些经验作为一种有益的知识，具有借鉴作用，同时，也有利于培养分析者的务实精神，以及分析处理问题的系统观和整体观。然而，管理案例分析课更为重视分析者自己现实的见解，这包括分析别人的正反经验，以及产生这些正反经验更深层的原因等。特别提倡针对过去的管理案例，提出新的具有创造性的管理方案。对分析者所作出的这些要求，正是管理案例分析课重视能力培养这一特点的具体体现。

要求有自己的见解和创造性，这对于管理专业的学生来说，是特别重要的。管理本身就是一种创造性的劳动，一成不变的管理是不会有生命力的。国外学者对美国管理的适应性问题做过这样的调查研究：将在美国产生的管理原理，分别用于在美国由美国人经营的公司，在印度由美国人经营的公司和在印度由印度人经营的公司，结果是同一原理在这三类不同公司里所产生的效应完全不一样。问题出在什么地方呢？显然不在原理本身，而是因为影响原理实施的因素发生了变化。三类公司至少有着两个不同国度在政治、经济和文化等方面的差异，它们是不可能有相同结果的。由此可见，教条式地运用一些原理去从事某种管理，那是迂腐的做法。正确的方法是根据不同情况对原理进行灵活地创造性地运用，只有这样才能产生好的结果。在管理案例分析的教学中，教师特别重视分析者自己对现实的见解，注意分析者实际管理能力的培养，其意义也正在于此。

1.5 管理案例分析课程与其他管理学课程的区别与联系

管理案例分析课与诸如管理学基础理论课、专业基础课等比较起来，不仅在教学内容和特点上有许多不同之处，在教学的侧重点和教学形式上也有较大的区别。

1.5.1 区别

在教学的侧重点上，理论课主要是侧重于知识的灌输，一本书从头到尾由教师按教学计划分章分节地进行课堂讲授，以求学生对整个教材的知识体系有所把握，而管理案例分析课的教学侧重点是能力的训练，要求学生动脑动手干，由不会到会，由不熟悉到熟悉，致力于学生分析和解决实际问题能力的培养。教学侧重点上的区别，使得管理案例分析课在一系列教学形式上也不同于理论课，这突出反映在以下两点。

（1）课堂讲授已经不是最重要的教学形式。

管理案例分析虽然也有些要讲授的内容，但这比起理论课来说，要少得多，而且讲授也不一定是集中进行，而多是个别进行的。案例分析的大部分时间是花在学生自己独立地分析研究上，教师传授知识的形式由课堂讲授改变为对学生个别的有针对性的分析指导。

（2）在课堂上，师生的角色关系发生了转换。

管理案例分析也要利用课堂这一教学阵地，但是在课堂上教师扮演的已不再是主角，教师的前台活动大大减少，学生的活动大量增加。比如在课堂讨论和分析成果的表述会上，教师的讲授是极少的，在课堂上唱主角的是学生。正是这种形式为培养和训练学生分析和解决问题的能力提供了机会和舞台，使得管理案例分析的教学目的得以实现。

总而言之，管理案例分析与理论课的区别，都导源于该课所特有的教学目的。分析这些不同点，其意义在于要求教师在教学过程中要善于寻找最有利于实现教学目的的有效形式，以取得管理案例分析教学的最好效果。

1.5.2 联系

在说明了管理案例分析课程与其他课程的区别之后，有必要进一步考察管理案例分析课程与其他课程的联系。

仔细分析现行管理专业课程设置体系结构，基本上可以将其划分为两大类课程：一类是理论性课程，另一类是实践性课程。那么管理案例分析课程属于哪一类呢？

管理案例分析不属于理论性课程。虽然管理案例分析也有自己独立的知识体系，但是从现有的研究来说，还不足以使其成为一门独立的学科。管理案例分析的知识体系是一个多学科的综合体，而且侧重在介绍管理案例分析的技巧和方法上。

管理案例分析也不是实践性课程。虽然要分析一个管理案例也要结合实践，但是结合实践的目的是调查、获得实际材料，而不是去实际操作。具体而言，管理案例分析成果还是课堂上的产物，并不立即付诸实践。而且在管理案例分析中伴随着对有关理论更进一步的学习，这种学习是管理案例分析课程不可缺少的一部分。

管理案例分析既不属于理论课程，又不属于实践性课程，它是介于理论性课程与实践性课程之间的具有过渡性质的课程。它的功能在于促使理论和实践结合，并在这种结合中促使分析者的知识向能力转化。

管理案例分析课程与现有的理论性和实践性课程有着紧密的联系。学生正是在学习了诸如基础理论课、专业基础课和专业核心课，获得了必要的知识后才可能展开对案例的科学分析。因此，从这一角度看，理论课是管理案例分析的基础，同时，也正是多次的管理案例分析训练，使学生能较熟练地运用所学知识观察问题、解决问题，从而具有了在实践性课程的学习中取得好的成绩的基础。教学实践表明，经过管理案例分析学习和训练的班级同未开设过管理案例分析课的班级，在完成毕业论文的课程上，有着两种不同的情况——前者明显优于后者。因此，基于这种实际情况，可用一句话来概括管理案例分析课程与其他课程之间的联系：管理案例分析课是以基础理论课、专业基础课和专业课为理论基础，并以自己独立的知识体系而形成的这些课程的后续课；又是为毕业论文等做好准备，构成实践性课程的先导课。

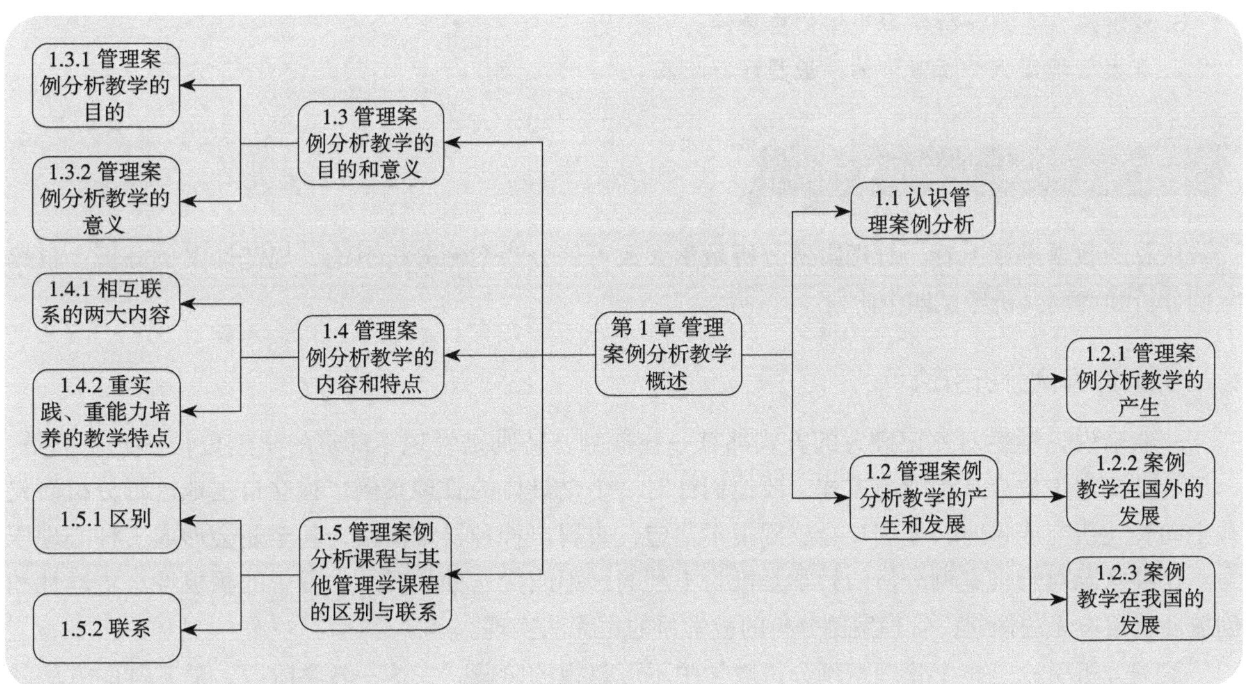

1. 什么是管理案例和管理案例分析？
2. 简述管理案例分析教学在国内外的产生与发展过程。
3. 简述管理案例分析的教学目的和意义。
4. 简述管理案例分析的教学内容和教学特点。
5. 如何理解管理案例分析课程在课程体系中的地位？

第2章

管理案例分析教学的实施

1. 了解管理案例分析教学中学生与教师的角色关系。
2. 了解管理案例分析教学的四个阶段。
3. 理解建立案例分析学习小组的重要性。
4. 掌握管理案例分析教学的一般程序与步骤。

2.1 管理案例分析教学的四个阶段

从总的教学进程上看，管理案例分析教学大致可划分为案例分析引论、规范性案例分析、自编案例分析和案例分析考试四个阶段。

2.1.1 案例分析引论

一般来说，学生对死记硬背的方式都有一些抵触，特别是管理干部班的学生更是如此。但是，一旦教师要学生放弃这种学习方式，要他们针对一个个具体的管理案例，独立自主地进行分析研究并主动表述研究成果时，他们又会感到很不适应，表现出种种畏难情绪，甚至还会形成一种心理压力。这种状况对管理案例分析的教学是极为不利的，不改变这种状况，学习中的积极性、主动性和创造性就根本无法谈起，管理案例分析的教学目的也无法实现。

案例分析引论是整个管理案例分析教学中不可忽视的阶段。在这一教学阶段，最基本的方法就是通过对管理案例分析课内容、性质、特点及过程等的介绍，说明该课的教学目的，帮助学生克服种种畏难情绪，让其对管理案例分析课产生兴趣。

2.1.2 规范性案例分析

所谓规范性案例，是指具有一定教学功能，且内容和形式都符合要求的既定管理案例。在案例分析中，教师为了实现教学阶段目的，需要结合课程进度，指导学生学习一些特定的案例。由于这些案例提供的信息比较完备，有的甚至是出自名家之手，因此对于更好地掌握和巩固有关管理课程中的概念、方法以及技巧有其特定的作用。管理案例分析课正是从学习和分析这类案例开始的。

规范性案例分析最重视的是课堂讨论，一般不要求书面分析报告。规范性案例分析在整个案例学习中占有较大的比例，原则上讲学习这类案例的目的是增强分析者对自己所学管理知识的感性认识，在模拟的现实环境中锻炼自己分析和解决问题的能力。所以说，这一目的绝不是仅学习一两个案例就可以实现的，但到底学习多少案例为好，则应根据学习时间的长短、教学班学生的性质来决定，例如学生的学历层次。一般来讲，每周至少学习两个案例，以十周计，一学期这种案例不能少于二十个。

2.1.3 自编案例分析

在这一阶段，案例分析已不仅是一种教学方法，而更多是以一种科学研究的手段起着训练的作用。从案例实体的选择、案例的编写和调查研究到案例分析成果的书面表述和口头表述，基本上是一个科学研究的过程。因此，案例分析在这一阶段对于分析者而言是一种提高观察问题和解决问题能力的综合训练。

在这一阶段，学生的整个分析活动有了更多的独立性。特别在分析什么、研究什么问题上，即选例上有了更多的自主性，也就是说这时学生就可以根据自己的兴趣和优势做出选择，在更宽阔的领域里施展自己的才华和学识。这一阶段的案例分析具有了科学研究的性质，因此每一轮次案例分析在时间上比每一轮次规范性案例的分析时间要长一些。一般一个案例从选例到公开讲演，以两周为宜。

需要注意的是，自编案例分析毕竟还是一个教学过程，还不是完全意义上的科学研究活动。所以在选例时应把握好案例的难易程度，以求在有限的时间内，达到本教学阶段应实现的教学目的。

2.1.4 案例分析考试

这是整个案例分析的最后一个阶段，也是管理案例分析教学的最后一个教学环节。在这个阶段，学生分析和解决问题的能力将接受一次总的检验和慎重的评价。期末考试的成绩将在管理案例分析学期总成绩中占有较大的比重。管理案例分析学期总成绩具体由规范性案例分析的平均成绩、自编案例分析的平均成绩和期末考试的成绩三部分组成。各个教师根据自己的偏好和教学风格，有权决定期末总成绩三个部分各自所占的比重，但作者以自己的教学经验和对一些实际情况的调查，认为三个部分的比例以 40%、30%、30% 为宜。在这里，期末考试成绩所占的 30% 比重看起来比规范性案例分析所占的比重 40% 要小，但规范性案例分析的成绩是多次分析成绩的平均值，而期末考试实际上就是一次案例分析。从这种意义上看，期末案例分析考试成绩在学期总成绩中所占比重已经足够大了。

管理案例分析的考试，具体说来有两种形式可供选择：一是全班同学针对统一的案例，限时间、限地点完成分析，写出书面分析报告呈交教师评阅；二是针对统一的案例，不限定分析的地点，规定时间后写成书面分析报告呈交教师评阅。

上述对管理案例分析教学四个阶段的说明，使我们对案例分析课有了一个总体的认识。这些阶段教学任务的落实离不开计划，也就是说，在管理案例分析课开始之前就应该有一个严密的授课计划。前面介绍管理案例分析的特点时，说到管理案例分析不以固定的书本为教材，采用灵活的教学形式，其目的在于激发学生更多的积极性、主动性和创造性，这绝不是主张案例分析课可以盲目地进行。相反，如果对该课失去了严密的控制，案例分析教学中旨在激发学生积极性、主动性和创造性的形式和方法，就将成为损害案例分析教学目的实现的破坏性因素。所以，在案例分析的教学过程中加强教学的计划，是一个十分重要的问题。

案例分析教学的计划性，是以教学大纲的形式来体现的。教学大纲的重点内容是在明确该课总体目的和各阶段教学目的的基础上，对该课的四个阶段作出大致的时间划分。特别是在规范性案例和自编案例分析的阶段上，要对在一定时间内学习、分析案例的数量，以及每一轮次分析在选例、分析、表述、评估等各环节上所需要的时间，及每一环节应达到的期望标准提出具体要求，并对为确保案例分析教学计划的实现所采取的措施提供详细和具体的说明。

2.2 教师与学生的角色

2.2.1 教师与学生的角色转换

在案例分析的教学模式中，教师与学生的角色经历了一场微妙的转变。从传统的授课视角来看，教师的活动似乎有所减少，但这仅是表象，教师在教学中依然处于核心地位。实际上，在案例分析的教学过程中，教师的作用反而更为关键。为了确保案例分析课程取得显著成效，教师需投入极大的心血进行精心策划。

在管理案例分析中还有许多重要工作是需要教师去做的，比如教学进度的制订，规范性案例的选择，学生自选案例实体的判断，学生在案例分析过程中的理论指导和能力的诱发，以及学生分析成果表述的评估和最后的讲评，等等，都离不开教师的辛勤劳动。

2.2.2 教师要避免的角色

为确保管理案例分析课程的教学目标得以高效实现，经验丰富的教师会谨慎避免在教学中充当说教者、评论家或仲裁者的角色。同时，必须认识到，管理问题本身的复杂性意味着它往往不存在唯一或最佳的解决方案。此外，也不应忽视学生提出的可能极具洞察力和创造性的见解。因此，教师如果扮演上述任何一种角色，都可能是不恰当的，这与案例分析教学的根本宗旨背道而驰。教师应当致力于营造一个开放、包容的讨论环境，鼓励学生自由探索和批判性思考，从而促进学生对知识的深度理解和技能的全面提升。

2.3 学习小组的建立

2.3.1 建立案例分析学习小组的必要性

在管理案例分析教学中，建立案例分析学习小组的必要性，可以从以下三个方面予以说明。

1. 小组活动是案例分析学习的重要形式

在案例分析教学中，无论是规范性案例分析，还是自编案例分析，学习小组的作用都不可或缺。正是由于学习小组的存在，面对复杂案例时，小组成员才能够通过分工与合作，共同在集体的努力下，相互交流思想、启发灵感、鼓励探索和支持彼此，从而确保案例分析成果的质量。

2. 小组活动能为每个成员提供发言的机会

在规范性案例分析的课堂讨论环节，并非每位学生都有机会发言。一方面，这是由于时间限制所致；另一方面，一些学生在课堂上的发言可能因种种思想顾虑而未能充分表达自己的观点。相比之下，在小组学习讨论的环境中，学生可以更加放松地敞开心扉，畅所欲言，充分发表自己的见解和分享自己的思考。

3. 小组能培养成员的人际交往能力

对于学生而言，掌握人际关系交往的技巧与方法具有极其重要的意义。案例分析学习小组作为一种由学生高度自治的学习单元，其本身便涉及管理问题。管理质量的高低，对小组各成员的学习成效产生深远影响。学生可以在这种高度自治的学习环境中，获得多方面的锻炼和成长。

2.3.2 学习小组的规模和大小

在组建学习小组时，小组的大小和规模是需要仔细考量的关键问题。实际调查情况显示，理想的学习小组人数通常以四至六人为宜，人数过多或过少都可能导致一些问题。若小组成员过多，首先面临的问题便是确定集体学习的时间和地点变得困难，意见容易产生分歧，难以达成一致。此外，由于学习小组的活动通常安排在业余时间进行，时间有限，成员过多可能导致讨论不充分。而人数过少则不利于激发热烈讨论的氛围。而且，成员过少可能导致观点缺乏代表性，不利于成员间的相互启发和思想交流，这对案例分析也是不利的。

当然，四至六人的规模并非固定不变。在实践过程中，有些小组可能会超过六人，达到七人或八人。例如，有些学生可能具备特殊技能或能力，或者特别需要帮助和关注。在这种情况下，这些学生可以作为第七或第八位成员加入小组，使得小组人数超过六人。这样的安排有可能对提升整个小组的学习效果产生积极的影响。

2.3.3 建组时应该注意的问题

1. 组员应有高度的自觉性和责任感

案例学习小组的活动通常在业余时间进行，每位成员都应秉持一种精神，即致力于提供高质量的分析，为小组增添光彩。这要求每位小组成员都具备高度的自觉性和责任感。若大多数组员不遵守学习纪律，无故缺席小组活动，或者虽然参与但未认真准备，对小组毫无实质性贡献，缺乏责任感与纪律性，那么这样的学习小组将难以有所成就。因此，在组建小组时，应当注意以下事项：一是挑选组员时要考虑其学习态度；二是建组时要提出明确规定作为约束条件。

2. 组员之间要相容和互补

相容性主要涉及小组成员之间个性、气质、兴趣是否相互协调的问题。俗话说，“酒逢知己千杯少，话不投机半句多”。在一个学习小组中，如果成员的性格和个性截然不同，彼此不相容，不仅会导致信息交流不畅，还可能经常产生对立，形成隔阂。显然，这样的学习小组难以取得成功。

所谓互补性，指的是小组成员在构成小组整体结构时的相互依赖关系，如知识结构的互补、年龄结构的互补、性格的互补，以及学习成绩的互补等。

在考虑互补性的同时，还应注意相容性问题。例如，某些成绩优异的学生在知识结构上可能受到小组成员的欢迎，但如果他们过于自负，言语傲慢，甚至经常无端指责他人，这种态度就可能会对其他成员造成压力。因此，从互补性角度来看，这些尖子生可能是优秀的小组成员，但从相容性角度来看，他们可能并不受欢迎。在组建学习小组时，这两方面的问题都应予以充分考虑。

3. 组长的人选要恰当

案例学习小组组长的职责主要包括以下几个方面：首先，负责确定小组活动的具体时间；其次，宣布小组学习会议的开始与结束；再次，传达教师关于案例分析的各项信息；接着，引导小组成员集中讨论学习中的主要观点和心得体会；最后，基于小组讨论的结果，确定课堂讨论时的发言代表。

小组活动的成功与否，很大程度上取决于成员智力的活跃程度。因此，组长能否有效激发每位成员的智力潜能，是一个极其重要的考量标准。这要求组长具备一定的素质。以相容性问题为例，如果组长不愿意听取他人意见，或不允许不同观点的表达，都是不适宜的。在讨论过程中，如果组长不能把握讨论的核心问题，也会对讨论的成效有害。作为组长，不仅需要自己深入学习与分析案例，还要负责管理小组的学习活动，可见组长的责任重大，因此应当选择合适的人选来担任这一角色。

在实际教学过程中，组长在管理小组的过程中将接受更多的锻炼。因此，在某些班级中，教师会规定学习小组的组长由组员轮流担任，以便每位成员都能在担任组长期间获得更多的成长。即使教师没有作此类规定，在小组高度自治的情况下，组内成员也可以自主决定轮流担任组长，以确保每个人都能在这个职位上得到充分的锻炼。

4. 组内要约法三章

为了确保学习的顺利进行，学习小组应当制定一套必要的章程，用以规范行为，防止对集体学习产生负面影响。这些章程应成为学习过程中的纪律。这些内容可能因小组的人员构成和条件差异（包括教师的偏好、个性等因素）而有所不同，但一些基本内容应是一致的。例如，规定每位组员在参加讨论前必须做好充分准备，如果发言偏离主题，应接受他人的提醒；参加小组活动时不得迟到或早退；案例分析的任务应分工明确、全程协作，每位成员都应为小组的成果贡献自己的力量，以小组的成功为荣；等等。

案例分析学习小组的建立的相关问题，是教师在案例分析引论阶段需要教授的教学内容之一。除了对小组建立的必要性、规范性和相关原则问题提供必要的指导外，教师还应具体指导学生如何组建小组，确保在正式开始案例分析时，每位学生都能归属于一个小组。在案例分析的整个过程中，教师都应关注学习小组的活动，促进学习小组走向更高层次，从而推动案例分析教学的有效进行。

2.4 管理案例分析教学的程序

2.4.1 规范性案例分析与自编案例分析的程序说明

案例分析的教学主要分为规范性案例分析和自编案例分析两大类。一般情况下，先进行规范性案例分析，后进行自编案例分析。因为从教学要求上来看，自编案例分析的难度要比规范性案例分析更大。

下面以对比的方式来说明这两类案例分析的教学程序。

1. 规范性案例分析教学的一般程序

（1）案例的选择。

（2）案例的阅读和概述。

（3）案例的分析和研究。

（4）案例分析的成果表述。

（5）案例分析的评价和总结。

2. 自编案例分析教学的一般程序

（1）案例的选择。

（2）案例的调查和编写或概述。

（3）案例的分析和研究。

（4）案例分析的成果表述。

（5）案例分析的评价和总结。

2.4.2 规范性案例分析与自编案例分析的程序差异

从两种案例分析的程序来看，二者之间的差异甚微，几乎没什么区别。但实际上，由于两类案例分析有着不同的要求，其分析的每一个步骤上有着不同的内涵，这些区别具体如下。

1. 在案例选择上存在差异

在规范性案例教学中，案例的选择是由教师根据教学目标来确定的，这意味着挑选案例主要是教师的职责，对学生而言，并未有太高的要求。然而，在自编案例的分析过程中，情况则大有不同，尽管教师需要提供必要的指导，但案例选择的最终决定权在于学生。学生自编案例选择的采编对象是一个实体企业。

2. 在案例的获得上存在差异

自编案例的获得需要学生做实际调查，对所获得的信息做必要的加工，使其成为一个书面案例。根据自编案例分析的要求和编写难易情况，有的教师规定，对案例做描述型案例编写，有的教师规定，对案例做研究型案例编写。案例的分析研究对这两类案例来说，在难度上是有差异的，但研究问题的过程和性质没有什么不同。

3. 在案例分析成果的表述上存在差异

（1）成果表述形式存在差异。规范性案例分析的成果展示通常采取课堂讨论的形式，这是因为全班同学都在研究同一个案例，从而为讨论提供了可能性。相比之下，自编案例分析的成果展示则是个人针对各自编写的案例进行分析，因此不适宜采取讨论的形式，而应采用正式的演讲形式。这种形式上的差异也反映出自编案例分析是在规范性案例分析的基础上进行的更为高级的训练。显然，对于表述者而言，进行正式演讲的难度要远远高于参与讨论式的发言。

（2）成果表述要求存在差异。在自编案例的分析中，除了口头表达之外，分析成果还必须以书面形式呈现，也就是说，必须形成一份书面分析报告。而在规范性案例分析中，书面分析报告并非硬性要求。在规范性案例分析的教学实践中，多数教师往往更注重讨论性质的口头表达。

明确案例分析教学的步骤和程序，对正确进行案例分析具有重要的意义。管理案例分析的程序，多少反映了科学研究的一些步骤和方法，在这一过程中充满着读、写、说的训练，遵循这些程序和步骤，对探索问题的真谛是有益的，有利于获得最有效的管理方法、技巧和方案。同时也正是在这种程序中，通过外在形式上的读、写、说等训练，我们分析和解决问题的能力不断提高，有效地实现管理案例分析的教学目的。有关在这些步骤和程序中采用的具体技巧和方法，将在下面的章节中做更详细的分析说明。

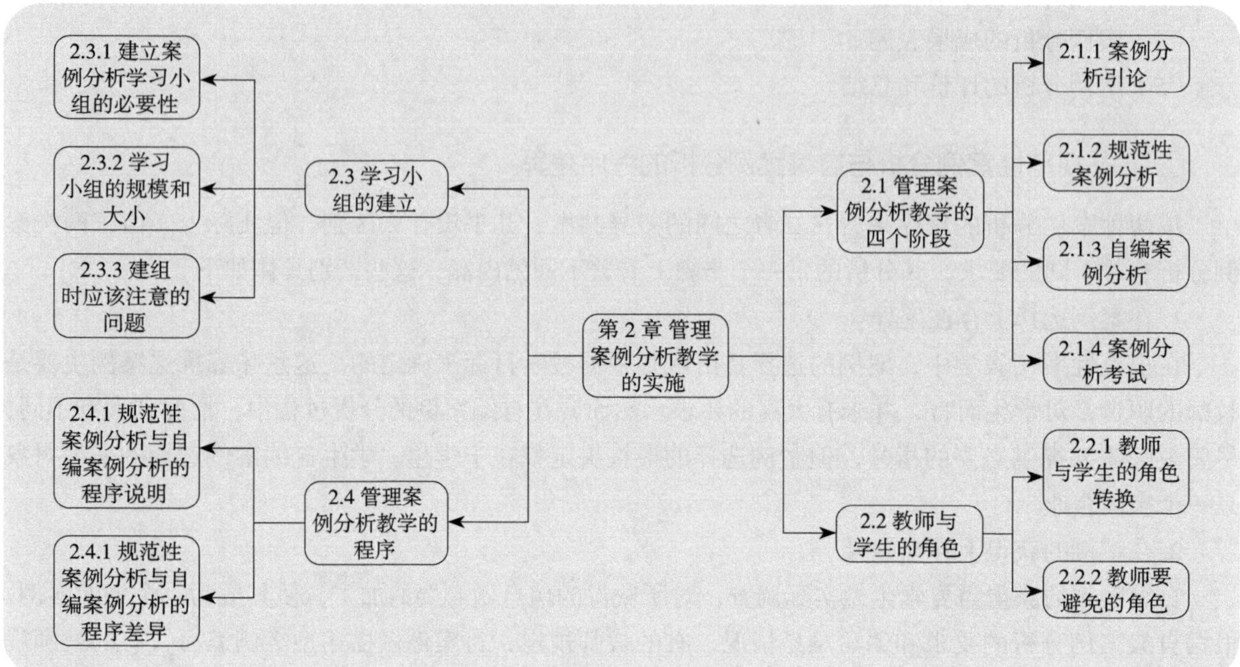

1. 管理案例分析教学分为哪四个阶段？
2. 什么叫规范性案例？规范性案例学习的过程和基本要求是什么？
3. 简述建立案例分析学习小组的必要性，并说明建组时应该注意什么问题。
4. 简述规范性案例分析和自编案例分析的教学程序有何异同？

第3章 规范性案例的学习和讨论

1. 理解规范性案例学习和讨论的重要性。
2. 掌握规范性案例讨论的组织方法。

3.1 规范性案例学习的数量要求

规范性案例学习在整个管理案例分析课程中的重要地位是一目了然的。在案例分析教学的四个阶段中，规范性案例的学习（分析）是其中的关键。大量的管理局面，或者说管理情景要靠这类规范性案例来提供。因此，为满足学生训练的要求，要分析和学习的这类规范性案例就不是一个、两个，而是要学习和分析十几个、几十个，甚至更多。有资料表明，哈佛商学院一名研究生在两年学习期间，需要学完一千多个规范性案例才能毕业。在一学期中，学习这类规范性案例的数量至少达到二十个，这是自编案例分析在案例的数量上不可与其相比的。

为了保证学完一定量的规范性案例，需要相应安排足够的学习时间，其课时比例，甚至可以高达整个管理案例分析课程总课时的五分之三。

3.2 规范性案例的作用

3.2.1 深化学生对管理影响因素的认识

规范性案例蕴含着丰富的信息，这不仅是案例的基本特征，也是对案例的基本要求。学生在深入学习众多规范性案例的过程中，实际上是在吸收大量与管理相关的信息。这一过程为学生提供了熟悉、识别和分类这些信息的机会，从而能够全面理解影响管理活动的多种因素及其变化趋势。这对于正确分析管理案例和在现实中有效实施管理至关重要。

规范性案例中的信息所展示的影响管理的众多因素，其最大的特色在于它们的实践性和具体性。一些学生虽然从书本上了解了一些影响管理的理论因素，但对于这些因素在实际环境中的运作和变化却缺乏深入的认识。也就是说，他们并不熟悉这些理论因素在现实世界中的具体表现。因此，他们可能缺乏实际决策的能力。而通过学习和讨论这些案例，恰好能够弥补这一缺陷。

3.2.2 提高学生自身的管理素质

1. 当机立断的决策能力

无论是独立分析一个案例，还是集体探讨同一案例，分析者往往会有信息不足的感觉。尽管如此，分析判断的工作仍需进行。这种状况不仅在学习案例分析的阶段普遍存在，即便在现实管理岗位中也是如此，而现实往往要求人们在信息不充分的情况下作出决策。

管理人员在处理问题时，总是希望能够吸收尽可能多的信息，这是一种普遍的心态。然而，获取全部信息是不可能的，这一现实与心理上的需求之间存在着矛盾。这里面还涉及时间价值的问题，问题通常需要在既定的时间内得到解决，而管理人员不可能为了追求全部信息而无限制地推迟问题的处理。

因此，在有限的时间内，根据已获取的信息迅速作出决策，是管理者必备的素质，也是其能力的一种体现。案例的学习和分析正是为了不断强化分析者的这种管理素质，并培养其在信息有限的情况下做出有效决策的能力。

2. 善于听取意见的能力

果断决策是管理者应当具备的素质，同时，也应认识到，善于倾听不同意见、吸收有益知识、不断充实自我，同样是一个管理者不可或缺的素质。规范性案例的学习为学生提供了一个培养这些素质的宝贵环境。

在课堂上，当多名学生共同分析一个案例时，会有多种不同的分析结果。为了使他人信服，学生就需要详细阐述自己的看法，进行逻辑推理，并提供相应的证据。因此，每位学生都需要认真聆听同学的发言，不断思考他们分析了哪些问题，得出了哪些结论。对这些结论无论是赞同还是反对，学生都在不断地吸收信息和快速处理信息。

经过多次这样的规范性案例学习，学生将逐渐培养善于倾听各种不同意见的良好习惯，并在持续的信息获取过程中，丰富自己的知识体系。这正是管理者素质提高的体现。

3.2.3 为现实案例的深入分析奠定了基础

在规范性案例的学习与讨论阶段，学生所接触的案例本质上是第二手的资料，因为这些案例是由教师或其他人士所编撰。在此阶段之后，学生将被要求在实际的调研基础上，自行编写案例进行深入的分析和研究。自编案例的分析与研究代表了案例教学法中一个更为高级的层次，它设定了更高的标准，并构成了一个涵盖阅读、写作和口语表达的全方位训练。

规范性案例的学习与讨论可以为自编案例的深度分析和研究打下坚实的基础。学生通过分析案例的思路和逻辑，以及参与讨论和口头报告，可以获得一系列实践经验。因此，在案例分析的教学流程中，圆满完成规范性案例学习阶段的教学任务具有极其重要的意义。

3.3 规范性案例课堂讨论的组织

规范性案例教学的核心在于课堂讨论。在案例学习过程中，无论是个人的钻研还是学习小组的集体努力，其分析的质量和效果都将在课堂讨论中得到验证。此外，课堂讨论这种学习方式本身为参与者提供了一个极佳的锻炼和学习机会。鉴于规范性案例课堂讨论的重要性，对其进行精心设计和周密组织显得尤为必要。

3.3.1 课堂讨论的步骤

遵循一定的程序和步骤进行课堂讨论，是确保规范性案例实现其特定教学目标的基本要求和保障。尽管每位教师在进行案例教学时可能有自己的偏好、习惯和风格，会采用多样的教学方法，但课堂讨论的基本步骤大致相同，具体如下。

第一步，识别中心问题。基于案例提供的信息（包括情况、事实和背景），确定一系列问题，并从中提炼出关键的主要问题（中心问题），进而分析这些问题形成的原因。

第二步，拟定建议方案，列举和提出解决问题的方法或管理方案。这些方案可能有多个，因此需要对这些方案进行比较分析，以确定最佳或最有效的方案。在此阶段，应注重正确运用分析工具和方法，以及案例中提供的经营数据，以确保所提出的方案能够得到有力的论证和支持。

第三步，确定行动内容和方向。这是讨论的收尾阶段，针对之前确定的“最佳”或“最有效”方案，作出决策，包括如何行动和何时行动。这一步骤对于培养学生的决策能力至关重要。

这三个步骤构成了规范性案例课堂讨论的完整过程。在实际操作中，应根据案例的具体情况、学生讨论的热情程度以及教学总时间的安排来灵活调整。不同的案例讨论所需时间不同，可能一次完成，也可能分多次进行，上述三个步骤可能体现在一次或多次讨论中。

3.3.2 课堂讨论的“第一炮”

案例课堂讨论的“第一炮”，即第一位发言者的发言至关重要。尤其在案例课程的初始阶段，学生对案例教学的过程、方法、特点和性质都感到陌生，面对案例往往感到无所适从。在过去的教学模式中，通常是教师讲课，而现在则需要学生在教师和全班同学面前发言，这对任何人来说都可能带来一定的紧张感。因此，如果组织不当，案例讨论课可能会陷入冷场，出现难以打破的僵局。另一方面，如果“第一炮”未能打响，课堂讨论可能会偏离正轨，这不仅无法达到教学目标，也是对时间的浪费。

因此，经验丰富的教师会在每次案例课堂讨论中精心安排第一位发言者，确保他们的发言能够为全班同学树立一个分析案例的典范，为正确的案例分析铺平道路。“第一炮”的成功，其影响力甚至可能超过教师关于案例分析方法和技巧的理论讲解。学生通过第一位发言者的现场演示，能够直观地了解到教师期望的样板是什么样子的，从而为自己的发言找到模仿的对象。

3.3.3 课堂讨论的形式

案例课堂讨论的形式，在这里是指具体引起讨论的方式。虽然各个教师根据自己的教学经验有些不同的做法，但概括起来，基本上有三种。

1. 对话式讨论

这种讨论表现为教师与学生的对话，进而展开讨论，具体有以下三种情况。

（1）教师提出一系列的问题，对学生发表的观点或所提出的建议进行审查，让学生发言的推理过程得以展示，从而进一步检查学生的论据是否成立。由于这种讨论所采取的是提问式，因此，又叫“交互询问型”课堂讨论。

（2）讨论仍然以师生对话的形式进行，但此时的互动不再局限于教师与个别学生之间，而是扩展到了班级的每一个成员。具体来说，教师通常会提出一个极端且看似站不住脚的论点，并要求学生进行反驳，以此来检验学生运用所学知识以及判断事物的能力。这种讨论的特点在于，教师故意坚持一个立场，而学生则需要站在相反的立场上，通过反驳的方式来展现自己的观点。因此，这种讨论方式有时也被形象地称为“官方反对派型”课堂讨论。

（3）讨论虽然是在教师与学生之间展开，但在这个过程中，教师并非简单地向学生提问或扮演反对者，而是提出一种假设性的情景。这种假设通常是对某一学生论点或建议的极端化结果。教师要求该学生基于自己的论点或建议来进行评价。这样的做法促使学生在评价过程中重新审视自己的逻辑，修正之前论点或建议中的偏颇和不足，从而形成新的观点或建议。这种讨论建立在假设的基础上，因此，有人将其称为“假说型”课堂讨论。

2. 沉默型讨论

在这种讨论的起始阶段，教师通常会向一位同学提出问题，但当这位同学无法给出答案时，问题便转向了全班同学。如果出现冷场，教师不会通过提出新问题或补充说明来引导学生继续讨论，也不会直接给出答案，而是选择沉默不语，耐心等待学生的回应，直到有学生能够给出答案。这种做法并不常见，通常只在教师对学生的能力充满信心时，才会采用这种讨论形式。

3. 互补协作式讨论

这种讨论模式是在学生之间展开的，具体表现为两种形式：第一种是学生对同学的论点或建议质疑，并运用自己的逻辑进行推理和论证，而被质疑者或其他同学则用不同的观点进行反驳或辩护。这种讨论中的辩论实际上是一种学习上的合作，能够激发出创造性的火花。这种讨论本质上是学生间的相互学习和补充，它最能体现集体分析和讨论问题的智慧与力量，因此这种形式被广泛提倡，有人将其称为“对抗合作型”课堂讨论。第二种形式被称为“角色扮演型”课堂讨论。在这种讨论中，教师首先指定一些学生分别扮演案例中的不同角色，然后让他们进行观点的交锋和辩论。这种讨论方式让学生能够设身处地地思考问题，并对外界的变化及时做出反应。通过这种讨论，学生经常思考的问题变为：“如果我是这个角色，采取这样的言行，别人会有怎样的反应？”显然，这对于改正那种固执己见、不顾后果的行为习惯是非常有益的。

课堂讨论的形式千变万化，选择何种形式进行，需依据案例的具体内容以及教师个人的偏好、习惯和教学需求来定。然而，这一选择应当在教师备课时就已经明确。若认为案例课堂讨论仅仅是激发学生积极性，可以让学生自由发挥，这种想法是极其错误的。这样做可能导致一旦讨论陷入僵局或偏离主题，教师将无法应对。因此，教师在案例备课过程中必须精心挑选每一轮规范性案例课堂讨论的形式。

3.3.4 课堂讨论中的常见问题

1. 学生请教教师

在讨论中学生向教师请教是常有的事，针对这种情况，在其他课程的教学中，教师往往总是有针对性地解答学生的提问，让学生获得知识。但案例教学注重的是学生独立工作能力的培养，所以，直截了当地回答学生的问题是不合适的，因为这种喂养式的教学法违背了案例教学的独立思考原则。高明的教师总是尽量采用启发式的教学方法，例如采取连串的反问，引导学生对一系列问题进行深入思考，从而让学生自己探索到疑问的核心，并得出正确的结论。这种处理提问的方法，就叫作“苏格拉底式”问答法，即用提问答复提问。当然，这也只是一种有效形式，在这里并不排除还有其他的方法来处理学生的请教、提问。例如有的教师针对学生的提问，并不正面回答这一问题，而是讲一个似乎与提问无关的情境，或者讲一个故事，从而使得学生能从中领悟所提问题的答案。这种方式也是可取的，它同样符合案例教学要求学生独立思考的原则。

2. 出现僵局

在课堂讨论中，可能会出现两种导致僵局的情况。一是学生们都无法回答问题，导致讨论陷入冷场；二是对立观点争执不下，形成僵局。面对这些僵局，教师的处理技巧至关重要。得当的处理能将讨论推向新的高潮，而处理不当则可能导致讨论的失败。因此，打破僵局是引导讨论的一项关键艺术。

在僵局出现时，教师通常有三种应对策略。第一种是补充新的信息，提出启发性的问题，打开学生思路，使讨论得以继续；第二种是直接给出答案，进行仲裁，然后转向其他问题的讨论；第三种是保持沉默，静观其变。在这三种选择中，第二种往往是最不足取的，因为直接给出答案实际上等同于宣布讨论的结束，而非推动讨论的深入。第一和第三种选择都是可行的，尤其是第三种，常常能带来意想不到的效果。因为学生中不乏见解独到者，教师的沉默给了他们深入思考和展示才华的机会，他们的观点往往对集体讨论有着重要的贡献，能够推动讨论进一步深入。第一和第三种策略单独使用时各有所长，如果巧妙结合，例如简短提示后继续等待，或补充信息后再次给予思考时间，往往能够更有效地打破僵局。

当然，打破僵局还有其他方法。例如，当讨论中出现激烈对峙时，可以分开对峙的双方，重新组合讨论伙伴。让一方与其他人展开新的讨论，同时让另一方作为听众，冷静思考问题，这样可以在新的层面上继续讨论。打破僵局的方法多种多样，只要能够使讨论按照教学要求继续进行，都是值得采用的。然而，这些都需要教师事先有所准备，并在案例备课过程中进行周密的考虑。否则，临场慌乱无策，必然会影响讨论的效果。

3. 偏离主题

每一次案例课堂讨论都围绕着一个特定的主题展开，然而在热烈的讨论中，话题偏离主题的情况时有发生。作为教师，能够准确判断讨论是否已经偏离主题，这一点至关重要。如果教师的思路过窄，或者错误地将讨论控制理解为必须严格遵循自己设定的框架，不允许有任何逾越，那么对于讨论偏离的纠正，可能会无意中压制那些最具创造性的见解。当然，这并不意味着可以忽视对讨论偏离的纠正，因为如果讨论完全脱离主题，远非教学目标所期望，显然不利于教学目的的实现。教师在讨论过程中既要及时纠偏，又不能损害学生参与讨论的积极性。

为此，选择恰当的纠偏用语至关重要。具体操作时，应根据不同情况采取不同的纠偏用语。对于偶尔引导讨论偏离正题的学生，语气应更为温和，例如可以说：“你的观点确实有趣，不过我们还是继续深入探讨刚才大家都在讨论的问题吧”，或者“你提出的问题我们以后可以找机会讨论，今天我们还是集中精力把 ××× 问题彻底讨论清楚，怎么样？”对于那些经常性地引入无关话题的学生，语气可以相对严肃一些，例如：“很抱歉，你提到的内容与我们的讨论主题不太相关，我们还是回到 ×× 问题的讨论上来吧。”

在讨论中进行纠偏的最高境界是培养学生发现偏离的能力，即如果有人偏离了主题，其他学生能够主动指正。这体现了学生高度的自治能力，教师在教学过程中应注重培养这种能力。

4. 讨论的收尾

在讨论结束时，通常应进行一次小结，这是学生普遍的心理期待。

小结的方式可以选择两种不同的途径。一种是由教师亲自进行总结；另一种则是通过提出问题，例如“今天的讨论，你们有哪些收获和体会”，这种方式鼓励学生自己进行总结，以此作为讨论的收尾。

至于选择哪种方式来结束讨论，应根据具体情况来定。如果教师对讨论中的某些问题有深刻见解，且感到有必要分享时，教师亲自进行小结将对学生大有裨益，此时应选择教师总结的形式。作为教育者，解答疑惑是职责所在，即使在案例分析这种教学方式中，该阐述的还是要阐述。如果讨论尚未充分，还有许多同学想要发言，且教师认为自己的总结并非必须，那么就可以采取让学生进行小结的方式来结束讨论。这实际上是将讨论以另一种形式延续下去。

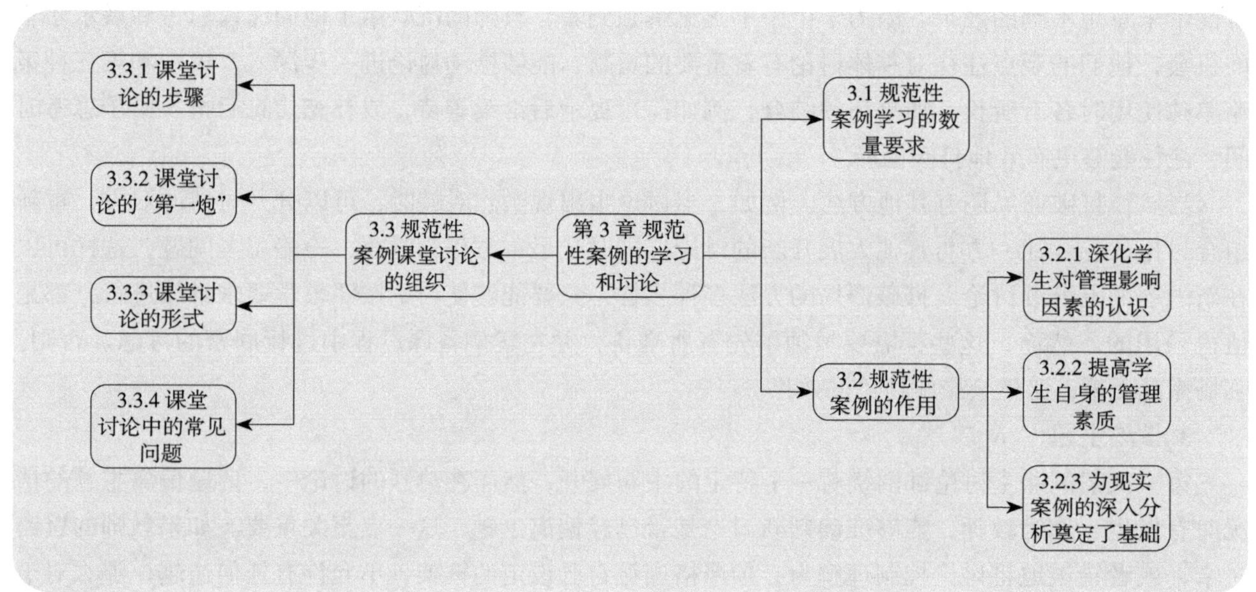

1 规范性案例的学习和讨论的作用是什么？

2 规范性案例课堂讨论有哪几种主要形式？

3 简述如何组织规范性案例讨论。

第4章

自编案例的学习与书面报告

1. 了解自编案例分析中专业理论学习的必要性。
2. 掌握在自编案例分析时找到正确研究角度的方法。
3. 掌握调查研究方法。
4. 掌握材料的加工处理和观点提炼的方法。
5. 掌握自编案例书面分析报告的撰写方法。

4.1 加强理论学习

规范性案例分析和自编案例分析的研究都需要付出辛勤的劳动。但是，从分析的复杂性和难度上来看，前者远远不能与后者相比。从研究对象的选择到案例的编写和研究，直至研究成果的表述，自编案例分析的整个过程充满着艰辛。这样来看，自编案例分析所体现的是一个科学研究的过程，是对分析者进行创造性智力劳动的训练和能力的培养。

因此，案例分析绝非简单的现象堆砌，而是一种在正确理论指导下进行的深入研究。理论知识的掌握对于实现案例分析的目标具有至关重要的意义。因此，在案例分析过程中，分析者应进一步加强理论知识的学习，并努力提升自身的理论素养。

4.1.1 案例分析需要深化对专业理论知识的认识

分析是一种思维活动，旨在认识事物并揭示其本质。这种活动无疑是一种高度智能的劳动。管理案例分析的特定目标要求我们通过研究案例中的关键问题及其相关领域，深入阐释案例中各种现象之间的内在必然联系和规律，从而探寻最有效的管理策略、方法和技巧。显然，缺乏专业理论知识的基础，这一分析目标是难以达成的。很难想象，一个不具备必要管理知识的人能够进行科学而有效的管理，同样，一个对管理知识一无所知的人，也很难对现代管理方法和技术的应用给出准确的评价和建议。以下是提升理论素养的具体方法。

1. 把握理论的针对性

为使案例分析获得成功，还要继续认真学习专业理论知识。案例分析过程中的理论学习与课堂上的理论学习在方法和本质上存在显著差异。传统的课堂理论教学通常是由教师主导，按照章节顺序系统传授知识，学生学习的主动权主要掌握在教师手中，即学习内容的广度和深度由教师决定。而在案例分析中，情况则有所不同。案例分析要求学生根据自己研究的案例、相关内容和分析目标，有针对性地学习理论知识。虽然教师仍提供指导，但学习的主动权却转到了学生手中。这种以问题为导向的理论学习方式效果显著，因为它是在已有理论知识的基础上，针对实际问题进行的再学习和再认识。由于教师在开设案例分析课程前已经教授了相关专业知识，在案例分析过程中对理论的这种学习，实际上是一种有针对性的深化，它从理论角度增强了对具体问题的理解。这种学习方式能够使学生的专业理论基础更加扎实和深厚。

2. 把握理论的系统性

有针对性的学习不应仅仅是一种表面的、贴标签式的学习，而是要深入挖掘，对案例中涉及的特定问题要追根溯源，彻底理解。例如，如果分析的案例涉及现代化管理技术的应用过程，那么就需要深入理解和掌握这种现代管理技术的原理、适用的方法和技巧，以及其适用的对象和范围。对专业理论知识的学习，不应仅限于教材内容，而应根据案例分析的需求，吸收更广泛的理论知识，阅读必要的其他理论著作。

4.1.2 案例分析需要科学的方法论指导

方法论即关于人们认识世界、改造世界的方法的理论，是一种以解决问题为目标的理论体系或系统，通常涉及对问题阶段、任务、工具、方法技巧的论述。案例分析需要科学的方法论指导，包括分析与综合方法、唯物辩证法。

1. 分析与综合

分析与综合是认识事物的两种相互联系的方法。在管理案例分析中，分析与综合具有同等重要的地位。抽象而言，分析是指在面对某种经济管理现象时，阐述其表现出的各种形式，并揭示其本质。经济管理现象可能呈现出多种具体形态，而只有通过深入分析，才能洞察其本质。综合则是在揭示了经济管理现象的本质之后，对这些现象的不同形式进行归纳和演绎，探究其采取这些表现形式的原因。正是通过这一过程，我们能够进一步理解管理的一般规律，探索出正确的管理方法和合理的管理策略。

2. 唯物辩证法

案例分析的过程，无论是分析管理现象的存在形式，还是探寻这些形式的成因，都是一个由浅入深、由现象到本质的认识过程。为了成功地展开管理案例分析，并实现预定的目标，就必须掌握分析的基本方法——唯物辩证法。唯有如此，才能在分析研究中清晰地理解各种管理现象、形式以及它们之间的质与量的关系，理解它们既对立又统一的辩证关系，以及否定与肯定之间的相互作用，从而正确地把握分析研究的过程，得出正确而合理的结论。

4.2 把握正确的研究角度

在探讨管理案例分析的研究角度时，应当从两个主要方面进行考量：首先，在分析的难易程度上，应遵循适度原则；其次，应体现可操作原则。

研究角度的不同，将直接影响到研究问题的难易程度。以文学评论为例，若对杜甫的四句诗“两个黄鹂鸣翠柳，一行白鹭上青天。窗含西岭千秋雪，门泊东吴万里船”进行评论研究，可以采取两种不同的研究角度：一是仅从诗歌的格式上进行评论，探讨其对仗的严谨性和情感、景象、色彩的表达技巧；二是以这四句诗为切入点，深入研究杜甫的诗作风格，从而探讨其艺术特色。显然，后一种研究角度比前一种更为广泛，难度也更大。

在案例分析研究中，要求学生撰写书面报告时，研究角度的选择与指导学生撰写学术论文类似。有些教师在指导学生确定科学论文的研究角度时，常用投篮的例子来启发学生。篮球架的高度象征着适当的研究角度，既不是高个子轻易能够得手的，也不是矮个子无法触及的。这就是说，确定研究角度应以适度为原则，既不应轻而易举就能达到，也不应遥不可及。

这种“篮球架”式的角度确定方法，对于教师确定案例分析的角度具有启发性。尽管案例分析并非撰写科学论文，但其成果——案例分析书面报告——也是一个独立的思想体系。与论文相比，它在分析研究的深度上有所区别，但在问题分析的方法上并无二致。因此，教师应根据分析者的能力、研究条件和环境来确定合适的研究角度。在此基础上，教师应从案例分析的特殊教学目的出发，明确规定具有可操作性的研究角度——探讨管理艺术和提升管理水平。在案例分析中，这一基本角度具体体现在管理经验教训的总结、管理原则的概括、管理方法和技巧的归纳，以及管理建设性意见的提出等方面。具体而言，确定这一研究角度具有如下优点。

1. 降低难度，明确方向

降低难度和明确方向，有助于学生顺利开展案例的分析和研究。由于案例分析教学是一个包含多个阶段和轮次的循环过程，如果缺乏明确的研究角度，让分析者自行耗费过多精力去确定分析角度，无疑会增加案例分析的操作难度，导致学生在起步阶段就遭遇困难。这不仅会使基础薄弱的学生难以得到有效训练，即便是基础较好的学生，如果他们在研究角度上耗费过多时间，也会影响到后续教学阶段的顺利进行，从而使案例分析无法达成其预定的教学目标。

2. 聚焦专业领域

确立研究角度，有助于将学生的注意力聚焦于他们的专业领域，并促进所学专业知识的深化。这一研究角度要求分析者深入探讨管理艺术，这便促使学生围绕案例中的问题去学习和研究专业知识。此时，学习不再仅仅是机械地记忆条文，而是在更高层次上研究与案例相关的管理知识，以及这些知识在实践中的具体表现、发展变化、应用方法。这无疑对巩固学生的专业知识、加深他们对专业知识的理解，以及推动知识向能力的转化具有极大的益处。

3. 强化思维能力

确立这一基本研究角度，有助于学生强化其思维能力。一些学生在发言或写作时，言语不得要领，内容偏离主题，这种情形往往是因为思维不够严谨，缺乏论证和分析问题的能力。确定研究角度，可以有效地约束学生偏离主题、随意发挥的行为，从而改善其散漫的思维习惯。这种做法促使学生在特定范围内集中思考并准确表达问题，这是管理人员必备的基本技能。

4.3 调查研究获得真知灼见

案例分析的核心在于对问题的归纳、经验教训的总结、有效管理方法的探讨，以及建设性意见和方案的提出。成功的分析不仅要求这些见解准确无误，而且应当具有深刻的洞察力。在案例分析中能否提出真知灼见，除了分析者自身的理论素养之外，另一个关键因素便在于分析者的调查研究能力。

在生产经营和科学实验中，调查研究普遍受到重视。人们在进行大量调查研究后，也总结出不少的经验。调查的方法可以说是五花八门，结合案例分析的需要，下面重点介绍五种调查研究的方法。

4.3.1 观察法

观察法是指用五官和各种测量仪器直接对调查对象进行观察，并将结果记录在案，以供分析研究之用的调查方法。此法的特点包括：①有研究的目标；②有系统的设计；③不向被观察者暴露所要了解的问题；④有系统的记录；⑤可以重复查证。

采用这种方法时，必须具备明确的目的和周密的计划，绝不能仅凭眼前所见随意下定论。当然，观察过程中难免会受到偶然性的影响，导致偏见的发生，但这并非不可克服。只要进行系统的记录，通过多次观察和记录，便能够从中揭示规律性的内容，进而消除这些偏见。

4.3.2 典型调查法

典型调查法旨在有针对性地对某个或若干个具有代表性的单位或个人进行深入细致的调查研究，并从中提炼出普遍性的规律。典型调查法通常用于上级机关对下级单位进行的调查。在案例分析中，运用此法必须获得相关领导层的强有力支持，因为这种调查往往通过召开调查会的形式进行。

在调查过程中，需特别注意态度和方法。缺乏深入基层的意识和虚心求教的态度，不擅长把握关键点和新问题、新线索，以及不能有效控制会议局面，都将导致无法取得预期的调查效果。

4.3.3 统计调查法

统计调查法是一种通过系统性地搜集各类统计资料来进行调查研究的方法。在管理案例分析的过程中，进行统计调查时需特别关注两种主要形式。

第一种形式是通过定期统计报表来进行调查。每个单位都设有统计部门或至少有负责统计工作的人员。通过这些报表，可以获取一个单位或部门下属基层单位的基本情况。报表中呈现的相关数据，应根据分析研究的需要加以记录，以供后续分析使用。

第二种形式是为了满足特定的分析研究需求，专门设计一种临时性的报表进行统计调查。采用这种方式时，同样需要获得相关领导的支持，否则可能难以收集到所需的数据。在采取这种形式时，必须掌握设计调查表格和组织填报的正确方法，确保调查工作的顺利进行。

4.3.4 抽样调查法

抽样调查是一种非全面调查，它是从全部调查研究对象中，抽选一部分样本进行调查，并据此对全部调查研究对象作出估计和推断的一种调查方法。抽样调查的具体方法主要有抽签抽样法、机械抽样法和分层次抽样法三种。三种方法一般被认为都具有“省、快、准、细”四大优点。在案例分析中采用抽样调查时应注意以下两点。

第一，必须确保抽查的样本数量达到一定的标准。即要达到在给定的概率保证水平下，需要抽取的最小样本量，以确保研究结论的可靠性。

第二，要从实际出发，充分考虑客观条件的限制。例如，要细致权衡经费和时间的限制。同时，应注意调查结果的精确度需要与实际需求相匹配，并非越精确越好。在案例分析时，尤其要注意避免“小题大做”，防止造成不必要的资源浪费。

4.3.5 书面调查法

书面调查法是指收集现成的书面材料或用书面形式进行调查的方法。例如，从档案材料、文件资料、报刊中搜集情况，从“调查表”中了解数据等都属此类调查方法。这里重点介绍一种通信讯问书面调查法。通信讯问书面调查法的流行格式，是将调查内容以详细的“问卷”形式设计出来。

在设计问卷时，应注意以下几点。

（1）问卷制作内容要目的明确，要围绕研究的问题进行设计。

（2）在设计问卷时，应采用启发式的语言，保持语气平和且亲近，仿佛与受访者进行促膝长谈。同时，应展现出虚心求教的态度，以谦逊和开放的心态去搜集信息和意见。

（3）设计问卷时，应遵循人的思维逻辑，问题设置应由浅入深，由表及里，引导被调查者逐步进入“角色”，从而使其回答更加契合设计初衷。若提问随意无序，可能会扰乱受访者的思维，使他们感到困惑，不知如何作答，进而陷入回答的困境。

（4）问卷内容应进行合理分类排列，以便于后续的分析与整理。同时，提问时应使用准确、具体的语言，尽可能设计成能让受访者以“是”或“否”作答的问题。如果问题不适合简单的是非回答，可以适当变换提问方式，但应尽量减少让被调查者用文字表述的情况，因为这可能会让他们因为留下字迹而产生顾虑。

4.4 材料的加工处理和观点的提炼

通过多种调查手段可以积累丰富的材料。然而，这些材料尚未转化为有用的成果，而案例分析的核心在于得出正确而合理的结论。从材料到结论的转化过程中，还需完成一系列工作。

4.4.1 初步整理资料，消除“信息噪声”

搜集的材料对研究的问题并不一定都有用，相反，有些材料像噪声一样干扰着人们的思维。因此，消除这些“噪声”是必要的。这要求对资料进行初步整理，具体方法一般有三种。

1. 分析法

分析法要求对所获得的原始材料中陈述的事实以及收集资料所采用的方法进行深入“反思”。通过逻辑分析，揭示其中的漏洞和疑点，从而辨别材料是否存在失真情况，并据此舍弃那些虚假或错误的材料。此法的运用成功与否，取决于研究者本身的认识水平与能力。

2. 核对法

核对法是依据权威性的资料，包括权威的书面资料和权威人士提供的口头资料，与初始得到的资料进行对照比较，以发现和纠正某些失真的材料。这里所说的权威人士和口头资料是指最能反映事物本来面貌的与调查对象直接相关的人及他们的正式文字资料。通过这种方法，能够确保所获得的资料具有高度的可靠性。

3. 调查法

调查法可以被视为一种再调查，其核心目的是对原始资料的真实性和准确性进行核对与验证。在核对检查的过程中，所采用的方法较为灵活，前面提到的各种调查方法均可根据需要选用。

在初步整理资料的过程中，上述方法可以交替使用、互为补充。通过分析法发现疑点，从而使得核对法和调查法的应用更具针对性。反过来，正是由于核对法和调查法的运用，材料中的疑点得以进一步澄清，从而有效剔除资料中的不真实成分。

4.4.2 归类资料，提炼观点

从素材中提炼观点，是一个充满创造性的思维过程，是认识上的一次飞跃。为了确保这一过程的圆满完成，就必须对收集到的材料进行精细的加工与处理。在这个过程中，对材料的归类显得尤为关键。那么，如何进行归类？按照什么标准来归类？借鉴国内外学者在这一问题上的实践经验，资料归类的方法一般包括以下几种。

1. 按资料的内容进行归类

按资料的内容归类是一个由粗到细的过程，每一类别资料的内容，都是在这一过程中逐渐明确的。当一类材料的内容被确定下来以后，就可以从中提炼出观点。随后，利用这些观点来集中相关材料，并进一步拓展材料的广度，从而使观点内容更加丰满。如果让这些观点相互之间建立起某种联系，就意味着更高一层次新观点的产生（或被提炼）。日本筑波大学教授川喜田二郎所创立的整理资料的纸片法（又称 KJ 法）即是按内容归类的典型。KJ 法的程序是将资料分别写到一张张卡片上，然后逐张审视卡片，按其内容分堆，按堆概括内容（提炼观点）；再将卡片堆分组做进一步的概括。这个过程实际上就是不断从材料的感性认识中萌生理性认识，从而达到观点的提炼和创造的目的。值得一提的是，采用卡片的方式，不仅减少了手写修改的烦琐，还有助于研究者集中精力思考问题。在按内容分类资料时，这种方法无疑是值得采纳的。

2. 按方向对资料进行分类

此法是将所收集的资料按某一事物的发展方向进行分类，例如："如何降低工厂产品成本？"就有"节约原材料""减少用工""注意合理利用设备""提高产品质量不出废品"等内容。这些资料都同属于降低工厂产品成本这一方向。仔细考察同一方向上的这些材料，对于某一问题的解决都是一些主意、见解，只不过可能有些是传统的、大家都熟知的，有些是新颖的。这些新颖的材料就值得注意，它们很可能使分析"出新"——新的思想、新的主意。在科学研究中流行的 OCU 法正是这种分类整理资料的典型方法。它也是采用卡片的方式来对资料进行排列：在多条同一方向的资料卡片线上，将资料按"O"类（过分新颖）、"C"类（过分平凡）、"U"类（好像有用的想法）三个等级水平来分类。这里的"O"类资料是应特别注意的，所谓过分新颖是指有很新的思想苗头，但只是不结合实际，因此需要加工改造。这就为寻找新颖而又切实可行的方案打开了思路，此法中将"O"类和"C"类想法共同向"U"类想法的转化过程，正是寻找既新颖又可行想法的实际步骤。这实际上是从新颖的角度提炼观点的一种方法，在整理资料时，根据需要也可以尝试此法。

3. 按资料的性质进行分类

这种方法是根据资料的特性或归属来对资料进行整理，例如按照时间顺序或事物的发展状态进行分类。日本学者高桥浩提出的 TCT 法，便是这种按照资料的性质进行分类的典型方法。TCT 法在处理复杂交错的现象资料时展现出独特的优势，它通过精细地分类整理，为提炼观点提供了有力的工具。此法对管理案例分析中观点出新，并产生真知灼见大有作用，现将其具体步骤介绍如下。

（1）将所要阐述的事项逐一分解，并以卡片形式分条记录，清晰标注已经厘清的事项与尚待厘清的事项。

（2）仔细审阅卡片内容，筛选出包含时间信息的卡片，或是那些明确指出事件发生时间的卡片，并将它们按照时间顺序进行排列。具体操作是将这些卡片横向展开，保持适当的间距，整齐地摆放在一张较大的厚纸板上，以此形成时间序列的数据图解。

（3）取出全部反映事物状况条件的卡片，并将它们放到纸板最上部（一般条件数据）。

（4）仔细观察剩下的卡片，将其中关系密切者集中到一起，成为一组。每张卡片都应平铺放置（现象资料）。

（5）将上述卡片按照时间顺序整理好后，放置在已经按时间顺序排列的卡片旁边，而另一部分则安置在剩余的空间位置上。

（6）仔细比较现象资料卡片，随后将那些可以推导出结论、基本无误的小假说写在卡片间隔的空白中央，并用圆圈标注以突出显示；同时配上箭头符号，明确指示该假说是由哪些现象资料推导而出。

（7）精心对照各个小假说，以及它们与现象资料之间的关系，进而提炼出基本准确的中等假说。将这些中等假说书写在纸张的中央区域，以便于审视和进一步的分析。

（8）依据此逻辑，逐层构建更大的假说，并以递增的复杂度，分别用双线、三线环绕的图表等形式逐步展现这些假设的层级关系。

（9）确认所得出的最终假说与纸板上的资料有无相矛盾之处，有无多余之处，有无疏漏之处，有无不合理之处。

从上述过程可以清晰地观察到，正是通过对资料的持续归类和整理，假说才得以逐步形成，进而让观点得以提炼和升华。

4.4.3 综合概括观点

在资料的归类过程中可以提炼出众多观点，但这些观点大多源自局部材料，尚未形成一个完整的有机体系。为了得到合理的分析结论，我们必须从宏观角度把握事物的本质，并在此基础上进行更高层次的综合与概括。这就要求我们将提炼出的一系列观点排列组合，并对它们进行深入的分析、比较和综合。

这一过程不仅是对已有观点的再次审视，也是从全局视角对材料的综合性研究。研究者在这一阶段处于一种俯瞰全局的位置，从而可能对问题有更清晰的认识。同时，这也可能揭示出原先概括（提炼）的某些观点存在的片面性或不足之处，并引出进一步搜集材料的需要。

经过这样一番精心的提炼和加工，那些分散的材料和分析的观点，按照一定的逻辑顺序，已经初步构成了一个整体。我们对所研究的案例的认识，已经从感性阶段跃升至理性阶段。这时，思维成果的产出，就需要我们准确地运用内在的洞察力，将其外化为具体的表达。

4.5 形成书面报告

对一个案例做了大量的调查和研究后，积累了一些材料，提炼了一些观点，但是，这些观点还不能为外人所了解，更不能产生一定社会影响。同时，按上述所说的研究过程，所取得的成果也仅是初步的，还有许多内容并不具体，有些想法甚至还会有谬误。要使自己的分析研究成为别人所知的完整成果，就需要通过写作来对案例进行更深入、更细致、更具体的探索。可见，写作在案例分析中，并非分析研究的终结，而是研究在更深层次上的延伸。接下来，本书将进一步讨论案例分析书面报告的构建过程。

4.5.1 书面报告的结构

布局问题是任何文章的写作都要讲究的，案例分析的书面报告当然也不例外。如果说前面讲到的搜集材料是为了使案例分析书面报告言之有物，提炼观点是为了使分析报告言之有理，那么，这里所说的结构就是要使案例分析报告言之有序。案例分析书面报告，也同一般文章的结构一样，具有宏观、微观两重等级结构。一个是以主题为中心，从一般到特殊的宏观结构，即全局骨架体系的构思；另一个是以逻辑关系建立起来的微观结构，即具体的段落安排、论点、论据、事例的详略主次。

总体而言，管理案例分析书面报告通常包括标题、案例叙述、案例分析三个部分，某些报告中可能还包含建议或心得体会。这样的结构布局，能够使报告内容层次分明、逻辑清晰。

1. 标题

案例分析书面报告的标题，一般都是直接揭示主题，使读者一看就知道这篇文章所分析的内容是什么，如“××× 工程局的发展战略”“从一个厂的损失看应如何签订经济合同”“关于 ××××× 公司运用价值工程降低 ××× 产品成本的分析”等。这些标题不渲染、不浪漫，直陈其情，一语点破主题，体现了案例分析书面报告写作中分析者所应持有的严谨和科学态度。

2. 案例介绍

管理案例的编写方法在前面已经做了介绍，在这里只是结合案例的介绍方式做一点补充说明。案例的介绍主要是通过叙述，根据文章的结构安排，叙述的方式有两种：其一是详叙，即像前面所介绍的一样，说明案例的来龙去脉，使一个完整的案例出现在分析报告中；其二是略叙，即抓住案例的主干做概要介绍，案例的详细、具体内容不予展开，留待分析时作为分析内容。

3. 案例分析

案例分析部分是报告的主体，分析的质量直接决定了报告的成败。针对案例在文中叙述的详略，案例分析的结构可以采取两种不同的处理策略。若案例已经进行了详尽的叙述，由于所有事实细节均已清晰呈现，分析部分则无须赘述，仅需进行精练的归纳总结，从宏观角度和理论高度进行概括和提炼。相反，如果案例介绍较为简略，分析部分则需补充丰富的素材和信息，以充分支撑并证实分析过程中提出的观点，确保分析的深度与广度。

从案例分析的两种策略来看，在写作之前从总体上把握案例分析的结构形式无疑是重要的，但是对报告的内在逻辑结构同样要予以注意。案例叙述详略的选择，实际上也就决定了分析部分的结构安排。如果说在案例叙述部分，案例是简略的，而分析中又提不出大量的事实和信息，那么分析中就绝对不会有令人信服的观点。在写作过程中案例叙述详略方式的选择，只能根据分析者的思维特征、写作习惯和分析问题的实际需要来决定，不应有固定的格式。

4.5.2 书面报告的表述方式

在掌握了案例分析的一般模式结构之后，为了准确传达分析研究的成果，还需要考虑表述方式的选择。这一选择并非在研究完成之后独立进行，而应在案例分析研究的整个过程中同步考虑。在此，表述方式主要是指分析和表述的主要着眼点和基本思路。通常情况下，可选择的表述方式可分为三种。

1. 系统方式

系统方式，是将研究对象视为一个持续转化各种投入要素为产出要素的动态系统来进行表述。通过深入理解该系统的各个组成部分及其在转化过程中的相互作用，人们可以更深刻地洞察相关行为，并清晰地识别问题所在。在某些情况下，利用图表来展示整个系统尤为有效，因为图表能够辅助我们理解系统的运作流程以及案例中各角色在系统中的位置与互动关系。遵循这样的逻辑路径进行表述，将使得整个分析过程条理分明，易于把握。

2. 行为方式

重视人的行为是至关重要的，因为组织的存在，其“思维”与“行动”都依赖于具体个体的参与，都是通过成员的行为来体现的。从投入到产出的转化过程，同样是通过人的活动来实现的。人的感知、认知、信念、态度、个性等心理要素，个体在群体中的表现，以及人与人之间的互动、沟通、冲突与协调，组织中的人与外部环境的关系，人们的价值观、行为规范与社会结构，以及相关的组织和技术因素，都是行为表述方式关注的焦点。当选择以行为方式来表述时，可以借鉴系统方式的基本思路，将其有机地融合，以形成更为全面的分析视角。

3. 决策方式

这里所说的决策方式不仅指决策树与决策论，还可指在案例分析中采用的所有规范化、程序化的模型式工具。采用这种方式进行表述，仅仅知道几种备选方案是远远不够的，还应分析和说明各种方案之间的相互关系，并且说明在某一方案实施前所面临的环境，包括会发生什么事件、出现这些事件可能性的大小、某一方案实施后会产生怎样的效果等。总之，一切相互联系的方面，都应清楚而有条理地予以表述。

4.5.3 书面报告的语言

案例分析是一种说理性质的文章，它承载着经过深思熟虑的见解和智慧。这类文章不仅要求内容具备一定的深度和广度，而且在语言文字的运用上也需达到较高的标准。最基本的要求就是语言的精确和简洁。

案例作为分析的具体对象，在文中以叙述的形式展现。对于问题的分析，首要要求就是案例事实清晰。如果案例事实模糊不清，问题也就难以界定，从而使得分析无法有效进行。因此，对案例的描述必须精确、恰当，并且要尽可能简洁。无论是采用简述还是详述案例的方式，语言的准确性和简洁性都至关重要。冗长的叙述不仅会分散读者的注意力，还可能让人失去阅读的兴趣。

在案例分析的过程中，论证同样需要精确而简洁的语言。案例分析除了满足一般说理文的基本要求外，其实践性尤为突出。案例分析书面报告的读者群体，除了教学人员外，主要是管理人员，这些读者通常时间观念极强，对时间的珍视不言而喻。如果报告过于冗长和烦琐，很可能会失去这部分读者的关注，从而削弱报告本身的价值。

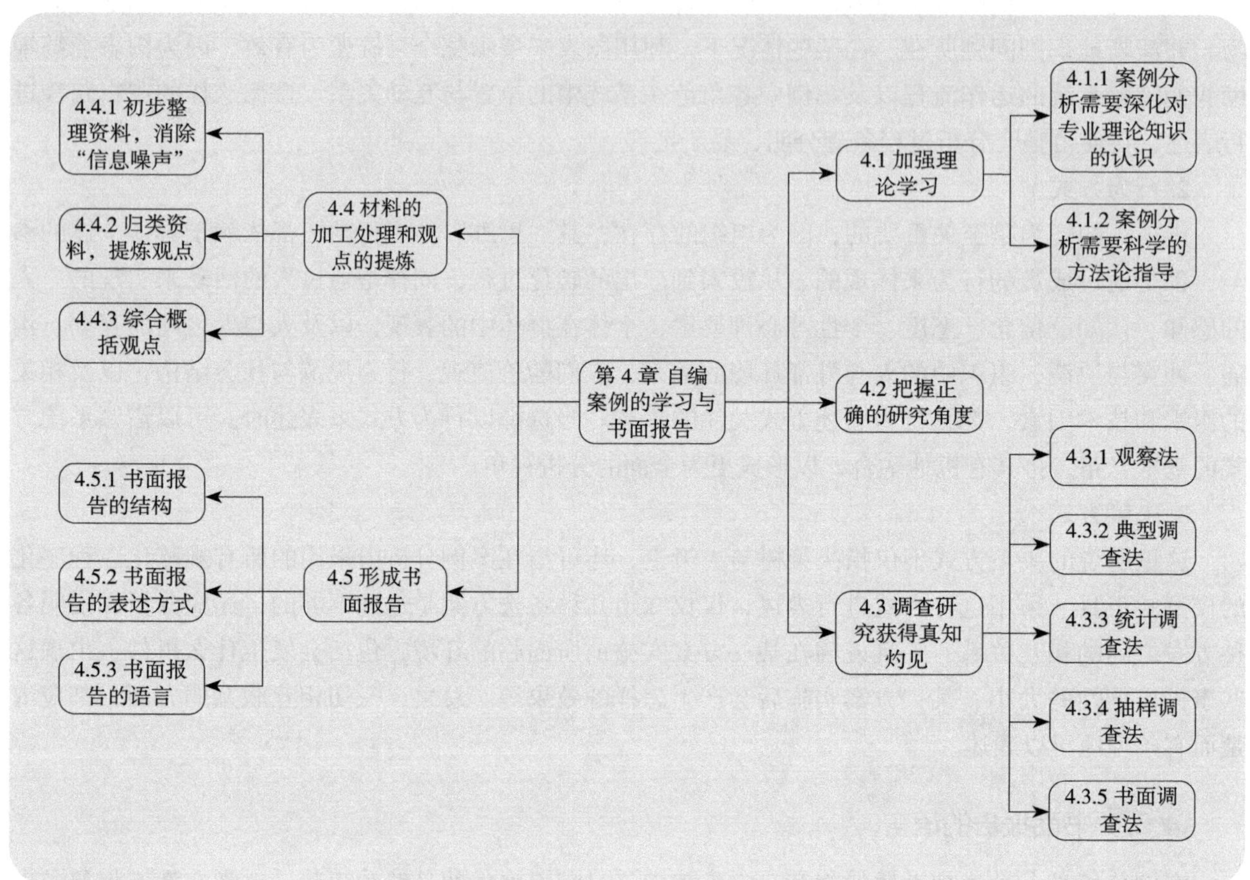

1. 如何把握自编案例的研究角度？
2. 简述自编案例的调查研究方法。
3. 如何对自编案例分析材料进行加工处理和观点提炼？
4. 简述如何形成自编案例书面分析报告。

第 5 章

管理案例分析中的创造性思维

1. 了解什么是创造性思维。
2. 理解管理案例分析中如何强化创造性思维的主观条件。
3. 掌握管理案例分析中的相关创造技法。

5.1 创造性思维概述

5.1.1 思维的内涵

长期以来，人们竞相探讨人类思维，特别是创造性思维的奥秘，呈现出了多理论、多学派的研究格局。

有的学者认为，思维是一种高级、复杂的认识活动，是人脑对客观现实进行间接和概括的反映。思维主要借助语言来进行，它可能揭露事物的本质特征和内部联系，并主要表现在人们解决问题的活动中。人类的思维具有社会性，它的发生与发展取决于人类社会生活及人们的相互交往。也有学者认为，思维作为一种心理现象也是一种反映，它是认识世界的一种高级反映形式。具体地说，思维是人脑对客观事物的一种概括的、间接的反映，它反映客观事物的本质和规律。思维是在人的实践活动中，在感性认识、特别是在表象的基础上，借助于语言，以知识为中介而实现的。实践活动是思维的基础，表象是对客观事物的直接感知过渡到抽象思维的一个中间环节，语言是思维活动的工具。

5.1.2 思维的特征

1. 思维具有间接性和概括性

思维通过其他事物媒介来折射客观事物，这种能力体现了思维的间接性；同时，思维不仅能够反映特定的事物和现象，还能够揭示事物之间的一般联系和关系，这展现了思维的概括性。思维的概括性和间接性是紧密相连的。

2. 思维具有问题性

思维总是指向解决某一任务或问题，正是基于这种意义，人们常说“思维主要表现在人们解决问题的活动中”。

3. 思维具有社会性

思维是受社会生活条件制约的，这一点从人类发展过程中语言的出现、社会交往范围的扩大与人类思维的发展关系中可见一斑。同时，个体思维的发展也依赖于其社会经验的积累，这进一步证明了思维的社会性。

4. 思维具有生产性

思维不仅能够让人深刻地认识客观世界，还能够通过创造思想产品的方式，主动地改造客观世界。

5.1.3 创造性思维的内涵

一般认为，创造性思维是在一般性思维的基础上产生的，它与一般性思维的区别，仅在于它是一种高智力品质。一般性思维与创造性思维之间并没有严格的界限，两者之间不存在不可逾越的鸿沟，创造性思维只不过是一般性思维的发展。因此，创造性思维并不是天才人物的专利品，它是每一个具有正常脑力和体力的人都具有的，问题在于每一个人如何正确进行这种思维活动，并将它与自己的创造性活动联结在一起。这是进行管理案例分析时应认真思考的一个问题。

5.1.4 创造性思维的特征

新颖性和独特性是创造性思维的本质特征。思维的新颖性和独特性，即表明这种思维是与创造性活动联系在一起的，能提供新的、首次的、具有社会意义产物的活动。这种思维活动是思维和想象的统一，是分析思维与直觉思维的统一，它以现成材料为基础，通过想象、构思来解决问题。这种思维活动具有新颖性，因此，它独具卓识，敢于对人们所“司空见惯”或“完美无缺”的事物提出怀疑，能打破陈规，锐意进取，勇于向旧的传统和习惯挑战。

5.2 创造性思维的主观条件

分析本身就是一种思维活动。因此，管理案例分析的过程也就是一个思维的运行过程。如前所述，思维有一般性思维和创造性思维之分，在管理案例分析中能否进行创造性的思维，是决定分析成败的关键。

所谓分析的成功，是针对管理案例分析的目的来说的。管理案例分析的直接目的是追求管理的有效性，它包括经验教训的科学总结，事物之间的内在联系及其本质的揭示，新的更有效的管理方法、技巧或方案的提出，等等。这些都是人们对事物在更高层次上的认识，它具有高智力的品质，很明显，只有创造性思维才能更有效地实现管理案例分析的直接目的。案例分析的间接目的即是案例分析的教学目的，概括地说，就是在前面所说的分析和解决实际问题的能力的培养。分析中创造性思维的展示，正是这种能力的重要表现。

从上不难看出，在管理案例分析中，直接的分析目的和间接的教学目的，是一对不可分离的“孪生姊妹”，二者互为条件，互为目的地存在着、运行着。而推动这两个目的实现的并无其他因素，恰恰是分析者自己的主观努力，正是这种主观努力，为创造性思维的萌发提供了可能。因此，在管理案例分析中要高度重视分析者自己的主观努力，强化分析中创造性思维的主观条件。

那么，应具备怎样的主观条件才能更好地激发这种创造性思维呢?

5.2.1 浓厚的研究兴趣

在管理案例分析中，激发创造性思维的一个关键主观条件便是浓厚的兴趣。这里所说的浓厚兴趣，是指对某一案例分析的渴望，对探索管理技巧、方法和方案的热情投入。有些人认为兴趣是与生俱来的，不可培养，不可改变，这种观点显然与辩证唯物主义相悖。实际上，兴趣作为人的心理特质，是后天形成的，是长期社会影响、教育和训练的产物。

如何培养对案例分析的浓厚兴趣呢？第一，对于未来将投身的管理工作，应抱有强烈的责任感，并对管理案例分析的属性、特色和流程有深入的理解。第二，认识到案例分析是学习管理知识和锻炼管理能力的有效且有趣的手段。第三，在选择研究对象时，应优先考虑那些与自己的过去和未来生活、工作密切相关的案例。

5.2.2 强烈的求知欲

求知欲，这种探索未知世界的心理动力，正是驱使人们采取行动、吸收知识的根本动力。它推动人们从无知到有知，从浅知到深知。在现实的管理活动中，这种求知欲显得尤为关键。

管理本质上是一种创造性的工作，案例分析实际上是对管理领域的深入探索。通过对特定案例的学习、相关理论的研究、实际情况的调查以及对问题的不断探究，人们力求实现新的发现、发明和创造。显然，如果缺乏探索未知世界的强烈求知欲，就不可能满怀热情地投入，更不会激发创造性思维。

5.2.3 一定的知识储备

在思维活动中，人们常常需要从推理的一个阶段逐步过渡到下一个阶段。正因为如此，人们的注意力有时无法支撑完成全部的推理。然而，通过思维过程中的抽象手段，人们能够有效缩短冗长的推理路径，这展现了一种强大的概括能力。因此，抽象和概括是简化思维过程的重要手段，是进行创造性思维的重要条件。

知识储备是提升概括与抽象能力的关键，而这两者的增强又是进一步优化思维操作过程的重要条件。在管理案例分析的教学中，理论学习被置于极为重要的位置，其原因正在于此。正是通过学习必要的管理理论知识，积累了充足的知识信息，学生才能准确地执行概括和抽象的任务，掌握分析的全貌和进程，使案例分析达到一定的深度，并将管理水平提升至新的高度。忽视理论知识的学习、轻视知识的积累、认为管理案例分析可以脱离专业理论课程的观点，显然是错误的。因此，在课程设计中，将管理案例分析课程安排在高年级，正是为了确保学生先具备扎实的理论基础。

5.2.4 毅力和勇气

管理案例分析是一项需要毅力和勇气的工作。鉴于管理领域涉及管理者乃至领导者，权力的影响是不可避免的。因此，一些人在进行管理案例分析时可能会心生顾虑，甚至不敢表达自己的观点，担心不符合教师或领导的期望，从而给自己带来不利影响。在这种心理压力下，可以断言，这样的分析很难出色，也很难激发出创造性思维。因此，在管理案例分析中，必须克服这种不良的心理状态。有意识地锻炼自己的毅力和勇气，勇于探索管理的未知领域，这不仅是在管理案例分析中积极推动创造性思维的重要主观条件，也是作为管理者应具备的宝贵品质。

5.3 发问与联想

5.3.1 发问是创造性思维的起点

发问是天性使然，无论年龄，人总是会有问题的。创造性思维离不开发问，发问是创造性思维的起点。

1. 提出问题有时比解决问题更重要

古今中外，凡是只学不问的人，不论读多少书，最多不过是一个书呆子，很难有所成就。针对提问的意义，爱因斯坦曾有过精辟的论述："提出一个问题，往往比解决一个问题更重要，因为解决问题也许仅是一个数学上或实验上的技能而已；而提出新的问题，新的可能性，从新的角度去看旧的问题，却需要有创造性的想象力。"提问的存在，促使人们必须作出回应。当传统的知识无法解决问题时，就必须借助新的事实和理论来作出回应。一旦新的事实得以揭示，新的理论得以阐明，创造性思维便随之诞生。

在管理案例分析中，要想使分析有独到的见解，有所发现、有所创新，就必须善于提出问题，继而进一步去研究问题的现状及解决问题的办法。在案例讨论中，管理方案并非唯一不变的，不同的学生基于各自对实际情况的理解，通常会提出多样化的解决方案。这些多样的方案恰恰是学生从不同视角提出并分析问题的成果。通过讨论和多方案的对比，更有可能得出全面而正确的方案。

2. 勤思与善思是问题产生的催化剂

提出问题对创造性思维活动的作用无疑十分重大，但是，如果提不出问题又怎么办呢？办法是有的，那就是勤思和善思。

问题来源于生疑，而疑问正是思考的结果，只要勤思就会发现疑点。南宋哲学家朱熹曾说："读书须是仔细，逐句逐字要见着落。若用工粗鲁，不务精思，只道无可疑处。非无可疑，理会未到，不知有疑尔。"一个人在学习研究中能不能提出问题，与其思考的深度大有关系。同样一件事，有的人熟视无睹，或是听到后漠然处之，全然不知其味。而有的人就能发现疑点，提出问题，其区别就在于是否有所思。

在学习和研究中仅勤思是不够的，还应善思。不论是书本上的理论知识，还是实践中的实际经验，总有它一定的道理，因此，学习是必要的；但是人们在接受知识与经验的过程中又绝不能成为它们的奴隶，放弃自己的思考。能从别人不认为是问题的事情上通过思考发现问题，在平常中看出异常，这正是天才人物富有创造性的特征之一，它是发明创造不可缺少的一种能力。

5.3.2 联想促使创造性思维活动的成功

1. 联想的奇妙作用

提出问题仅仅是创造性思维的开始，善于联想才会使创造性思维开花结果。这是因为联想具有跨越不同概念之间鸿沟的能力，它能将看似孤立的概念相互连接，从而揭示出事物之间的共通要素或某种联系，进而触及事物的本质。联想基于人们现有的知识和经验，它是对输入大脑的信息进行编码、处理和转换的过程，这一过程往往蕴含着创造性想象的成分。此外，联想能够激发思维的积极性，促使人们从多个研究角度出发，探寻多样化的解决方案。

联想在创造性思维过程中的魔力是巨大的，不少发明创造与联想有关。比较典型的一例是德国气象学家魏格纳创立“大陆漂移说”的经过。卧病在床的魏格纳面对墙上的一幅世界地图在发呆，因为他发现了一个奇妙的问题：为什么大西洋两岸的弯曲形态那样相似？巴西的亚马孙河口突出的大陆刚好能填进非洲的几内亚湾；而沿北美的东海岸到特立尼达和多巴哥的凹形地带，却能镶嵌欧洲西海岸的凸形大陆。于是魏格纳联想：它们原来是不是就是完整的一块呢？正是在这种联想的启示下，魏格纳“大陆漂移说”产生了。

2. 联想不是想入非非

从魏格纳构建假说的过程中可以看出，联想并非空想或幻想。联想的关键条件之一，便是拥有广博的知识储备。如果魏格纳没有深厚的自然科学知识作为基础，那么他的联想可能仅仅停留在表面，而无法产出有意义的成果。

提问和联想在管理案例分析中对创造性思维活动的激发作用巨大。对于一个案例，如果找不出其中需要重点分析的中心问题，管理案例分析就不可能有一个明确的方向；如果在分析中看不出有需要改进的地方，那么分析就会缺乏新意；如果不善于在调查研究和在对管理的各个方案进行比较中发现问题，不善于建立联想，或者自己不具备必要的知识，那么就不会有所创新、有所发展，就不可能将创造性思维引向成功。

5.4 创造技法

创造技法已成为创造性科学研究的重要内容。经众多的创造学家的深入研究和许多创造型人物对其经验的总结，目前已有的创造技法达 300 多种。为人们熟知的有德尔菲法、哥顿法、模仿再创造法、情报整理法等。

上述创造技法，在某种程度上，都是对各种创新发明手段和思维模式的概括与阐释，它们可以被视为管理案例分析中独特的思维模式。在进行管理案例分析时，并不强求分析者全面掌握这些创造技法的每一个细节，然而，这些技法的基本思路和思维模式，无疑是值得深入学习和借鉴的。接下来将对五种具有代表性的创造技法进行详细介绍。

5.4.1 检查提问法

此法最初由奥斯本提出，由于它几乎可以适用于任何类型和场合的创造活动，所以，它有创造技法之母的美称。

检查提问法又称核验表法，它的基本思想是根据需要解决的问题，或者需要发明创造的对象，列出有关的问题，然后一个一个核对讨论，从中获得解决问题的方法和创造发明的设想。检查从以下九个方面进行。

（1）转化。现有的发明有无其他的用途？

（2）适应。现有的发明能否引入其他的创造性设想？

（3）改变。现有的发明可否改变形状、制作方法、颜色、声音、味道？

（4）放大。现有的发明能否扩大使用范围，延长它的寿命？

（5）缩小。现有的发明可否缩小体积、减轻重量或者分割化小？

（6）代替。现有的发明有无替代用品？

（7）重组。现有的发明能否更换型号，或更换顺序？

（8）颠倒。现有的发明是否可以颠倒过来使用？

（9）组合。现有的几种发明是否可以组合在一起？

以上九个方面，实质上是一套新观点的启发式提示，它们可以作为自我提问的框架，有助于打破思维定式，提升思维的灵活性和创新性。

5.4.2 逆向思维法

习惯性思维是人们创造活动的障碍，它往往束缚着一个人的思路。如果能突破这种习惯的约束，用挑剔的眼光多问几个为什么，甚至把问题加以颠倒，反向探求，倒转思考，可能又会出现一个新的天地。

逆向思维法除去对物的发明这一面，仅从构思的方法来看，有以下三种类型。

1. 反转型逆向构思法

此法是指从已有事物的相反方向，通过逆向思维，来引发创造新东西的思路。不论是在自然界还是在社会生活中，事物往往都有正反两个方面的意义。通过逆向思维认识和理解事物正反两个方面的意义，并按一定要求，以某种特殊方式进行反转，往往会创造出某些新的事物来。

2. 转换型逆向构思法

这种方法是指在创造过程中，遇到困难或阻碍，使创造停滞不前时，可以把思考的重点从一个方面转向另一个方面。

3. 缺点逆用构思法

这是一种利用事物的缺点，化弊为利的创造方法。社会生活中有些事物所表现出来的某种属性于人是有害的，但是，也可以采取一定措施化害为益。例如处理废物生产沼气、利用蛇毒治病等，都属此类构思法的思维成果。

5.4.3 分解思考法

这种方法就是把整体化为局部或把大问题分解成小问题的思考方法。任何事物或系统都是由各部分组成的，任何问题都有各种各样的相关因素，同时任何一个大问题也是由许多小问题、小矛盾组成的，因此要解决复杂问题，必须把对象分解成一个一个的小问题，使每个问题求解的难度减小。

分解的方式，大致有以下五种。其一，对原料、材料进行分解；其二，对成本组成进行分解；其三，按制造工艺进行分解；其四，按功能进行分解；其五，对创新问题的各种矛盾进行分解。只是分解时应继续把握住事物、系统或问题的总体功能、总目标，否则这种分解就会失去意义。

5.4.4 类比法

这种方法涉及将相似或同类事物进行对比，探讨它们在其他方面的共通或相似之处。通过这种比较，可以拓宽视野，打开思维的大门，由此及彼地进行联想，从而引导出创新性的解决方案。这种类比方法既区别于从一般到特殊的归纳法，也不同于从特殊到一般的演绎法，它通过对比两种事物，将形象思维与抽象思维融为一体，形成一种独特的分析方法。在案例分析中，主要有以下三种类比方法。

1. 直接类比法

直接类比法是一种在策划和创意过程中常用的方法，它通过比较两种事物之间的相似之处，从而推导出它们在其他方面的相似性。这种方法不仅适用于自然界的现象，也适用于人类社会的各种现象，通过直接类比法，可以得出许多具有创新性的想法和点子。直接类比法的应用非常广泛，无论是在科学研究、产品设计还是问题解决中，都能发挥重要作用。

美国牧童杰福斯的故事就是一个典型的直接类比法的应用案例。通过观察玫瑰花刺能够阻止羊群穿越的事实，杰福斯灵感一闪，发明了带刺的铁丝网来防止羊群破坏菜园。这个简单的直接类比不仅解决了实际问题，还为后人提供了新的思路和方法。

2. 象征类比法

象征类比法是指以事物的形象或能抽象反映问题的词汇来比喻问题，间接反映或表达事物的本质，以产生创造性设想的方法。

3. 拟人类比法

拟人类比法又被称为“亲身类比”或“角色扮演”，是指在解决某些问题时，让我们设想自己变成了问题中的某些事物，从而去设身处地、身临其境地感受体验问题的本质。

5.4.5 大胆设想法

大胆设想法就是彻底冲破现存思想的束缚，对现在尚没有，但有可能产生的事物进行大胆设想的创新思想方法。

大胆设想并非胡思乱想，它应遵循一定的原则和方法。

（1）不盲目迷信权威和经典，而敢于摆脱现有事物的约束，大胆想象。

（2）以大胆怀疑为前提，并同时进行认真、仔细的分析和想象。

（3）即使对已经熟悉的东西也进行认真的推敲，力争有新的发现。

（4）扩大想象的范围，捕捉创造想象的火花，激发灵感。

（5）进行大胆的构想和探索对比，激起创造性思维的火花。

（6）把形象思维与逻辑思维结合起来，既异想天开，又脚踏实地。

在深入管理案例分析的过程中，学习一系列创造技法至关重要。要真正掌握这些技法的精髓和核心，才能有效激发创造性思维。须知，不存在一成不变的模板，也没有所谓的完美方案，一切都需要根据实际情况灵活应对。然而，如果未能理解这一点，未能洞察管理要素及其变化性，不擅长多角度和多种途径探讨问题，或者思想变得僵化，将自己的思维局限在脱离实际的教条之中，不敢于突破常规，那么就无法进行高质量的分析，更毋庸谈创造性思维的发展。

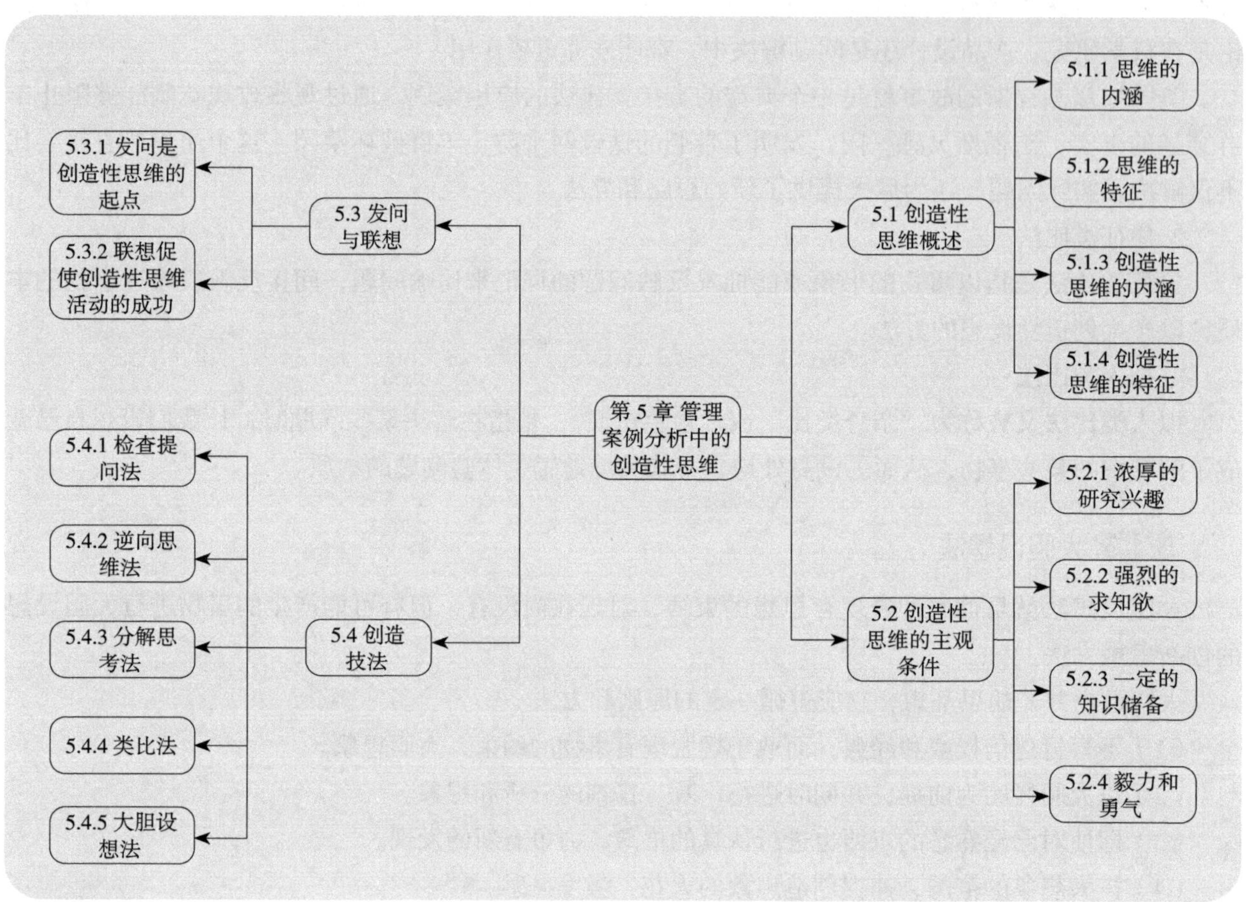

1. 什么是创造性思维？创造性思维具有什么特征？
2. 如何强化创造性思维的主观条件？
3. 如何看待发问与联想在案例分析中的重要性？
4. 管理案例分析中的创造技法有哪些？应该如何应用这些技法？

第6章

管理案例分析成果的口头表述

1. 了解管理案例分析成果口头表述的作用和意义。
2. 了解管理案例分析成果表述的要求。
3. 掌握成果口头表述中克服羞怯心理的有关方法。
4. 掌握管理案例分析成果口头表述的评价方法。

6.1 口头表述的意义

演讲是门艺术，掌握了这门艺术就有了一种影响他人甚至是征服他人的能力。管理案例分析成果的口头表述作为一个重要的教学环节，其意义正在于培养分析者的这种能力。作为一个管理者，具有演讲能力是至关重要的，甚至关系到事业的成败。要从事管理工作，就得在一定会议上发表自己的观点、看法，还要向用户推销产品，要在接待会上发表适宜的祝词……这些都要靠演讲来实现。演讲的成功与否，直接影响到听众对演说者的印象、看法和信任程度。

掌握演讲艺术的作用还不仅在于此，从更深层上讲，培养学生掌握演讲艺术，对提高学生多方面的管理素质，对其个人的成长都具有重要意义。

6.1.1 帮助管理者表达自己的思想

管理者在实施管理的过程中，都会碰到如何表达自己思想的问题。掌握演讲技巧的第一步，便是注意逻辑性地组织观点和材料。对于进行案例分析演讲的人来说，这意味着需要精心编排自己的见解和论据，包括讲述内容的顺序、如何开场、如何收尾等，并力求表达简洁明了。只有这样，才能激起听众的兴趣。显然，光凭口才不足以保证成功，空洞无物的言辞也无法触动听众的心灵。因此，一位优秀的演讲者所需的不仅仅是丰富的演讲内容和高超的表达技巧，还包括根据个人气质和特点形成的独特演讲风格，这些都是有效表达演讲者思想的必备要素。

6.1.2 有利于培养管理者的自信心

自信心在个人职业生涯中扮演着至关重要的角色，对于管理者而言，这一点尤为突出。演讲是管理者增强自信心的有效途径。在案例分析教学中，学生们在最初尝试口头表达时，普遍存在恐惧和羞怯的心理。这种心理是人们在面对不熟悉的场合时，出于自我保护的一种本能表现，其根本原因在于自信不足。然而，经过多次的练习和训练，这种情况能够得到显著改善。可以肯定地说，学生一旦习惯了演讲的场合，能够自信地掌控全场，恐惧和羞怯便会随之消散。显然，这正是自信心得到增强的体现。

6.1.3 使管理者深入认识自己

在案例分析中，分析者向他人阐述案例时，必须对案例本身有深入的理解。通过演讲，分析者能够直观地感受到自己对案例的了解程度和认识深度。这种对自身所学的深入探索，不仅加深了自我认知，还激励着分析者（演讲者）不断学习和深入研究，持续地寻求知识和经验的积累，以充实和提升自我。

6.1.4 增强管理者的责任感

向公众表达个人观点，不可避免地要接受公众的评判。分析者的论点是否合理、见解是否深刻，听众自有公论。如果演讲内容荒诞不经，就会损害个人形象，对于管理者来说，这是必须避免的。同时，在公开场合发言，无论是评价他人的管理行为，还是对自己未来行为的承诺，都应当负起责任。“君子一言，驷马难追”，不负责任的演讲是不值得称道的。演讲者必须对自己所言负责，确保自己的观点、见解和分析符合客观实际。

6.2 口头表述的要求

管理案例分析成果的口头表述采取演讲的形式，既然表述采取演讲形式，那么对于表述者而言就应达到演讲的基本要求。此外，在案例分析成果表述会的组织方面和表述者自身方面也有相应的要求。

6.2.1 案例分析成果表述会组织方面的要求

本书第 4 章对于规范性案例课堂讨论的有关问题已经做了较详细的阐述。本小节中所说的案例分析成果表述会组织方面的要求偏重于自编案例分析，具体要求如下。

1. 会场的布置要既庄重又简朴

“管理案例分析成果表述会”几个字应醒目地置于会场的正前方，使会议的主题鲜明突出。演讲台应居于会场正中，在其右侧或左侧方应斜放一张桌子，供主持表述会的教师使用。

2. 会址的选择要适当

会议选择的场所应根据参加会议的人数多少来决定，尤其注意不应将少数人安排在过于大的场所。一般表述会是以一个教学班为单位进行的，因此，在这种情况下，选择教室作为会议场所即可。

3. 尽量邀请有关领导和其他专业方面人员参加

这里的领导主要是指学校领导，也包括与学生入学前和毕业后工作有关的领导；另外，有关专业方面的人员，在可能的情况下也宜邀请参加。

4. 会议要保持良好的秩序和气氛

主持会议的教师应在演讲前宣布会议的注意事项，并使与会者充分认识到保持良好的秩序对演讲的重要性。为了使会场气氛良好，当表述者走上讲台时，会议主持者应带头鼓掌。

5. 表述要井然有序地进行

这种表述活动，要求教学班的所有同学都必须参与，无一例外。在表述的顺序上，与规范性案例讨论一样，需要特别关注“第一炮”的重要性。因此，教师需进行周密的安排。不论是采取自愿上台演讲的方式，还是按照既定顺序进行，教师都应有意从表达能力较强的学生中挑选一两位率先登台演讲，以此发挥示范和引领的作用。

6.2.2 对表述者的要求

为确保这种表述达到预期的训练效果，应对每位表述者提出具体的要求。这些要求应在学生开始表述之前就予以明确，以便表述者在整个表述过程中能够切实关注并遵守这些要求。

1. 时间要求

根据案例分析教学阶段的不同，表述时间的长短也不一致。一般来说，在规范性案例学习的课堂讨论阶段上，分析成果表述的时间应长一些，但也不应超过二十分钟。设定这一时间限制是基于以下三个方面的考量：首先，考虑到听众注意力的局限性。多项研究显示，听众对于演讲的注意力是有时间限制的，通常在演讲开始的二十分钟内，听众的注意力最为集中，二十分钟后注意力便开始分散，一个小时后则急剧下降。因此，设定时间限制的目的是让表述者注重演讲的时间管理，培养在最佳时间内有效表达的习惯。其次，为了锻炼表述者的概括能力。在有限的时间内清晰表达分析成果，表述者必须保证逻辑清晰和语言精练。最后，考虑到教学总体的时间限制。若一个教学班中每个学生都需表述，如果个人占用时间过长，不仅会剥夺其他同学的表达机会，还可能导致听众疲劳，同时也不符合整体教学时间的安排。

2. 准备要求

演讲大致可分为娱乐性演讲、传授性演讲、说服性演讲和鼓动性演讲四大类。管理案例分析成果表述演讲是介于传授性和说服性之间的演讲，或者说是二者兼而有之的演讲。传授性演讲，目的是向人们传授某种知识；说服性演讲，目的是使听众放弃自己的看法，同意演讲者的观点。对于案例分析的成果表述者来说，就是要将一个案例分析透，让听众从自己的分析中得到新的知识、受到启发，并按自己提的方案去从事管理。这绝不是信口开河所能办到的，而是需要深思熟虑。因此，要想使表述达到好的效果，表述者对自己表述的内容应有充分的准备。

在表述之前，教师通常需要检查表述者的讲稿。讲稿与书面分析成果之间存在差异，二者在表述方式、思路、结构和细节上各有不同。讲稿可以是详尽的逐字稿，也可以是简明的提纲式讲稿。鉴于案例分析成果表述教学的重要性与严肃性，没有准备讲稿的学生原则上不得上台进行表述。

3. 语言要求

口头禅在演讲中是一种禁忌，它不仅割裂了演讲内容的连贯性，也削弱了演讲的氛围，严重时甚至会极大地影响演讲的整体效果。口头禅的表现形式多样，例如有些人讲话时频繁使用“这个”，无论是开头还是结尾都不离“这个”；还有些人在每句话结束后习惯性地说“啊”，一段话中可能出现十几次甚至几十次。这样的习惯会让听众的注意力从演讲内容转移到计数演讲者说了多少次“这个”“那个”或者“啊”。试想，这样的演讲怎能达到预期的效果呢？

教师应当明确将减少口头禅作为一项基本要求，并在学生进行表述的过程中细致记录口头禅出现的频率，进而通过成绩来直观反映口头禅对演讲效果的影响。当然，帮助那些习惯性使用口头禅的学生改正这一习惯，需要一个过程，急功近利并不可取。然而，只要教师提出明确要求，并实施相应措施，口头禅是完全可以被克服的。

6.3 口头表述的技巧

案例分析成果的口头表述，本质上是一种演讲。一次出色的演讲，是语言魅力、情感表达和身体姿态的完美融合。它不仅体现了个人的知识积累、品德修养，更是表述者长期在语言表达、思维逻辑和身体仪态等方面精心修炼的成果。为了取得良好的表述效果，表述者可以从以下几个方面进行针对性训练。

6.3.1 正确选择演讲方式

演讲的方式大致可分为四种：照本宣科式、背诵式、即兴式和有准备的即兴式。每种演讲方式都有其独特的优势和局限性，适合不同的演讲者和场合。在案例分析成果的口头表述中，应当选择哪种演讲方式呢？在教学实践中，许多学生倾向于采用照本宣科的方式，逐字逐句地朗读，导致演讲生硬、缺乏活力，也无法展现演讲者的风采。也有一些学生则选择背诵式演讲，但这种方式往往过于刻板，一旦遗忘某部分内容，演讲就可能中断，甚至出现尴尬的“卡壳”现象。

鉴于案例分析成果表述的特点，建议采用有准备的即兴演讲。由于演讲内容正是分析的案例，因此在表达前一般已经对内容有了深入的研究。在有准备的情况下，我们可以进行即兴演讲，根据听众的反应和时间限制灵活调整讲话内容，使其更加生动、活泼，从而达到最佳的表达效果。

当然，究竟选择何种方式来表述分析成果，这需要根据个人的实际情况来决定。演讲者应当根据自己的心理状态和对演讲技巧的掌握程度，选择最适合自己的演讲方式。如果演讲者是初次登台，对即兴演讲缺乏信心，那么不妨先采用照本宣科式，之后再逐渐过渡到即兴演讲。

6.3.2 正确运用声音

演讲是通过声音传递信息的。好的声音，不仅能准确、恰当地传情达意，更能触动听众的心弦，令其沉醉其中。相反，倘若声音欠佳，非但无法清晰传达演讲者的思想与情感，还可能引起听众的厌倦，使演讲显得平淡无奇，从而损害演讲效果。

演讲声音要达到理想的效果，应从以下三个方面下功夫。

1. 吐字清晰

清晰准确的声音是演讲者有效传递思想和情感的基石。若发音不准确，词句含糊，听众将无法理解演讲内容，从而难以实现演讲的目标。为了确保演讲时吐字清晰，演讲者可从三个方面努力：首先，要恰当运用发音器官，确保发出的每个音节都准确无误，形成清晰可辨的语音。其次，需根据会场空间的大小来调整音量。在教室等较小空间进行案例分析成果的口头表述时，声音相对易于控制。然而，在较大的室内场所或使用话筒的情况下，应注意音量大小，以适应环境需求。最后，要关注声音的传播方向，确保声音能够均匀覆盖所有听众。演讲时应面向全体听众，避免只将声音传递给部分听众，而让其他人感到被忽视。

2. 清亮圆润

所谓清亮圆润，是指演讲者的声音清脆悦耳，具有一种天然的吸引力，能够让人感到愉悦。虽然这在一定程度上受演讲者先天条件的限制，但更关键的是后天的培养与锻炼。例如，有些人可能天生口吃，但通过坚持不懈的练习，这一缺陷是可以被克服的；而对于那些先天条件本就优越的人来说，经过系统的训练，他们的声音将达到更加理想的境界。

3. 富于变化

声音的高低起伏，是表达思想和情感的必要手段。如果声音单调乏味，缺乏必要的变化，就如同朗读文章时缺少了应有的抑扬顿挫，容易让人感到不耐烦，甚至昏昏欲睡。

6.3.3 注重形象

演讲者的形象对于演讲的成效同样至关重要。如果演讲者的形象欠佳，可能会让听众感到不悦，甚至产生厌恶的情绪，这样就难以触及听众的心灵。

在演讲时，演讲者在塑造自身形象方面应留意以下几点：精神饱满、充满自信、举止大方、站姿得体、表情自然、着装适宜。

演讲时，演讲者应站在听众前方的正中央，确保光线能够照亮面部，让不同位置的听众都能清晰地看到演讲者，并感受到演讲者的表情变化。演讲者的面部表情应以微笑为主，时刻注意保持与听众的目光交流，避免过分仰视或低头盯着地面或讲稿。恰当的面部表情不仅能感染听众，还能通过观察听众的反应，了解他们对演讲的兴趣程度。

演讲者的着装应以整洁大方、庄重朴素为原则，过于随意的装扮会损害形象，也是对听众缺乏尊重的表现。此外，站立姿势也需讲究，原则上应以方便走动和发声为标准。

6.3.4 重视开头和结尾

演讲的开头与结尾对整个演讲的效果起着决定性作用。在案例分析成果表述会上，不时有人这样开场："同学们，我不擅长演讲，如果讲得不好，请大家多多包涵。"然而，这种谦虚之词实则多余。这种开场白反而会削弱听众的期待，因此，这种开头并不可取。同样，演讲的结尾也很关键，若草草收场，即便前面内容精彩，也会让人有"虎头蛇尾"之感。

关于演讲的开头，虽无固定法则，但以下几点建议可供借鉴：首先，形式要力求新颖、别致，以吸引听众注意；其次，内容要出新，出奇制胜，给听众带来新鲜感；再次，要简洁明了地表明演讲宗旨，自然过渡到正文；最后，要有气势和魄力，争取寥寥数语就折服听众。许多名人在这方面树立了典范。例如，革命烈士恽代英在一次晚间演讲中，以三声大笑作为开场，瞬间吸引了听众。

演讲的结尾应注意以下三个方面：一是进一步揭示主题，加强听众对演讲内容的理解；二是运用启发性的语言，引导听众思考；三是在适当时候激发听众的情感，促使他们付诸行动。

6.4 口头表述的评估

学生在案例分析成果表述会上表述完自己的分析成果之后，即意味着一轮案例分析的结束。及时进行案例分析成果的评估，是管理案例分析教学不可缺少的一项重要工作。定性分析和定量分析相结合是案例分析评估的基本方法。具体的做法是将学生的案例分析从五个方面予以计分考核，计分考核的五个方面及其要求如下。

6.4.1 案例是否清楚完整

案例是分析研究的直接对象，学生的案例分析不论采取何种表述（包括书面和口头表述）方法，都应确保读者或听众能够清晰地理解案例的内容和整体框架。如果分析结果无法让受众对案例情况有一个明确的认识，那么评价分析内容的准确性便无从谈起。

这不仅是对他们观察和表述问题能力的一种检验，也是对这两种能力的进一步锻炼。倘若观察问题不够细致、深入，便无法获取充分的信息，甚至可能遗漏案例实体运行中的关键要素，这无疑会对后续的分析工作产生直接影响。同时，如果对管理活动的客观存在无法做到清楚而完整的表述，则表明学生缺乏基本的问题分析能力，更遑论进行深入的分析。因此，评估案例表述的清晰度和完整性具有极其重要的意义。

6.4.2 研究角度是否正确

如前所述，案例分析的研究角度有既定的要求，那就是立足于管理艺术的探索和管理水平的提高，这一既定要求不仅仅是为了降低学生分析案例的难度，更重要的还在于体现了管理案例分析的专业性质。案例分析的书面表达实质上是一种写作活动，但它并非简单的文字堆砌，而是一种在管理专业知识学习与应用过程中进行的写作。显然，如果分析研究的视角偏离了既定要求，使案例分析流于随意，那么其质量便难以得到保证。缺乏规范性的训练，学生是无法获得成长的，因此，教师必须对分析的角度是否准确进行严格的考核。

6.4.3 分析是否新颖

管理劳动的创造性本质决定了案例分析的核心价值。若案例分析总是局限于复述既有的结论，缺乏创新性和独到见解，那么这样的分析便失去了实际的意义。因此，在评估学生的案例分析时，特别需要从创新性的角度出发，对其进行必要的考核。

新颖是一个较抽象、弹性较大的概念。最大的新颖莫过于从无到有，但如果用这样的标准去评价学生的分析成果，显然不符合实际。在案例分析中所说的新颖性，主要是指学生有自己的见解，而且在分析表述其见解中能够自圆其说，具体表现为以下三种情况。

第一，通过案例分析，学生能够提炼出若干基本观点。尽管这些观点并非学生原创，但从整体来看，基于案例分析的基础，这些观点能够汇聚成一个独立的视角。学生的这种独立视角，正是分析工作中新颖性的体现。

第二，学生能对案例中的某些管理行为进行合理解释，并能够总结出经验，甚至进一步提出具有建设性的意见，为实际管理工作提供切实的参考。

第三，在案例分析中，学生虽然对有些管理现象不能做出圆满解释，但能够洞察问题所在，并明确提出深入研究的必要性。

当然，上述关于分析新颖性的阐述，是基于学生的实际水平，针对他们的具体情况而做出的解释。这并不意味着要排斥那些在分析中展现出创造性思维和独到见解的学生，他们所表现出的新颖性同样值得认可和鼓励。

6.4.4 建议是否合理可行

管理案例分析课具有很强的实践性，寻求管理的最佳方法、方案是分析研究的重要目的之一。因此，作为一篇案例分析，原则上都应有这方面的内容。这些内容可以以建设性意见、启示、认知或期望等形式在文中呈现。从某种意义上讲，这些内容是分析报告的归宿，它们在一定程度上体现了整个案例分析报告的实际应用价值。因此，在对案例分析进行评价时，非常有必要考量建议的可行性、合理性。

6.4.5 口头表述能力是否优秀

对于管理者而言，准确地运用语言至关重要。正是基于这一原因，在案例分析的教学过程中，才设置了案例分析成果的口头表述环节。口头表述能力评估，就是通过参加案例分析成果表述会，在认真听取学生口头表述后，对其表述能力做出的评价。

上述五个方面在具体的评估过程中可以采取列表的形式制成“案例分析成果评估表”，按 100 分分摊到五项内容上，每一项再划分为三个档次（视实际情况而定），每一档次按一定比例再给分，如表 6–1 所示。

表 6–1　案例分析成果评估表

考核项目	档次		
	好 （20 分）	中 （15 分）	差 （10 分）
案例是否清楚完整	清楚、完整	较清楚、较完整	不清楚、不完整
研究角度是否正确	正确	较正确	不正确
分析是否新颖	新颖	较新颖	不新颖
建议是否合理可行	可行	基本可行	不可行
口头表述能力是否优秀	优秀	一般	较差
定量分析合计			

管理案例分析成果的口头表述评估，可以在教师的主持下，由教师、学生以及相关领域人员共同组成的评估小组进行实施。首先，评估小组成员将对学生们的分析成果逐项进行细致的评审。随后，教师汇总评审意见，以确定学生的分析成绩。案例分析的评估资料，在教师完成本轮案例分析的教学点评和总结之后，将由教师负责保管。待期末考试结束，口头表述的评估结果将与其他考核结果一同计入学生的总成绩。

本章思维导图

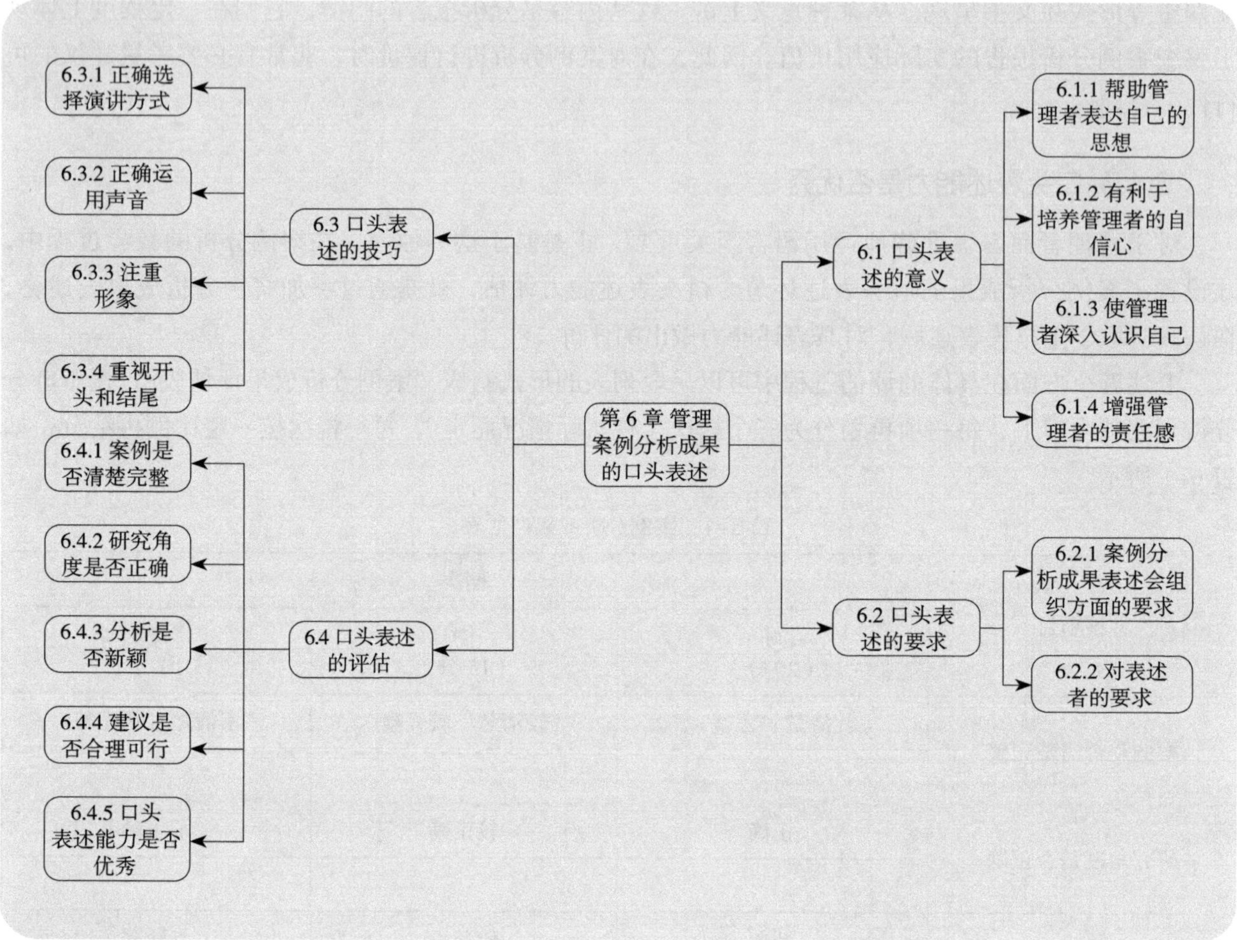
第 6 章 管理案例分析成果的口头表述
6.1 口头表述的意义
6.1.1 帮助管理者表达自己的思想
6.1.2 有利于培养管理者的自信心
6.1.3 使管理者深入认识自己
6.1.4 增强管理者的责任感
6.2 口头表述的要求
6.2.1 案例分析成果表述会组织方面的要求
6.2.2 对表述者的要求
6.3 口头表述的技巧
6.3.1 正确选择演讲方式
6.3.2 正确运用声音
6.3.3 注重形象
6.3.4 重视开头和结尾
6.4 口头表述的评估
6.4.1 案例是否清楚完整
6.4.2 研究角度是否正确
6.4.3 分析是否新颖
6.4.4 建议是否合理可行
6.4.5 口头表述能力是否优秀

思考与练习

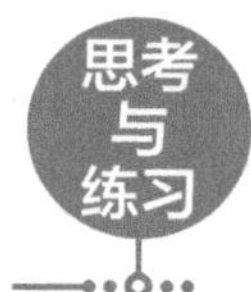

1. 简述管理案例分析成果口头表述的作用和意义。
2. 管理案例分析成果表述的要求是什么？
3. 如何提高管理案例分析成果口头表述的效果？
4. 如何评价管理案例分析成果？

第 7 章

中国本土经典管理案例

案例 7–1 芬尼克兹：内部创业如何激活组织活力？

案例原文

摘要：一方面，国家提出“大众创业、万众创新”战略以推动转型升级；另一方面，海尔等大公司也正在大力推动公司内部创业。然而，公司内部创业是一个异常复杂的过程，其要挑战公司内部原已存在的组织结构和业务流程，无法避免与组织惯例相冲突，导致关键资源难以得到有效整合。芬尼克兹运用内部创业比赛与用人民币投票选才，10 年时间内裂变出 7 家创业公司且都获得了显著的成效。这种内部创业机制既解放了老板，又激活了员工，并让组织充满活力。芬尼克兹内部创业的诱因是什么？它是如何运作的？内部创业的障碍及其对策有哪些？内部创业成功的关键要素有哪些？应该如何设计相应的内部创业机制？本文以问题为导向，以时间线与事件线详细描述了芬尼克兹内部创业的背景、情境、过程、遇到的决策问题以及解决方法。

关键词：内部创业；创业机制；组织活力；芬尼克兹

案例 7–2 佳惠果果绿：冰糖橙产业链创业生态系统搭建之路

案例原文

摘要：动态能力一般是指组织面临动荡环境时，感知并抓住新机遇，对企业内外部资源进行保护、整合与再配置，以实现持续竞争优势的能力。2014 年以来，佳惠果果绿从农村电商做起，逐步壮大成为麻阳地区农业产业链主企业，年产值超 5 亿元，带动了当地冰糖橙产业链升级。本案例从动态能力视角出发，通过梳理佳惠果果绿在拓宽业务过程中的技术融合、平台创新等实践，探究企业如何通过自身发展来提升动态能力，以满足企业发展不同阶段的业务增长需求。

关键词：动态能力；产业链；链主企业；乡村振兴；农村电商

案例 7–3 卓玛的初心——云品壹佰的使命、愿景和价值观

案例原文

摘要：本案例以云品壹佰农业科技有限公司为研究对象，系统梳理藏族女企业家斯娜卓玛 16 年间的 5 次持续创业历程，探讨创始人初心的源起、回归、升级和迭代对企业战略决策方向的影响，帮助学习者深入理解企业使命、愿景、价值观的本源、内

容与作用，为工商管理专业学习者和企业管理者提供参考借鉴。

关键词：使命；愿景；价值观；初心；农业强国

案例 7-4 电动汽车还是燃油汽车？——比亚迪公司的四次战略选择

案例原文

摘要：比亚迪公司从选择手机电池业务起步，仅用不到 10 年时间就一举成为全球充电电池生产商的第二名；随后比亚迪公司通过收购陕西秦川汽车来进行第二次战略选择——进军汽车整车生产制造行业，仅用 3 年时间，比亚迪汽车销量超过 60 万辆。2009 年，比亚迪进行了第三次战略选择，战略方向确定为新能源，包括 LED、光伏发电及太阳能等领域。2010 年，比亚迪公司战略问题集中爆发：经销商退网、公司裁员、汽车销量严重下滑及公司高管辞职等。痛定思痛之后，比亚迪公司对其战略进行第四次选择：IT、汽车（重点电动汽车、回归传统燃油汽车）及新能源。本案例围绕比亚迪的四次战略选择，研究企业发展中的战略得与失，旨在对企业进行战略决策提供借鉴指导。本案例适用于本科生及 MBA 教学的“企业战略管理”课程，尤其适合在公司层战略决策等方面的案例教学中讨论使用。

关键词：企业战略；战略决策；战略演变；资源优化配置

案例 7-5 理想汽车：向左走，还是向右走？

案例原文

摘要：作为新能源汽车造车新势力三剑客之一，理想汽车在创业初期凭借着对市场的精准定位，以增程式汽车成功打开新能源车市场，然而新能源车的外部市场环境发生变化，对新能源车的政府补贴也在逐年减少。虽然已在两地上市融资，但 2021 年面对行业变化及自动驾驶及智能技术的快速迭代，理想汽车不得不进行新能源车细分市场上的战略变革，未来是转战纯电动车的同时继续扩大增程式汽车的现有市场，还是加大研发全力进军纯电动车？理想汽车该如何通过战略变革抓住新能源汽车的爆发式增长机会，成功实现能力跃迁？本案例聚焦理想汽车的战略定位调整决策，使学生了解随时扫描环境，洞察市场的重要性，同时掌握企业战略变革的内外部因素分析方法与决策思路。

关键词：战略定位；战略变革

案例 7-6 格力电器的多元化战略——馅饼还是陷阱？

案例原文

摘要：珠海格力电器股份有限公司于 1991 年成立，1996 年 11 月在深圳证券交易所上市，是一家多元化的全球型工业集团，主营家用空调、中央空调、空气能热水器、冰箱等产品。公司以“建百年企业，创国际品牌”为发展目标。但是，格力的成长道路并不是一帆风顺的，在 2015 年中国空调市场整体销售额同比下滑 4.8% 的情况下，格力电器销售额同比却下滑近 30%，离董明珠 2012 年提出的“5 年再造一个格力”，即达到 2000 亿元销售额的目标似乎愈加遥远。此刻，为实现这一目标，格力电器开始走上了多元化的道路，但实施多元化战略对格力而言到底是馅饼还是陷阱？本案例通过回顾格力电器面临专业化战略坚守、多元化战略延伸的抉择背景，再到开始尝试多元化战略的转变历程，并着力介绍格力电器多元化战略的最初布局及后续发展轨迹，让大家思考格力电器的多元化战略对格力来说到底是馅饼还是陷阱。

关键词： 专业化；多元化；战略

案例 7–7　益丰大药房：医药零售业的并购大师

案例原文

摘要： 益丰大药房从一家平价药品超市成长为医药零售巨头仅仅用了 14 年时间，其间经历了“平价”模式的省内发展和“新开 + 并购”的省外扩张阶段。目前，药品、保健品、医疗器械以及与健康相关的日用便利品等的连锁零售业务是益丰大药房的核心业务。本案例以问题为导向，以时间为脉络，以事件为线索，详细描述了益丰大药房并购的背景、情境、过程、遇到的决策问题以及解决方法。从并购战略层面叙述了益丰大药房股份有限公司如何通过多次并购的行为积极抢占中国市场、形成巨额商誉，以及其为构筑企业长期竞争优势所做的战略决策和取得的经营绩效，以期给我国医药零售业的发展提供宝贵的经验和借鉴。

关键词： 医药零售业；并购；战略抉择

案例 7–8　红星美凯龙：“家居流通 4.0”引领互联网 + 供应链下的家居流通业全面升级

案例原文

摘要： 随着中国经济增长步入新常态，消费者的消费习惯和生活方式发生深刻改变，传统商贸流通企业受到很大冲击，一些家居企业尝试触网转型，搭建电商平台，但由于产品差异、物流配送等问题，鲜有成功案例。作为家居龙头企业的红星美凯龙如何提升新常态下的竞争力、引领行业转型？面对移动互联的冲击，红星美凯龙又是如何成为第一家家居流通业的上市公司？本案例以红星美凯龙在 2016 年开展的“家居流通 4.0”转型升级为背景，阐述美凯龙互联网 + 供应链的总任务、过程、措施和成效，剖析家居企业在移动互联浪潮中呈现平台供应链化的新问题和新特点。

关键词： 家居流通；互联网 + 供应链；转型升级

案例 7–9　卷土重来，回天有力——回力球鞋的复兴之路

案例原文

摘要： 本案例讲述了一家中华老字号企业回力自辉煌至破产，然后再度重生的故事。案例以回力三次转型的历程为主线，结合时代背景，运用战略管理、品牌生命周期和品牌激活等理论，讲述了国产老字号品牌回力在多年的商场沉浮中，如何利用品牌资产涅槃重生，抓住时机重回市场，善用营销保持热度，并成功实现品牌重塑的历程。案例最后对回力如何保持品牌的持续竞争力进行了总结性思考。本案例旨在引导学生理解企业转型过程和掌握品牌激活理论，思考其他中华老字号品牌面临的问题并提出相应解决方案。

关键词： 老字号品牌；品牌资产；品牌生命周期；品牌激活；品牌管理

案例 7-10 数字化营销：三一重卡如何从红海中开创蓝海？

案例原文

摘要：湖南行必达网联科技有限公司（以下使用品牌简称“三一重卡”）创立于 2017 年 11 月，是三一集团实体经济与互联网深度融合、智能化与数字化转型的先行者。从 2018 年 3 月 31 日首次网络直销开始，三一重卡不断刷新商用车互联网销售纪录，创造了 53 秒售罄 500 台的奇迹，开启了商用车互联网领域的新篇章。2020 年，面对新冠疫情与发动机断供双重危机，三一重卡产销量突破 2 万台，牵引车销量位列行业第六，成为重卡行业第二梯队“领头羊”；2021 年，三一重卡践行“双碳”战略，以 14.33% 的市场份额夺得国内新能源重卡年度销量冠军。三一重卡如何通过数字化营销从红海中开创蓝海？本案例以问题为导向，通过时间线与事件线详细描述了三一重卡数字化营销的背景、情境、过程、遇到的决策问题及其解决方法。

关键词：数字化营销；内容营销；差异化定位；三一重卡

案例 7-11 “巨人背后的功臣”：华为的人力资源管理之路

案例原文

摘要：人力资源管理是任何一个企业都必须重视的，每一个成功企业的背后都有一套适用于该公司的完善的人力资源管理体系。华为作为全球领先的信息与通信技术解决方案供应商，在过去 30 年中取得了巨大的成就。对华为而言，人力资源管理是其取得如今成就的坚实保障，而随着华为 30 年的发展，其人力资源管理体系也在不断完善。本案例通过对华为 30 余年人力资源管理发展历程的描述分析，探究随着华为的发展，其在人力资源管理不同阶段中采取的重要举措，找到其动态变化中开展人力资源管理制胜的关键，发现人力资源管理推动企业走向成功的奥秘，为其他企业在发展中开展人力资源管理建设提供借鉴。

关键词：人力资源管理；人力资源管理的发展阶段；华为

案例 7-12 从万人迷到阶下囚：瑞幸咖啡的财务问题分析

案例原文

摘要：中国的咖啡消费正在以每年 15% 的惊人速度增长，有望成为世界上最具潜力的咖啡消费大国。瑞幸咖啡准确地抓住商机，打破咖啡行业的传统商业模式，创立一年半就成功在美国纳斯达克上市，又在上市一年后因为财务造假而面临退市。本案例结合瑞幸咖啡的发展历程和融资过程，分析了瑞幸咖啡新零售商业模式与严重财务问题之间的逻辑关系。

关键词：新零售；商业模式；融资；财务困境；财务造假

案例 7-13 “人·车·生活”生态圈如何创造价值——中石化易捷便利店商业模式创新之路

摘要：中石化易捷便利店是一家典型的加油站便利店。在发展中，易捷直面传统零售的巨大考验，围绕新经济发展的背景，从商业模式创新角度出发，实现了加油站便利店的新零售转型。本案例以中石化易捷便利店为研究对象，从商业模式的价值创造、价值传递、价值实现的视角，描述了易捷“人·车·生活”生态圈商业模式创新的过程。中石化易捷商业模式的创新不仅推动了便利店新业态的发展，对于社会消费市场的发展同样具有重大意义。

关键词：商业模式；新零售转型；易捷便利店

案例原文

管理案例研究篇

第 8 章

管理案例研究概述

1. 了解管理案例研究的重要性。
2. 了解管理案例研究的目的与分类。
3. 了解管理案例研究的基本要素。
4. 理解管理案例研究的内涵与特征。
5. 掌握管理案例研究的质性研究方法。

8.1 管理案例研究的定义与特点

8.1.1 管理案例研究的定义

管理案例研究是社会科学领域中一种重要的定性研究方法，尤其在管理学领域得到了广泛应用。其内涵主要体现在以下方面：一是进行现实描绘。管理案例研究是对某个企业或组织的管理情景进行现实的描绘，记录其生产经营活动的成败得失，描述管理行为的过程、感情变化及其结果。二是理论结合实践。管理案例研究不仅关注管理实践中的具体事件，还致力于将这些实践与现有的管理理论相结合，通过案例分析来检验、修正或发展管理理论。三是深入全面解析。管理案例研究强调对特定情境下的管理现象进行深入、全面的解析，揭示其背后的因果关系和内在逻辑。

8.1.2 管理案例研究的特点

管理案例研究是一种具有自然性、明确性、主体性、现实性、开放性和创生性的定性研究方法。通过案例研究，研究者可以深入解析管理实践中的问题和挑战，推动管理学理论的创新和发展。

1. 自然性

管理案例研究中的案例必须是对实际发生事件的客观记录和自然描述，不能夸大或隐瞒事实，也不能虚拟化或抽象化。这种自然性保证了案例研究的真实和可靠。

2. 明确性

管理案例研究具有明确的主题和研究目的。在搜集、编写或选择案例时，需要围绕特定的主题或问题展开，确保研究具有针对性和实效性。

3. 主体性

管理案例研究强调学员或研究者的主体性。在案例教学中，学员需要积极参与讨论和分析，通过独立思考和团队合作来解决问题，从而提升其分析和解决问题的能力。

4. 现实性

管理案例研究的内容往往来源于现实的管理实践，具有很强的现实性。管理案例研究的现实性使得案例研究能够直接反映管理实践中的问题和挑战，为学习者提供有益的参考和启示。

5. 开放性

管理案例研究是一个开放性的活动。在案例研究过程中，需要尊重每个学员或研究者的需求和选择，鼓励其提出不同的观点和解决方案。同时，案例研究的过程和结果也是开放的，可以供其他学习者参考和借鉴。

6. 创生性

管理案例研究不仅关注对已有理论的验证和应用，还致力于发现新的问题、提出新的假设并创生新的理论。这种创生性使得案例研究在管理学领域具有持续的生命力和创新力。

8.2 管理案例研究的重要性

管理案例研究在促进理论创新、提升研究深度、推动实践应用以及促进多学科交叉与融合等方面都具有重要作用。因此，在管理学领域大力推动案例研究具有重要的现实意义。

8.2.1 促进理论创新

第一，管理案例研究适合新颖或罕见现象，这些现象往往难以通过大样本定量研究来捕捉。通过深入剖析这些现象，研究者能够提出新的见解，并构建新的理论框架。在数字经济时代，中国企业在电子商务、共享经济、人工智能应用等方面的创新实践，为管理案例研究提供了丰富的素材，有助于推动管理理论的创新。

第二，管理案例研究能够实现理论抽样与情境化理论的构建。管理案例研究采用理论抽样而非统计抽样，这使得研究者能够专注于那些具有特殊意义或代表性的案例。通过深入剖析这些案例，研究者能够构建出情境化理论，这些理论更能反映实际管理实践中的复杂性和多样性。

8.2.2 提升研究深度

第一，管理案例研究具有深入剖析复杂管理现象的能力。相较于大样本研究，管理案例研究虽然在样本量上较小，但能够观察更多的变量，并且往往采用序贯性研究设计，这有助于挖掘现象背后的深层次原因和作用机制。

第二，管理案例研究能够提升研究的情境性。管理案例研究注重研究结论的情境化，这使得研究结论更加贴近实际管理实践。传统的定量研究在模拟情境因素对企业行为影响方面存在局限，而案例研究能够深入分析情境因素如何影响和塑造管理实践，从而提出更为具体和有针对性的建议。

8.2.3 推动实践应用

第一，管理案例研究能够弥补理论与实践的鸿沟。管理案例研究强调深入实地，让教师和企业实践者进行频繁互动。这种互动不仅有助于教师将理论知识转化为实践技能，还能够为企业提供切实可行的解决方案。

第二，管理案例研究能够提升学习者的应用能力。管理案例研究不仅关注对现象的描述和分析，还注重探讨管理人员在应对复杂情境时的决策和行动。通过案例学习，学习者可以提升自己的决策能力、应变能力和领导能力，从而更好地应对实际工作中的挑战。

8.2.4 促进多学科交叉融合

第一，管理案例研究融合不同学科的研究方法。管理案例研究需要综合运用多种研究方法和分析工具，如文本分析、话语分析、访谈等。这种多学科交叉的研究方法有助于拓宽研究视野，提升研究的深度和广度。

第二，管理案例研究推动管理学与其他学科的融合。管理学作为一门应用性很强的学科，需要不断吸收其他学科的研究成果和方法论。案例研究作为管理学研究的一种重要方法，有助于推动管理学与经济学、社会学、心理学等其他学科的交叉与融合。

8.3 管理案例研究的目的与分类

8.3.1 管理案例研究的目的

管理案例研究的目的在于通过深入分析具体的、真实的管理情境，来增进学习者对管理现象的理解，推动理论的发展，并为管理实践提供有价值的见解。

1. 验证和修正管理理论

管理案例研究通过深入分析具体的管理实践，将理论知识与实际情况相结合，有助于学习者验证和修正管理理论。

2. 提升问题解决能力

通过管理案例研究，学习者可以接触到真实的管理情境和问题，锻炼其分析、判断和解决问题的能力，为未来职业生涯做好准备。

3. 促进知识传播与分享

管理案例研究可以作为教学材料，帮助教师和学生了解不同行业、不同组织的管理实践经验，促进知识的传播与分享。

4. 推动管理创新

管理案例研究鼓励学习者对管理实践进行深入思考和探索，有助于发现新的管理问题、提出新的管理理念和方法，推动管理创新。

8.3.2 管理案例研究的分类

根据不同的分类标准，管理案例研究可以分为多种类型，以满足不同研究需求和应用场景。

1. 按研究目的分类

（1）描述性案例研究。主要目的是对管理现象进行描述和记录，不涉及过多的分析和解释。

（2）解释性案例研究。在描述的基础上，进一步探讨管理现象背后的原因和机制，揭示其内在的逻辑关系。

（3）验证性案例研究。主要用于验证或修正已有的管理理论或假设，通过案例分析来检验其适用性和准确性。

（4）探索性案例研究。在没有明确理论框架或假设的情况下，通过案例分析来探索新的管理问题、现象或规律。

2. 按案例数量分类

（1）单案例研究。针对一个具体的案例进行深入剖析，适用于研究具有独特性、复杂性或深度的问题。

（2）多案例研究。同时研究多个案例，通过对比分析来发现共性和差异，从而提高研究的普适性和可靠性。

3. 按应用领域分类

（1）企业战略案例研究。主要关注企业的战略制定、实施和评估等过程，目的是探讨企业如何在竞争环境中取得优势。

（2）组织管理案例研究。主要关注企业的组织结构、管理模式、文化氛围等方面的问题，探讨如何提升组织效能和创新能力。

（3）市场营销案例研究。注重分析企业的市场定位、营销策略、品牌建设等方面，探讨如何满足市场需求并实现营销目标。

（4）人力资源管理案例研究。主要关注企业的人才招聘、培训、激励、绩效管理等方面的问题，探讨如何构建高效的人力资源管理体系。

8.4 质性研究

质性研究致力于深入洞察人类行为、经验和观念，它摒弃了传统的统计学或数学量化手段，转而通过搜集与分析非数值型数据，诸如文本、图像、声音等资料，来挖掘现象背后的深层意义。质性研究方法以深入了解现象为目的，通过对个别案例的详细研究，采用面谈、观察和文本分析等方法收集质性数据。这种方法强调对背景和环境进行深入的理解，并通过解释和描述来生成理论。在管理案例研究中，质性研究方法能够揭示管理实践中的复杂性和多样性，为理解管理现象提供丰富的背景信息和深层次的理解。

8.4.1 质性研究的特点

1. 灵活性

质性研究的设计具有灵活性，可在研究者进入研究情景后根据所获得的信息进行调整。这种灵活性使得研究能够根据实际情况进行适时调整，确保研究的准确性和有效性。

2. 整体性

质性研究深入探索事物的内涵和实质，而不是截取某一个片段。这种整体性的研究方法有助于全面理解研究对象。

3. 非干预性

质性研究为非干预性研究，研究者关注特定的现象和社会情境，其目的是了解事物或现象的本质，但不对此进行预测或改变。这种非干预性的研究方法能够更好地保留研究对象的自然状态。

4. 情境性

质性研究注重对具体情境或环境下的现象或问题进行深入探索，充分考虑其复杂性和多变性。这种情境性的研究方法有助于更好地理解研究对象在特定环境下的行为和反应。

5. 主观性

因为研究者本人就是研究工具，作为“局内人”深入研究情境，质性研究的结果天然地带有一定的主观色彩。这种主观性使得研究结果更加贴近实际情况，但也需要注意避免偏见。

8.4.2 质性研究的种类

质性研究在实施前多没有理论基础和假设，但最后结果可以产生理论和模型。在质性研究中，研究人员通过对研究对象的主观资料以及研究情境的参与、观察、记录、分析，来深入解释人类社会生活的内涵和特性。目前国际上没有统一的质性研究分类标准，在管理学领域可以将其分为现象学研究、扎根理论研究和行动研究三大类。

1. 现象学研究

现象学研究是一种观察特定的现象，分析该现象中的内在成分和外在成分，把其中的要素提炼出来，并探讨各要素之间及各要素与周围情境之间关系的质性研究方法。根据研究目的的不同，现象学研究可分为描述性现象学研究、解释性现象学研究及解释现象学分析研究三类。该研究是目前国内外行为科学管理理论研究中最常见的质性研究类型，主要用于探究与行为基本原理、人格与行为管理、动机与行为管理、组织变革、组织文化等有关的主观认识或生活体验的研究。

2. 扎根理论研究

扎根理论研究是一种社会学研究方法，是探究管理学主体相互作用中呈现的社会过程，其研究内容的重点是理论发现与模型构建。该研究适用于探索过程类问题，研究管理学主体的行为、相互作用和过程，可探求新类型的结构、时间特征、原因、发生情景、范围、结果与其他类别的关系。当下应用最为广泛的扎根理论研究是经典扎根理论研究、程序化扎根理论研究与建构扎根理论研究三类。目前，使用该方法进行的战略演进分析与设计方面的质性研究在管理学领域非常多，近年来我国使用该方法的质性研究数量也在不断增长。有关扎根理论研究的内容将在 8.4.3 小节做详细介绍。

3. 行动研究

行动研究的概念至今尚无统一的定义，该研究类型的提出者库尔勒・勒温将行动研究描述成一个螺旋状逐步行进的过程，其中包括计划、行动、观察、实施和评价等步骤。在行动研究中，研究对象不再是被研究者，而是以合作参与者的身份成了研究者。广义上说，只要从特定情境出发，研究者和实践者一起合作、共同行动，采用科学的研究方法解决某个实际问题，都可称为行动研究。

8.4.3 扎根理论研究

扎根理论研究是一种由哥伦比亚大学的斯特劳斯和格拉斯两位学者共同发展出来的研究方法。该方法旨在运用系统化的程序，针对某一现象来发展并归纳式地引导出扎根的理论。研究者在研究开始之前一般没有理论假设，而是直接从实际观察入手，从原始资料中归纳出经验概括，然后上升到系统的理论。扎根理论研究的主要特点：其一，从下往上建立理论。在研究的初始阶段，研究者往往不预设任何理论假设，而是直接投身于实际的观察之中。他们从原始的资料和数据中提炼出观点，进而将这些观点逐步升华，形成系统的理论框架。其二，扎根理论强调理论必须建立在坚实可靠的经验证据之上。理论应能够回溯到其原始资料的基础，这样的方法保证了理论不仅严谨，而且能够在实践中发挥其应有的应用价值。其三，后实证主义范式。在哲学思想上，扎根理论方法是基于后实证主义的范式，强调对已经建构的理论进行证伪。

扎根理论研究的操作程序一般包括：从资料中产生概念，对资料进行逐级登录；不断地对资料和概念进行比较，系统地询问与概念有关的生成性理论问题；发展理论性概念，建立概念和概念之间的联系；理论性抽样，系统地对资料进行编码；建构理论，力求获得理论概念的密度、变异度和高度的整合性。

对资料进行逐级编码是扎根理论中最重要的一环，其中包括三个级别的编码。

1. 一级编码

在一级编码（开放式编码）中，研究者要求以一种开放的心态，尽量“悬置”个人的“偏见”和研究界的“定见”，将所有的资料按其本身所呈现的状态进行登录。这是一个将收集的资料打散，赋予概念，然后再以新的方式重新组合起来的操作化过程。编码的目的是从资料中发现概念类属，对类属加以命名，确定类属的属性和维度，然后对研究的现象加以命名及类属化。开放式编码的过程类似一个漏斗，开始时编码的范围比较宽，随后不断地缩小范围，直至码号出现了饱和。一级编码的主要目的是开放对资料的探究，所有的解释都是初步的、未定的。研究者主要关心的不是手头这个文本里有什么概念，而是它可以如何使探究深入进行。

2. 二级编码

二级编码（关联式编码）的主要任务是发现和建立概念类属之间的各种联系，以表现资料中各个部分之间的有机关联。这些联系可以是因果关系、时间先后关系、语义关系、情境关系、相似关系、差异关系、对等关系、类型关系、结构关系、功能关系、过程关系、策略关系等。在关联式编码中，研究者每一次只对一个类属进行深度分析，围绕着这一个类属寻找相关关系。随着分析的不断深入，有关各个类属之间的各种联系应该变得越来越具体。在对概念类属进行关联性分析时，研究者不仅要考虑到这些概念类属本身之间的关联，而且要探寻表达这些概念类属的被研究者的意图和动机，将它们的言语放到当时的语境以及它们所处的社会文化背景中加以考虑。每一组概念类属之间的关系建立起来以后，研究者还需要分辨其中什么是主要类属，什么是次要类属。这些不同级别的类属被辨别出来以后，研究者可以通过比较的方法把它们之间的关系连接起来。当所有的主从类属关系都建立起来之后，研究者还可以使用新的方式对原始资料进行重新组合。

3. 三级编码

三级编码（又称核心式编码）是指在所有已发现的概念类属中经过系统的分析以后选择一个“核心类属”，分析不断地集中到那些与核心类属有关的码号上面。核心类属必须在与其他类属的比较中一再被证明具有统领性，能够将最大多数的研究结果囊括在一个比较宽泛的理论范围之内。就像是一个渔网的拉线，核心类属可以把所有其他的类属串成一个整体拎起来，起到“提纲挈领”的作用。归纳起来，核心式编码的具体步骤是：明确资料的故事线；对主类属、此类属及其属性和维度进行描述；检验已经建立的初步假设，填充需要补充或发展的概念类属；挑选出核心概念类属；在核心类属与其他类属之间建立起系统的联系。如果我们在分析伊始找到了一个以上的核心类属，可以通过不断比较的方法，将相关的类属连接起来，剔除关联不够紧密的类属。

扎根理论研究特别强调从资料中提升理论，通过对资料的深入分析，逐步形成理论框架，其首要任务是建立介于宏大理论和微观操作性假设之间的实质理论（适用于特定时空的理论），同时不排除对具有普适性的形式理论的建构。扎根理论的研究方法包括观察法、访谈法、内容分析法等。

8.5 管理案例研究的基本步骤

管理案例研究的基本步骤涵盖了研究问题、理论框架、案例选择、数据收集、数据分析、结果呈现、讨论与反思等多个方面。这些步骤相互关联、相互支撑，共同构成了管理案例研究的基础和框架。

8.5.1 研究问题

进行管理案例研究的第一步是详细地确认研究问题的本质。研究问题应该明确、具体，并能够通过案例研究来解答。这包括明确研究的目的、范围、假设以及判定研究是否成功的标准。研究问题应当能够引导研究者的注意力，并指明研究方向。

8.5.2 理论框架

管理案例研究需要有一个清晰的理论框架来指导研究过程。理论框架不仅为案例研究提供了理论基础，还帮助研究者系统地收集、分析和解释数据。理论框架可以包括相关的管理理论、概念模型或假设等。

8.5.3 案例选择

案例选择是管理案例研究中的关键步骤之一。案例应具有代表性、典型性和研究价值，能够反映所要研究的问题或现象。在选择案例时，需要考虑案例的背景、环境、规模、行业等因素。

8.5.4 数据收集

数据收集是管理案例研究的核心环节。数据可以通过多种途径收集，包括文献回顾、访谈、观察、问卷调查等。在收集数据时，需要注意数据的真实性、可靠性和有效性，以确保研究结果的准确性和可信度。

8.5.5 数据分析

数据分析是管理案例研究的关键步骤之一。数据分析方法可以根据研究问题的性质和数据类型来选择，包括定性分析、定量分析或混合分析。在数据分析过程中，需要运用适当的分析工具和技术，对收集到的数据进行整理、编码、分类、比较和解释，以揭示案例中的规律和关系。

8.5.6 结果呈现

结果呈现是管理案例研究的最终环节。研究结果应该以清晰、准确、客观的方式呈现出来，包括研究的主要发现、结论和建议等。在呈现结果时，需要注意逻辑性、条理性和可读性，以便读者能够理解和接受研究结果。

8.5.7 讨论与反思

讨论与反思是管理案例研究不可或缺的一部分。在讨论部分，研究者需要对研究结果进行深入的探讨和分析，探讨其理论意义和实践价值。在反思部分，研究者需要对自己的研究过程和方法进行反思和总结，发现其中的不足之处并提出改进建议。

研究者在进行管理案例研究时还需要注意以下问题。

（1）信度与效度。确保研究结果可靠和有效。

（2）伦理问题。在收集数据和分析过程中遵守伦理规范，尊重参与者的权益和隐私。

（3）跨学科视角。在研究中可以引入跨学科的理论和方法，以拓宽研究视野和深化研究深度。

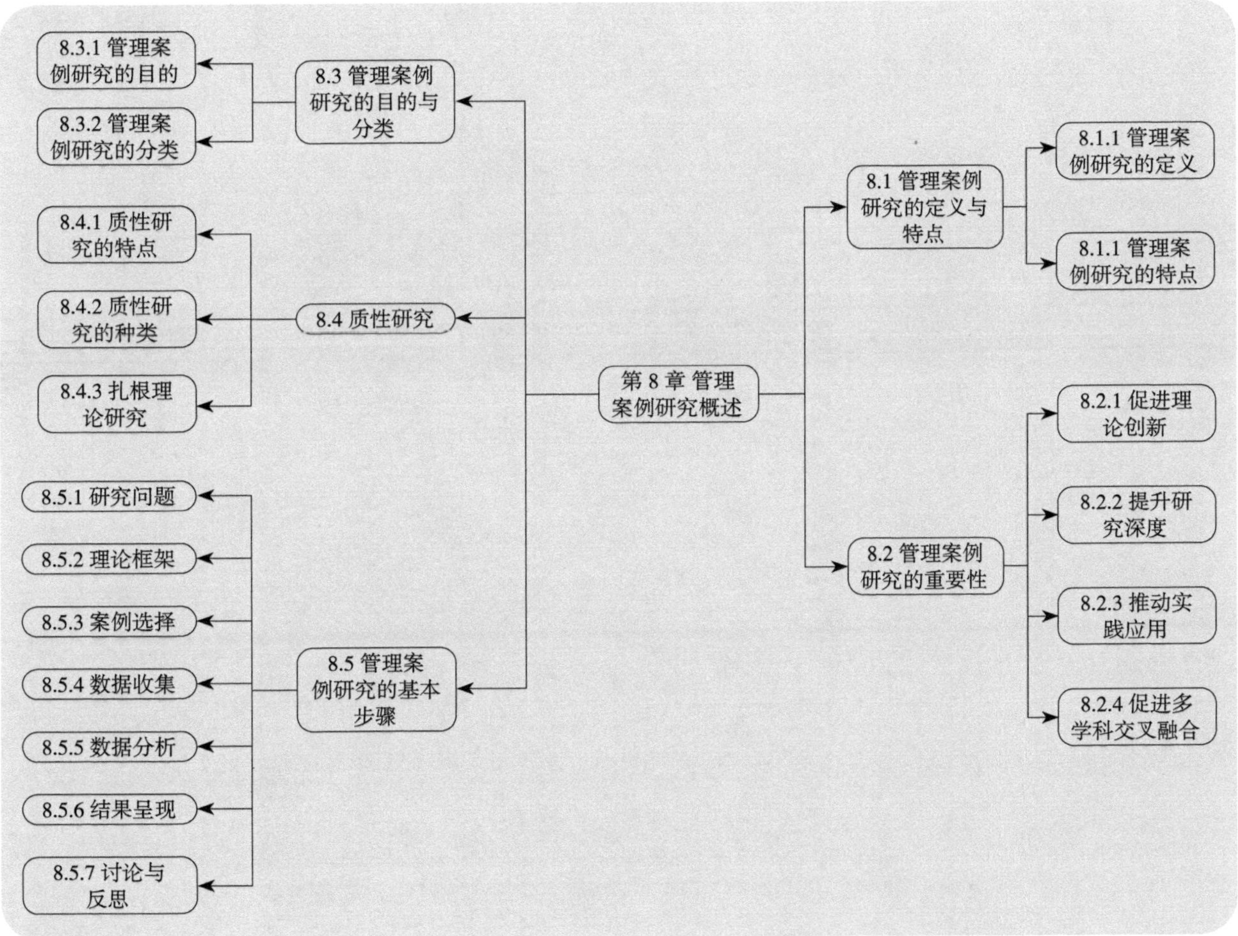

- 第 8 章 管理案例研究概述
  - 8.1 管理案例研究的定义与特点
    - 8.1.1 管理案例研究的定义
    - 8.1.1 管理案例研究的特点
  - 8.2 管理案例研究的重要性
    - 8.2.1 促进理论创新
    - 8.2.2 提升研究深度
    - 8.2.3 推动实践应用
    - 8.2.4 促进多学科交叉融合
  - 8.3 管理案例研究的目的与分类
    - 8.3.1 管理案例研究的目的
    - 8.3.2 管理案例研究的分类
  - 8.4 质性研究
    - 8.4.1 质性研究的特点
    - 8.4.2 质性研究的种类
    - 8.4.3 扎根理论研究
  - 8.5 管理案例研究的基本步骤
    - 8.5.1 研究问题
    - 8.5.2 理论框架
    - 8.5.3 案例选择
    - 8.5.4 数据收集
    - 8.5.5 数据分析
    - 8.5.6 结果呈现
    - 8.5.7 讨论与反思

1. 简述管理案例研究的内涵与特点。

2. 举例说明管理案例研究的目的。
3. 结合所学知识，说明管理案例研究有哪些类型。
4. 简述扎根理论的定义。
5. 简述管理案例研究的基本要素。

第 9 章

管理案例研究的理论分析

1. 了解管理案例研究的参照理论。
2. 了解管理案例研究的目标理论。
3. 理解管理案例研究的理论内容构成。
4. 熟悉管理案例研究中参照理论的选择。
5. 熟悉管理案例研究中目标理论的边际贡献。

9.1 管理案例研究中的理论概述

9.1.1 管理案例研究中的理论定义

管理案例研究的理论是指基于具体的情境化管理实践，通过科学、规范的分析流程探究得来的管理实践背后的规律性认知。在管理案例研究过程中理论的作用至关重要，它不仅是管理案例研究的基础和指导，更是确保研究深度和广度的关键。理论的作用包括以下几点：一是帮助理解现象。理论分析为管理案例研究提供了理论框架和概念工具，有助于研究者深入理解案例中的现象和事件。通过运用理论，研究者可以将复杂的管理现象简化为可分析的概念和模型，从而更清晰地揭示其内在规律和机制。二是验证和扩展理论。管理案例研究不仅是对实际管理情境的描述和分析，也是验证和扩展理论的重要途径。通过理论分析，研究者可以检验现有理论的适用性和局限性，发现新的理论观点或补充现有理论，推动管理理论的发展。三是增强研究解释力。理论分析可以为管理案例研究提供强有力的解释力。通过运用理论，研究者可以解释案例中观察到的现象和事件之间的因果关系、逻辑关系等，从而更准确地揭示管理实践的内在规律和机制。四是提高研究普适性。理论分析有助于将管理案例研究的结论推广到更广泛的情境和领域中。通过运用理论，研究者可以识别出案例中的普遍性和特殊性，从而提出更具普适性的管理启示和建议。五是理论指导实践。理论分析不仅有助于理解管理现象，还可以为管理实践提供指导。通过案例分析，研究者可以发现成功的管理实践和有效的管理方法，并运用理论来解释这些实践和方法背后的原理和机制，从而为管理者提供有价值的参考和借鉴。

9.1.2 管理案例研究中的理论内容构成

按照惠滕对理论的理解，一个完整的理论包括概念界定、命题假设、机制原理等内容。

1. 概念界定

在管理案例研究中，概念界定是一个至关重要的步骤。它有助于明确研究的核心内容、范围和边界。在案例研究中进行概念界定时要重点关注以下内容。

（1）核心概念识别。管理案例研究中的核心概念通常是研究的焦点，如某个现象、过程、策略、组织、政策等。对于每个核心概念，应明确其在本研究中的特定含义和范围。

（2）定义和描述。应对每个核心概念进行明确的定义，准确描述概念的特征、属性、维度和边界，以确保读者能够准确理解其含义，也方便作者在后续的研究中能够准确识别和应用。

（3）理论框架切入。将核心概念与现有的理论框架相联系，这有助于为案例研究提供理论支撑和解释框架。理论框架也可以为案例研究提供比较的基准和分析的工具。

（4）概念之间关联。分析核心概念之间的关系，如因果关系、相互作用、依存关系等，有助于理解案例中的复杂现象和过程，并揭示其背后的逻辑和机制。

2. 命题假设

在管理案例研究的广阔领域中，命题假设作为研究的起点与核心驱动力，其重要性不言而喻。假设并非凭空臆想，而是研究者在进行管理案例研究时，基于已有理论、实践经验或初步观察，对案例中可能存在的现象、关系或规律所做的初步设定或猜想。这些假设为后续的数据收集、分析和解释提供了明确的方向和框架，有助于研究者系统地探索管理问题，提炼管理智慧。在形成命题假设的过程中，研究者需要经历一系列严谨而细致的思维活动。首先，通过广泛的文献回顾，研究者能够把握管理领域的前沿动态，了解已有研究成果的局限与不足，从而为命题假设的提出奠定坚实的理论基础。其次，通过结合实践观察与初步调研，研究者能够捕捉到管理实践中的真实问题与挑战，为命题假设的设定提供现实依据。最后，在综合考虑理论与实践的基础上，研究者运用逻辑推理与创造性思维，提出具有创新性、可验证性的命题假设。命题假设的特点包括四点。

（1）明确性。命题假设应明确表述研究问题、变量关系或预期结果，避免模糊或歧义。例如，可以将“企业文化对企业绩效有影响”这一较为笼统的假设扩展为“在高科技行业中，注重创新与团队协作的企业文化能够显著提升企业的研发效率和市场竞争力”。这样的表述更加具体明确，有助于指导后续的数据收集与分析工作。

（2）可验证性。命题假设应是基于可观察、可测量的现象或数据提出的，以便后续通过实证研究进行验证。同时，研究者还需要考虑命题假设在实际操作中的可行性与适用性，确保其能够真正为管理实践提供有价值的指导与建议。

（3）合理性。命题假设应基于已有理论、实践经验或初步观察的合理推断，具有一定的逻辑性和可信度。研究者可以通过构建理论模型或逻辑框架来展示命题假设之间的内在联系与相互作用机制。这样不仅能够增强命题假设的说服力，还能够为研究的深入剖析提供有力支持。

（4）开放性。命题假设应具有一定的开放性，以便在研究过程中根据新发现进行调整和完善。

3. 机制原理

机制原理是对某一现象、过程或系统内部运作方式的解释和描述。它揭示了事物发生、发展和变化的内在规律，以及不同组成部分之间的相互作用和关系。首先，机制原理的提出和阐述必须基于科学的研究方法和实验结果，确保所描述的规律和关系是真实、可靠且可重复的。在研究中，通常会通过引用相关文献、实验数据和案例分析等方式来支持机制原理的提出和解释。其次，机制原理是对一个完整系统或过程的描述，需要考虑系统内部各个组成部分的相互作用和关系。因此，机制原理通常具有系统性，能够全面、深入地揭示事物发展的内在规律。再次，机制原理的阐述需要遵循逻辑规律，通过合理的推理和演绎来解释现象或过程。在研究中，通常会运用因果分析、逻辑推理等方法来阐述机制原理，确保论述的严谨性和合理性。

9.1.3 管理案例研究中的理论分类

一般而言，管理案例研究是基于既有知识进行知识创造的过程。管理案例研究中的既有知识是参照理论，而知识创造的产出便是目标理论。

1. 参照理论

参照理论主要是指现有文献中关于研究主题的特定理论，可以指引案例研究的“过程”，帮助案例研究获取“合法性”。事实上，整个研究起始于现有文献（从实践中提炼的研究问题也需要回归文献），而对文献的理解受限于每个研究者的参照理论（先验知识和学术背景）。以现有参照理论为指引，对现象进行感知和分析，并提出概念性表述。这一过程需要数据、概念、研究者的理解和文献之间的持续比较。

2. 目标理论

目标理论是案例研究的“产品”，需要寻求“差异性”。基于参照理论提出的概念性表示可以提出新的目标理论。通过目标理论与现有文献的比较分析，可以总结出理论的边际贡献。

9.2 参照理论的含义与选择

9.2.1 参照理论的含义

如前文所述，参照理论是指现有文献中与研究主题相关的特定理论，这些理论可以作为案例分析的理论依据，为管理案例研究提供理论支撑和逻辑框架。参照理论在管理案例研究中的作用主要体现在三个方面。

（1）提升研究合法性。参照理论为管理案例研究提供了理论基础，使其更具科学性和合法性。通过引用和借鉴现有的管理理论，管理案例研究能够更好地解释和预测组织管理现象。

（2）指导数据分析。在管理案例研究的数据分析阶段，参照理论可以帮助研究者更系统地整理和分析数据，发现数据之间的内在联系和规律。

（3）拓展理论边界。管理案例研究不仅是对现有理论的验证，也是对理论的拓展和创新。通过参照理论，研究者可以发现现有理论的不足之处，并提出新的理论观点或假设。

9.2.2 参照理论的选择

1.“理论池”的构建

选择参照理论的第一步是构建“理论池”。在日常的文献积累和理论学习中，应针对所关注的研究领域和主题，构建所需要的“理论池”，便于后续管理案例研究中可以熟练地选择相应的理论。“理论池”的来源主要包括以下方式。

（1）常见的主流理论。每位研究者应对所在领域的主流理论都非常熟悉，如管理学常见的科学管理理论、组织行为学理论、领导理论等。这可以通过阅读特定领域内的理论综述文章，特别是发表在顶级学术期刊上的理论综述；寻找领域内知名学者的课程及其教材；参加学术会议并与学者们进行学术交流；等等。

（2）既有研究中的理论成果。这些理论往往来自领域内学者的最新研究成果。通过跟踪和学习本领域内的代表性论文成果，可以很好地进行相关理论积累。当然，一些工作论文和同行会议也是主要获取来源。

（3）其他领域的借鉴理论。研究者应当重点关注借鉴理论，特别是从其他领域中移植过来的理论，如经济学理论在管理学领域的应用。

2. 参照理论的选择

在选择参照理论时，研究者需要考虑以下几个因素。

（1）与研究主题的相关性。选择的参照理论应与研究主题紧密相关，能够直接应用于案例研究中，解释和预测组织管理现象。

（2）理论的权威性和认可度。优先选择在学术界具有广泛认可和影响力的理论作为参照理论，以提高案例研究的权威性和认可度。

（3）理论的适用性和情境性。不同的管理理论适用于不同的情境和组织类型。因此，在选择参照理论时，需要考虑其适用性和情境性，确保所选理论能够适用于案例研究的特定情境。

（4）理论的互补性和创新性。为了丰富管理案例研究的理论视角和深度，研究者可以选择多个具有互补性的理论作为参照理论。同时，也可以尝试引入新的、具有创新性的理论观点或假设，以拓展现有理论的边界。

9.3 目标理论的含义与边际贡献

9.3.1 目标理论的含义

管理案例研究成果发表的一个关键条件是可以产出一个具有边际贡献的目标理论。目标理论是通过管理案例研究所构建的一个理论成果。大多数学者在构建理论体系时，都是在已有参照理论的基础上进行优化或发展出来的。因此，目标理论应当能够在已有文献或理论的基础上，提出新的观点、假设或模型，从而丰富和完善学科理论。当然，在构建目标理论体系时，可以尝试整合不同学科的理论和方法，形成跨学科的理论体系。这种跨学科的整合能够提供更全面的视角和更深入的分析，从而增加理论体系的边际贡献。

9.3.2 目标理论的边际贡献

边际是经济学中的一个重要概念，指的是一个微小的增量带来的变化。对于目标理论而言，边际贡献表现为管理案例研究中在已有参照理论的基础上进行优化或发展出来的新增的“创新之处”。

1. 目标理论边际贡献的构成内容

理论构成内容主要包括新构念、新关系、新机制与新情境等内容。在此视角下，目标理论的边际贡献可以包括三个方面。

（1）新构念。构念是指一个人在其生活中经由对环境中人、事、物的认识、期望、评价、思维所形成的观念，在管理案例研究中则是指为了解释一个给定现象所特别选定的抽象概念。构念是目标理论的关键构成内容之一，引入新构念或者修正现有的构念是目标理论实现其边际贡献的常见方式，如知识编排、启发式规则、资源整合等新构念的提出。

（2）新关系。新关系是指在管理案例研究中得到的特定关系或逻辑链条，而这些特定关系或逻辑链条是既有研究没有考察的。通过构建管理案例研究中梳理新构念之间的新关系并明确其理论链条，是目标理论实现其边际贡献的重要途径，如探究组织结构对领导管理方式的影响等。

（3）新机制与新情境。现有构念之间的关系已经得到较为成熟的研究，新机制与新情境是目标理论实现边际贡献的重要方式。新机制主要表现为能够发现构念关系之间的新的机制过程（中介变量），可以为原有研究提供新的思路。新情境主要表现为新情境（调节变量的改变）下既有构念之间的关系发生调整，进而划定既有构念之间的边界条件。

2. 目标理论边际贡献的进展特征

目标理论在既有研究的基础上实现了不同特征的边际贡献，可以是对既有研究的深化、繁衍、竞争、整合等。

（1）深化。深化是指目标理论在既有理论的基础上增加新的研究内容，如机制变量、调节变量、前因变量、产出变量等，让既有理论更加完善。如在研究特定品牌影响策略的基础上，探究品牌生态圈的构建。

（2）繁衍。繁衍是指将其他领域中的理论借鉴到新的研究领域中，进而赋能对本领域研究的新思路。管理案例研究中的许多理论都来自其他领域，常见的来自经济学领域，这种贡献要求研究者对两个领域的文献均有深刻的理解。

（3）竞争。竞争是指针对一个已经完全建立起来的理论提出具有竞争性的目标理论。这种思路需要研究者指出现有理论的问题，进而弥补这些问题。

（4）整合。整合是指在两个或多个理论的基础上创造出一个新的理论模型。这种边际贡献是通过深化整合、繁衍整合、竞争整合得出的，如将制度优化对创新的影响与领导机制对创新的影响整合，探究制度与领导协同对创新的影响。

9.3.3 目标理论边际贡献的外在表现

1. 管理理论创新

目标理论可以表现为管理理论创新。管理理论创新是目标理论边际贡献的主要形式。通过对特定管理案例的深入分析，可以提炼出新的管理理论、概念或模型，从而丰富和扩展现有的管理学知识体系。这些理论创新可以为后续的学术研究提供新的视角和工具。

2. 实践指导思路

目标理论可以表现为实践指导思路。管理案例的研究成果应能够为实际管理活动提供具体的指导和建议。通过案例分析和理论提炼，可以总结出适用于不同情境的管理策略、方法和技巧，帮助组织解决实际问题，提高管理效率和效果。这种实践指导作用是目标理论边际贡献的重要体现。

3. 学科交叉成果

目标理论可以表现为学科交叉成果。在管理案例研究中，可以运用多学科的理论和方法进行综合分析，促进不同学科之间的交叉与融合。这种跨学科的研究方式可以丰富管理学的理论体系，拓宽研究视野，提高研究深度和广度。同时，还可以为其他学科提供管理学视角的分析和解释，推动学科之间的交流和合作。

4. 政策决策启示

目标理论可以表现为政策决策的启示。在公共管理或政策研究领域中，管理案例研究的目标理论可以为政策制定和决策提供科学依据和支持。通过对特定政策或决策案例的分析和评估，可以揭示其背后的管理原理、规律和影响因素，为政策制定者提供有益的参考和建议。这种政策与决策支持作用是目标理论边际贡献的重要体现之一。

此外，管理案例研究成果的撰写过程也是对案例库进行丰富和拓展的过程。通过对新的管理案例进行深入研究和分析，可以将其纳入现有的案例库中，为后续的学术研究和实践活动提供更多的参考和借鉴。这种案例库的丰富与拓展不仅可以提高案例库的质量和多样性，还可以为管理案例的研究和应用提供更加坚实的基础。

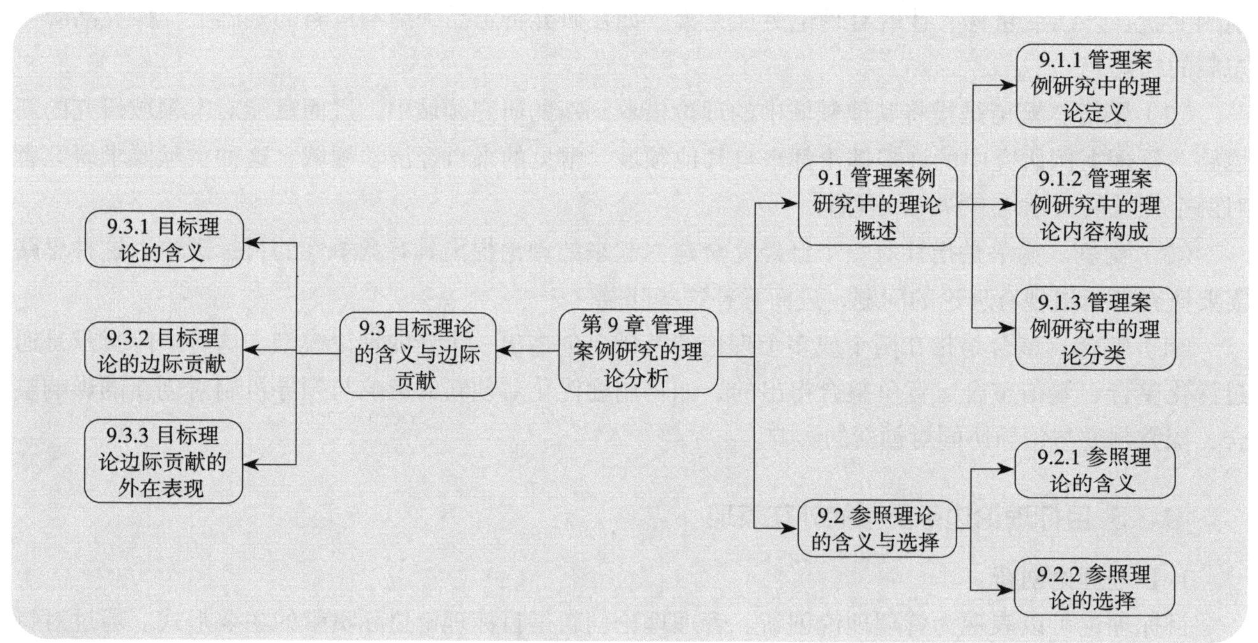

1. 为什么在管理案例研究中需要理论？
2. 管理案例研究中理论内容有哪些分类？
3. 举例说明，在你熟悉的领域中有哪些参照理论？
4. 目标理论的边际贡献主要表现在哪些方面？

第 10 章 管理案例研究设计

1. 了解管理案例研究设计的重要性。
2. 了解管理案例研究设计的特点。
3. 掌握管理案例研究设计的核心环节。

10.1 管理案例研究设计概述

在管理案例研究中，研究设计是研究工作进行之初所做的书面规划。它详细说明了如何进行研究的具体设想，是研究实施的蓝图。一个完善的研究设计能够确保研究的系统性、科学性和可重复性。

10.1.1 管理案例研究设计内容

管理案例研究设计是指在企业管理、市场营销、人力资源、财务会计等管理领域，通过对特定案例的深入剖析，探讨管理问题、总结管理经验、提出解决方案的一种研究方法。在管理案例研究的研究设计部分一般重点关注以下内容。

1. 案例选择

详细描述案例选择的标准和过程；阐述案例的代表性、典型性、特殊性，以及案例与研究问题的关联；提供案例的简要背景信息，如公司概况、历史沿革、主要业务等。

2. 研究方法与数据收集

详细介绍所选择的具体研究方法，如扎根理论方法、田野实验等。解释每种方法的优势和局限性，以及选择这些方法的原因。在数据收集方面，详细描述收集案例数据的方法，以及数据来源、收集过程和时间安排。如果可能的话，提供数据收集工具的样本（如访谈提纲、观察指南等）。同时，要说明确保数据的可靠性和有效性的方式。

3. 数据分析

介绍数据分析的方法，包括使用的分析工具、技术等，并介绍识别、解释和评估案例中的关键信息、模式和趋势的方式。如果可能的话，应提供数据分析的示例或初步结果。

4. 研究限制与研究伦理

识别并讨论案例研究可能面临的限制和挑战，如数据可用性、样本大小、时间限制等，提出可能的解决方案或建议，以减轻这些限制对研究结果的影响。阐述在研究过程中将如何遵循伦理原则，如保护参与者的隐私和权益、确保研究的公正性等。如果可能的话，提供有关研究伦理的进一步信息或参考文献。

5. 预期结果和贡献

简要概述研究的预期结果和贡献，说明回答研究问题或验证假设的方法，并解释研究结果将如何为研究领域做出贡献。

10.1.2 管理案例研究设计的特点

在管理案例研究论文中，研究设计部分的撰写具有以下几个特点。

1. 明确性

研究设计部分应清晰地界定研究的范围、目的、方法和预期结果，并明确指出案例的选择标准、数据收集的方法（如访谈、文档分析、观察等）、分析框架以及预期从案例研究中获得的知识或见解。

2. 针对性

研究设计应针对特定的管理问题或现象进行，以解决管理实践中的实际问题或验证管理理论。因此，在撰写研究设计时，应强调研究设计是如何针对这些问题或现象进行设计的。

3. 逻辑性

研究设计部分应遵循逻辑顺序，从提出研究问题或假设开始，按一定的研究过程进行，包括数据收集、分析方法和结果解释。每个步骤都应有明确的逻辑联系，以确保研究的连贯性和完整性。

4. 创新性

在管理案例研究论文中，研究设计的创新性往往体现在对数据收集和分析方法的创新上。研究者可以通过引入新的分析工具、方法或理论框架来增强研究的深度和广度，提高研究的价值。

5. 实用性

研究设计应充分考虑实际操作的可行性，确保数据收集和分析方法的实用性和有效性。同时，研究设计还应关注如何将研究结果应用于实际管理中，以解决实际问题或提高管理效率。

6. 严谨性

在研究设计部分，研究者应展示严谨的研究态度和方法，确保数据的真实性和可靠性。研究者应明确说明数据来源的可靠性、数据收集和分析方法的严谨性以及研究结果的可验证性。

7. 规范性

研究设计部分应遵循学术规范，包括引用格式、文献综述、数据呈现和分析等方面的规范。这有助于提高论文的学术价值和可读性。

10.2 管理案例研究设计的核心环节

10.2.1 案例选择

案例选择是管理案例研究设计的起点和基础，它决定了后续研究的方向和重点。一个合适的案例能够全面、深入地反映管理实践中的问题和挑战，为研究者提供丰富的数据和信息来源。这一过程需要研究者展现出高度的洞察力、判断力以及细致入微的考量，以确保所选案例能够全面而深刻地反映管理实践的真实面貌。

1. 案例选择的原则

（1）代表性。选择的案例应具有一定的代表性，能够反映某一行业、领域或管理问题的普遍特征和规律。这样的案例能够引起广泛关注和共鸣，为其他类似情境提供借鉴和参考。

（2）典型性。案例应具有典型性，即具有独特的背景、条件、问题和解决方案。这样的案例能够反映管理实践中的复杂性和多样性，为研究者提供丰富的思考空间和分析视角。

（3）特殊性。在某些情况下，研究者也可以选择具有特殊性的案例进行研究。这些案例可能涉及新兴的管理现象、技术变革或市场趋势等，能够为研究者提供新的研究思路和方向。

（4）数据可获取性。选择的案例应具备数据可获取性，即研究者能够通过多种途径收集到丰富、详实的关于该案例的数据和信息。这包括一手资料（如访谈、观察）和二手资料（如文献、报告）等。

（5）伦理考量。在选择案例时，研究者还需考虑伦理因素。确保所选案例不会对相关方造成负面影响，并尊重相关方的隐私和权益。

2. 案例选择的步骤

（1）明确研究目的和问题。首先，研究者需要明确自己的研究目的和问题，确定需要研究的领域、对象和问题类型。这有助于缩小案例选择的范围并提高选择的针对性。

（2）文献回顾与梳理。通过回顾和梳理文献，了解相关领域的研究现状和前沿动态。这有助于发现研究空白和热点问题，为案例选择提供启示和参考。

（3）初步筛选与评估。根据研究目的和问题，初步筛选出符合要求的案例。然后对这些案例进行评估和比较，分析其代表性、典型性、特殊性和数据可获取性等因素。

（4）深入调研与确认。对初步筛选出的案例进行深入调研和确认。通过访谈、观察等方式收集更多数据和信息，了解案例的实际情况和背景。同时，与案例相关方进行沟通和交流，确保研究的顺利进行。

（5）确定最终案例。在综合考虑各方面因素的基础上，确定最终的研究案例。这个案例应能够全面、深入地反映管理实践中的问题和挑战，并为研究者提供丰富的数据和信息来源。

3. 案例选择的注意事项

（1）避免主观偏见。在选择案例时，研究者应尽量避免主观偏见的影响。保持客观、中立的态度，根据事实和数据进行选择。

（2）考虑多样性和差异性。为了提高研究的全面性和深入性，研究者可以考虑选择具有多样性和差异性的案例进行研究。这有助于发现不同情境下的管理规律和特征。

（3）注重数据质量和可靠性。在选择案例时，应注重数据的质量和可靠性。确保所选案例能够提供准确、详实的数据和信息来源，以支持后续的研究和分析工作。

管理案例研究论文中案例选择的依据

根据 Yin（2014）的观点，案例研究通过对现实场景中案例企业的深入分析，能剖析案例对象的复杂演化过程，从而清晰地解释“How”和“Why”的问题。本文关注企业在面临用户需求快速迭代情境下如何通过控制战略节奏获得高成长这一复杂动态过程，是一个关于“How”的问题，采用纵向单案例研究有助于深度描绘研究情境与这一复杂现象，充分展示现象的细节及其动态过程。此外，一方面，企业的高成长过程在过去往往具有瞬时性和间断性特征，且高成长企业以初创企业和中小型企业为主；另一方面，企业在适应市场变化过程中如何把握战略节奏往往具有隐性特征，导致研究者难以获取关于企业高成长和战略节奏控制的大样本数据。对于聚焦典型企业的高成长过程，采用纵向单案例研究更容易获取研究数据并深入具体情境。研究者通过不断迭代和反复对比处理案例数据，有助于更好地理解企业通过战略节奏控制实现高成长这一复杂过程，并挖掘管理现象背后的理论逻辑，从而厘清本文所关注的关键问题。

在样本选择方面，本文遵循典型性、启示性和可获得性的原则。

（1）遵循典型性原则。本文选择嘉数作为案例对象。嘉数成立于 2016 年，主要为母婴品牌商的市场下沉活动提供包含数字化、运营、物流、营销等内容的综合赋能服务。嘉数从 2017 年正式开始为其第一家母婴品牌商（达能）提供市场下沉 B2B 环节的数字化赋能服务，同时为适应品牌商日益多元化、一体化和个性化的赋能需求，嘉数不断调整自身定位和价值主张，通过持续拓展业务内容、调整服务模式、重构组织结构等方式，最终从提供相对标准化服务的数字化服务商成功转变为提供深度定制化服务的综合服务商，而嘉数进行各项战略变革活动的整个过程则呈现出明显的有快有慢的节奏特征。截至 2023 年底，嘉数服务的母婴品牌商已超过 30 家，交易额也从 2017 年的 1000 余万元增长至 2023 年的 26 亿元，在短短 7 年间实现了营业收入的高速增长。根据《高成长企业分类导引》的分类标准，嘉数属于典型的瞪羚类高成长企业。嘉数不断适应用户需求而实现高成长的过程十分具有典型性，非常契合本文构建用户需求快速迭代情境下企业通过控制战略节奏实现高成长的过程模型的研究需要。

（2）遵循启示性原则。嘉数高成长过程中所面临的用户需求快速迭代以及由此带来的持续性资源限制问题，是其他高成长企业同样面临的普遍问题。自 2016 年成立以来，嘉数面临的用户需求经历了从供应链 B2B 订货端的赋能需求逐渐向门店端和消费端延伸，需求内容从数字化赋能拓展至运营、金融、营销、物流以及垫资等业务领域，需求形式也逐渐向定制化和场景化转变。面对用户需求的快速迭代，嘉数采用有快有慢的变革活动予以应对。例如，面对美素佳儿的赋能需求，嘉数快速创建了相应的解决方案，并在短短 9 个月内推动美素佳儿业务超 10 倍的增长。在初次接触伊利水奶业务的赋能需求时，嘉数采取了主动放弃的策略，并在时隔 3 年后重新开展对伊利项目的全面赋能。剖析嘉数实现高成长的战略节奏控制过程可以为其他企业实现高成长提供启示。

（3）遵循可获得性原则。研究团队的两位核心成员与嘉数的创始人及全体高管团队成员建立了长期和紧密的互动关系。研究团队最早于 2015 年对嘉数母公司进行参观和访谈，此后持续追踪了嘉数的成立、成长与发展过程，并于 2021 年开始重点围绕企业高成长话题进行多次企业参观、深度访谈和参与式观察，积累了丰富的一手资料，同时以二手数据作为辅助，能够为案例研究提供丰富可靠的数据支撑。

资料来源：张骁，王娟娟. 数字经济时代企业高成长机理研究——战略节奏视角 [J]. 中国工业经济，2024，(02)：173-192.

10.2.2 确定研究方法

1. 研究方法的选择原则

选择研究方法的首要原则是要围绕研究目的和研究问题。研究者需要明确自己的研究目的和所要解决的管理问题，然后基于这些问题选择最为合适的研究方法。例如，如果研究目的是探究某一管理策略的实施效果，那么可以采用案例对比研究法；如果研究问题是分析某一管理现象产生的原因，那么可以采用因果分析案例研究法。

其次，在选择研究方法时，研究者需要考虑所选方法的可行性和适用性。可行性主要是指研究过程中一手数据和二手资料等研究资源的可获得性、研究时间安排的合理性、研究对象的参与度与配合度等；适用性则是指所选方法是否能够有效地回答研究问题。例如，对于某些难以获取详细数据或难以接触的研究对象，定量研究法可能就不太适用，而案例研究法则可以通过深入访谈、实地观察等方式获取丰富的数据。

2. 典型研究方法

（1）案例研究法。案例研究法是一种适用于深入探讨特定情境下管理问题的方法。它可以通过对单个或多个案例的详细分析，揭示管理现象背后的复杂性和多样性。在选择案例研究法时，需要明确案例的选择标准、数据来源和分析方法等。

（2）比较研究法。比较研究法可以通过对比不同管理策略、模式或情境下的管理实践，揭示它们之间的异同和优劣。这种方法有助于从更广阔的视角审视管理问题，提出更具普遍性的结论和建议。

（3）定量研究法。定量研究法是运用自然科学知识，把握管理活动与管理现象内在的数量关系，寻求其数量规律。它通过问卷调查、实验设计等方式收集数据，并运用统计分析方法进行数据处理和分析。这种方法适用于对管理现象进行量化描述和预测。

（4）定性研究法。定性研究法注重从参与者的视角出发，通过深入访谈、观察等方式收集数据，并对数据进行归纳和解释。这种方法适用于对管理现象进行深入剖析，揭示其背后的动机、价值观和情感等因素。

在追求学术创新的过程中，研究者需要关注所选方法的创新性和独特性。创新性和独特性不仅可以提高研究的学术价值，还可以增强研究成果的说服力和影响力。因此，在选择研究方法时，研究者可以尝试采用一些新兴的研究方法或结合多种方法进行交叉研究。

10.3 单案例研究与多案例研究

10.3.1 单案例研究与多案例研究的概念

单案例研究是以一个案例为研究对象的案例研究方法。这种方法旨在通过深入分析一个案例，来更好地理解案例背后的关系和规律。单案例研究能够提供一个案例的详尽背景信息，从而进行有深度的说明。该方法常用于说明独特个案和极端事件，因为它们可能揭示了某些特殊或重要的现象。尽管单案例研究可以提供丰富的信息，但它不能提供一般性的结论，因为它只关注一个特定的案例。

多案例研究是指研究者通过对多个案例进行深入的调查和分析，以揭示案例之间的共性和差异，从而得出一定的结论和规律的研究方法。通过对多个案例进行比较，研究者能够揭示不同个案之间的差异和相似之处，进而深入理解研究问题的本质。多案例研究方法注重选择具备多样性的案例，以便在比较中获得更加广泛和深入的见解。多案例研究方法通常与理论建构相结合，通过对案例进行比较，揭示理论在不同情境下的适用性和普遍性。

10.3.2 单案例研究与多案例研究的区别

单案例研究与多案例研究的差异主要体现在研究目的、数据收集、分析过程、结果解释以及研究设计特点等方面。

1. 研究目的

单案例研究：主要目的是深入理解特定情境下的现象，专注于个别案例的特征、变化和发展趋势，以推导出普遍规律或原理。

多案例研究：旨在广泛比较多个案例之间的异同，以推断因果关系、确定因素和发展模式。

2. 数据收集

单案例研究：研究者通常采用多种数据收集方法，如文献回顾、观察、访谈和文件分析等，以全面理解和描述个别案例中的现象和事件。

多案例研究：研究者需要收集不同案例的相关数据，并将其整合和比较，以发现案例之间的共性和规律。

3. 分析过程

单案例研究：在分析过程中，研究者通常运用细致描述、模式识别、理论构建和验证等方法，以深入理解个别案例。

多案例研究：其分析过程更侧重于比较和对比不同案例之间的异同，以识别出共性和差异，并推导出普遍规律。多案例分析一般分为两个步骤：案例内分析和跨案例分析。案例内分析通常包括对每个案例的详细描述，而跨案例分析则关注于识别案例间的共同主旨或主题。

4. 结果解释

单案例研究：研究者通过详细描述和分析个别案例的特点和变化趋势，从而深入理解该现象。结果的解释较为具体和细节，但可能难以推广到其他案例。

多案例研究：其结果解释更具一般性和普遍性。研究者可以通过多个案例之间的比较和对比，总结出普适的规律和原则。

5. 研究设计特点

单案例研究：注重个案的深度而非广度，以个体为研究对象，通过深入细致地观察和描述个体的特征、行为和所处环境，从而理解个体的内在机制和变化规律。

多案例研究：包括多种类型，如竞争性设计、双尾设计和变异设计等，旨在揭示不同案例之间的共性和差异，并推导出普遍规律。

多案例研究设计示例

案例选择：依据新企业创业团队人力资本产权的演化机制，以及如何影响团队稳定性与协调性的问题，设定如下样本筛选标准：（1）案例典型性。本文选取的案例企业具有一定代表性和启发性，与本文研究问题具有较高适配性，能够为案例复制逻辑和对比逻辑提供支撑（殷，2018）。（2）案例可比性。依据过程设计原则（毛基业、陈诚，2017），所选案例必须具备创业全生命周期阶段，即案例可进行同阶段对比分析。（3）数据可得性。案例样本的冲突、内斗甚至结束创业最大限度受到媒体报道，创始人与团队的经历、经验和技能等人力资本要素公开可查。（4）采用上市或拟上市指标作为衡量创业团队达到“富贵”的标准。基于上述 4 条标准，本文选择分布于 4 个行业的企业作为主要案例分析样本，这个设计也符合艾森哈特（1989）要求的多案例数量通常控制于 4—10 个最佳，确保对各案例间的相似性与差异性进行比较。并预留其他 3 个不同行业（信息技术业、零售业和金融证券业）的 3 个企业案例，分别进行“逐项复制”（殷，2018），分析其理论饱和度。

数据收集：多方位的数据来源有利于研究人员全面考察问题，因而本文在数据收集过程中严格遵循三角验证的原则，即通过 3 种及以上的渠道收集案例资料以此交叉验证同一事实或逻辑。本方法的最大优点为“殊途同归”，构建出逻辑缜密的证据链。进一步地，本文对案例企业进行访谈工作，借此尽可能还原团队组建、冲突和解散的真实场景，并选择权威的公开资料为数据来源。

资料来源：刘方龙，李新春 . 创业团队的动态演化机制——基于人力资本产权周期视角的多案例研究 [J]. 管理世界，2024，40（05）：121-139.

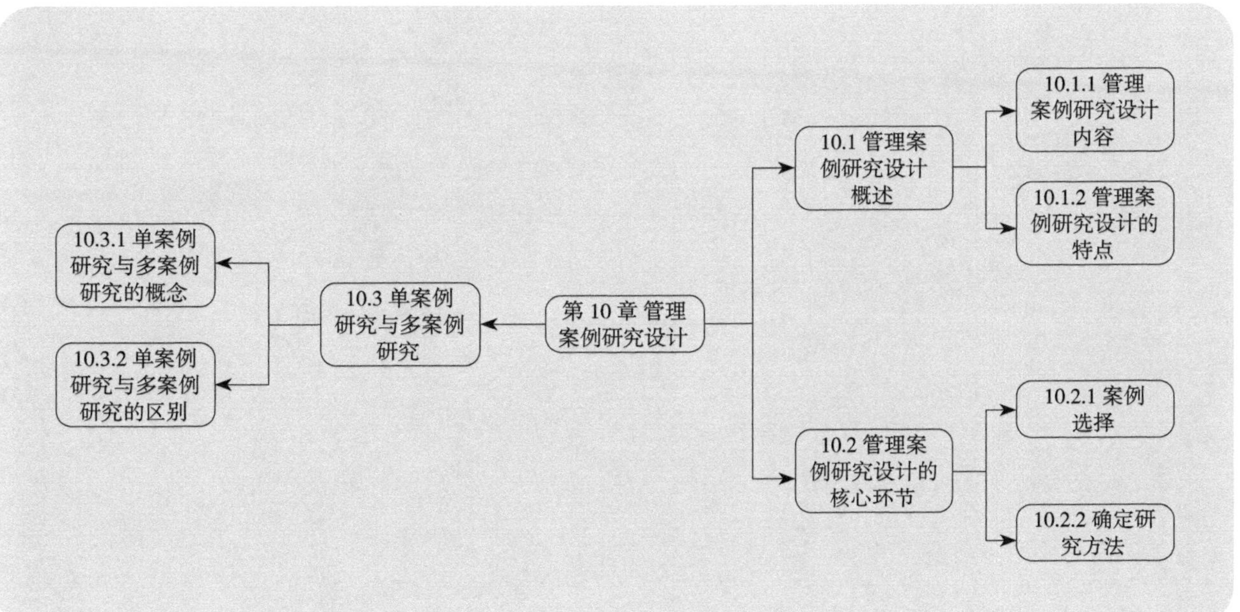

1. 管理案例研究设计的基本思路是什么？
2. 如何选择研究案例？
3. 如何设计管理案例研究的研究方法？
4. 请比较单案例研究与多案例研究的研究设计差异。

第 11 章

管理案例研究的数据收集

1. 了解管理案例数据收集的原则。
2. 了解管理案例数据收集中可能存在的问题。
3. 掌握管理案例数据收集的方法。
4. 掌握管理案例数据收集中应对问题的策略。

11.1 管理案例数据收集的原则

管理案例数据收集的原则包括真实性、准确性、全面性、实时性、合法性和针对性等方面。这些原则共同构成了数据收集的基础和保障，为后续的数据分析和案例研究提供了有力支持。

11.1.1 真实性原则

真实性是数据收集的首要原则。收集的数据必须是真实可靠的，能够真实反映案例的实际情况和现象。这要求数据来源必须可靠，数据收集过程必须严谨，杜绝数据造假或篡改。在收集管理案例数据时，可以通过多种途径进行验证，如对不同来源的数据、进行实地考察或访谈相关人员等，以确保数据的真实性。

11.1.2 准确性原则

准确性要求收集的数据必须准确无误，能够精确描述案例中的相关信息和事件。数据的准确性对于后续的数据分析和案例研究至关重要。在收集数据时，应使用精确的测量工具和方法，确保数据的准确性。同时，对于收集到的数据应进行仔细核对和校验，及时发现并纠正错误。

11.1.3 全面性原则

全面性要求收集的数据必须覆盖案例的各个方面和环节，避免遗漏重要信息。全面的数据有助于更深入地了解案例的实际情况和内在规律。在收集数据时，应制订详细的数据收集计划，明确需要收集的数据类型和范围。同时，应尽可能多地收集不同来源的数据，以便进行相互印证和补充。

11.1.4 实时性原则

实时性要求收集的数据必须是最新的，能够反映案例的当前状态和最新进展。过时的数据对于案例研究来说可能没有价值甚至产生误导。在收集数据时，应关注案例的最新动态和变化，及时收集最新的数据和信息。同时，对于收集到的数据应及时进行处理和分析，以便及时发现问题和提出解决方案。

11.1.5 合法性原则

合法性要求数据收集过程必须遵守相关法律法规和伦理规范，确保数据收集的合法性和合规性。这包括保护个人隐私、信息安全和知识产权等方面。在收集数据时，应明确数据来源的合法性，避免使用非法手段获取数据。同时，应尊重个人隐私和信息安全，确保收集到的数据不会被泄露或滥用。

11.1.6 针对性原则

针对性要求收集的数据必须紧密围绕研究目的和问题展开，避免收集与研究无关的数据。这有助于提高数据收集的效率和质量，为后续的数据分析和案例研究提供有力支持。在收集数据前，应明确研究目的和问题，制订针对性的数据收集计划。在收集过程中，应重点关注与研究目的和问题相关的数据和信息，避免浪费时间和精力。

11.2 管理案例数据收集的方法

管理案例数据收集的方法多种多样，这些方法旨在全面、准确地获取与案例相关的信息和数据，以支持后续的数据分析和案例研究。

11.2.1 访谈法

访谈法是管理案例研究中重要的数据来源之一。通过与研究对象（如企业员工、管理层、客户等）进行面对面的交流，可以深入了解案例的实际情况、问题、挑战和解决方案。访谈法包括开放型访谈、结构型访谈和半结构型访谈等多种形式，研究者可以根据研究目的和需要选择合适的访谈方式。

在访谈过程中，研究者应准备详细的访谈提纲，确保访谈内容全面覆盖研究问题。同时，要注意访谈技巧，如倾听、引导、追问等，以获取更加深入和详细的信息。此外，为了保证数据的真实性和可靠性，可以采用三角验证法，结合不同来源的访谈数据进行相互印证。

11.2.2 文件法

文件法是通过收集和分析各种文件资料来获取案例数据的方法。这些文件资料可能包括企业的内部文件（如会议纪要、财务报告等）、外部文件（如行业报告、新闻报道等）以及相关的研究报告和学术论文等。

在收集文件资料时，研究者应明确文件资料的来源和可靠性，确保文件资料的真实性和准确性。

同时，要对文件资料进行仔细的阅读和分析，提取与案例研究相关的信息和数据。

11.2.3 档案记录法

档案记录法是通过查阅和分析企业或个人的档案记录来获取案例数据的方法。这些档案记录可能包括日记、日程安排、电话记录、人口普查问卷、地图、服务记录等。

在查阅档案记录时，研究者应了解档案记录的存放地点和查阅流程，确保能够顺利获取所需的档案记录。同时，要对档案记录进行仔细的阅读和分析，提取与案例研究相关的信息和数据。

11.2.4 直接观察法

直接观察法是通过实地考察和观察来获取案例数据的方法。研究者可以直接到企业现场进行观察，了解企业的运营情况、员工工作状态、产品生产过程等。

在直接观察过程中，研究者应制订合理的观察计划，明确观察对象、时间和地点等要素。同时，要注意观察技巧和方法，确保能够获取准确、客观的信息。此外，还可以结合拍照、录像等手段进行记录，以便后续的数据分析和研究。

11.2.5 参与观察法

参与观察法是研究者深入到研究对象的生活或工作环境中，通过参与其日常活动来获取案例数据的方法。这种方法能够让研究者更加深入地了解研究对象的实际情况和内心世界。

在参与观察过程中，研究者需要与研究对象建立良好的关系，获得其信任和配合。同时，要保持客观和中立的态度，避免对研究对象产生干扰或影响。通过参与观察，研究者可以获取到更加丰富和深入的信息和数据。

11.2.6 问卷调查法

问卷调查法是通过设计问卷并发放给受访者来收集案例数据的方法。问卷可以设计成封闭式问题和开放式问题等多种形式，以获取受访者的意见、看法和反馈。

在设计问卷时，研究者应根据研究目的和需要确定问卷的内容和结构。同时，要合理设计问卷的问题，确保问题的准确性和针对性。在发放问卷时，应选择合适的样本群体，并采用随机抽样等方法减少样本选择偏差。最后，对收集到的问卷数据进行整理和分析，提取与案例研究相关的信息和数据。

11.2.7 遥感法

虽然遥感法在管理案例数据收集中不常见，但在某些特定情境下（如研究企业的地理位置、周边环境等）可能会用到。遥感法利用卫星、飞机等遥感平台获取地球表面的数据，并进行处理和分析。

在管理案例研究中，如果涉及地理位置、环境变化等问题的研究，可以考虑采用遥感法来获取相关数据。通过选择合适的遥感平台和传感器，研究者能够获取高分辨率的遥感图像和数据，并对其进行处理和分析以支持案例研究。

管理案例研究中数据收集示例

本文主要数据来源于直接观察、档案文件和半结构化访谈等一手资料。对每次的访谈进行录音、整理，形成案例研究的质性资料。并与其他数据资料，如专利数据、企业官网、新闻报道、出版资料等二手资料形成三角验证，丰富资料来源，增强研究结果的准确性和可靠性。

（1）直接观察。直接观察有助于对相关人物、事件、情境及其特定关系进行微观洞察。团队的一位作者曾在长安汽车担任独立董事，直接参与推动了长安研发国际化的行动，能够更接近所涉及的主题。并获得对研究问题非正式的、情境化的见解，更有把握地将宏观的企业战略和微观的个体行为之间的关系建立起来。同时，能够借此与推动隐性知识跨界整合的关键总部技术外派人员、中高层管理人员等建立密切联系和交往，有机会直接观察公司行动，并就正在进行的项目开展正式和非正式的对话。形成初步调研结果并定期报告给指导研究的几位公司高管，以验证研究发现，发挥杠杆作用。

（2）档案文件。各种内部文件有助于构建案例历史，揭示内部和外部事件之间的时间相关性，剖析相关行动者采取的行动。本文获取的内部材料包括公司宣传册、会议记录、演示文稿等材料；以及对外沟通的文件，包括新闻稿、年度报告、学位论文等。同时，还收集了相关经理通过媒体传播的公开演讲和采访。档案来源共计 209 份。这些材料是采访的基础，也是三角验证的主要数据来源。

（3）半结构化访谈。本文半结构化访谈对象包括三类。第一类是对长安汽车总部技术外派人员的深度访谈。从外派人员发挥治理作用促进隐性知识跨界整合层面聚焦研究问题，确定研究价值。第二类是对领导、海外研发中心负责人和人力资源部门的深度访谈。从组织层面确定其他促进隐性知识跨界整合的支持要素，并获取更多关于总部技术外派人员的行动数据。第三类是对与总部技术外派人员共事的相关同事的访谈。从第三方角度观察总部技术外派人员的治理行为与隐性知识跨界整合的作用机制，以验证信息的准确性和充分性。

资料来源：唐露，刘伟．企业全球研发网络的治理新机制——总部技术外派促进隐性知识跨界整合的案例研究 [J]. 管理世界，2024，40（01）：135−155.

11.3 管理案例数据收集中的问题与应对

11.3.1 数据收集中的问题

在管理案例数据收集过程中，往往会遇到一系列问题，这些问题可能涉及数据来源、数据质量、数据收集效率等多个方面。

1. 缺乏可靠的数据来源

典型案例需要有可靠的数据来源作为支撑，但某些案例可能由于来源不明或缺乏权威性，导致数据的可信度下降。在选择数据源时，需要注意数据的可靠性和可信度，避免使用具有偏差或不准确的数据。

2. 信息不全或不准确

案例提供的信息可能不完整，或者存在错误和矛盾之处，这会影响对案例的理解和分析。数据不完整、数据错误和数据重复等问题，都可能导致分析结果的不准确。

3. 案例选择不当

如果选择的案例不典型或不具有代表性，那么得出的结论可能不具有适用性或普遍性。需要根据研究目标，选择具有代表性、典型性和相关性的案例进行分析。

4. 实证研究的制约

某些典型案例可能由于所处环境或其他因素的限制，不适合进行实证研究。需要考虑实证研究的可行性和有效性，以及可能面临的限制和挑战。

5. 时间和精力的限制

收集和分析典型案例需要投入大量的时间和精力，如果没有足够的资源，可能会影响研究的进度和质量。需要合理规划时间，确保研究的顺利进行和完成。

6. 语言和文化差异

如果收集的典型案例来自不同的语言和文化背景，需要克服语言和文化差异对理解和分析的影响。可以通过翻译、解释和比较等方法来降低语言和文化差异的影响。

7. 缺乏对比案例

典型案例通常需要与其他案例进行比较和分析，但有时可能难以找到合适的对比案例。可以通过扩大搜索范围、寻求专家意见或参考其他研究来寻找合适的对比案例。

8. 数据收集方式不当

不同的数据收集方式适用于不同的情况，如果选择不当可能会影响数据的准确性和可靠性。需要根据研究目标和实际情况选择合适的数据收集方式，如文献调查、访谈、观察等。

9. 隐私和安全问题

在数据收集过程中，可能涉及个人隐私和敏感信息，需要采取适当的措施来保护数据的隐私和安全。应遵守相关的法律和伦理标准，确保数据收集和处理过程的合法性和合规性。

10. 数据质量不佳

原始数据可能存在缺失、异常等问题，需要进行清洗和预处理以提高数据的质量。数据清洗和预处理是数据分析的基础工作，对于提高分析结果的准确性和可信度至关重要。

11.3.2 应对策略

1. 数据三角验证

数据三角验证是一种重要的应对策略，旨在通过收集、检验、比较和解释来自多个不同来源的数据，以增强数据的有效性和可靠性。例如，在研究某地婴儿喝某种奶粉的状况时，可以采用访谈、观察等多种途径收集数据。这些不同的数据来源可以提供关于婴儿喝奶粉情况的多个方面的信息。然后，通过将这些信息进行比较和分析，可以得出关于该地婴儿喝奶粉状况的可靠结论。数据三角验证常常被用作减少单一数据源可能带来的偏见和误差的手段。

（1）数据三角验证的要点。第一，确保数据来源的多样性。数据三角验证强调从多个不同的来源收集数据，如主要参与者的描述、观察记录、其他参与者的观察以及文件记录和文献资料等。第二，确保数据的独立性。在进行三角验证时，必须确保每个来源的数据是互相独立的，即它们之间不会相互干扰或产生依赖关系。这样可以避免数据重复，提高验证的准确性。第三，数据的比较与分析。收集到数据后，需要进行仔细的比较和分析，以检查是否存在不一致或冲突的数据。这一步骤有助于发现可能存在的误差或偏见，并进一步修正或完善研究结果。

（2）数据三角验证的优点。第一，提高研究结果的可靠性和可信度。通过收集多个来源的数据并进行相互验证，可以提高研究结果的准确性和可靠性。第二，增强研究的全面性和深度。多个来源的数据可以提供更丰富的信息和更全面的视角，有助于研究人员更深入地了解研究对象和问题。第三，有助于发现潜在的问题和误差。通过比较和分析不同来源的数据，可以发现可能存在的误差或问题，并及时进行修正和改进。

2. 其他应对策略

（1）建立明确的数据来源和质量控制机制。第一，在收集数据之前，需要清晰地定义研究的目标和范围，确保所收集的数据与研究问题紧密相关，这有助于减少收集无关或重复的数据，提高数据的质量和有效性。第二，确定可靠的数据来源，并对其进行评估和筛选。第三，建立数据质量控制机制，包括数据准确性、一致性和完整性的校验和审核流程。

（2）数据整合与标准化。对不同数据源的数据进行归类和划分，建立统一的数据架构和格式。可使用抽取、转换和加载（extract，transform，load，ETL）等工具提高数据整合的效率。

（3）加强数据收集计划的制订和执行。在项目开始之前制订明确的数据收集计划，包括收集的对象、时间、方式等。定期检查数据收集进度和质量，确保计划的顺利执行。

（4）提高数据收集速度。一方面可以采用实时数据采集技术，如实时数据集成、流处理等技术；另一方面可以优化数据处理流程，减少数据处理的延迟时间。

（5）应用新技术处理海量数据。可利用大数据存储和处理技术，如分布式文件存储、MapReduce 等技术来进行数据处理；也可以开发或采用专门的数据处理工具，提高数据处理效率。

（6）加强数据安全和隐私保护。建立完善的数据安全审计机制和数据保护措施。对敏感数据进行加密存储和传输，限制数据访问权限。定期对数据安全和隐私保护情况进行检查和评估。

（7）提升团队数据素养。定期组织团队成员进行数据素养培训，提高他们对数据的理解和处理能力。鼓励团队成员学习和掌握新的数据处理技术和方法。

（8）建立有效的反馈机制。通过定期的项目进度会议或其他反馈机制，及时发现数据收集和处理中的问题。鼓励团队成员提出改进建议，不断优化数据收集和处理流程。

管理案例研究中数据三角验证示例

为了进一步丰富数据类型并强化数据信度的三角验证，团队成员搜集了抖音主要负责人以及相关行业专家在各种场合的访谈视频及新闻报道。例如，张一鸣在《对话》中的专访，张一鸣在历年“创作者大会”“生态大会”上的演讲，平台主播、网红以及其他平台创业者的采访视频等。此外，团队成员整理了自身体验各短视频平台产品的笔记，对不同平台主播、网红的观察记录，以及包括相关书籍在内的各类学术资料的阅读笔记，如《张一鸣让字节跳动的创业哲学》《平常人也能做非常事》等。此外，为防止某一类型数据资料的偏差，团队成员将所有访谈内容整理、归纳为文字材料，并在每次访谈前认真制定访谈提纲，以便数据处理过程中资料编码和后续分析过程的复盘工作。

资料来源：吴义爽，朱学才，袁海霞．平台市场后发上位的“根据地”战略研究：抖音案例 [J]. 中国工业经济，2022，(10)：155-173.

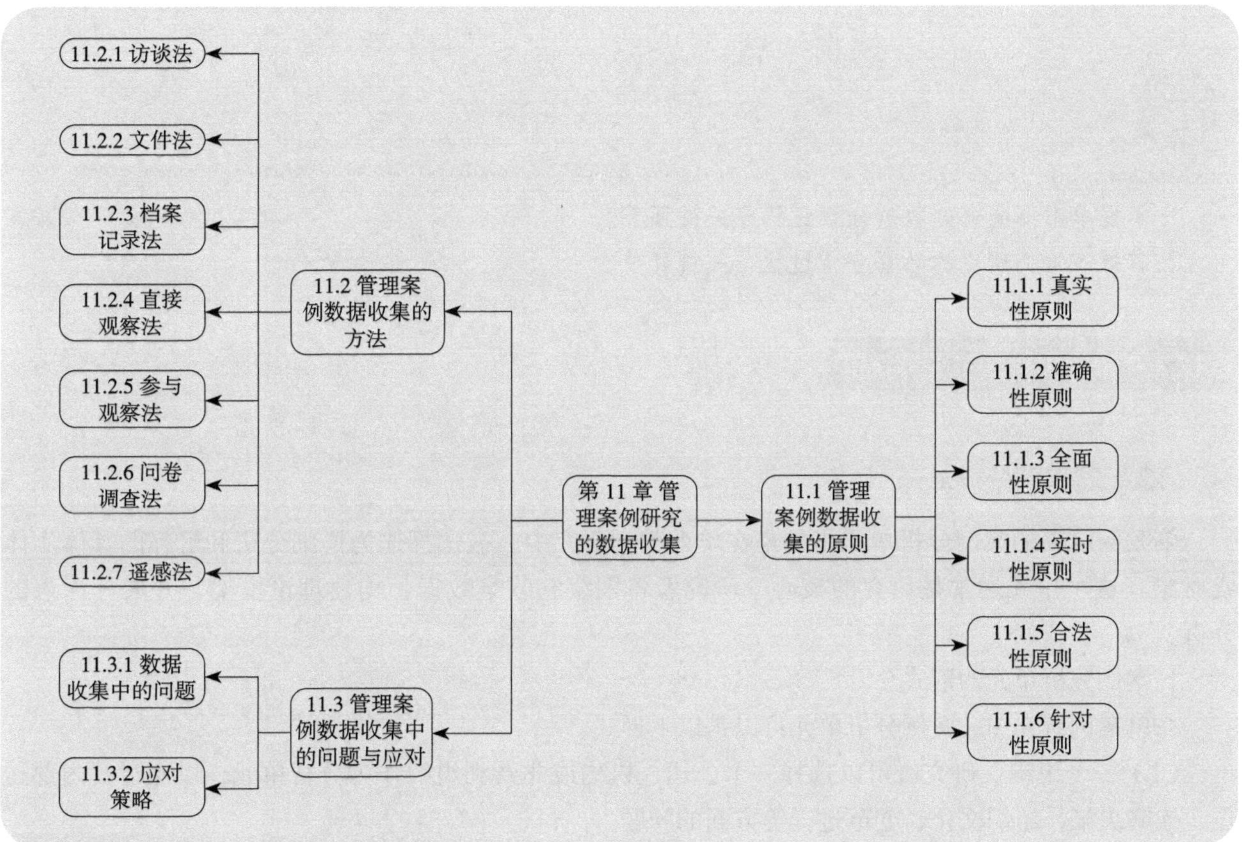

1. 简述管理案例数据收集的原则。
2. 简述管理案例数据收集的方法。
3. 在管理案例数据收集中存在哪些问题？如何应对这些问题？

第 12 章

管理案例研究的数据分析

1. 掌握单案例研究的数据分析过程与关键环节。
2. 掌握多案例研究的数据分析过程与关键环节。

12.1 单案例研究的数据分析

12.1.1 案例分析单元

单案例研究的案例分析单元指的是在单个案例研究中，被选择作为详细分析和解释的具体实体或对象。这个单元通常是研究的核心，研究者将围绕它收集数据、构建理论框架，并展开深入的分析。

1. 案例分析单元的形式

在单案例研究中，案例分析单元可以是以下形式。

（1）一个组织。研究者可以选择一个公司、机构或非营利组织作为分析单元，以探讨其内部运作、战略决策、组织文化、变革过程等方面的问题。

（2）一个事件。某个特定的社会事件或企业事件可以作为案例分析单元，例如一个企业的危机管理、一次市场营销活动或一个政治事件的后果等。

（3）一个个体。在某些情况下，一个特定的个体（如一位领导者、创新者、艺术家等）可以成为案例分析单元，以研究其个人特质、行为模式、决策过程等。

（4）一个项目。一个具体的项目或计划也可以作为案例分析单元，研究者可以分析项目的实施过程、实施效果、成功因素或失败原因等。

（5）一个政策。政府或组织制定的某项政策也可以成为单案例研究的分析单元，研究者可以评估政策的实施效果、影响因素、利益相关者反应等。

2. 选择案例分析单元时需要考虑的因素

在单案例研究中，选择案例分析单元时需要考虑以下几个因素。

（1）研究目的。确保所选单元与研究目的和问题紧密相关。

（2）可访问性。分析单元应具有一定的可访问性，以便研究者能够收集到足够的数据和信息。

（3）代表性。虽然单案例研究本身并不一定要求样本的代表性，但选择一个能够展示某一特定现象或问题关键方面的分析单元会更加有意义。

（4）理论意义。所选分析单元应该具有一定的理论价值，能够丰富或挑战现有的理论框架。

12.1.2 数据分析过程

数据分析过程通常包括一系列有序的步骤，其中数据分析准备、第一阶段数据编码和第二阶段数据编码是这一过程的关键环节。

1. 数据分析准备

在开始数据分析之前，首先要明确分析的目的，即需要解决什么问题或达成什么目标。这一步是数据分析的起点，对于后续的数据收集、处理和分析都具有指导意义。

根据分析目的，收集相关的数据。数据来源可能包括内部数据库、外部数据源、问卷调查、访谈记录等。进而对收集到的数据进行清洗，去除重复、错误、缺失等无效数据，确保数据的准确性和完整性。同时，将清洗后的数据进行整理，形成适合分析的数据集，并根据分析需求和数据特点，选择合适的分析工具。常用的数据分析工具有 Excel、SQL、Python（Pandas、NumPy 等库）、R 语言以及商业智能（business intelligence，BI）工具等。

2. 第一阶段数据编码（开放编码）

在数据分析过程中，第一阶段数据编码通常指的是开放编码（open coding），具体步骤如下。

（1）仔细研究数据。对收集到的数据进行仔细研究，了解数据的整体情况和特点。

（2）命名和分类。对数据中的现象、事件、观点等进行命名和分类，形成初步的概念和类属。这一过程类似于利用一个漏斗处理数据，使其从较为宽泛的范围逐渐缩小和集中。

（3）开放编码。对数据中的关键信息、事件或观点进行编码，即给它们贴上标签或赋予概念。编码过程中可以创造新的概念，也可以沿用已有的学术文献中的概念。

3. 第二阶段数据编码（主轴编码与选择编码）

在数据分析过程中，第二阶段数据编码包括主轴编码（axial coding）和选择编码（selective coding）。

（1）主轴编码。进一步分析数据，建立概念之间的关系，如因果关系、时间顺序关系、结构关系等。通过不断比较和归纳，将开放编码中形成的概念联系起来，形成更为复杂和系统的理论框架。主轴编码的结果是建立了主要概念类属与次要概念类属之间的有机联系，使得数据更加条理化和系统化。

（2）选择编码。在所有已发现的概念类属中选择一个核心类属概念，通过不断分析，将与之相关的次要类属概念集中起来，以系统地说明和验证主要类属概念与次要类属概念之间的关系。在主轴编码的基础上，选择一个能够统领其他相关主题的核心类属概念，并围绕这个核心类属概念组织研究的总体分析。选择编码的结果是形成了一套以核心类属概念为中心的理论体系，该体系能够系统地解释和说明研究现象。

12.1.3 数据分析结果

在数据分析过程中，数据分析结果的呈现是至关重要的一环。这涉及如何有效地展示证据链，以及如何将研究结果以清晰、系统的方式呈现出来。

1. 证据链展示方式

证据链的展示方式主要依赖对数据的深入分析和编码过程。具体来说，证据链的展示可以通过以下几个步骤来实现。

（1）原始资料引用。直接引用或概述原始资料中的关键内容，以展示证据的来源和真实性。这有助于读者了解研究的基础数据，并评估其可靠性和有效性。

（2）编码展示。将开放编码、主轴编码和选择编码的结果以树状图或列表的形式展示出来。这些图表可以清晰地展示概念之间的层级关系和逻辑关系，帮助读者理解证据链的构建过程。

（3）逻辑链条构建。通过详细的论述和说明，构建概念之间的逻辑链条。这包括解释为什么某个概念会成为另一个概念的子类或相关联的概念，以及这些概念如何共同构成一个完整的理论体系。

（4）理论框架呈现。将所有编码和逻辑链条整合到一个理论框架中，以展示整个研究的核心观点和理论贡献。这个理论框架应该能够清晰地解释所研究的现象，并提供有力的证据支持。

2. 结果呈现方式

结果的呈现方式需要注重系统性、清晰性和可读性。以下是一些常见的结果呈现方式。

（1）研究报告。编写详细的研究报告，包括研究背景、目的、方法、数据分析过程、结果和讨论等部分。在结果部分，应重点展示主要发现和理论贡献。

（2）学术论文。将研究结果以学术论文的形式发表在学术期刊上。学术论文需要遵循严格的学术规范和格式要求，包括摘要、引言、文献综述、方法论、研究过程、讨论和结论等部分。在结论部分，应清晰地呈现理论框架和主要发现。

（3）图表和图形。使用图表和图形来直观地展示数据分析结果。例如，可以使用概念图、关系图或流程图来展示概念之间的层级关系和逻辑关系，使用表格来展示编码结果和统计数据，等等。

（4）口头报告。在学术会议、研讨会或课堂上口头报告研究结果。口头报告应注重条理性和逻辑性，通过简洁明了的语言和生动的实例来展示研究的核心内容和理论贡献。

（5）在线平台。利用在线平台（如学术网站或社交媒体）发布研究结果。这种方式可以扩大研究的传播范围，吸引更多读者的关注和讨论。在发布时，应确保内容的准确性和完整性，并注明研究的来源和背景信息。

单案例研究的论文框架

一、问题提出

二、研究设计

1. 方法选择

2. 案例选取

3. 构念测度

4. 数据收集

5. 数据分析

三、案例描述及案例数据编码

1. 案例描述

2. 案例数据编码

四、案例分析与讨论

1. 模仿创新阶段

2. 改进创新阶段

3. 自主创新阶段

五、从技术引进到自主创新：一个组织惯性效应视角的分析框架

1. 引进型技术创新中组织学习与组织惯性效应的一般性分析框架

2. 引进型技术创新过程中企业组织惯性效应及其应对

六、结语

1. 研究结论

2. 理论贡献

3. 管理启示

资料来源：吕一博，韩少杰，苏敬勤．翻越由技术引进到自主创新的樊篱：基于中车集团大机车的案例研究 [J]. 中国工业经济，2017（08）：174-192.

12.2 多案例研究的数据分析

多案例研究的数据分析是一个复杂而系统的过程，它涉及对多个案例的深入剖析和比较，以揭示其共性和差异，进而构建或验证理论。

12.2.1 案例分析单元

多案例研究的案例分析单元，是指在进行多案例研究时，被选择并深入分析的独立案例。这些案例单元共同构成了研究的整体，通过对比分析它们之间的相似性和异质性，可以揭示出普遍性的规律或理论。多案例研究遵循理论抽样原则，即根据案例是否特别适合发现和拓展构念之间的逻辑关系，来决定是否选择其为分析单元。所选案例不是基于其独特性，而是基于它们对理论构建的贡献。

多案例研究中案例的数量没有固定的标准，但通常 4 到 10 个案例效果较好。案例数量的多少取决于理论饱和度、数据可用性、认知限制和时间等因素。选择的案例应具有代表性，能够反映研究问题的不同方面或情境。案例之间应具有一定的差异性和可比性，以便进行深入的对比分析。

在多案例研究中，每个案例分析单元都是一个独立的整体，具有自己的特点和背景。研究者需要分别对每个案例进行深入的分析和理解。尽管每个案例是独立的，但它们之间又存在某种关联。这种关联体现在它们共同反映的研究问题、理论框架或构念上。多案例研究中的案例单元通常具有多样性，包括不同行业、不同规模、不同地域等。这种多样性有助于揭示出更具普遍性的规律和理论。

12.2.2 数据分析过程

多案例研究的数据分析过程通常包括两个主要阶段：案例内分析（within-case analysis）和跨案

例分析（cross-case analysis）。这两个阶段相互补充，共同构成了多案例研究的核心分析方法。

1. 案例内分析

案例内分析是将每个案例视为一个独立的整体，进行深入、细致的分析。这一阶段的主要目的是全面了解每个案例的具体情况，包括其背景、过程、结果以及关键要素等。

（1）分析内容。一是详细描述，即对每个案例进行详细的描述，包括其发生的时间、地点，以及涉及的主要人物、事件等。二是关键要素识别，即从案例中识别出关键要素，如关键事件、决策点、影响因素等，并对其进行深入分析。三是过程梳理，即梳理案例的发展过程，包括其起因、发展、高潮和结果等，以便更好地理解案例的全貌。

（2）分析方法。一是叙事分析，即通过叙事的方式，将案例中的事件和过程串联起来，形成一个完整的故事线。二是主题分析，即从案例中提炼出主题或核心概念，以便更好地理解和解释案例。三是模式识别，即寻找案例中的模式或规律，如因果关系、相关关系等，以便为跨案例分析提供基础。

2. 跨案例分析

跨案例分析是在案例内分析的基础上，对所有涉及的案例进行统一的归纳与概括。这一阶段的主要目的是通过比较不同案例之间的相似性和异质性，揭示出更普遍的规律和理论。

（1）分析内容。一是对比与归纳，即将不同案例中的关键要素、过程、结果等进行对比和归纳，找出它们之间的共性和差异。二是理论构建，即基于跨案例分析的结果，构建或验证理论模型。这包括识别核心概念、建立概念之间的关系、提出假设并进行验证等。三是假设修正，即在跨案例分析过程中，可能需要对初步提出的假设进行修正和完善，以确保其准确性和可靠性。

（2）分析方法。一是复制法则，即通过对一个案例数据的分析，归纳出新的理论假设或利用已有理论构建变量之间的关系，然后将这些假设或关系演绎到其他案例中进行验证和修正。二是分类与归纳，即将不同案例中的特征变量进行分类和归纳，以明确每个类别的意义，并探索各变量之间的相关性和因果关系。三是综合策略，即综合运用多种分析方法，如叙事分析、量化分析、扎根理论等，来构建理论模型，以提高分析的全面性和准确性。

12.2.3 数据分析结果

在进行多案例数据分析时，构念测量和命题提炼是两个核心步骤，它们有助于深入理解案例间的共同点和差异，从而得出更有意义的结论。

1. 构念测量

构念测量是指通过一系列变量和指标来测量某一抽象概念的过程。构念（construct）最早出现在心理学的研究中，原指某些假定的且可以通过测试表现反映出来的特质，后来这一术语被援引到管理学、社会学等学科中用以描述某一抽象概念所具有的本质或属性。换句话说，现实世界中并不存在一个实体性的构念，构念是研究者为了发展理论而创造出来，并用一系列变量和指标加以测量的建构物。

在多案例数据分析中，构念测量的目标是确定每个案例中相关构念的具体表现形式，以便进行比较和分析，其具体流程如下。

（1）明确构念定义。首先，需要明确案例研究中涉及的构念的定义。这通常需要根据研究问题和文献回顾来确定。构念的定义应该清晰、具体，并且与研究问题密切相关。

（2）选择测量工具。根据构念的定义，选择合适的测量工具。这可以是问卷、访谈、观察记录等。测量工具应能有效地反映构念的实际状况，并且具有较高的信度和效度。

（3）数据收集。使用选定的测量工具收集案例数据。在数据收集过程中，需要确保数据的准确性和完整性，以便后续的分析和比较。

（4）数据编码。将收集到的数据进行编码，以便后续的分析。编码可以将数据转换为可以用于统计分析的格式，并且可以方便地识别每个构念的具体实例。

（5）数据分析。使用统计方法或文本分析方法来分析编码后的数据，以了解构念之间的关系和变化趋势。数据分析方法包括描述性统计、相关性分析、回归分析等。

2. 命题提炼

命题是由构念以及构念之间的关系所构成，只有界定构念并挖掘构念之间的关系才能形成命题，这一过程便是命题提炼。一般而言，命题提炼过程主要包括四个方面。

（1）识别构念。在研究过程中，仔细分析案例数据，以识别其中存在的模式（表现为构念之间的关系）。这些模式可能是相似的结果、相同的机制、类似的问题和解决方案等。

（2）提炼命题。根据识别的模式，提炼出具有普遍性的命题。这些命题应该能够清晰地描述变量之间的关系，并且具有足够的解释力来支持研究结论。

（3）检验命题。使用其他案例或数据进行验证，以确保提炼出的命题具有普遍性和可靠性。这可以通过比较不同案例之间的相似性、分析案例之间的差异性或进行统计分析来实现。

（4）整合命题。将提炼出的命题整合到一个统一的理论框架中，以形成一个完整的解释模型。这个模型应该能够解释案例中的现象，并且具有足够的预测力和解释力来指导实践。

多案例研究的研究内容示例

本研究采用理论抽样的方式选择案例，即在尽量控制其他变量干扰的前提下（比如企业规模、创建时间、业务背景、所有权性质等），寻找案例中正面 / 负面情绪基础对探索 / 利用战略的影响规律。为了提高理论的效度，将进行两类对比，即案例内对比和跨案例对比。案例内对比的思路是分析企业内部两种不同业务的情绪基础和战略选择之间的关系，这样做的目的在于进一步控制企业层面的干扰变量影响，例如控制不同供应商高管的偏好、企业资源等。而跨案例对比，则是为了确保构建理论的外部效度。

本研究理论抽样的标准是：所选案例来自离岸外包服务供应商，因为高度动荡的环境使得供应商必须重新选择战略且情绪基础在决策制定过程中扮演重要角色；所选案例是民营企业，公司规模与技术能力相当，从业市场与业务相似，且处于相似生命周期但情绪基础—战略选择不同的供应商。基于上述条件，本研究从所调研的七家供应商中，选择了符合标准的四家（A、B、C 和 D 公司），并挑选每家供应商的两项典型业务：A1、A2、B1、B2、C1、C2、D1、D2，其中 A1、B1、C1、D1 为对应公司重点发展业务（核心业务）。

资料来源：陈诚，毛基业．企业战略选择的情绪基础：基于 IT 服务供应商的多案例研究[J]. 中国工业经济，2017（04）：176-192.

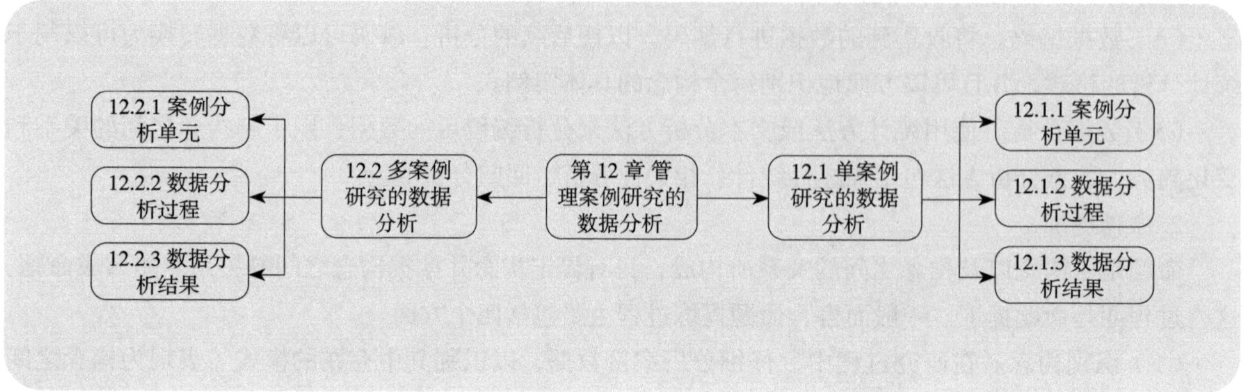

1. 简述单案例研究与多案例研究的区别。
2. 请选择一个主题，分别设计单案例研究范式和多案例研究范式。

第 13 章 管理案例研究的模型表达

1. 了解管理案例研究中模型表达的内涵。
2. 了解管理案例研究中模型表达的类型。
3. 掌握管理案例研究模型的设计原则与操作步骤。
4. 掌握管理案例研究中模型表达的主要方法。

13.1 模型的内涵与类型

13.1.1 模型的内涵

在管理案例研究中，模型表达是一个关键步骤，它帮助研究者系统地组织和分析案例数据，以得出有意义的结果。模型是对现实世界的抽象和概括，它提取了案例中的关键要素和关系，忽略了一些非本质的、次要的细节，以便更清晰地展示案例的核心结构和动态。模型以更直观、简洁的方式展示了案例的主要特点和规律，有助于研究者把握案例的本质。研究者可以通过调整模型的参数或变量来模拟不同的情境和结果，从而评估不同策略的效果和潜在风险。通过对模型进行修正和完善，研究者可以更好地理解案例的本质和规律，并为其他类似案例的研究提供有价值的参考。

13.1.2 模型的类型

模型的类型因案例研究的领域、目的和数据的性质而异。以下是一些在管理案例研究中常用的模型。

1. 概念模型

概念模型是案例研究中最基本的模型。它使用概念、定义和分类来组织案例数据，并揭示案例中的关键要素和关系。概念模型有助于研究者理解和解释案例中的现象，并为进一步的分析和推理奠定基础。

2. 流程模型

在需要描述和分析案例中的流程或序列事件的场景中，流程模型是非常有用的。这种模型使用图形和符号来表示流程中的各个步骤、决策点和关键事件，以及它们之间的顺序和依赖关系。流程模型有助于研究者识别流程中的瓶颈、问题和改进机会。

3. 因果模型

因果模型主要用于分析案例中的因果关系。它假设案例中的一个或多个变量（原因）影响了另一个变量（结果），并通过分析案例数据来验证这种关系。因果模型有助于研究者理解案例中的复杂现象，并预测未来的趋势和结果。

4. 比较模型

在需要比较不同案例或案例组之间的相似性和差异性的场景中，比较模型是非常有用的。这种模型使用表格或图形来比较不同案例或案例组在关键变量上的值或分布，以揭示它们之间的异同。比较模型有助于研究者识别不同案例或案例组之间的共性和个性，并为进一步的分类和分析提供依据。

5. 综合模型

在某些情况下，单一的模型表达可能不足以全面描述和分析案例。此时，研究者可以使用综合模型来整合多种模型的表达方法。综合模型可以根据研究者的需要进行设计，有助于提高案例研究的全面性和深度，并促进跨领域和跨学科的交流和理解。

13.2 研究框架模型与研究发现模型

13.2.1 研究框架模型

在实际应用中，使用框架模型包括四个关键步骤。

（1）识别问题（找出问题）。

（2）原因分析。

（3）根据分析的原因，提出至少三个可选的解决方案。

（4）选择最优解决方案，并提出实施方法。

框架模型首先提供一个清晰的结构。研究者可以根据这个结构来组织和分析案例中的数据。结构通常包括几个关键部分或维度，如背景、问题、分析、解决方案等。框架模型帮助研究者识别案例中的关键要素和变量，这些要素和变量对于理解案例至关重要。通过框架模型，研究者可以清晰地看到哪些因素对案例的发展产生了重要影响。框架模型提供一个系统性的方法来分析案例，确保研究者不会遗漏重要的信息或因素。框架模型通常以图表或其他可视化形式呈现，有助于研究者快速捕捉案例中的关键信息，提高研究的效率和准确性。框架模型具有一定的灵活性和可调整性，研究者可以根据具体案例的特点和需求来修改和完善模型。这种灵活性和可调整性使得框架模型能够适应不同类型的案例研究，提高研究的针对性和有效性。

13.2.2 研究发现模型

在案例研究中，研究发现模型是一种用于系统性地识别和提取案例中关键信息和模式的工具。这些模型帮助研究者从复杂的案例中提炼出有价值的信息，进而为理论构建、策略制定和问题解决提供基础。以下是一些在案例研究中常用的研究发现模型。

1. 基于扎根理论的研究发现模型

扎根理论强调在数据收集和分析过程中形成和发展理论。研究者首先进行开放性的数据编码，随后通过不断比较、提炼和抽象，形成概念、范畴和理论。在案例研究中，扎根理论可以帮助研究者从案例中挖掘出新兴的主题、关系和理论框架。

2. 基于模式匹配的研究发现模型

模式匹配是通过比较不同案例中的相似性和差异来识别关键模式的方法。研究者可以根据先前的理论、框架或经验预期来定义预期的模式，并在案例中寻找这些模式的证据。在案例研究中，模式匹配可以帮助研究者识别出跨案例的普遍规律、趋势或异常现象。

3. 基于框架分析的研究发现模型

框架分析是一种预定义的结构化数据分析方法，研究者可以根据预定的主题、维度或分类系统对案例数据进行编码和解释。在案例研究中，理论框架分析可以帮助研究者系统地组织和解释案例数据，以便更容易地识别出关键信息、趋势和模式。

4. 基于情境分析的研究发现模型

情境分析强调将案例置于更广泛的背景和情境中进行考察。研究者会考虑案例所处的历史、文化、社会、政治和经济背景等因素，以理解案例的复杂性和动态性。在案例研究中，情境分析可以帮助研究者更全面地理解案例的背景和影响因素，从而更准确地解释案例中的现象和问题。

这些研究发现模型并不是孤立的，研究者可以根据具体的研究问题和数据特点灵活地选择和运用它们。同时，研究者还需要注意保持研究的客观性和严谨性，避免主观臆断和偏见对研究结果的影响。

管理案例研究中模型表达示例（图 13−1）

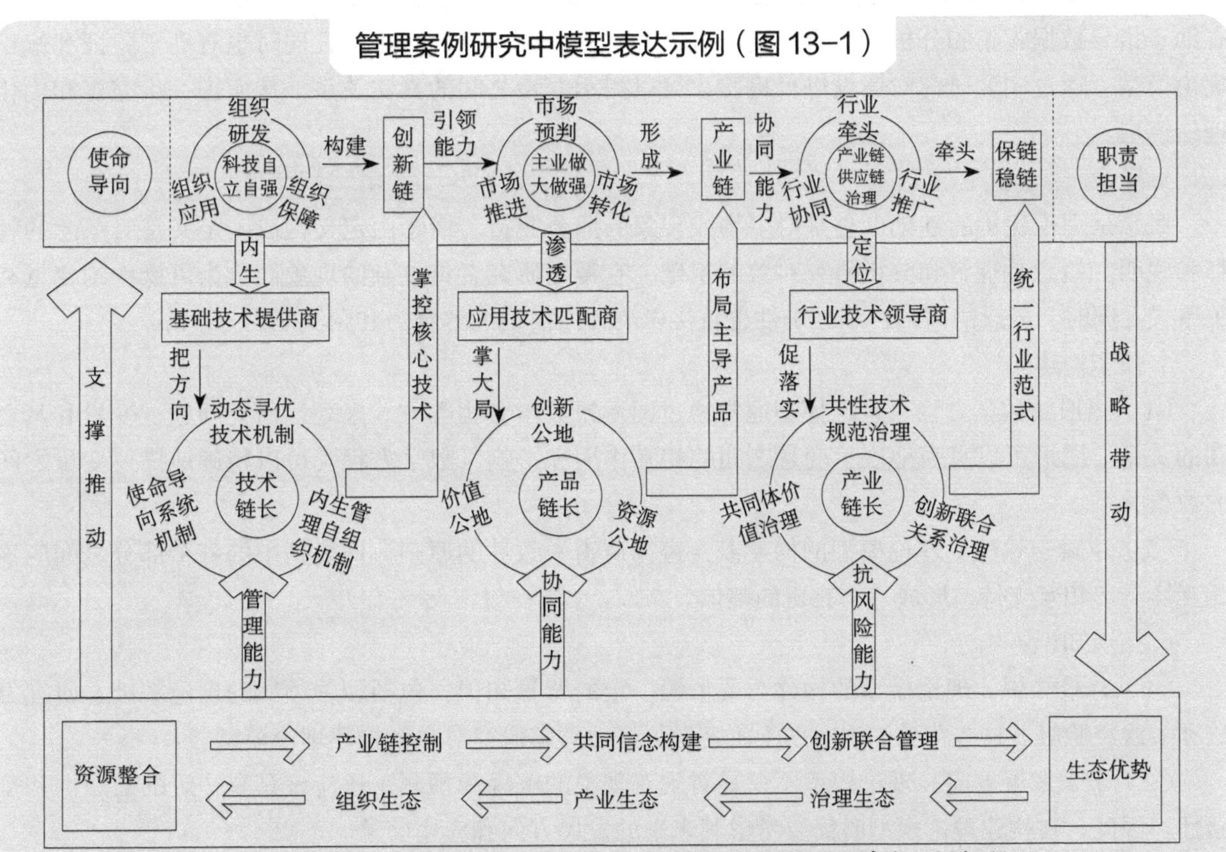

图 13−1　关键核心技术突破助推链长职能的培育机制模型

资料来源：胡登峰，黄紫微，李博，等. 关键核心技术突破助推链长职能的培育机制研究：以中国建材补链强链为例 [J]. 管理世界，2024，40（06）：169−195.

13.3 理论模型的设计与操作

13.3.1 理论模型的基本要素

1. 研究问题

研究问题是理论模型的首要因素，它明确了模型构建的目的。清晰、具体的研究问题有助于研究者聚焦于关键领域，避免研究过程中的偏离和模糊。研究问题可以从不同角度和层次进行细化，以便更深入地理解和分析。例如，在西方经济学中，一个简单的经济增长问题可以细化为如何描述增长、哪些因素影响增长、什么是最好的增长等多个子问题。

2. 变量与关系式

变量是理论模型中的基本单位，用于描述和解释研究对象的不同方面。变量可以是定量的（如收入、年龄等），也可以是定性的（如性别、职业等）。关系式是变量之间相互作用和影响的数学或逻辑表达。它描述了变量之间的因果关系、相关关系或其他复杂关系。关系式的构建是理论模型的核心部分，它决定了模型的解释力和预测能力。

3. 假设

假设是关于研究问题中变量之间关系的初步设想或猜想。它是理论模型构建过程中的重要环节，有助于指导数据收集和分析。假设的提出有助于明确研究的方向和重点，同时也有助于验证和修正理论模型。通过实证研究对假设进行检验，可以揭示变量之间的真实关系，从而进一步完善和优化理论模型。

4. 概念

概念是理论建构的基础，它是对事物或现象的抽象概括。概念由定义构成，定义是对概念的解释和说明。概念是理解和分析研究对象的基础，它帮助研究者将复杂的现象简化为可操作的变量和关系式。同时，概念的清晰性和准确性也直接影响理论模型的解释力和预测能力。

5. 模型构建

（1）图形或数学方程。理论模型通常通过图形或数学方程等方式来表达研究问题、变量和其之间的关系。图形可以直观地展示变量之间的相互作用和影响，数学方程则可以精确地描述变量之间的数量关系。

（2）逻辑一致性。理论模型的构建需要遵循逻辑一致性的原则，即模型中的各个部分之间应该相互协调、相互支持，形成一个有机的整体。

6. 拓展知识

（1）背景知识。理论模型的构建需要依赖一定的背景知识，包括相关领域的理论基础、研究方法和实践经验等。这些背景知识有助于研究者更好地理解研究对象和构建理论模型。

（2）未来发展方向。理论模型不仅是对现有现象的解释和预测，还应该具有一定的前瞻性和创新性。因此，在构建理论模型时需要考虑其未来的发展方向和应用前景。

13.3.2 理论模型的设计原则

1. 目标原则

一个清晰的核心观点是理论模型设计的重要目标。核心观点可以是基于案例数据归纳得出的概念和命题，也可以是目标理论的贡献表达及对比分析结论。因此，在理论模型设计中应当遵循目标原则，即明确核心观点，实现核心观点的视觉化表达。

2. 简化原则

在理论模型设计中，不能陷入无限繁杂的细节分析中，模型绘制也特别需要注意这一点。应将复杂的模型简化为以核心观点为主要逻辑的重点，对模型本身的内容不断精练，包括要展示的概念、概念间的关系、视觉框图、分析层次、对象和模型整体设计。

3. 迭代原则

好的理论模型是改出来的，需要不断地自我否定、集体讨论和专家评审，这是一个多轮的迭代过程。因此，需要遵循迭代原则，反复地对模型进行修改迭代，使理论模型不断完善。

13.3.3 理论模型的操作步骤

1. 模型构建准备阶段

首先，需要清晰地定义研究的目标和想要解决的问题，这有助于指导后续的数据收集和分析工作。根据研究目标和问题，选择具有代表性、能够提供足够信息的案例。这可以是单案例或多案例研究。应了解案例的历史、环境、组织结构、管理层人员和决策流程等背景信息，以便更好地理解和分析案例。

2. 模型构建进行阶段

（1）确定分析框架。基于研究目标和问题，确定一个或多个分析框架或模型，如 SWOT 分析、波特五力分析模型等。这些框架和模型将作为分析案例的基础。

（2）明确变量和关系。在分析框架中，明确关键的自变量、因变量以及它们之间的关系。例如，在大语言模型生成的理论框架中，可以包括工作特征、领导支持、社会化程度等自变量，以及远程员工的工作绩效和组织承诺度等因变量。

（3）完善研究假设。根据分析框架和变量关系，提出具体的研究假设。这些假设将作为后续数据分析的基础。

3. 模型数据收集阶段

设计数据收集工具，如调查问卷、访谈提纲、观察指南等，以确保能够系统地收集所需的数据。可以通过采访案例的关键参与者、观察案例情境、分析相关文档等方式，收集与模型构建相关的数据。将收集到的数据进行整理和编码，以便后续的数据分析。

4. 模型数据分析阶段

使用内容分析、主题分析等方法，对收集到的数据进行深入剖析，识别出案例中的模式、关联关系和重要因素。可以适度地使用统计分析等方法，对数据进行量化分析，以验证研究假设和模型的有效性。

5. 模型具体表达阶段

使用表格、流程图等可视化工具，将分析框架、变量关系、研究假设等关键信息清晰地呈现出来，这有助于他人理解和应用该模型，详细描述模型的构建过程、数据分析结果和主要发现，对模型的适用范围、局限性以及未来的研究方向进行讨论。

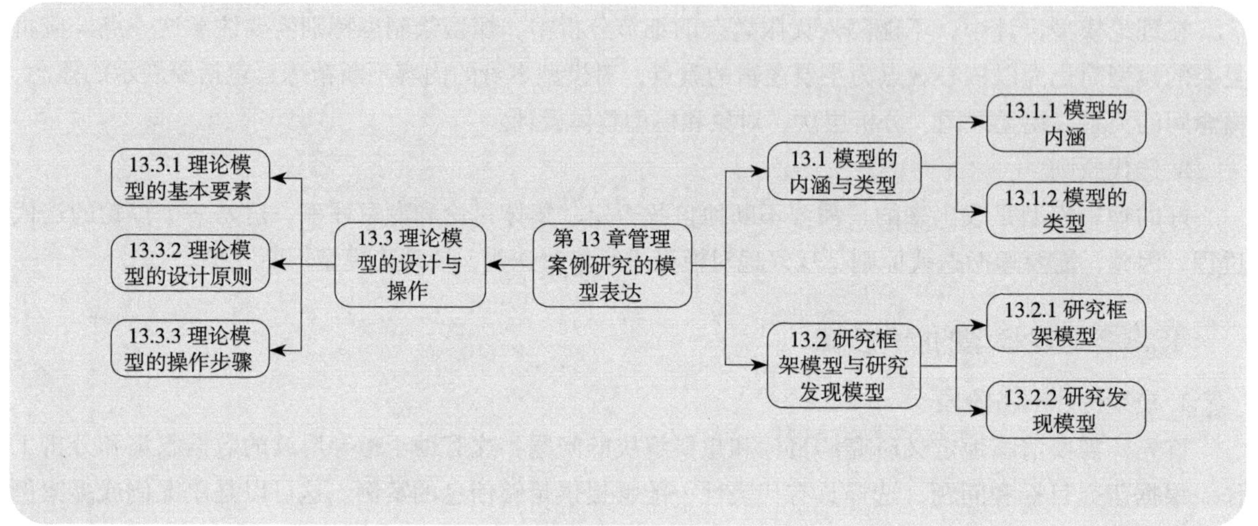

1. 管理案例研究中主要的模型类型有哪些?
2. 管理案例研究中理论模型的基本要素有哪些?
3. 管理案例研究中理论模型的设计原则与操作步骤是什么?
4. 请自行寻找一个企业管理经典案例，阅读并结合案例内容勾勒出一个模型表达图。

第 14 章

管理案例研究的学术论文撰写

1. 理解管理案例研究论文的结构与基本撰写原则。
2. 熟悉管理案例研究论文撰写的篇幅要求。
3. 掌握管理案例研究论文写作的学术风格。
4. 掌握管理案例研究论文的写作要点。

14.1 管理案例研究学术论文的撰写要求

14.1.1 论文结构与基本原则

论文的结构与基本原则是学术论文写作中的重要方面，它们共同决定了论文的质量、可读性和学术价值。

1. 论文结构

论文的结构通常包括以下几个部分。

（1）题目。论文的题目应简洁明了，能够准确概括论文的主题和内容。中文题目一般不超过15—20 个汉字，英文题目不超过 12 个词，且不使用缩写词或简化词，尽量不用标点符号。

（2）摘要。摘要是论文的重要组成部分，它是对论文内容的高度概括和简要说明。摘要应包含研究目的、对象、方法、结论等关键信息，且一般不分段，不列图、表及化学结构式，也不引用参考文献。摘要的长度一般为正文字数的 2%—3%，建议不少于 250 字，最多不超过 500 字。

（3）关键词。关键词是从论文的题名、摘要和正文中选出来的，能反映论文主题概念的词和词组。一般要求一篇论文有 3—8 个关键词，并按一定顺序排列。

（4）引言。引言是论文的开端，主要交代研究成果的来龙去脉，即回答为什么要研究相关的课题，并引出作者研究成果的创新论点。引言的写作应言简意赅、突出重点，避免与摘要雷同，也不应成为摘要的注释。

（5）正文。正文是论文的核心部分，包含研究问题的提出、分析、解决及结论等内容。正文的结构应紧密围绕主题展开，层次分明，逻辑清晰。常见的论文结构形式有并列式、递进式、总分式和分总式等。

（6）结论。结论是论文的收束部分，它应简要说明、论证取得的正确观点及其理论价值或应用价值。结论应写得简明扼要、逻辑严谨，并与引言相呼应，与正文其他部分相联系。

（7）参考文献。参考文献是论文中引用的他人观点、数据、材料等的原始出处。列出参考文献的目的是便于读者查阅原始资料，也便于自己进一步研究时参考。

（8）致谢。在论文末尾，应对在研究过程中给予帮助和支持的单位和个人表示感谢。

（9）附录。附录是将不便列入正文的有关资料或图纸编入其中，如实验数据、详细图表等。

2. 基本原则

（1）内容要正确、客观、富有新意。论文的内容必须具有科学性、客观性和创意性。科学性要求作者正确地反映客观事物并揭示出规律；客观性要求以实际为基础，充分进行调查研究和科学实验；创意性则要求论文在理论、方法或资料等方面具有新的见解或贡献。

（2）论据要确凿、翔实。一篇优秀的论文需要有充实的论据来支撑其观点。选择论据时应广泛查阅资料，认真研究和核实，并忠于原文，避免断章取义。

（3）论证要严密、合乎逻辑。论文的论证过程需要具备严密的逻辑性，使得证明或反驳具有不可辩驳的力量。作者应善于运用证明和反驳的方法，进行周密的思考和组织资料，充分阐述论点与论据之间的逻辑关系。

（4）结构要严谨、条理清楚。论文的结构必须做到纲举目张、顺理成章、井然有序。这要求作者合理安排大论点和小论点的关系以及各个部分的层次结构，确保论文的逻辑性和连贯性。

（5）表达要准确、精练。语言的表达应准确、精练，避免冗长和模糊不清的表述。同时，也要注意语言的学术性和规范性，确保论文的学术价值和可读性。

综上所述，论文的结构与基本原则是学术论文写作中不可或缺的重要方面。只有遵循这些原则和结构要求，才能写出高质量、有学术价值的论文。

14.1.2 论文篇幅与聚焦宽度

在撰写论文时，论文的篇幅与聚焦宽度（或研究范围）之间存在着密切的关系。这种关系需要作者仔细权衡，以确保论文既不过于冗长也不失其深度和广度。

1. 论文篇幅

论文篇幅通常指论文的总字数或页数，它受到学术期刊、会议或学位要求的具体限制。不同级别的论文（如期刊论文、学位论文）往往有不同的篇幅要求。例如，期刊论文可能要求控制在几千字到一万字之间，而学位论文则可能长达数万字甚至更多。

2. 聚焦宽度

聚焦宽度指的是论文所研究问题的广度和深度。广度涉及研究覆盖的领域范围、理论框架和变量数量等，深度则指对某一具体问题或现象的深入分析、解释和探讨。聚焦宽度直接影响论文的复杂性和所需的信息量。

3. 篇幅与聚焦宽度的关系

（1）适度原则。论文的篇幅应与聚焦宽度相匹配。过短的篇幅可能无法充分展开研究问题，导致论述不够深入或全面；而过长的篇幅则可能使读者感到冗长乏味，且可能包含不必要的细节。

（2）聚焦明确。在有限的篇幅内，作者需要明确研究的核心问题和主要目标，避免研究范围过于宽泛。通过聚焦明确的研究问题，作者可以更有效地利用篇幅，深入剖析问题的本质和规律。

（3）逻辑清晰。无论篇幅长短，论文的逻辑结构都应清晰明了。作者需要合理安排章节内容，确保各部分之间衔接紧密、层次分明。这有助于读者快速把握论文的主旨和要点。

（4）信息精练。在撰写论文时，作者需要注重信息的精练和准确性。避免使用冗长的句子，确保每一句话、每一个数据都能为论文的主题服务。

（5）适当扩展。虽然需要聚焦明确，但在必要时，作者也可以适当扩展研究范围或引入相关理论来丰富论文内容。这种扩展应基于研究问题的实际需要和学术价值进行，避免无意义的堆砌和重复。

论文的篇幅与聚焦宽度需要作者根据具体情况进行权衡和调整。通过明确研究问题、合理安排篇幅、精练信息和保持逻辑清晰等方式，作者可以撰写出既具有深度又具有广度的优秀论文。

14.1.3 论文写作的学术风格

论文写作的学术风格具有正式性、专业性、严谨性、客观性、规范性、逻辑性与连贯性以及精确性与准确性等特点。这些特点共同构成了学术论文的独特风貌和学术价值。在撰写学术论文时，作者应严格遵守这些规范和要求，以确保论文的质量和学术水平。

1. 正式性与专业性

（1）语言风格。学术论文应采用正式、客观的语言，避免使用过于随意的表达。语言应准确、精练，能够清晰地传达作者的意图和研究成果。

（2）专业术语。学术论文中应广泛使用学科内的专业术语和概念，以体现研究的深度和广度。这些术语和概念的选择应准确、恰当，避免使用模糊或有歧义的表述。

2. 严谨性

（1）结构标准。学术论文通常包括题目、摘要、关键词、引言、正文（包括方法、结果、讨论等）、结论、参考文献等部分。这些部分应按照一定的逻辑顺序排列，形成一个完整、统一的整体。

（2）逻辑清晰。论文的各个部分之间应有明确的逻辑关系，确保读者能够顺畅地理解作者的研究思路和结论。段落和句子之间应有叙述性的联系，以便读者能够跟随作者的思路进行阅读。

3. 客观性

（1）客观陈述。学术论文应客观陈述研究问题、方法和结果，避免引入个人偏见或主观判断。在引用他人观点时，应准确描述并注明出处，以示尊重并避免抄袭。

（2）证据充分。论文中的观点和结论应基于充分的证据。这些证据可以来自实验数据、观察结果、文献引用等可靠来源。作者应详细呈现研究流程，包括样本选择、数据收集和分析过程等，以便其他研究者能够复现研究。

4. 规范性

（1）引用规范。学术论文应遵循所在学科或期刊的引用规范，如 APA、MLA、Chicago 等。在引用他人观点、数据或研究成果时，应注明出处并遵循相应的引用格式要求。

（2）参考文献完整。论文中引用的所有文献、数据、理论或观点等都应在参考文献部分列出完整信息，这有助于读者追溯信息来源并评估研究的可靠性和价值。

5. 逻辑性与连贯性

（1）论点明确。学术论文的论点应明确且具有说服力。作者应在引言部分明确提出研究问题和目的，并在正文中逐步展开论述和论证。

（2）论证严密。论文的论证过程应严密且有条理。作者应使用合理的推理和证据来支持自己的观点和结论，并确保各个部分之间逻辑连贯、相互支持。

6. 精确性与准确性

（1）用词精确。学术论文中的用词应精确无误，避免使用含糊不清的表述。作者应仔细斟酌每个词语的含义和用法，以确保其能够准确传达自己的意图。

（2）数据准确。论文中的数据应准确无误，并经过严格的验证和审查。在报告数据时，作者应注明数据来源和处理方法，以确保数据的可靠性和可重复性。

比较以下三篇论文的学术风格差异

论文一

家族企业海归继承人创业学习过程研究——基于文化框架转换的多案例分析（节选）

继承人成长模式是目前中国家族企业理论和实践的热门议题，也是保障和提高家族企业跨代持续发展的首要问题。在家族企业传承和转型的关键时期，作为创业的主力军，家族企业海归继承人的多元文化经历和文化框架转换为其创业学习过程提供了独特资源和路径，本文基于文化心理学的动态建构主义视角，以 6 个家族企业的海归继承人为研究对象，采用探索性多案例研究方法，通过扎根理论的数据处理程序提炼基于文化框架转换的海归继承人创业学习关键过程要素，包括海外获取性创业学习、创业动机促发、实验性创业学习（直觉和编译创业学习）3 个创业学习阶段，文化构念网络可用性、通达性和情境适用性的构建策略及其与创业学习过程的互动协同机制，试图在家族企业传承背景下构建基于文化框架转换的家族企业海归继承人创业学习过程理论模型，从文化心理学视角解读文化框架转换对家族企业海归继承人创业学习方式、路径选择和创业能力形成的微观作用机制，为家族企业海归继承人这一独特创业群体的成长提供富有前景的答案，为家族企业传承和跨代创业提供启迪和借鉴。

资料来源：王扬眉，梁果，李爱君，等 . 家族企业海归继承人创业学习过程研究：基于文化框架转换的多案例分析 [J]. 管理世界，2020，36（03）：120-142.

论文二

数字经济时代企业高成长机理研究——战略节奏视角（节选）

在数字经济时代，用户需求快速迭代已成为驱动企业战略变革的关键力量，由此形成的持续性资源限制将严重影响企业的成长速度。在此背景下，企业如何实现高成长，成为学术界和理论界共同关注的话题。本文通过对嘉数高成长过程的案例分析发现，企业在持续适应用户需求过程中，通过匹配性评估选择战略变革的时机，然后采用战略跟进和战略迟滞两种行动逻辑进行战略适应，并在此基础上依据阶段性适应结果调整其战略变革的行动时机和行动逻辑，从而控制战略节奏，这是企业实现高成长的关键机制。其中，战略跟进能快速响应用户需求，有助于企业实现借势成长，战略迟滞则有助于企业获取一定的独占性优势后，在暂缓响应用户需求的过程中为未来的战略跟进蓄势聚能。在这一过程中，双元学习为企业快速跟进用户新需求提供了解决方案，探索式学习则为企业暂缓跟进用户新需求提供了新的认知基础。企业通过控制战略节奏能实现战略变革的应势而谋和张弛有道，有助于企业有效把握用户需求变化所带来的市场机会，并最大化释放战略变革的效能，从而借用户需求变化之势实现自身的高成长。本文的研究结论有助于推动企业高成长与战略节奏理论研究的进一步发展，还有助于指导企业高成长实践。

资料来源：张骁，王娟娟．数字经济时代企业高成长机理研究：战略节奏视角 [J]. 中国工业经济，2024（02）：173–192.

论文三

中国场景下的公共服务合作生产运行逻辑——以超大城市 A 市的基层公共服务供给为例（节选）

公共服务合作生产作为公共管理学界近年来的高频词汇，是传统公共行政、新公共管理、新公共治理和社群主义等多种研究范式叠加的产物。作为最早在西方学术体系中出现的理论，合作生产理论能否阐述当代中国公共服务供给情景，应当如何进行理论再造来增强其解释力？针对该问题，论文采用非结构式访谈、参与观察方法，对超大城市 A 市基层公共服务供给进行多案例观察与提炼分析，认为合作生产理论可以用来解释中国公共服务多方合作现象，但也需要因地制宜进行深度的本土化重构，即需要坚持以人民为中心的理念，在多方合作中以党建为引领，以公众需求为驱动力，提供贴近生活的治理和服务。中国场景下的公共服务合作生产模式包含了特殊的运行逻辑，具体包括政府统筹、沟通协商、社企合作和技术赋能等方面。本研究从理论上丰富了合作生产的理论维度，增强了其在不同情境下的解释力；在实践层面则可以为基层治理现代化的探索提供发展方向和政策指引。

资料来源：王欢明．中国场景下的公共服务合作生产运行逻辑：以超大城市 A 市的基层公共服务供给为例 [J]. 中国行政管理，2024，40（06）：110–120.

14.2 管理案例研究学术论文的撰写要点

14.2.1 引言的撰写要点

1. 引言的概述

引言是学术论文或研究报告的开篇部分，其主要目的是为读者提供一个清晰的背景介绍，概述研究主题的重要性，明确研究的目的、问题和假设，以及简要介绍研究的方法和预期贡献。引言是整篇论文的“门面”，它应该能够吸引读者的兴趣，让读者对即将探讨的内容产生好奇心，并为后续章节的详细阐述奠定基础。

2. 引言关键要素

（1）背景介绍。简要说明研究领域的基本情况，包括该领域的历史发展、当前的研究现状以及存在的问题或争议点。背景介绍旨在为读者提供一个宏观的视角，帮助他们理解研究主题的重要性和紧迫性。

（2）研究动机。阐述为何选择这一研究主题，即研究的出发点和驱动力是什么。这可能包括对现有研究不足的指出、对实践需求的回应或是对新理论、新技术的探索等。

（3）研究目的与问题。明确研究的具体目的和要解决的问题。研究目的通常包括描述研究的目标、预期结果和贡献；而研究问题则是围绕核心变量或关键现象提出的疑问或假设，是研究的核心所在。

（4）文献综述。对与本研究相关的前人研究成果进行简要回顾和评价。文献综述不仅展示了研究者对领域知识的掌握程度，还帮助读者了解研究的理论基础和现有研究的局限性。

（5）研究方法与框架。简要介绍研究将采用的方法论、数据来源、分析技术等，以及研究的整体框架和逻辑结构。这部分内容虽然不必过于详细，但应足够让读者了解研究的基本方法和思路。

（6）预期贡献。阐述研究可能带来的理论意义和实践价值。这包括对现有理论的补充、修正或创新，以及对实践活动的指导或启示等。

3. 引言写作要点

引言的写作需要遵循逻辑清晰、语言精练、信息准确的原则。同时，引言还应具有一定的吸引力，能够激发读者的阅读兴趣和思考。在写作过程中，作者应注意保持客观公正的态度，避免过度主观的评价和结论。此外，引言的篇幅也应适中，既要涵盖必要的信息点，又要避免冗长和啰唆。

要点其一，选题所处领域地位是否空白、具有争议，引出要解决的观点 / 问题。

这一部分可以率先提出 ××× 问题是具有争议性的：先有作者 A 认为……而 B 发现……，本研究认为 A 和 B 不足以驾驭 ××× 问题进而引出自己的话题。

这部分也可以对 ××× 问题以某视角的方式做解释：本研究从第二视角 ××× 出发，展开创新探索。

写法示例：

近年来，随着社会与科技的迅猛发展，“人工智能在教育领域的应用”逐渐成为社会和学界关注的焦点。然而，尽管该领域的研究取得了显著进展，但仍存在诸多争议和与实践脱节的问题。一方面，关于人工智能如何优化教育资源分配、提升教学质量等方面的研究尚显不足，存在研究空白；另一方面，现有研究往往侧重于技术层面的探讨，忽略了其在实际教育场景中的应用效果与潜在风险，导致理论与实践之间出现较大鸿沟。因此，本研究旨在填补这一空白，深入探究人工智能在教育领域的应用现状、存在问题及解决方案，以期为该领域的未来发展提供有力支持。

要点其二，目前相关领域研究工作概括（存在争议与实践脱节——存在问题）。

写法示例：

近些年来，社会和学界对人工智能在教育领域的应用进行了广泛而深入的研究。然而，这些研究往往呈现出多样性和碎片化的特点，缺乏系统性的整合与评估。具体而言，一方面，不同学者对于人工智能技术的教育价值、应用效果等方面存在不同看法，形成了诸多争议；另一方面，由于教育实践的复杂性和多样性，许多研究成果难以直接应用于实际教学中，导致理论与实践之间出现脱节。这种现状不仅限制了人工智能技术在教育领域的应用与发展，也影响了教育质量的提升与教育公平的实现。

要点其三，言简意赅地领出下文。

写法示例：

基于上述分析，本研究将围绕“人工智能技术在小学英语教学中的应用效果及优化策略”展开深入探讨，旨在通过综合运用多种研究方法和技术手段，揭示人工智能技术在小学英语教学中的应用现状、存在问题及其背后的原因，并提出针对性的优化策略与建议。

要点其四，简述主要内容、方法、贡献。

主要内容：本研究主要包括文献综述、现状调查、问题分析、策略制定与验证等部分。

研究方法：本研究将采用定量与定性相结合的研究方法，包括文献分析法、问卷调查法、访谈法、数据分析法等。通过综合运用这些方法，本研究将确保研究的全面性和深入性。

贡献：本研究的贡献。

写法示例：

一是填补了人工智能在小学英语教学应用领域的研究空白；二是揭示了该领域存在的问题及其背后的原因；三是提出了针对性的优化策略与建议，为教育实践提供了有力支持；四是为后续研究提供了宝贵的参考与借鉴。

14.2.2 文献综述的撰写要点

1. 文献综述撰写的结构

（1）国内外划分式的结构。

国内研究现状：

在中国，企业管理案例与质性研究逐渐受到学术界的广泛关注。随着经济的快速发展，中国企业管理实践逐渐受到全球瞩目。学者们通过大量案例研究，深入探讨了企业战略、组织结构、人力资源管理、企业文化等多个方面。例如，一些研究指出，中国企业管理具有强烈的文化特色，受中国传统文化影响，形成了独特的组织文化和价值观（如重视人际关系和面子）。同时，一些突出问题也已被发现，如缺乏科学规范的管理体系、管理效率低下等。针对这些问题，学者们提出了建立科学规范的管理体系、重视人才培养和激励等改进建议。

国外研究现状：

在国外，质性研究方法已广泛应用于企业管理研究中。德国学者弗里克在《质性研究导引》中将质性研究分为三大类：以口述资料为中心的深度访谈、焦点小组等；以观察资料和媒介资料为中心的观察法和民族志、文本分析等；以文本资料为中心的谈话分析、叙事分析等。这些方法为企业管理研究提供了丰富的视角和工具。此外，国外学者还通过跨文化和跨国比较研究，探讨不同国家和地区企业管理实践的异同，为全球企业管理研究提供了重要参考。

（2）关键词划分式的结构。

如关键词在本综述中主要包括“企业管理案例”“质性研究”“文化特色”“管理体系”等。通过对这些关键词的拆分和深入分析，可以更清晰地把握研究的核心内容和主要方向。

企业管理案例：主要关注企业实际运作中的具体案例，通过案例分析提炼出管理实践中的经验和教训。

质性研究：强调通过深入探究现象本质的方法，如深度访谈、文本分析等，来获取丰富的数据和信息。

文化特色：探讨中国企业管理中受传统文化影响形成的独特组织文化和价值观。

管理体系：研究企业如何建立科学规范的管理体系以提高管理效率。

（3）时间划分式的结构。

历史演变：

企业管理案例与质性研究的历史可以追溯到哈佛大学的案例学派和早期的经验学派。随着管理学理论的不断发展，案例研究方法逐渐成熟，并在企业管理领域得到广泛应用。近年来，质性研究方法在企业管理研究中占据越来越重要的地位，为理解复杂的管理现象提供了有力支持。

研究现状：

当前，企业管理案例与质性研究在多个方面取得了显著成果。学者们通过大量案例研究，深入探讨了企业管理的各个方面，并提出了许多有价值的见解和建议。同时，随着质性研究方法的不断发展和完善，其在研究中的应用也越来越广泛和深入。

未来趋势：

未来，企业管理案例与质性研究将继续保持快速发展的态势。一方面，随着全球化和信息化的不断推进，企业管理实践将面临更多新的挑战和机遇；另一方面，质性研究方法的不断创新和完善将为企业管理研究提供更加丰富的视角和工具。因此，未来的研究将更加注重跨文化、跨国比较研究以及新技术在质性研究中的应用等方面。

2. 文献综述的撰写程序

在进行任何学术研究之前，一个全面而系统的文献检索与筛选过程是至关重要的。这一过程不仅能够帮助研究者明确研究方向，还能为后续的研究提供坚实的理论基础和丰富的实证依据（表 14–1）。

表 14–1　文献综述的撰写程序

主要环节	关键动作		
综（研究兴趣）	检索	（主题）阅读	筛选
述（具体化、形成框架）	分类	归纳	记述
评（发现）	分析	批评	建构

（1）综。第一，分析课题，明确元素。对研究课题进行深入分析，明确研究的对象、范围、目的以及预期成果。在此基础上，确定文献检索的关键词和检索单位，为后续文献检索工作奠定基础。

第二，尝试探索，启发思路。利用初步确定的关键词进行试探性检索，浏览检索结果，了解当前研究领域的热点、难点及前沿动态。这一过程有助于启发研究思路，为后续的深入研究提供方向性指导。

第三，正式检索，支持材料。在明确研究方向和思路后，进行正式的文献检索。利用知网、万方、维普、国家哲学社会科学文献中心等权威数据库，全面搜集与课题相关的文献资源。确保检索结果的全面性和准确性，为后续的研究提供有力的材料支持。

第四，修改完善，查漏补缺。在检索过程中，可能会发现之前确定的关键词或检索策略存在不足。此时，需要根据检索结果和实际情况对关键词和检索策略进行调整和优化。同时，对于遗漏的重要文献资源，也需要进行补充性检索，确保文献资源的完整性和系统性。

在文献综述的检索、阅读、筛选工作中需要关注五个要点。

要点一：确定检索词。首先，识别核心关键词。根据研究课题的具体内容，识别出核心关键词。这些关键词应涵盖研究对象、研究维度和研究概念等关键要素。例如，在研究“婚姻与婚恋观念变迁”的课题时，核心关键词可能包括“婚姻”“婚恋观念”“变迁”等。其次，考虑不同阶层与逻辑关系。在确定核心关键词后，还需要考虑这些关键词在不同阶层或不同语境下的含义和用法。例如，

“婚姻”与“婚恋”虽然相关但属于不同的概念范畴，在检索时需要分别考虑。同时，利用逻辑运算符（如“与”“非”“或”）来组合这些关键词，以形成更加精确和有效的检索策略。

要点二：下载与调整。将检索到的文献资源下载到本地或云存储平台，并进行初步的分类和整理。根据文献的质量、相关性和时效性等因素进行筛选和排序，为后续的深入阅读和分析做好准备。

要点三：启发新观点。在阅读和分析文献的过程中，可能会发现一些新的观点、理论或研究方法。这些新发现有助于拓展研究视野、深化研究内容并提升研究成果的创新性和价值性。因此，研究者应保持开放的心态和敏锐的洞察力，及时捕捉并整理这些新观点和新发现。

要点四：拓展文献源。除了数据库资源外，研究者还可以通过阅读图书、学术论文、报纸以及访问专业网站等途径来拓展文献来源。这些渠道可能提供更加丰富和多样的学术资源，有助于进一步完善研究框架和丰富研究内容。

要点五：读文献。一是读逻辑。首先关注文献的论点，进而关注文献的论据，最终关注文献的推理，在这一过程中逐步剔除无关的文献。二是读脉络。在知识网络中，向横纵两个方向延伸。横向延伸即发掘同一主题下知识关系网络，包括微观知识网络（短程关联）下的引文、链接、知识元链接、作者群关联，介观知识网络（近域关联）下的项目关联、内容聚类、知识分类体系，宏观知识网络（长程关联）下的学科交叉和学科渗透。纵向延伸即同一主题下知识进化的路径，把握学术生命周期和时间演进规律。三是读思想。理解主题观点以及论证过程（是否集中合理表达某观点），带着问题和假设，内化思想，举一反三提出新见解。

（2）述。文献综述的深入分析与表达（分类、归纳、记述）。在学术研究的过程中，“述”这一环节至关重要，它涉及对已有文献的深入分析、分类、归纳以及清晰、有力的记述（表 14–2）。

表 14–2　阅读文献过程中文献的分类

类型	类型释义
引用文献	创作时引用、参考文章后列出文献题录
引证文献	创作时主题引用、参考
共引文献	与本文有相同参考文献的文献
同被引文献	主体 A 文献被 B 文献引用，并将 B 文献列于参考文献
一级参考文献	主体文献后的参考文献
二级引证文献	主体 A 文献被 B 文献引用，C 文献将 B 文献列于参考文献

第一，在分类上，逻辑严谨，层次分明。在文献综述中，分类是组织信息、提炼核心观点的重要手段。根据研究目的和文献内容，可以将文献分为 P1（支持某一观点或假设的文献）和 P2（提出相反观点或质疑的文献），或者直接根据研究结论进行分类。通过分类，能够清晰地展现出不同学者在某一研究领域内的不同观点和研究成果，为后续的研究结论的导出提供有力的支撑。在分类过程中，应注重逻辑的严谨性和层次的分明性。首先，明确分类的标准和依据，确保每一篇文献都能被准确归类。其次，按照一定的逻辑顺序（如时间顺序、重要性顺序等）对文献进行排序，使读者能够轻松理解文献之间的内在联系和发展脉络。

第二，在归纳上，提炼共性，形成体系。归纳是对分类后文献的进一步提炼和概括。在这一阶段，需要从具体的文献内容中抽象出一般性概念、原则、结论等，形成对某一研究领域内共性问题的深刻理解和系统认识。归纳不仅有助于把握研究领域的整体状况和发展趋势，还能为后续的研究提供理论框架和思路指导。在归纳过程中，应注重提炼共性和形成体系。首先，深入分析每一篇文献的核心观点和研究成果，找出它们之间的共性和联系。其次，将这些共性和联系进行整理和概括，形成对某一研究领域内共性问题的系统性认识。最后，将归纳出的内容作为开头或结尾的论证部分，为整个文献综述提供有力的支撑和总结。

第三，在记述上，清晰准确，逻辑严密。记述是文献综述的最终呈现形式。在这一阶段，我们需要将分类和归纳后的内容以清晰、准确、逻辑严密的方式表达出来。记述不仅要求文字通顺、表达准确，还要求逻辑清晰、层次分明。记述可以采用发现式和支持式两种形式。发现式记述侧重于呈现现有研究对象的知识和现有知识的证明过程；而支持式记述则在此基础上进行综合分析，提出解决思路或进一步的研究方向。在记述过程中，应注重论点和论据的紧密结合。论点应明确具体、有说服力；论据应充分可靠、能够有力支持论点。同时，还应注重推理形式的多样性和灵活性。可以根据需要灵活运用一对一推理（A→B）、并行推理（A1+A2+A3→B）、链式推理（因为 A 所以 B，因为 B 所以 C）和联合推理（如果 X 成立，并且 Y 成立，则 Z 成立）等推理形式，以增强论述的逻辑性和说服力。

（3）评。对现有文献的批判性分析与研究展望。首先，文献分析，写法示例如下：

在深入研读并系统梳理了国内外顶级期刊中关于具体研究领域的丰富文献后，可以明确地说，当前研究在具体方面，如理论框架、实证方法、数据分析技术等已取得显著进展。这些研究成果不仅为我们理解研究对象的复杂性提供了多维视角，还在实践应用、政策制定等方面展现出重要价值。本研究在总结前人工作的基础上，进一步确认了某一关键发现或理论的重要性，并强调了其在推动研究领域发展中的贡献。

其次，文献批评写法示例如下：

尽管现有文献在具体研究领域内取得了诸多成就，但仍存在不容忽视的不足与局限。首先，部分研究在研究方法、样本选择、数据收集等方面可能存在局限性，导致研究结果的普适性受到质疑。其次，随着社会环境的快速变化，研究对象的新特征、新问题不断涌现，而现有文献往往难以全面覆盖这些新现象，留下了一定的研究空白。此外，不同研究之间在理论构建、假设提出、结论解读等方面存在一定的分歧，这既反映了该领域的多元性和复杂性，也提示我们需要更深入地探讨其背后的原因和机制。

再次，构建思路与提出研究角度，写法示例如下。

鉴于上述不足与空白，本研究旨在从差异化的视角出发，对研究对象进行更加全面和深入的探索。具体而言，我们计划通过创新的研究方法、独特的数据来源、跨学科的理论整合等手段，来弥补现有研究的不足。例如，我们可以采用混合方法进行研究，结合定量分析与定性访谈，以更全面地揭示研究对象的内在逻辑和外部联系；或者，我们可以聚焦于某一被忽视的子领域或新兴现象，通过深入挖掘和细致分析，为研究领域的发展贡献新的知识和见解。

最后，程序总结，写法示例如下。

综上所述，本研究遵循“综—评”的文献分析程序，首先通过系统综述的方式罗列相关文献，然后深入剖析其不足与局限，进而提出批判性见解。在此基础上，我们构建了自己的研究思路，并提出了差异化的研究角度，以期为具体研究领域的发展贡献新的力量。

在文献综述写作过程中，应注意：一是文献选择，确保引用的中外顶刊文献与研究对象紧密相关，能够代表该领域的最新进展和前沿动态；二是阅读策略，摘要、前言、结论及关键信息是快速掌握文献核心内容的关键，但也应根据研究需要进行泛读与精读的平衡；三是观点提炼，在提炼文献观点时，避免使用“开创先河”“填补空白”等主观色彩浓厚的词汇，而应通过客观描述和理性分析来展现研究的价值和意义；四是引用格式，严格遵守顺序编码制的引用规范，确保文献具体信息的准确无误，并根据目标期刊的具体要求进行调整；五是批判性思考，在评述现有文献时，既要肯定其成就和贡献，也要勇于指出其不足和局限，以此为基础构建自己的研究思路和角度。

14.2.3 研究方法的撰写要点

研究方法的写作是学术论文中至关重要的一部分，它详细描述了作者如何开展研究、收集数据、分析数据以及验证假设或解决问题。一个清晰、详尽的研究方法部分能够增强论文的可信度。

1. 方法承启

简短回顾：首先简要回顾研究背景、目的和重要性，为阐述研究方法提供上下文。

研究问题 / 假设：明确阐述研究问题或假设，说明研究方法将如何帮助解答这些问题或验证这些假设。

2. 研究设计

研究类型：说明研究的类型（如实验性研究、描述性研究、相关性研究、案例研究等），并解释为何选择该类型。

案例选择：详细描述案例的选择过程、案例选择的合理性。

3. 数据收集

具体方法：详细说明收集数据的具体方法，如问卷调查、访谈、实验、观察、文献回顾等。

工具仪器：如果使用了特定的工具或仪器（如量表、问卷、实验设备等），需详细说明其来源、可靠性、有效性及使用方法。

收集过程：描述数据收集的时间、地点、参与者、数据收集的步骤和流程。

4. 数据分析

分析方法说明：阐述将如何分析收集到的数据，包括定量分析方法（如统计分析、回归分析等）和定性分析方法（如内容分析、主题编码等）。

软件工具说明：如果使用了特定的数据分析软件（如 SPSS、NVivo 等），需提及并简要说明其用途。

分析步骤说明：详细描述数据分析的具体步骤，包括数据清洗、预处理、分析过程及结果解读。

5. 伦理考量

隐私保护：说明如何保护参与者的隐私，特别是涉及敏感信息的研究。

知情同意：描述如何获得参与者的知情同意，包括告知研究目的、风险、收益及退出机制。

伦理审批：如果研究涉及人类受试者或动物实验，需提及已获得的相关伦理审批机构及批准号。

研究方法的写作要注意以下几个方面。

清晰性：确保方法描述清晰、准确，避免含糊不清的表述。

逻辑性：保持方法部分的逻辑连贯性，使读者能够轻松跟随研究流程。

客观性：尽量以客观、中立的态度描述研究方法，避免主观偏见。

可读性：适当使用表格、流程图等辅助工具来提高可读性。

通过遵循上述指导原则，可以撰写出详尽、清晰、具有说服力的研究方法部分，为整个研究提供坚实的基础。

14.2.4 研究分析的写作

在案例研究中，案例分析部分的撰写是至关重要的，其类型多样，每种类型都有其特定的分析方法和重点。以下是案例分析部分撰写的几种主要类型及其相关特点。

1. 线性分析式

特点：这是案例研究报告的标准结构，章节安排通常是按照绪论、文献综述、研究设计、案例描述和分析、研究结论的顺序进行。

适用场景：适用于阐释性、描述性和探索性案例研究。

方法：从绪论开始，逐步引导读者进入案例研究的背景和目的，然后经过文献综述和研究设计部分，对案例进行深入的描述和分析，并最终得出研究结论。

2. 解释比较式

特点：在案例的描述和分析部分，把同一案例重复两次以上，比较对相同案例的不同陈述或解释。

适用场景：适用于以阐释或描述为目的的案例研究，可以从不同角度或视角对案例进行阐释或描述。

方法：通过比较同一案例的不同陈述或解释，展现案例的复杂性和多面性，从而加深读者对案例的理解。

3. 时间顺序式

特点：主要适合长时段的案例研究，章节顺序通常根据案例发展的时间顺序来安排。

适用场景：特别适合解释性案例研究，能够清晰地展现事件发展的前因后果。

方法：按照时间顺序，逐步描述和分析案例的发展过程，使读者能够清晰地理解案例的演变脉络。

4. 理论建构式

特点：章节顺序依照理论的内在逻辑来安排，以确保理论推演的严谨性。

适用场景：既适用于阐释性案例研究、也适用于探索性案例研究。

方法：以特定的理论或模型为基础，通过案例的描述和分析来构建或验证理论。

5. 论据型分析

特点：在探讨某一部分内容时引入管理案例作为论据，以支持或反驳某一观点。

适用场景：在论文的论证过程中使用，以增强论点的说服力。

方法：在论文的论证过程中穿插管理案例，通过分析案例来支持或反驳某一观点。

6. 统计型分析

特点：运用统计学方法对数量较多的案例进行统计分析，以呈现理论演化中的大趋势、大倾向以及不同要素之间的影响关系及其程度。

适用场景：适用于需要对大量案例进行统计分析的场合。

方法：运用统计学方法，对案例进行处理，提炼出统计变量，并进行统计分析。

在撰写案例分析部分时，需要根据具体的案例类型和研究目的选择合适的分析方法，并严格按照所选类型的特点和要求进行撰写，以确保案例分析的严谨性和准确性。

14.2.5 研究讨论的写作

研究讨论的写作是学术论文中至关重要的一部分，它要求作者对研究结果进行深入的分析、解释和讨论。讨论部分的主要目的是解释研究结果的意义，探讨其与前人研究的联系与差异，分析研究的局限性，并提出未来研究的方向。讨论部分应有一个清晰的结构，通常包括以下几个部分。

1. 研究讨论部分需要深入分析和解释研究结果

对研究结果进行深入的分析和解释，探讨其背后的原因和机制。可以使用图表、数据等辅助手段来展示研究结果，使其更加直观、易懂。应解释研究结果对研究领域或实践应用的贡献和意义。说明研究结果如何丰富了现有知识体系，或为解决实际问题提供了新的思路和方法。

2. 研究讨论部分需要与前人研究进行比较

将研究结果与已有文献进行比较分析，指出一致性或差异性。对于一致性的发现，可以探讨其背后的共同原因或机制；对于差异性的发现，应分析可能的原因，如研究设计、样本选择、数据收集和分析方法等方面的不同。

3. 讨论研究的局限性

在讨论部分应诚实地讨论研究的局限性。这些局限性可能包括样本大小不足、研究设计存在缺陷、数据收集和分析方法有待改进等方面。针对研究的局限性，应提出相应的改进建议，这些建议可以为未来的研究提供参考和借鉴。

4. 提出未来研究方向

根据研究结果和发现的局限性，提出未来可能的研究方向。这些方向既可以是对现有研究的深入探索，也可以是对新领域的开拓。提出的未来研究方向应具有创新性和实用性，能够为研究领域或实践应用带来新的突破和发展。

在讨论部分应保持客观公正的态度，避免主观臆断和偏见；应使用简洁明了的语言表达观点和论证，避免冗长和复杂的句子；确保讨论部分的逻辑清晰，段落之间应有明确的过渡和联系。

以下论文的核心环节是什么？

论文一

传统商业企业如何创新转型——服务主导逻辑的价值共创平台网络构建（节选）

摘要：作为实体经济的重要组成部分，传统商业企业承担着满足人民生活需要的基础性功能。近年来，受电商冲击及市场竞争格局变化影响，传统商业企业普遍经营困难，如何转型脱困成为各界关注的焦点。百货企业较早开始以数字技术融合传统业态探索转型路径，并取得一定成效。本文以王府井集团和天虹数科 2 家百货企业为典型案例，从价值链理论与服务主导逻辑相结合的视角，构建以“价值共创平台网络”为核心概念的系统理论框架，阐释百货等传统商业企业转型的微观机理，提出企业间由竞争向竞合转型的价值共创路径。研究发现，传统商业企业借助数字技术与数据资源优势，以服务主导逻辑为核心，通过由内向外迭代价值创造能力、建立新联结点推进价值共创、构建立体式价值共创平台网络三个阶段，与顾客、供应商和同业企业共创价值并形成差异化的“媒介”方式。通过从解构、结构到重构价值创造路径的转型过程，传统商业企业由单一价值链增值转变为实现平台生态系统价值增值。本文丰富了传统商业企业转型、价值共创、服务主导逻辑等理论研究，将企业内部能力与组织更新牵引式解构、外向自发式结构、与参与者协同式重构的价值共创过程具象化，为传统商业企业的转型探索提供有益借鉴。

资料来源：依绍华，梁威．传统商业企业如何创新转型——服务主导逻辑的价值共创平台网络构建 [J]. 中国工业经济，2023（01）：171-188.

论文二

从恶性循环到良性循环：组织变革中授权与控制悖论动态演化研究（节选）

摘要：组织变革是一个凸显组织多重矛盾态势，并对此做出响应以扭转悖论关系恶性发展态势的过程。伴随变革过程中组织结构和管理流程的优化，权力管理模式做出调整，进而影响变革实施及结果，这种交互影响关系使得嵌入权力管理模式中的授权与控制矛盾态势尤为凸显。因此如何实现授权与控制悖论关系从恶性循环到良性循环的转变，成为组织变革的关键。本研究以竹叶青茶业 2016—2022 年的持续性变革实践为研究对象，揭示组织变革中授权与控制悖论关系的动态演化过程。研究发现：（1）变革过程中，伴随着权力架构和管理者个体响应的变化，授权与控制悖论动态的演化历经“变革发起阶段：悖论动态的混沌”→“变革探索阶段：悖论动态的有序”→“变革系统化阶段：悖论动态的跃迁”3 个阶段，实现从偏执于控制一极的恶性循环向均衡授权与控制的良性循环转变。（2）组织权力架构经过“胁迫的减轻”→“情景—系统权力的减轻”→“情景—系统权力的重塑”3 个环节，促成了授权与控制悖论要素实现“冲突→接纳→融合”的转变。（3）因所处权力情境不同，高层和中低层管理者面对授权与控制矛盾态势时展现出卡夫卡式、非此即彼式、兼容并蓄式或超越式等不同响应方式，呈现从排斥防御到逐渐接纳并主动利用悖论的趋势。（4）变革过程中，授权与控制悖论动态演化是组织权力架构和个体响应交互作用的结果，由权力架构衍生出的矛盾态势刺激个体管理者做出响应，而高层和中低层管理者个体响应又分别引领和推动权力架构的演化。本研究构建的组织变革中授权与控制悖论动态演化过程模型，旨在丰富悖论动态演化相关研究，为陷入悖论关系恶性循环的组织成功开展变革实践以及政府部门推进传统产业转型升级提供借鉴。

资料来源：林海芬，胡严方．从恶性循环到良性循环：组织变革中授权与控制悖论动态演化研究 [J]. 管理世界，2023（11）：191-216.

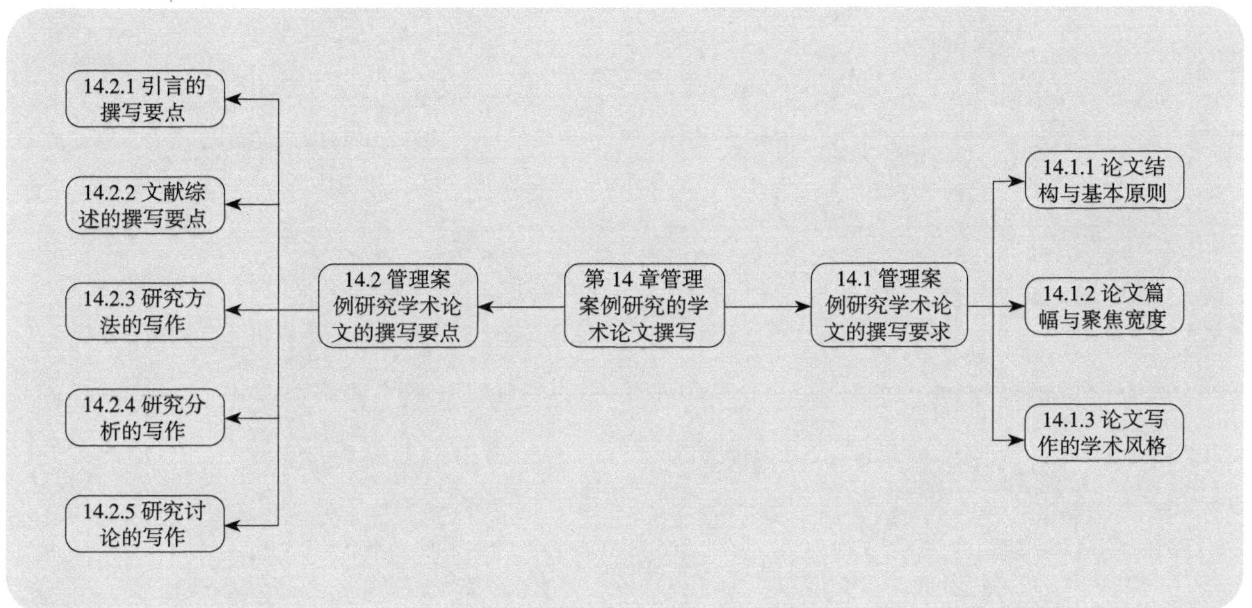

1. 管理案例研究论文的基本结构是如何构成的?

2. 管理案例研究论文的篇幅要求是什么?

3. 管理案例研究论文的学术风格有哪些?

4. 请结合所学知识，选择以下任一案例，撰写一篇管理案例研究学术论文。(主题仅供参考，案例对象可以自行选择)

主题一　因时乘势，与时偕行——小米模式背后的时间领导力

主题二　领军企业创新链中联盟组合的构建机制研究——以华为 5G 技术研发为例

主题三　CEO 更替对国有企业克服结构束缚实现战略更新的影响——基于一汽集团的纵向单案例研究

主题四　组织相互依赖关系对公司创业能力的影响机制——基于海尔集团的案例研究

主题五　外来者劣势的克服机制：组织身份变革——基于联想和中远的探索性案例研究

主题六　开放式创新生态系统的成长基因——基于 iOS、Android 和 Symbian 的多案例研究

主题七　“国民小吃”怎样炼成幸福产业?创造力驱动的沙县模式研究

主题八　从数字化搜寻到数字化生态的迭代转型研究——基于施耐德电气数字化转型的案例分析

主题九　供应链金融如何促进供应链低碳发展?——基于国网英大的创新实践

主题十　政企能力共演化与复杂产品系统集成能力提升——中国高速列车产业技术追赶的纵向案例研究

MBA 论文写作篇

第 15 章

MBA 论文写作概述

1. 了解 MBA 论文的概念与特征。
2. 理解 MBA 论文写作的意义。
3. 理解 MBA 论文的基本要求。
4. 掌握 MBA 论文的四大关键要素。
5. 掌握 MBA 论文的类型和优秀论文的标准。

15.1 MBA 论文的概念

MBA 论文是工商管理硕士生为获取学位必须提交的一篇具有一定学术价值和实践意义的文章。它与一般学士、硕士、博士学位论文的要求存在很大的差别。MBA 论文主要有学术性、科学性、思想性、创新性和实践性五个特征。

15.1.1 MBA 论文的概念与类型

根据我国的相关规定，学位论文是表明作者从事科学研究取得创造性的结果或有了新的见解，并以此为内容撰写而成的、作为提出申请授予相应的学位时评审用的学术论文。学位论文是高校本科和研究生毕业生为获取学位必须提交的一篇具有一定学术价值和实践意义的文章。它是毕业生完成学业的标志性作业，是对学习成果的综合性总结和检阅；它是毕业生从事科学研究的重要成果，是在导师指导下所取得科研成果的文字记录，也是检验毕业生掌握理论知识的程度，以及分析问题和解决问题、思辨、科研等能力的一份综合答卷。

一般来说，学士学位论文、硕士学位论文和博士学位论文分别代表的是本科毕业生、硕士毕业生及博士毕业生的学位论文。它们在篇幅、研究问题所涉及专业理论和知识的广度和深度、研究工作的难度和工作量、研究成果的科学性和严谨性等方面的要求存在很大的不同。此外，目前国内硕士又分为学术学位硕士和专业学位硕士。一般来说，学术学位硕士是培养学术和理论研究型人才的，其学位论文更加强调学科的理论性和严谨性，以及选题的理论价值。

专业硕士学位是针对特定职业领域的需要，培养具有较强的专业能力和职业素养，能够创造性地从事实际工作的高层次应用型专门人才而设置的一种学位类型。目前我国已设置了 47 种专业硕士学位，包括金融硕士、应用统计硕士、税务硕士、国际商务硕士等。工商管理硕士（MBA）是专业学位的一种，主要培养企业或经济管理部门的高级经营管理专门人才。MBA 论文是 MBA 学习过程的一个重要组成部分，是对学生综合运用专业知识能力的锻炼和考核，也是能力培养的一个重要环节。

15.1.2 MBA 论文的特征

MBA 是我国最早设立的专业学位硕士研究生项目，其培养对象是企业中高层领导，主要定位是企业中层，侧重于管理技能的培养，也就是培养合格的中层职能管理者，比如营销经理、生产总监、财务主管、人力资源经理等。部分中小企业的领导也在读 MBA，他们可以从战略角度研究企业发展。

MBA 论文需要运用所学的知识解决现实问题，即以一个具体企业的现实环境、出现的问题为研究对象，运用管理学原理对问题进行深入分析，提出一套有针对性的解决方案，并且运用管理学语言和方法组织成一篇完整的论文。MBA 论文的特征主要包括学术性、科学性、思想性、创新性和实践性五个方面。

1. 学术性

MBA 论文具有很强的学术性，具体表现在如下三个方面。

（1）研究问题的专业性。MBA 论文只能把学术问题当作自己的论题，把学术成果当作自己的描述对象，把学术见解作为学位论文的核心内容。MBA 论文所要研究和解决的，就是这些专业领域的某一问题。

（2）专门的理论和知识体系。学科门类繁多，各学科之间虽然有许多相同、相通之处，但仍然存在差别，各学科都有自己特定的研究领域，有自己的理论体系和科学术语，形成了专门化的知识体系。撰写 MBA 论文时一般要先了解和熟悉工商管理学科的研究领域、伦理体系和道德规范。

（3）特定的研究方法。不同学科和专业的研究方法有所不同。例如，社会科学较多采用社会调查的方法，自然科学较多采用实验研究的方法。目前 MBA 论文采用的主要研究方法是案例研究法。

2. 科学性

MBA 论文的研究方法、见解、认识和结论必须科学，它必须正确反映客观事物的本质和规律，能够接受实践的检验，许多过程和结果能够得到反复的验证。具体来说，MBA 论文的科学性表现在如下四个方面。

（1）选题科学。MBA 论文的选题必须具有一定的理论价值和实践意义，它所研究的问题必须来自现实或者是对理论的思考，与一般常识和规律不相冲突，并且不违反学科和专业基本原理和知识。MBA 论文选题要在调查研究的基础上，紧密结合管理领域前沿的课题、热点问题和具有中国特色的管理问题，以及学生所在企业的实际需要，在导师的指导下选择一个既能联系实际又能体现 MBA 教育特色的新颖题目。

（2）研究方法科学严谨。科学的研究方法就是不凭主观臆想，不凭一时的热情，不生搬硬套书本上的理论，而是凭客观存在的事实，详尽地分析材料，并从这些材料中引出正确的结论。同时，每种方法的运用都涉及很多具体的问题和细节，必须认真加以考虑。管理学中前人总结了很多先进的方法，如战略管理工具——PEST 分析、波特五力模型分析、价值链分析、SWOT 分析、平衡计分卡等，采用这些工具进行问题分析和方案制订，不仅符合管理学原理，也更具有说服力。

（3）论述与结构科学。MBA 论文要结构完整，措辞严谨，概念准确，推理严密，体现出合理的认识过程，表达真实的研究结果。

（4）结论科学。MBA 论文必须正确反映客观事物的本质和规律，接受实践的检验，因此要求作者立论要客观，不能带个人偏见。要实事求是，排除个人感情，用事实说话；要具有良好的批判性思维能力。只有这样才能提出科学的结论和学术见解。

3. 思想性

MBA 论文具有思想性，这是学位论文特别是经管类学位论文的研究内容所决定的。社会科学方面的学位论文研究的是社会及社会现象。社会是人们相互作用的产物，一切社会现象都与人的活动有关。同时，研究者都具有特定的家庭、学校、学术、地域等背景，他们的思想认识、政治倾向、价值观念、宗教信仰甚至个性特征等必然会反映到科研中去，使得学位论文带有鲜明的思想性和主观色彩。社会科学离不开人文关怀和人本管理，研究者不能不关注人类、社会、民族、国家的命运与前途，不能丧失自己的社会责任感。学位论文的思想性就是为人类、为社会、为民族、为国家服务的属性。

此外，MBA 论文的思想性还体现在理论应用有一定深度，有独立或创造性的见解，对企业的管理和发展具有重要的参考价值和借鉴意义。

4. 创新性

学位论文不同于一般的教科书，其学术性很强且不能重复已有的知识，它也不像某些用来传播和普及专业知识的学术专著那么强调知识的系统性和常规性。MBA 论文必须创造性地解决某一学术或实践问题，如果没有创新性，MBA 论文也就失去了它存在的意义。

MBA 采用理论与实践相结合的教学方式，注重学生创新能力和发散性思维的培养。因此，MBA 论文在选题上要注重前瞻性和新颖性，在分析问题和解决问题的过程中必须体现出创造性解决问题的思路。

5. 实践性

MBA 论文的实践性主要体现在以下四点。

（1）研究对象源于所在企事业单位的实际情况。以所在单位为研究对象，在完成论文的同时，对单位、个人工作都有很大的帮助。

（2）研究过程重视对具体问题的发现。发现问题是解决问题的首要条件，需要通过深入调查，诊断问题，找到产生问题的真实原因，再提出针对性的解决方案。

（3）研究成果能得到实际应用。很多学生的研究课题就是企业希望解决的问题。可以把论文写作当作契机，把二者结合起来，在完成论文的同时，在论文中为自己的单位存在的问题提出解决方案，让研究成果得到应用。

（4）大部分论文以提高经济效益为目标。大部分 MBA 学生来自企业，所写论文的核心是提高企业经济效益。少数学生来自政府部门、事业单位，从事公共事务管理工作，则可以将提高效率和顾客满意度等作为目标。

15.2 MBA 论文写作的意义

MBA 论文写作是高校实现其培养目标的重要教学环节，在提高和检查工商管理硕士生综合运用理论知识、分析和解决问题、进行科学研究的能力等方面，有着不可替代的作用。它是深化与升华理论学习的重要步骤，是全面检验学生综合素质与实践能力的主要手段，是学生毕业及学位资格认证的重要依据。

15.2.1 掌握学术研究规范

MBA 论文的写作通常需要遵照特定的格式。以西方发达国家和中国港澳地区学位论文的特定格式为例，开篇通常是先介绍研究背景、研究问题、研究意义、研究方法概述、论文结构；其次是相关文献的综述；再次是研究框架和假设、研究方法和研究过程；接着是研究中得到的新材料和数据，以及对这些材料和数据的处理与分析；最后是讨论和结论，对结果进行必要的解释，讨论其在理论上的意义和实践上的应用价值，提出研究的主要结论、研究的局限性。这种被一些学者称为“西式八股”的格式其实就是一种学术规范，并已经成为国际学术论文的一种主要规范。对于将来从事科学研究工作，出国留学，甚至想在国际上发表论文的毕业生来说，掌握这些写作规范无疑是一笔宝贵的经验和财富。在 MBA 论文格式方面，目前国内许多高校都制定了相应的学位论文格式模板，这些模板对论文的封面、目录、致谢、学术性声明、参考文献等方面的内容格式加以规范，避免了毕业生撰写 MBA 论文时出现格式不统一、无所适从的局面。毕业生也可从中体悟到“规矩”的重要性。

15.2.2 改变思维方式，掌握工作方法

MBA 论文表述的内容是专业性的，表述的方式是理性和辩证的，因而它的写作思维方式就与一般文章不同。从思维方式的发展历史与层次看，它经历了逐层改变与升华的过程。从最初的主要以收集感性材料为主的经验性、思辨性研究方法，发展到实验性的和分门别类的研究，由主要应用观察、分析、比较、归纳等方法，演化发展到研究联系、运动、发展、转化的理性思维、辩证方法以及系统、信息、功能模拟等新方法。学习 MBA 论文写作，有助于实现这一思维方式与研究方法的改变与提升。

此外，随着时代的发展，MBA 论文一般采用实证研究的方法。实证研究的方法与实际工作中开展工作的方法大同小异，只是在详略、难易、严谨性方面不同而已。例如，个人访谈或小组焦点访谈的方法、问卷调查的方法、文档分析的方法，都包含了如何收集、整理和利用材料以及如何观察、如何调查、如何做样本分析，掌握这些研究方法能够有效地提高学生毕业后在企业或单位的实际工作能力。

15.2.3 巩固与深化课程学习，提升综合素质

目前 MBA 学生都把绝大部分时间花在工作以及学科和专业的基本理论和知识的学习上，这种学习属于被动吸收。撰写学位论文就是为了克服这种纯粹被动吸收的状况而创设的一种主动学习方式，目的是培养学生综合运用所学的知识与技能去分析、解决实际问题的能力，勇于探索的创新精神，严肃认真的科学态度和严谨求实的工作作风。同时，还可以培养学生获取资料及独立分析的能力、本学科和专业外文文献的阅读及翻译的能力、使用计算机检索的能力、书面和口头表达的能力等。

此外，学术论文要求言之有据、言之有理、言之有序，这对于培养 MBA 学生在面对问题时，保持严谨细致的工作态度有莫大的帮助。

15.2.4 掌握和完善信息检索与利用的综合能力

在学位论文写作的全过程中，始终贯穿着对文献资源和网络信息的检索与利用。毛泽东同志指出：“没有调查，没有发言权。”在当今世界，科技资讯高度发达，信息浩如烟海，如果不能够及时地把握和利用信息，更多地了解相关文献，就无法开展具有创新意义的科学研究工作，就不能证明正在进行的科研活动具有现实意义和实际作用，更无法了解他人研究此类问题时所使用的科学方法和工具。因此，只有重视调查研究工作，重视信息的检索和利用，才能系统而无误地收集和整理资料，全面把握相关信息，并在此基础上提出问题、分析问题和解决问题，提高 MBA 论文工作的成效。

15.3 MBA 论文的类型

从论文类型来看，MBA 论文可以分成专题研究型、案例研究型、调研报告型、企业诊断型和体系应用型五种。

15.3.1 五种论文类型的定义

1. 专题研究型论文

专题研究的目的是针对一个或若干单位的某种具体问题（专题），运用管理学、经济学理论进行深入、系统的分析，提出系统的解决方案和实施计划，使问题得到解决。以专题研究为核心的论文，就是专题研究型论文。专题研究型论文应主要着眼于实际应用，对所要研究的实际管理问题有清晰的阐述，论证解决此问题的意义、方法和推广价值，并对国内外本领域中的研究动态有较好的了解和评价，提出的解决方案要有很强的针对性。

2. 案例型论文

案例是对企业特定管理情境真实、客观的描述和介绍，是企业管理情境的真实再现。按照论文的要求编写案例，就是案例型论文。

在实际工作中，经常会出现很多成功或失败的事例，以案例的形式将宝贵的经验或教训总结出来，在更大的范围内交流，无论是对案例编写者本人，还是对所涉及的单位，都具有十分重要的意义。因此，专业学位教育非常鼓励学生编写高质量的案例型论文。

案例型论文主要包括描述型和问题型两大类。从专业学位论文的要求来看，描述型案例更适合应用于专业学位论文。

3. 调研报告型论文

调查研究报告（简称调研报告）是运用科学的调查研究方法，通过对某行业、企业或其他组织进行调查研究，提出有关决策建议，并形成相应的研究报告。其特点应是调查方法正确，调查资料翔实、结论有普遍性和说服力。

作为学位论文的调研报告，不同于企事业单位一般的调研报告，应按照学位论文的要求，运用科学的调查分析方法，针对调查对象进行充分的调查、分析，了解对象的现状、性质、特点以及存在的问题，提供有效的决策建议。在此基础上，学生可撰写调研报告型论文。

4. 企业诊断型论文

企业诊断就是分析、调查企业经营的实际状态，发现其性质、特点及存在的问题，并以建设性报告分析方式，提供一系列的改善建议。学生需要根据所学的有关知识，运用科学、有效的方法，在充分调查、研究、分析、计算的基础上，找出企业在经营过程中的各个环节或某几个环节存在的问题，并着重找出造成这些问题的内因与外因，最后提出改进建议。

5. 体系应用型论文

自 20 世纪 80 年代以来，西方发达国家逐步推出了一系列认证和标准化的管理方法。这些认证和管理方法是在总结管理科学理论和实践的基础上，形成的完整的理论体系和可以实际操作的程序、规范，即“体系应用”。例如，政府部门推行的 ISO9000 质量体系认证，公司实施的企业资源计划（enterprise resource planning，ERP）项目、应用的全面生产维护（total productive maintenance，TPM）以及推广目标管理等。围绕某单位某项体系应用写出的论文，就是体系应用型论文。

15.3.2 五种论文类型的比较

1. 共性

从上面对于五种类型论文的介绍中可以看出，MBA 论文的要求有一些共同特点。

首先，选题对象都是企业存在的问题，大部分情况是研究具体某家企业的问题。其次，调查、分析问题、提出方案等核心内容，对于各种类型的论文而言都不可缺少，这是解决实际问题所必需的内容。第三，突出学位论文的要求，研究性、管理思想性和实践性，是学位论文区别于一般的工作报告、调查报告、企业诊断等管理报告的要求。

2. 区别

由于研究目的和方式的不同，因此上述五种类型的论文在写作重点、内容上存在一定的差别。表 15–1 列出了各类型论文的研究目的和主要研究工作。

表 15–1　不同类型论文的研究目的和主要研究工作

论文类型	研究目的	主要研究工作
专题研究型	通过系统分析、研究所在单位某一个方面的问题，提出系统的解决方案	理论概述、行业分析、现状和问题分析、解决方案及其实施
案例研究型	通过对一个企业或者具体事件的描述，揭示管理原理或发现规律	描述事件的来龙去脉，归纳问题、管理原理或规律
调研报告型	通过调查，发现企业经营中的现象、规律或者经验，提出有关决策建议	调查方法的选择、调查的设计和实施、数据分析、改进建议
企业诊断型	通过调查，发现问题并诊断其产生的原因，提出解决思路或方案	调查方法的选择、调查过程和问题诊断、解决方案建议
体系应用型	针对本单位的具体需求，设计某一体系的应用方案	体系介绍、需求分析、体系应用方案设计、实施过程

从表 15–1 中可以看出，专题研究型论文的重点在于解决问题，案例型研究论文的重点在于经验总结和决策建议，调研报告型论文注重调查过程，企业诊断型论文注重发现问题及分析其原因，体系应用型论文注重应用方案设计。这些大的原则决定了专业学位论文的写作思路。

15.4 MBA 论文的基本要求

MBA 论文一般应是一篇应用研究型的专业学位论文，与学术型硕士学位论文存在较大差异。

MBA 论文要求学生立足管理实践，针对特定企业组织识别一个真实存在的管理问题或进行有意义的实践，恰当运用理论框架和分析工具进行系统性分析，并在此基础上提炼具有可操作性的问题解决方案或实践总结。

本节主要介绍专题研究型和案例研究型论文的具体要求。其他类型论文或创新成果，各培养单位可以自行探索并制定相应标准，不确定统一的规范标准。

15.4.1 专题研究型论文的具体要求

1. 基本定位

专题研究型论文是以企业组织为研究对象，基于管理理论分析框架，运用定性与定量相结合的科学调查方法与管理分析工具，在对调研对象进行充分的调查、研究、分析、测算基础上，了解对象的现状、性质及特点，识别制约企业发展的核心管理问题或关键因素，并分析寻找问题的成因或决策依据，在此基础上提出相关的对策建议和行动方案。

2. 规范内容

专题研究型论文不同于企业组织的一般的调研报告或诊断报告，需要符合学位论文的规范要求，强调考查学生独立运用所学知识提出问题、分析问题和解决问题的能力以及调查研究和文字表达的能力，要求内容充实、联系实际、观点鲜明、论据充分，论文所得结论应对解决实际管理问题有指导意义和参考价值。一般来说，专题研究型论文的规范内容包括绪论、相关概念界定与理论基础、企业现状介绍、企业管理问题识别、管理问题成因分析、解决和改进问题的具体建议，以及结论与展望等几部分。

3. 评价侧重点

专题研究型论文，涵盖如诊断主导型、调查报告主导型等多种形式，虽然它们在内容模块的侧重点上有所差异，但具有三方面的共同特点：第一，以问题为导向，即遵循现实存在的问题描述（问题的起源、发展、影响等）—问题分析（问题的性质、产生原因、理论分析）—问题的解决（思路、方案、措施与政策等）的逻辑展开；第二，在研究过程上，强调必须运用相关理论和方法对所研究的专题进行分析研究，采取规范、科学、合理的方法和程序，通过资料收集、实地调查、数据统计与分析等技术手段开展工作，确保资料和数据来源可信；第三，在研究成果方面，专题研究所获得的结论应当具有较强的理论与实践依据，具有可应用性、可参考性与可借鉴性。具体评价参考要素见表 15–2。

表 15–2　MBA 专题研究型论文评价参考要素

评价要素	基本要求
论文选题	研究主题属于管理学科领域；研究主题具有管理实践意义
研究问题	识别了一个真实的企业组织管理问题；对研究问题做出明确界定和阐述
理论应用	具有明确的管理问题分析框架或理论工具；对管理理论或分析工具的应用恰当
问题分析	对问题实质和成因有系统分析；分析资料和支持证据比较充实
解决方案	明确提出问题解决思路和 / 或方案；所提问题解决方案具有一定可行性
写作规范	理论观点和数据的引用标注规范；结构完整、逻辑严密、语句通顺、版面规范

15.4.2 案例研究型论文的具体要求

1. 基本定位

案例研究型论文通常是以结构化的文字载体，真实、客观、系统地剖析企业组织在特定内外部情境下的独特管理实践。结合学位论文的撰写要求，案例研究型论文一般需具备如下要素：一是论文选题所涉及的企业组织内外部情境的客观描述；二是与论文选题直接相关的企业组织独特管理实践的结构化展现；三是有针对性的管理问题分析；四是科学务实的管理解决方案设计；五是符合学位论文的结构和写作等规范要求。

2. 规范内容

案例研究型论文的考核重点主要包括案例事件过程和全貌信息的系统性搜集、整理和处理与案例信息的结构化展现，以及对案例事实作出的分析或总结。撰写案例研究型论文，旨在锻炼学员洞察企业内外部真实情境、客观全面搜集企业管理实践细节的能力，进而增强其应用相关管理理论与方法，分析研究复杂情境下管理实践的能力。一般来说，案例研究型论文的规范内容包括绪论、必要的企业 / 行业背景信息描述、管理事件的全过程描述、案例分析、管理解决方案设计与实施，以及研究结论几部分。

3. 评价侧重点

案例研究型论文要求必须是取材于真实的企业实践，提倡采用深入企业 / 行业调研的一手案例信息。某些情况下，出于案例对象企业保密和保护案例中所涉及人物隐私的考虑，在论文中可以对企业名称、人物姓名、敏感数据进行脱敏处理，但所描述的管理现象 / 管理实践、管理困境 / 管理决策必须是实际发生的，需要真实、客观，不得随意编造和修改。根据企业管理实践的特征与研究关注点，案例研究型论文主要分为描述型（也称之为平台型）和问题型（也称之为决策型）两类。具体评价参考要素见表 15–3。

表 15–3　MBA 案例研究型论文评价参考要素

评价要素	基本要求
论文选题	研究主题属于有意义的管理问题或管理实践
研究问题	案例正文聚焦主题，逻辑清晰，信息真实、客观、准确、充分
理论应用	案例分析部分具有明确的管理问题分析框架或理论工具，对管理理论和 / 或分析工具的应用恰当
问题分析	案例分析部分密切结合了案例正文的信息资料和相关管理理论，分析论证系统、充分
解决方案	案例结果部分能明确提出问题解决的可信思路和 / 或方案；或者对管理概念 / 理论 / 模型能做出可靠的总结
写作规范	论文的观点明确，数据引用标注规范，结构完整，逻辑严密、语句通顺，版面规范

15.5 MBA 论文的四大关键要素

要完成一篇完整的专业学位论文，学生需要运用调查等手段，通过分析现状、发现问题、提出解决方案等一系列过程，解决某个单位的具体问题。其中，论文一开始就需要明确四大关键要素：研究主体、研究目的、研究时间点、研究视点。

15.5.1 研究主体

研究主体，也称研究对象，是指论文研究所围绕的一个组织。专业学位论文强调实践性，需要以一个具体的单位为研究主体，针对这个单位（企业、事业单位、政府部门、非政府组织等）具体存在的问题，运用管理理论分析、解决问题。

研究主体应该和作者有密切联系（作者在其中工作或该主体是作者的业务单位）。此外，作者所研究的问题，要和其身份基本匹配，并且论文所提出的解决方案在本单位应有较大可能被采用，这样论文中的研究才能用于实际，才有价值。因此，太大的主体如“中国”“我国”“安徽省”等并不合适。如果作者只是一个部门领导或者基层骨干，则应该避免研究整个单位的全局性问题。

对于有些问题，从不同的角度看，会有不同的观点。例如，食品安全涉及生产企业、行业协会、政府等不同的组织。研究主体不同，需要解决的问题就不同。企业需要规范采购、生产、销售过程，保障食品安全；行业协会需要从行业管理角度制定若干规范，监督企业执行；政府则需要制定法规，通过政策引导或制约企业行为来保障食品安全。有些学生的学位论文研究主体不明确或不断切换研究主体，这样的学位论文很难深入，也没有很大的实用价值。

还有些单位出于保密考虑，不愿意使用真实名称，在这种情况下，可以虚拟一个名称，但要在绪论中作出明确说明。

15.5.2 研究目的

从最终层面来看，专业学位论文的研究目的主要有两个：经济效益和社会效益。

经济效益是企业等以利益为导向的组织追求的目标。提高经济效益，通常有增加销售额、降低成本、提高利润率、剥离不盈利资产等手段。MBA、EMBA、MPM 等专业学位论文大多以企业为研究对象，因此其最终目的都是提高经济效益。

社会效益是指最大限度地满足社会公众利益，从广义上说是社会福利，是政府、公益组织的追求目标。我国的部分事业单位提供公共服务、自收自支，也应以社会公益性作为追求目标。

公共管理部门是服务人民群众的机构，所从事的一切工作，都是为了全体民众的利益，不应存在自身的利益。对于公共管理部门工作的好坏，不应该用经济指标来判断。社会效益指标没有严格的定义，一般来说，包括就业、资源节约、环境影响、社会保障等方面。

15.5.3 研究时间点

论文研究的时间点，是指论文所研究的问题发生的某一个时间点。企业（或其他组织）面临的环境在不断变化，每天面临的问题都不相同，专业学位论文强调运用所学知识解决实际问题，所以如果问题变了，解决方案必然也要变。因此，在写作之前，要选择好时间点，从这个时间点出发，展开研究。

小李的选择

某公司成立于 2001 年，生产一种消毒药品，成立初期规模一直很小。2003 年，随着“非典”的出现，企业销量猛增，赚得了第一桶金。于是公司领导盲目扩大规模，上马了很多新产品生产项目，但市场反应一般。由于工作重点分散，导致质量大幅度下滑、订单逐步减少，公司陷入困境。2007 年，新领导大胆改革，只保留少数销售良好的产品，集中提高产品质量，加大销售推广力度。经过两年的努力，该公司的产品质量达到了国内先进水平，销售量连创佳绩，企业利润大幅度上升。

小李是公司的质量主管，如果他要写论文，应如何选择时间点呢？

方案一：以 2003 年为时间点。当时公司资金充足，如果将资金用于提高产品质量，可以一举达到国内先进水平，成为国内单品龙头企业，但是领导没有这样做，非常可惜。如果把这个过程写成案例，当作深刻的教训，对公司以后的发展有好处。但是，如果把它写成专业学位论文，就会出现以下状况：作者提出的计划没有得到实施，不能检验其合理性；公司当时实际实施的计划是非常失败的，而对于失败者他人是不会同情的；2003 年离现在时间稍远，写作时所用到的很多资料会显得较为陈旧。

方案二：以 2007 年为时间点。当时公司面临一系列困难，要做出保留少数产品的决策，意味着要放弃很多投资。决策一旦确定后，公司在资金不足的情况下提高产品质量，难度很大，这正是小李能发挥作用、创造性地解决问题的地方。当时小李在深入分析公司质量波动大、资金不足等问题的基础上，提出了全面提高产品质量的方案，得到了领导的认可，方案付诸实践后，取得了良好的成果。选择这个时间点非常好。

方案三：以 2009 年为时间点。这时，公司主要的质量问题已经解决，如果要以此写论文，只能对前期工作进行总结，对以后工作进行持续改进，也就是只能写案例或调查报告，不能写专题研究。

概括来说，论文写作中时间点的选择要符合以下条件。

首先，论文开始研究时，问题没有得到解决。如果通过自身努力，问题解决了，这样的论文才有价值，即论文提出的方案被采用了，并且实施之后取得了正面的成果。其次，论文跨越的时间不能太长，一年左右为宜。最后，论文所要研究的时间点离现在不能太久，一般在两三年内为宜，是在自身读 MBA 之后发生的。因为如果再往前，自身没有读 MBA 就能解决这样的问题，上学的价值就要打折扣了。专业学位论文需要体现作者个人的工作，因此应区分领导决策、别人的工作和自己的研究，要让读者看出个人的工作量在哪里、自身的贡献是什么。

15.5.4 研究视点

一些学生在上学以前，所处的岗位层级较低，视野不够开阔、视点不高，在分析、解决问题时，往往局限于本部门、本职岗位，就事论事。MBA 专业学位培养的是未来的企业家、专家，因此，研究问题应该站在企业领导的角度，通观全局。

企业领导的想法和一般员工的想法有什么不同呢？例如，某企业有三个销售部门，分别销售 A、B、C 三种产品，且都要制订明年的销售计划。从部门角度看，每个部门都从自身出发，分别提出了

10%、20%、30% 的增长目标，当然也提出了保障目标实现的资源需求。

从部门角度看，上述目标以及提出的需求都是必要的、合理的。但是到了企业领导那里，他们思考的是让企业整体利益最大化。A 产品是企业的传统核心项目，规模已经很大了，增长潜力小一些，当然投入也会比较少；B 产品是前两年刚推出的，利润率较高，上升空间很大；C 产品是新产品，刚刚推向市场，未来前景较好，但前期投入较大。这样看来，三种产品都有发展的理由。领导当然不能按增长速度来做决策。从领导本人的角度来看，也许按利润贡献最大或者投入产出比最大做决策最好。但是，领导上面还有董事会，董事会的意见是，在经济危机恢复时期，稳健发展渡过难关是第一位的，其次要准备好危机恢复后快速占领市场的产品。因此，领导的决策是，把 A 产品的增长率控制在 5% 以内；加大 B 产品的促销力度，增长率不低于 50%；延缓 C 产品的市场推进速度，将年度增长率控制在 10% 左右。

同理，不论是管理方案设计，还是技术方案设计，都不能局限在自己的部门。不妨事先想想，领导应该如何来做这件事？如果有机会可以和领导交流，听听他的想法，这对专业学位论文写作很有帮助。

15.6 MBA 优秀论文的标准

一篇优秀的 MBA 论文都应该具备下列特点。

15.6.1 选题新颖

好的选题是 MBA 论文写作的关键，论文的成功与否，在很大程度上取决于题目的选择。对于 MBA 论文选题，学生要在自己调查研究的基础上，紧密结合管理领域前沿的课题、具有中国特色的管理问题，紧密结合自身所在单位的实际需要，在导师的指导下选择一个既能联系实际又能体现 MBA 学位教育特色的新颖题目。例如，MBA 的联合库存管理、供应商库存管理等是近期库存管理领域的热点，这样的选题就很新颖。如果还用 ABC 分析法等传统的管理方法，难免显得过时。

15.6.2 资料丰富

MBA 论文要围绕需要说明的观点，从各方面收集丰富的材料，这些材料是分析提炼主题的基础。主题确立之后，还需要用大量翔实的材料来证明。最近几年行业发展数据、主要竞争对手的比较数据、所在单位近几年主要的财务指标等，都是必不可少的。MBA 论文在使用材料上，必须紧扣论文的主题，选择真实、新颖、典型的资料对论点进行有效的论证。有些论文通篇不见数据、图表，泛泛而谈，让人感到乏味。

15.6.3 论述严密

一篇优秀的论文，其表达观点和展示材料的语言必须严谨、准确、流畅、精练。在论述中，应当用准确、规范、易懂的语言进行富有逻辑性的论述和推理，体现出逻辑思维能力。例如，某篇论文在问题分析部分得出的结论是企业缺乏有效激励，导致员工积极性不高，后面的对策就应该是建立科学的激励机制，调动员工积极性。

15.6.4 方法先进

在管理学领域中，前人总结了很多先进的方法，如战略管理工具——PEST 分析、波特五力模型分析、价值链分析、SWOT 分析法、平衡计分卡等。将这些工具用于问题分析、方案制订，不仅符合管理学原理，也更具说服力。例如，某论文的题目是“× × 企业的战略制定”，这样的题目就很平淡，但是如果适当引入工具，把题目改成“基于价值链的 × × 企业战略制定”就会更加亮眼。

15.6.5 成果丰富

论文成果表现为解决方案、经验总结或决策建议，是一系列观点。如果论文源于实际调查，有独到见解，能解决企业的实际问题，具有可行性，就是一篇好论文。当然，研究成果不是凭空编造的，需要大量的调查、分析和创造性思考。

- 第 15 章 MBA 论文写作概述
  - 15.1 MBA 论文的概念
    - 15.1.1 MBA 论文的概念与类型
    - 15.1.2 MBA 论文的特征
  - 15.2 MBA 论文写作的意义
    - 15.2.1 掌握学术研究规范
    - 15.2.2 改变思维方式，掌握工作方法
    - 15.2.3 巩固与深化课程学习，提升综合素质
    - 15.2.4 掌握和完善信息检索与利用的综合能力
  - 15.3 MBA 论文的类型
    - 15.3.1 五种论文类型的定义
    - 15.3.2 五种论文类型的比较
  - 15.4 MBA 论文的基本要求
    - 15.4.1 专题研究型论文的具体要求
    - 15.4.2 案例研究型论文的具体要求
  - 15.5 MBA 论文的四大关键要素
    - 15.5.1 研究主体
    - 15.5.2 研究目的
    - 15.5.3 研究时间点
    - 15.5.4 研究视点
  - 15.6 MBA 优秀论文的标准
    - 15.6.1 选题新颖
    - 15.6.2 资料丰富
    - 15.6.3 论述严密
    - 15.6.4 方法先进
    - 15.6.5 成果丰富

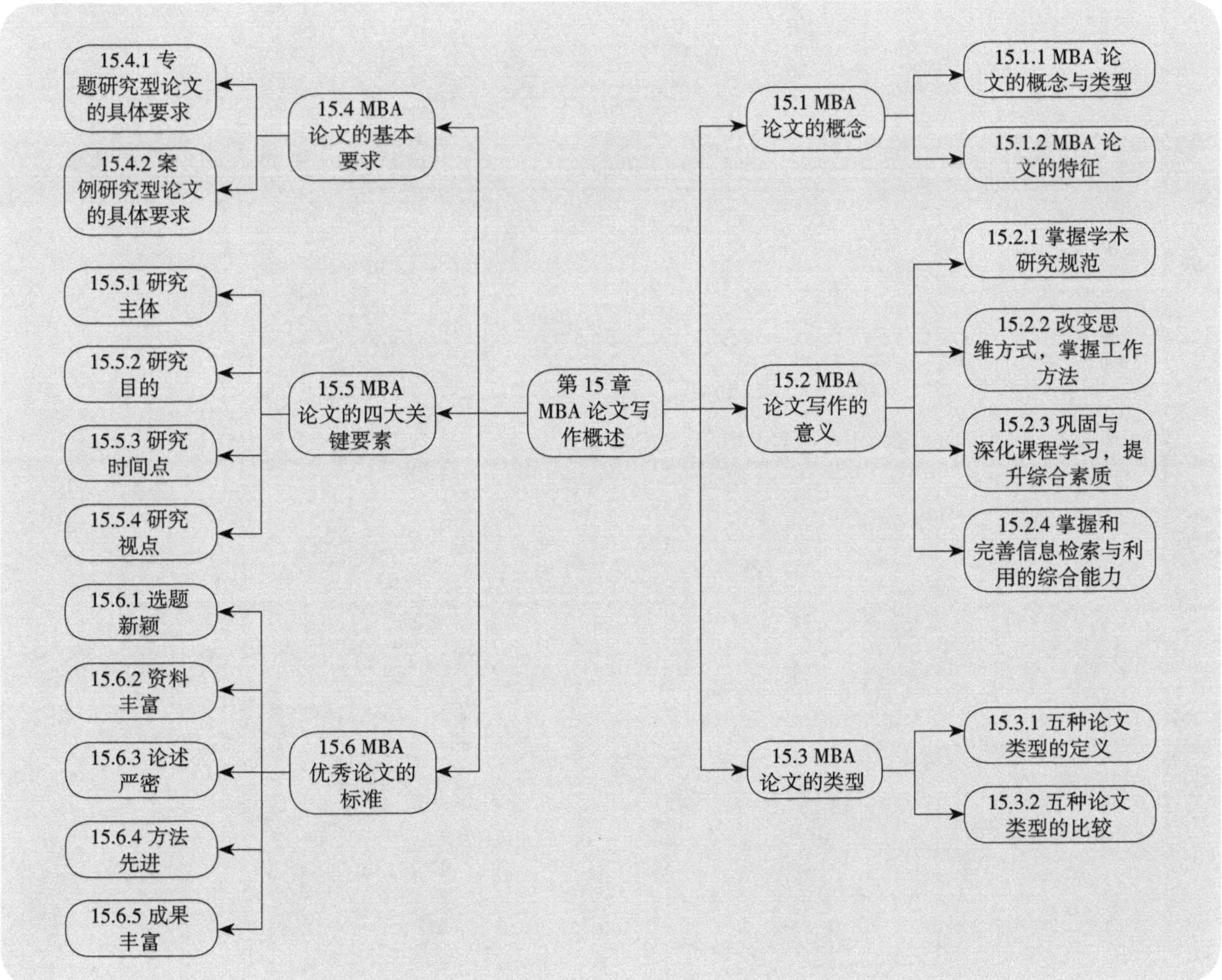

1. MBA 论文具有哪些特征？
2. MBA 论文写作对 MBA 学生的成长和发展有何重要作用？
3. MBA 学术论文基本要求是什么？
4. MBA 论文的关键要素有哪些？
5. MBA 论文有哪些类型？其共性与区别是什么？

第 16 章
MBA 论文的选题

1. 了解 MBA 论文选题的意义和作用。
2. 了解 MBA 论文的选题原则。
3. 理解 MBA 论文选题前的基础工作。
4. 掌握 MBA 论文选题的途径与方法。
5. 掌握 MBA 论文选题的常见问题及风险规避。

16.1 MBA 论文选题概述

何时选定课题，从何处选题，该选择什么课题，这是 MBA 论文写作时首先要面对的问题。大部分学生往往心中无数、无所适从，然而，选题在很大程度上决定了学位论文写作的成败。

16.1.1 课题与标题

1. 课题与标题的含义

课题是需要研究和探讨的方向和范围，通常指某一学科重大的科研项目，它的研究范围比论题大得多。课题研究是学位论文的写作基础，但是由于课题本身的难度有大有小，再加上研究者的主客观条件（如科研能力、科研经费、设备条件、环境等）的限制，并非所有的课题研究最后都能够写成论文。一般来说，课题的研究会出现以下三种情况：研究有了成果，达到了预期的目标；研究取得了部分成果或阶段性的成果；研究没有或根本无法取得成果和结论。在第一、二种情况下，课题研究能够写成论文，但在第三种情况下，课题研究就很难写成论文。论文写作者对某课题的研究是学位论文撰写的必要前提。

标题是研究人员根据研究内容概括而成的论文题目。论文的标题可以在论文写作之前确定，也可以在论文写成之后再确定，还可以根据论文的内容进行调整或更换，具有一定的自由度。

2. 课题与标题的区别

论文的标题与课题有着密切的联系，但不能将二者等同。任何依据研究课题写出的论文，其标题可能来源于课题及其子课题的内涵与外延之中，但通常不能把课题的名称作为论文的标题。课题是确定研究的方向、范围、对象，而论文标题则是在课题选好之后，用文字符号来概括出论文的主题，即所谓的“点题”，它要求遣词用句确切、科学、规范、新颖醒目并易于检索。因此，研究课题的范围要大于论文标题，同时前者也比后者更为复杂。论文标题只是论文内容的外在形式，它可以是论文中心论点的概括，也可以仅点出论文论述的范围，而要阐述的论点（观点）则在论文中体现。论文课题的选取是整个研究工作的首要步骤。一般来说，论文的课题选好之后就不能轻易改变，而论文的标题则是研究者根据课题研究过程，通过对具体材料提炼成观点和见解后拟定。

16.1.2 选题的意义

正确而合适的选题，对撰写 MBA 论文具有重要的意义和作用。通过选题，可以大体看出作者的研究方向、科研能力和学术水平。具体来说，选题有以下四个重要的意义。

1. 选题是科学研究和学位论文写作的起点

古人云：“千里之行，始于足下。”选题，就是千里之行的第一步。“良好的开端是成功的一半”，起步开了个好头，科学研究和论文写作也就等于成功了一半。因此，把选题作为科学研究和学位论文写作的起点，是颇有道理的。另外，重大课题的选取一旦确立以后还要申请立项，这涉及科研团队的组织、科研经费、科研设备和条件等。如果选题有误，申请立项就不会被审核批准，科研项目就无法顺利启动。因此，要对选题给予足够的重视，学会选题和选好题。

2. 选题决定研究的价值和学位论文写作的成败

判断一篇 MBA 论文的价值和成功之处固然要从论文的完成情况和客观效用来评定，但能否在撰写论文之初就选定一个有价值和有意义的论题，将在很大程度上决定整篇文章的价值。一个好的选题，需要作者多方比较、反复推敲、精心策划。选题一经选定，论文的轮廓也就出来了。好的选题是作者创造科研价值的重要前提。

3. 选题可以规划论文的方向、角度和规模

撰写 MBA 论文是为了汇报某一研究的成果和结论，目的性很强，因此作者必须选好题，明确研究的方向和目标，以便高效地进行研究。从这个意义上说，选题起着统率全局的作用。选题的确定意味着研究方向和目标的确定。只有确定了题目，作者才能做好后续工作，如决定材料的选取和使用，选择论证的角度，组织安排篇章内容及最后确定标题等。此外，确定选题标志着具体科研活动的开始，可以使作者尽快进入科研的角色，提高 MBA 论文写作的效率和质量。

4. 选题可以促进知识的深化和能力的提高

MBA 论文的选题工作可以进一步调整作者的知识结构，弥补知识储备的不足。在对客观资料的研究过程中，随着资料的积累以及对资料理解程度的加深，会有各种想法纷至沓来。在某个领域内的深度阅读以及由此产生的思想火花，既是研究的学习阶段最为宝贵的思想成果，也是学位论文选题的重要来源。学生需要做的，是对资料分析过程中所产生的各种想法进行记录、归类并加以深化，在对想要研究的问题有更加全面、深入认识的同时，论文的研究视角、论证方法也会逐步清晰。这一过程需要以原有的知识背景为基础，对已学的专业知识反复认真地思考，并从一个角度、一个侧面深化对问题的认识，从而使自己在归纳和演绎、分析和综合、判断和推理等方面的思维能力和研究能力都得到锻炼和提高。

16.1.3 选题的原则

正是由于选题对于撰写 MBA 论文具有关键性的作用，因此在选题时必须遵循一定的原则，以

确保选择出既有一定学术价值和实际价值，又符合作者的科研能力、志趣的论文题目。一般来说，MBA学位论文的选题必须遵循以下五个原则，即可行性、价值性、专业性、科学性和实践性原则。

1. 可行性原则

可行性原则是研究者对某一论题是否有可能如期按质按量完成的衡量标准。研究生论文选题要综合考虑学生完成研究任务的能力，收集相关资料的可能性，以及完成论文时间、研究经费及相应实验设备保障等各个方面。可行性原则是选题中最为现实而又具体的原则，即在选题时必须根据主客观的具体条件，考虑对某一论题的取舍。

（1）主观方面的条件。主观方面的条件包括个人的知识水平和兴趣爱好。

（2）客观方面的条件。客观方面的条件包括时间和论题的宽泛程度、材料的多少、导师的条件、科研经费、设备条件等。

论题的大小、宽窄

总体而言，学位论文的题目宜小不宜大，宜具体不宜抽象，宜限制不宜宽泛。试比较这样几个题目："论企业改革""论国有企业改革""论国有企业产权制度的改革——由××公司股份制改造谈起"。第一个题目显然过大，一方面，企业的种类很多（例如，从所有制角度划分，包括国有企业、集体企业、私营企业；从企业财产组织形式和承担的法律责任划分，包括独资企业、合伙制企业和公司制企业等），不同类型企业的改革侧重点又存在较大差异；另一方面，改革本身的内涵也十分丰富，涉及产权改革、组织机构改革、管理制度改革等诸多方面。如果面面俱到，则难以突出重点，因此这样的题目难以写出高水平论文。第二个题目将研究范围限定为国有企业，针对性较强，但仍然无法解决第一个题目面临的第二个问题。第三个题目将研究对象限定为国有企业的产权制度改革，并以××公司作为案例进行分析，选题针对性强，内容充实，显然优于前两个题目。现阶段，多数高校要求MBA论文以实证分析为主，如果涉及题目过大，通过调研获取资料的难度也相应加大。不过，不少学生对此存在认识上的误区，认为题目越大，资料就越丰富，写作难度就越小，因此在选题时倾向于大题目，最终结果往往适得其反。

2. 价值性原则

MBA论文的选题应该考虑社会的需求和对社会的贡献，这样研究工作才有意义和价值。具体而言，选题时需要考虑两个方面的价值：一是短期内有直接且易见的实用价值。也就是说，论文的选题，应与社会经济生活、企业管理实践密切相关，是许多人关注的问题，是亟待解决的问题。二是对科学发展具有长远作用的学术价值，这类论题的特点是与人们的现实距离稍远，但从发展的角度而言，能够表现学科发展趋势，其潜在价值是不可忽视的。实际上，好的选题能够体现两个方面的价值，能够结合现有的相关理论，针对实际问题展开分析和探讨。例如"基于EVA的A公司财务管控研究"这一选题，其理论分析点在于能够同财务管理中相关管控方式的理论很好地结合；实践方面，则在于从对某类型企业具体问题的分析中，找到解决问题的一般规律。

3. 专业性原则

MBA 论文属于专业硕士学位论文，其选题应当具有专业性。选题的专业性原则体现在论文的选题应来源于本专业领域，注意结合与职业相关的实际需要以及所从事的具体业务。特别是随着一系列新兴学科、边缘学科的兴起，选题的专业性问题变得越来越突出。因此，为了确保选题符合学科和专业，每个学位点都必须明确其所在学科的研究领域，以利于学位论文的选题和创作，以及指导老师的指导和导师间的合作。一般来说，选择本学科研究领域、学科交叉领域内的选题，在保证学位论文选题的专业性上应该没有什么问题。如果选题离开了上述两个方面，研究了其他学科的问题，论文的选题就不符合专业性要求了。MBA 论文选题一般集中于以下几个方向：公司管理（包括战略管理、集团管控）、职能管理（企业营销、生产、采购、财务、人力资源等）、专项管理（文化建设、品牌管理、发展规划等）。但有个别选题如“MBA 就业意向的调查与分析”“MBA 专业研究生就读动机的调查研究”，与 MBA 专业知识关联度不大，与其专业的培养目标联系不多，以这些选题作为该专业的学位论文选题并不恰当。

4. 科学性原则

所谓科学性，是指 MBA 论文的选题一定要符合最基本的科学原理与客观实际。简而言之，就是要有充分的理论根据和事实依据。一开始就要以脚踏实地的态度去看待和追踪研究的进展，分析原有理论的缺陷和不足，保证研究的起点符合最基本的科学原理和客观规律。科学性原则要求选题必须真实、可行，根据其应答域的真实性，科研问题可区分为真实问题和虚假问题两大类。作者应根据自己的背景知识研究分析并判定问题的应答域是否真实可靠，如果是真实问题，可以继续保留在选题域内；若是虚假问题，则应将其排除。

5. 实践性原则

MBA 论文选题应与实践相结合，富有现实性和实用价值。对于 MBA 论文，不是为了写论文而写论文，而是要通过论文写作切实解决实际存在的某些问题，并带来看得见的成效。

选题质量评估方法

MBA 论文选题过程中，可以按学位论文写作评估选题质量表（表 16-1）进行选题评估。

表 16-1　学位论文写作评估选题质量表

评定阶段	评价要素（权重）						
	可行性（20%）	价值性（20%）	专业性（20%）	科学性（20%）	实践性（20%）	合计（100%）	最终得分
初评							
中评							
终评							

注：表 16-1 中各评价要素的满分为 100 分。

16.2 MBA论文选题前的准备工作

选择与确定一个合适的研究题目，是MBA论文写作中具有关键作用的第一步。选题前需要做一些必要的准备工作，包括了解个人研究兴趣、熟悉导师研究方向，以及检索文献资料。

16.2.1 了解个人研究兴趣

了解个人研究兴趣是选题时必须做好准备的工作之一，通过课程学习、专业实习、课外活动，学生能够发现自己的研究兴趣。撰写MBA论文的时间有限，且又要求体现一定的学术水平，因此相对来说是一项极为艰苦的脑力劳动。如果在写作过程中遇到一些暂时无法解决的问题，很容易打击作者的写作热情，使其产生懈怠的情绪，对MBA论文写作的进度造成阻碍。在这个过程中，作者如果对课题有极大的兴趣，就容易克服课题研究过程中的困难，产生研究与写作的欲望。因此，论文写作者选定一个符合自身兴趣爱好的课题非常重要。

同时，作者选定了若干符合自己兴趣的研究课题后，还必须结合自己的优势与劣势来选题。这样做的目的是便于自己在选题时能够扬长避短，充分发挥自己的优势，顺利地进行科研与学位论文的写作，也便于与他人合作，优势互补。每个人的优势不同，且各有不足之处，只有对自己有了正确与清醒的认知，选题时才能事半功倍。

16.2.2 熟悉导师的研究方向

选题前还有一个重要的工作是寻找一位合适的指导老师。论文写作者可以通过学校网站上的导师介绍、与导师接触交谈、查阅导师的学术著作和论文等途径，了解导师的研究方向、兴趣、研究课题以及指导风格。在选导师这个问题上，同学们的做法不尽相同。有些人选名气比较大的导师，也有人选自己熟悉的导师，还有人选研究方向与自己研究兴趣一致的导师。在条件允许的情况下，建议学生尽量选研究方向和课题与自己的选题相吻合的导师，以便于指导论文的写作。若只是冲着导师的名气，而不顾导师的研究方向是否与自己的研究兴趣和方向一致，会产生以下不利后果：①导师的担子过重，不能及时进行指导；②自己所研究的课题未必和导师的研究领域相吻合，导师无法给出有效的指导；③导师的学生太多，指导自己写作的时间很有限。

撰写MBA论文的过程既是学生个人不断思考探索的过程，同时也是师生之间交流互动、相互促进的过程。只有接受了导师为人处事的方式，欣赏他在学术研究方面的造诣，才会容易接受他的批评和指导。因此，在选择导师之前，不仅要了解导师的学术成就、科研项目，更重要的是要了解导师的学术人品、为人处事的方式以及对学生的要求和期望。

16.2.3 检索文献资料

这个阶段的文献资料检索主要是快速、有效地检索和浏览与个人研究兴趣和导师研究方向相关的资料。首先是检索和浏览与个人研究兴趣相关的资料。因为个人研究兴趣可能表现为若干个方面，因此通过检索和浏览，可以分析和比较出比较新颖、有研究价值的研究兴趣。其次是检索和浏览与导师研究兴趣和方向相关的资料。在确定导师之前，需要全面检索和浏览本校、本学科和专业所有导师的资料（包括研究兴趣、方向、课题、发表的论文和专著）并加以比较，初步确定几位与自己的研究兴趣相关或者一致的导师。确定导师之后，还要进一步全面检索和浏览导师的资料，加以分析和思考，寻找自己的研究兴趣与导师研究兴趣和方向的结合点。最后要检索和浏览与个人研究兴趣和导师研究兴趣和方向相关的综述性论文，了解该方面的国内外研究动态和发展现状，寻找知识空白点和可能的研究课题。

16.3 MBA 论文选题的途径与方法

一般而言，不同学科和专业的研究课题很多，可供选择的 MBA 论文题目也不计其数。要选好题，除了要求作者掌握选题的原则、做好准备工作之外，还必须掌握好选题的途径和方法。

16.3.1 选题的途径

一般而言，科学问题归根结底来源于社会生产实践和科学实践。基于此，时代的需要就成为科学问题的最基本的来源。当然，科学理论的发展有其相对独立性，科学问题或选题存在丰富的多样性。有价值的课题应该从作者熟悉的社会实践中、感兴趣的课程中、文献资料中、热门话题或人们普遍关注的焦点问题中、“新大陆”中去寻找。下面介绍五种可行性比较强的选题途径以供参考。

1. 从作者熟悉的社会实践中寻找

理论来自实践，社会实践是人们永恒的科研源泉。MBA 学生具有一定的社会实践经验（如工作经验、专业实习、社团活动、志愿者活动等），只要用心观察周围的事物，对平时工作和专业实习等过程中出现的问题进行深入思考，不断质疑、不断探索，就可能为论文选题指明方向，就有可能写出见地深刻的好论文。许多 MBA 和 EMBA 论文采用案例研究法，所选的案例通常来源于作者实习和工作的单位。

2. 从作者感兴趣的专业课程中寻找

一些高校在布置 MBA 论文时都要求学生在导师的指导下，根据所学专业的要求选定论文题目。绝大部分学生比较熟悉自己所学专业课程的理论和知识，这些专业课程在某种程度上反映了专业的历史演变、研究现状，以及那些亟待解决的问题。假如学生对某门专业课程感兴趣，则可以在该专业课程领域内选题。

3. 从文献资料中寻找

MBA 学生查阅资料，犹如商人了解行情。特别是在学位论文选题之前，如果外界信息匮乏，会使选题陷于盲目。选题时查阅文献与写作时不同，采用的多是“略读法”，只借助检索工具粗略浏览文献摘要，简略评估文献的内容、方法对自己有无启示，可否作为选题的目标。MBA 学生通过查阅、评估和分析文献，找出以往研究中的谬误之处、不足之处和矛盾之处，抓住尚未有人涉足的空白点，引发新的选题设想，通过积极和批判性的思考，从中获得启迪，发现问题并找到自己感兴趣的选题，甚至还可以在深刻理解资料的基础上发现并选取尚未解决的前沿问题。

4. 从热门话题或人们普遍关注的焦点问题中寻找

热门问题和焦点问题的研究和解决具有很大的现实意义，包括良好的社会效益或经济效益。选取此类课题具有三个方面的有利因素：①社会关注度高，容易激发作者的研究兴趣；②热门问题的资料来源比较多，容易在新闻媒介和期刊上获取文字、数据和音像资料；③作者可通过实地调查取得第一手的资料，方便论文写作。此类论文要避免罗列资料，泛泛而谈，要注意运用理性思维分析问题，探索问题产生的深层原因，并从中得出带有前瞻性的结论，提出有建设性的解决方案。

5. 从“新大陆”中寻找

由于客观事物发展本身和人们对其认识的局限，或是由于某种原因导致研究力量投入的不平衡，某研究领域会出现冷门或空白地带，这些地方非常需要研究人员去开垦和耕耘。由于作者所选题目具有前瞻性和先进性，其新颖突出的成果必然令人瞩目，无论是在理论方面还是在实践方面，都具有较为重大的意义。在充分了解空白区域和未开垦的“新大陆”之后，可以根据自己的专业基础，借助相关的学科理论，结合实践去潜心研究和探讨，在取得研究成果之后，将成果形之于文，这无疑是对学科建设和专业理论的一大贡献。同时，从未开垦的“新大陆”选题，难度一般都比较大，研究者需要有坚实的理论基础与较为渊博的知识，需要有胆略和勇气，需要甘于寂寞，并付出艰辛的劳动。

16.3.2 选题的方法

选题的工作虽然复杂，但归根结底也就是发现矛盾和问题，确定和研究写作的最佳对象。它属于一种认识活动，在这个认识活动中，作者的思维起着决定性的作用。因此，一定要善于开动脑筋，积极思考。选题的方法一般有以下五种。

1. 优势法

大部分的 MBA 学生都有一定的工作经历，这样的工作经历使得他们往往有自己所关心的问题，如企业高层管理人员往往对决策的现实结局与预期的差异感到迷惑不解，销售部门人员关心产品销售订单急剧变化的原因，等等。MBA 学生面对疑难问题，自然会主动寻求、探索解决之法，这正是专业学位研究生较之学术型研究生在论文写作中的优势。因此，出于对这些问题求解的目的，学生可以根据自己的相对优势来确定选题，尤其是在职 MBA 学生，在选题时应考虑自己的知识结构、工作经历、人脉、资源优势等因素。

2. 兴趣法

兴趣是最好的选题动力，从自己的兴趣出发，选出的论文题目很容易有特色。论文写作者要善于捕捉兴趣的一闪之念，然后深入研究。在阅读文献资料时或研究中，有时会产生一些思想火花，尽管这种想法很简单、很朦胧，也未成形，但千万不可轻易放弃。因为这种思想火花往往是对某一问题做了大量研究之后的理性升华，如果能够及时捕捉，并顺势追溯下去，最终形成自己的观点，将是很有价值的。如前面提到的有工作经历及工作单位的 MBA 学生，可以根据自己以往的工作经历或者在实际工作中遇到的问题来寻找兴趣点。

3. 导师法

如果前面的方法都不合适，即如果自己的优势不突出，更没有什么特别的兴趣，可以考虑去找导师，让其帮忙确定选题。导师可能承接了某个纵向或者横向课题，学生可以从中选取某个子课题作为论文题目。导师还可能根据自己的研究经验列出选题清单，让学生从中挑选。

4. 排除法

很多同学希望自己能够出色地完成学位论文，充分发挥自己的优势，然而，可供思考与选择的事物是如此之多，到最后可以确定下来并能付诸实践的选题却是如此之少。在这种情况下，最好的方法是“排除法”。在难以取舍时，可先把不适合自己的想法排除掉。例如，MBA 学生可以制定一张选题清单（表 16–2），逐一筛选，最后剩下的可能就是适合自己的课题。

表 16-2　某 MBA 学生（人力资源管理领域）毕业生论文选题清单及取舍

编号	选题	取舍
1	企业教练技术对领导职能转变的影响	排除：自己对企业教练技术感兴趣，读过几本相关的书，并参加过一次培训，但是没有实践经验
2	A 公司 E-learning 效果评估案例研究	可能选取：A 公司是自己近年工作的公司，自己负责培训管理，熟悉 E-learning 的情况，找数据也比较容易
3	作为企业文化的内部语言案例研究	排除：知道阿里、海尔等企业有内部语言，但自己对这些公司的了解更多是通过二手资料，比较难接触到一手资料；另外，自己所在的公司属于初创型企业，内部语言不多

5. 文献法

这种方法是指通过对 MBA 领域的文献资料进行快速的、大量的阅读和研究，在比较和鉴别中来确定 MBA 论文题目。无论就读的是什么专业，都要勤于阅读国内外的学术期刊，关注新闻媒体和互联网上有关自己学科的最新信息（后者在 MBA 专业中体现得尤其明显），以保持论文选题的新颖程度。有了大量阅读文献的基础，自己就可以融入本学科的研究工作中，了解本学科国内外研究现状与最新进展，参与热点问题的讨论，对当前的研究工作和现有成果形成自己的看法，以逐渐形成自己的研究课题及随后的研究成果。如果是通过这一方法选定论文题目，那么对于学位论文所要求的文献综述工作也有很大的帮助。

一位财会系 MBA 同学的选题过程

严雪钢同学的 MBA 论文选题经历了很长的过程。刚开始时，他想研究“中关村的全球定位”问题。由于题目太大难以驾驭，自身不具备研究该课题的优势，只好放弃这个选题。之后他又选了“从宏观角度看财务分析与管理”这个论文题目。这个选题又被否定了，原因是如果一位总经理想学会看财务报表，去找一本财会书来看，或者去听一门财务课即可，而严雪钢写的不是一本教材，这种选题没有多大的现实意义，第二个选题又被放弃了。

最后，严雪钢把“透过财务本质看新经济”作为论文选题。他在这个题目上具有的优势在于：他干过财务工作，有实践经验；新经济是一个新的研究课题，从纯粹财务角度进行研究的人还不多，而且这个课题涉及的宏观经济问题又是指导老师的优势。两者的结合决定了这个选题的现实可行性。最后确定的这个题目比较适合他，也容易出成果。由于严雪钢同学的论文选题新，分析问题的角度新，得出的结论富有启发性，因此，这篇论文被评为优秀论文。

16.4 MBA 论文选题的常见问题及风险规避

一些 MBA 同学在选题的实际操作中，因为对选题的概念和要求不明确等原因，出现了不少问题。本节将详细探讨选题的常见问题和风险规避方法。

16.4.1 选题的常见问题

明确了选题的原则和方法之后，就在理论上对选题有了大致的了解和把握，但在实际操作中，选题经常还会存在以下三个问题。

1. 选题没有联系实际，缺乏现实意义

MBA 论文的题材非常广泛，选择论题时，关键是要注意论题的现实意义，即关注一些国计民生的大事，能够为当前亟待解决的社会问题、经济管理问题提供理论支持。当然，关注现实绝非是急功近利的实用主义，而是要求所选的论题能够符合历史的发展趋势，或对现实有借鉴意义和指导作用。要反对的只是那种脱离现实、咬文嚼字、烦琐考证，或者夸夸其谈、空话连篇、盲目追赶时髦等毫无意义的论文。同时，论文的选题若是脱离了本学科和专业，论证再有力也会失去其研究价值，并且答辩时容易遭到批驳。论文应结合专业培养方向，选择本专业领域内具有一定理论意义和应用价值的论题作为毕业论文的选题，充分体现专业特点。

2. 选题没有新意，急于求成，盲目上马

MBA 论文成功与否，质量是否高，价值是否大，很大程度上取决于选题是否合适、有新意，创新性是否突出。好的选题总是要经过长久的思考，经过多次论证才能够确定下来。一些 MBA 学生在临近毕业才开始匆忙选题，未经过多方位思考，没有选取有新意的论题，致使学位论文的完成质量不高。同时，为了突出论文的创新性，或受个人性格的影响，有些学生选的题目既怪又偏，自以为是、标新立异，实则严重脱离了现实，不具有任何创造价值。

3. 选题没有充分考虑到自己的实际情况，没有做到量力而行

如果 MBA 论文的题目过大或过难，就难以完成写作任务；反之，题目过于容易，又不能较好地锻炼作者进行科学研究的能力，达不到学位论文写作的目的。选择一个难易程度合适的题目，可以保证写作的顺利进行。选题力求避免平庸、浅薄、宽泛、大题小做、虚题空做等现象；避免与专业和研究方向联系不多，甚至毫无关联；避免经验色彩过重，避开理论只谈经验。有经验的导师认为，选题工作约占 MBA 论文研究工作的 20%。因此，在选题时，学生既要从不同的来源确定选题，又要掌握正确的选题方法，同时还要掌握一定的选题技巧。只有这样，学生才能选取合适的论文课题，并在规定时间内取得预期的科研成果，完成 MBA 论文并顺利取得学位。

MBA 学位论文标题中的常见问题

“调查与对策研究”：所有研究通常都需要事先进行调查分析，所以“调查与”三个字多余。

“问题对策研究”：“问题对策研究”有歧义，是一个问题对应一个对策呢，还是问题与对策是一个整体呢?

“现状与存在问题分析”：一篇专业学位论文是要在现状与存在问题分析的基础上，提出解决方案，因此，只停留在“现状与存在问题分析”是不够的。

“现状分析与对策建议”：二者是并列关系呢，还是因果关系呢？题目中没有体现出来。任何研究都需要“现状分析”，因此标题中并不需要出现“现状分析”。“对策建议”也不是论文的写法，建议改成“×× 对策研究”。

“可行性研究”：可行性研究之类的名词有特殊含义，需要遵循国际、国内很多标准。学位论文不可能按照那些标准来写，因此，论文标题中不能用有特定含义的名词。

"规划"：规划编制有一套程序规范，和论文要求不一样。如果要写论文，可以用"规划研究"，重点是规划方法、规划内容。

16.4.2 选题的风险规避

选题的风险表现为难以顺利开展研究、无法按时提交 MBA 学位论文等，因此，必须做好选题的风险控制。

1. 多方求教，集思广益

确定选题时，既要师生共同研究，充分讨论，进行价值评估，又要多方拜访专家学者，请求指点。专家学者作为学界权威，知识储备丰富，视野开阔，见解深刻，更能够全方位、多角度地提供参考意见，保证学位论文不脱离学科和专业方向，避免论文出现"硬伤"。拜访专家时既可以拜访对自己立论的支持者，也可以拜访对立论持反对意见的学者。害怕权威不是研究者应有的学术态度。只有怀着实事求是、勇于探索的态度去求教才会得到专家学者的接纳。

2. 广挖渠道，寻求突破

密切关注国内外宏观发展形势，寻找焦点问题；紧跟科技前沿，了解最新发展动态；深入实际不断积累，立足交叉学科领域，寻求突破；研究历史，了解不同学派的基本情况，开阔思路；检索文献，旁征博引，不唯书不唯上；运用创新思维，多观察、多思考、多交流，积极参加学术讨论会，善于捕捉新动向和新观点……这些都是开发新选题的有益途径。开发选题时尤其重要的是进行必要的文献收集工作，平日做好读书笔记，保持对本专业话题的敏感度，寻求理论依据时要特别注意通读原著，力求深刻把握原文作者的思想精髓，不要望文生义，牵强附会。个人要勤奋思考，善于发掘，方能从新的角度得出独到见解，避免标新立异或单调重复。

3. 慎重考虑，量力而为

好的选题成千上万，但是自己能驾驭的屈指可数，如果说研究方向是学科背景的限制，个人的研究能力则是主观因素的制约。应从个人的研究能力出发选择合适的研究方法，即使是为了寻找突破点，也不必把大量力气花在研究方法的创新上，研究方法不是越多越好；不必为了达到理论与实践相结合就专门选择那些需要做大量试验、访谈或社会调查才可以完成的选题，这样很容易发生在浪费了大量人力和物力之后，又发现该选题根本超出了个人承受能力的尴尬局面。研究者在确定选题时应考虑好个人可利用的时间、精力和经费，在准确理解相关研究方法的基础上，慎重考虑并做出选择，使选题保持在适当的范围之内，力求做到量力而为。

4. 踏实科研，避免草率换题

每次选题都需要投入一定的时间、精力，包括个人思考、收集和阅读相关材料、与导师讨论等。更换选题便意味着过去的努力全部白费，所有事情又得从头做起。MBA 学位论文写作有一定的时间限制，学生很难承担因为更换选题而带来的损失。如果是在 MBA 学位论文工作的中途才更换题目，那么势必会因为时间仓促而影响论文的质量，甚至会延迟提交论文的时间，不能够按时毕业和取得学位。对于 MBA 和 EMBA 硕士论文，一旦选好了题，就不要轻易地改变；只要踏踏实实、认认真真地去做，一般都可以达到预期的要求并顺利通过论文答辩。

选题实例点评

陈同学所在单位为民营图书发行公司，主要业务是教材的编写、合作出版、经营销售。由于市场竞争激烈，民营公司和新华书店、出版社相比，没有多少优势，20 多年来，公司业绩时好时坏。两年前，针对网络营销市场的火热，公司策划发行了一本名为《淘宝开店》的教材，主要销售对象是电子商务专业的在校学生、网络营销公司的职员，结果这本书的销量很好，每年销售几十万册，公司效益也非常可观。因此，陈同学想，能不能以这本书为基础，组织编写网络营销系列教材，在网络营销领域取得优势，保障公司未来若干年的持续发展。

陈同学面临的问题：如何做好网络营销系列教材开发？论文又该如何选题？

第一，图书发行公司不是简单地“发行”图书，而是要负责从图书选题、组织编写、合作出版到销售、服务的整个过程。第二，“网络营销系列教材开发”是公司的一个项目，但这个项目范围不定、截止时间不明确。

陈同学首先应明确研究对象，是公司整体、图书策划部，还是“网络营销系列教材开发”这个项目？其次要确定研究领域，是图书营销、网络营销、项目管理，还是其他？再次要确定研究目标，包括总体目标（公司业务持续稳定、取得良好的效益等）和具体目标（发行量或其他）。最后是确定研究时间点，是从两年前《淘宝开店》的编写开始，还是从现在开始？

经过和导师的多次交流，综合考虑各种因素，陈同学确定研究对象为“网络营销系列教材”开发项目；研究领域为项目管理，也就是整个项目的策划、组织、实施计划；研究目标为项目收益最大化；研究时间点从现在开始，面向未来，把论文写作和公司项目计划结合起来。论文题目最后确定为：“×× 公司网络营销系列教材开发策略研究”。

按照这个选题，陈同学需要从“网络营销系列教材”这个产品的市场需求分析、目标客户定位出发，确定产品选型和产品定位；选择合作方式编写（产品开发）；选择出版社合作出版（产品生产）；选择网上销售渠道和经销商渠道（销售）。上述各环节的策略，构成了该系列教材的开发策略。

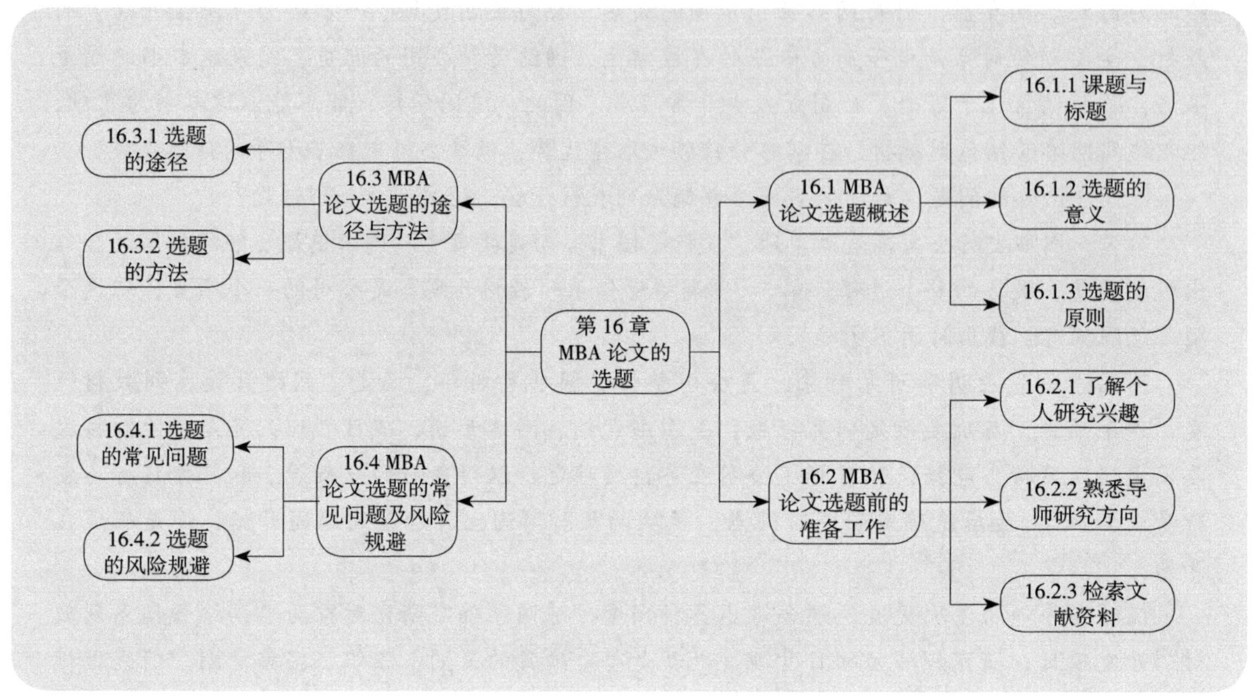

1. MBA 论文选题的原则是什么？
2. MBA 学生应该如何从自身工作和岗位实践中选题？
3. MBA 论文写作时如何寻找适合自己的导师？怎样在导师的指导下选题？
4. MBA 论文选题的途径和方法分别有哪些？
5. MBA 论文选题的常见问题有哪些？如何解决？

第 17 章

MBA 论文的结构

1. 了解 MBA 论文的结构概述和要求。
2. 理解 MBA 论文的论证逻辑。
3. 掌握 MBA 论文结构的一般要求。
4. 掌握专题研究型、案例型、调研报告型、企业诊断型和体系应用型等 5 种 MBA 论文的结构。

17.1 MBA 论文结构概述

学位论文的结构就是该论文内容的组织安排形式。MBA 论文的结构应该内容完整、层次清晰、合乎逻辑、比例恰当。其中，比例恰当指的是论文从整体上看其组成部分详略得当，有重点、有中心，不至于泛泛而谈，并且主体部分各章的节数和字数大体相当。

为了统一科学技术报告、学位论文和学术论文的撰写和编辑的格式，便于信息系统的收集、存储、处理、加工、检索、利用、交流、传播，我国于 2006 年、2022 年分别发布了《学位论文编写规则》(GB/T 7713.1—2006) 和《学术论文编写规则》(GB/T 7713.2—2022)，规范了各种学位和学术论文的编写格式与要求。

17.1.1 MBA 论文的三要素

论文有三要素，即论点、论据和论证。MBA 论文也不例外。

1. 论点

论点是作者在论文中提出的对某一个问题或某一类事件的看法、观点、主张，它要求正确、鲜明、有针对性、言之有理、精练概括、有实际的意义，且进行阐述时使用合适的表达方式。例如，某篇论文浓缩起来，其论点是“以供应链管理思想解决企业交货期过长问题”，就很符合 MBA 论文的特点。

2. 论据

论据是证明论点正确性的证据。要证明论点的正确性，首先，使用的论据要真实、可信，能够充分证明论点；其次，论据要具有充分的代表性；最后，论据要新颖，尽可能寻找一些能让人耳目一新的论据。论据的使用十分重要，不能使用模棱两可、立场不明确的论据。因此，对于论据的基本要求是真实、可靠、充分、典型。例如，对于论点“以供应链管理思想解决企业交货期过长问题”，可能有以下三个论据：①理论分析证明，供应链管理具有促进上下游企业计划协同、缩短交货期的作用；②实际调查证明，企业目前的上下游管理很不协调，如果改进，必将缩短交货期；③企业内部供应链不顺畅，改善内部供应链，也可以缩短交货期。

3. 论证

论证是指运用证据诠释、证明论点正确性的过程。论证过程要求语言表达深刻，逻辑关系严密。论证过程是一项具有艺术性的活动，推理的逻辑性是论证过程的基本要求。对于上面的例子，需要按照逻辑顺序进行论证：分析现状，找出存在交货期过长的问题，把供应链管理作为可选方案之一，比较、选择后得出“以供应链管理思想解决企业交货期过长问题”的结论，这就是论证。

17.1.2 MBA 论文的基本逻辑结构

MBA 学位教育强调运用管理学理论解决实际问题，发现问题、分析问题、解决问题是最基本的逻辑结构，如图 17–1 所示。

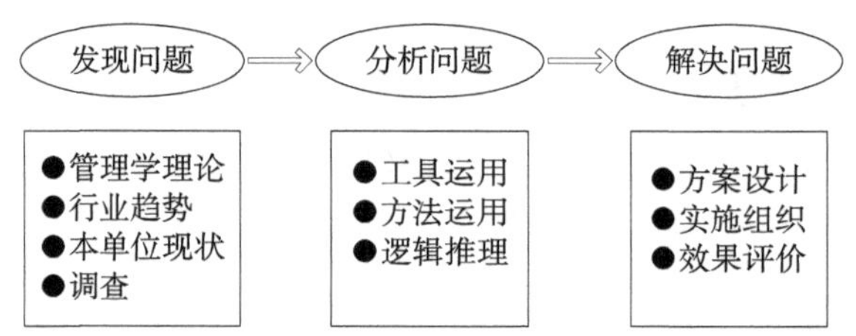

图 17–1　MBA 论文的核心逻辑结构

一篇论文，如果没有贯穿全文的“问题”，即使文采再好，也是空谈。

某论文提纲点评

第 1 章　绪论

第 2 章　项目管理理论概述

第 3 章　科西福公司项目管理概况

第 4 章　项目进度管理分析与改进

第 5 章　项目成本管理分析与改进

第 6 章　项目质量管理分析与改进

第 7 章　结论

从提纲来看，该论文没有分析需要解决的问题，对项目进度、成本、质量分别进行了分析与改进，缺乏针对性，也没有系统解决问题的科学方法。

17.1.3 MBA 论文的论证逻辑

管理者要非常注重逻辑，这从入学考试中必考的逻辑学中可以体现出来。逻辑性也是论文中最关键的要素。论文按照一定的逻辑渐次展开，其关键点就组成了文章结构。

MBA 论文论证逻辑流程可以分为：回顾相关理论，分析环境，描述现状，分析问题，提出解决方案，方案组织实施，最终使问题得到解决。在这一过程中，需要借鉴相关理论和别人的成功经验。

MBA 论文论证示例

全球化竞争迫使企业降低成本，专家研究认为，物流是企业“第三利润源泉”。随着我国经济的快速发展，物流业发展非常迅速，这给东方物流公司提供了良好的市场机会。

仓库是公司最主要的经营场地，随着业务增长，仓库周转加快。最近，东方物流公司接连收到客户投诉，货物包装经常破损，原因是房顶漏水。经过检查，发现屋面的防水层已破损。

要修复防水层，有重建仓库、拆除屋顶重修、局部修理三种方案。综合考虑经营状况、成本等因素，公司决定采用局部修理的方案，即拆除原有屋顶，加固房屋支撑，安装钢结构屋顶。

要实施房顶修理，存在由企业抽调人员、请路边临时工、请专业公司三种方案。经过比较分析，公司决定请专业公司来修理。在修理过程中，人员安全、材料质量是需要重点关注的问题。

房顶修理后，货物包装破损问题基本可以解决。

这个例子是一篇较严谨的 MBA 论文，虽然文字简短，但具备论证过程必需的各个要素，逻辑严密。从理论总结、环境分析（良好的市场机会）、现状描述（仓库周转加快）、问题和原因分析（投诉—包装破损—房顶漏水—防水层破损）、方案设计（局部修理、拆建）、组织实施（请专业公司、注意安全和质量），到最后评估维修结果，解决包装破损问题，一应俱全。

17.1.4 MBA 论文结构的一般要求

论文的结构也就是论文提纲，指的是文章部分与部分、部分与整体之间的内在联系和外部形式。论文都是由中心思想、结构、材料三要素有机结合而成的。中心思想即文章的主旨（大脑），材料是文章的“血肉”，结构则是文章的“骨架”。

1. MBA 论文的基本结构

按照 MBA 论文发现问题、分析问题、解决问题的基本逻辑，本小节总结出了 MBA 论文的基本结构，如图 17–2 所示。

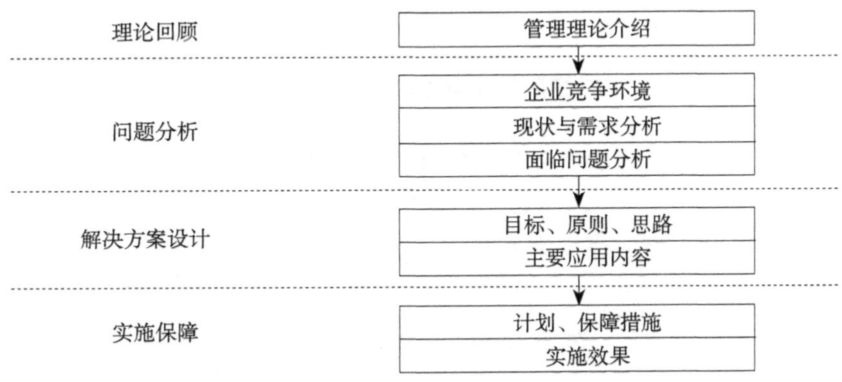

图 17–2　MBA 论文的基本结构

当然，不同的专业和问题的结构可能稍有不同，但以“问题”为线索的论述思路，都是相同的。从技术层面来说，MBA 论文的基本结构还有以下一些要求。

（1）论文的目录，一般要列到三级，即章、节、目。少数可以列到“节”，但主要内容如问题分析、解决方案，必须列到“目”。目录从第 1 章开始，摘要等不要列入目录。

（2）一般来说，每章包含三四节，每节包含三四目，这样使得总体结构比较均匀。每章尽量不要少于三节，也不要超过五节。

（3）章节标题要用书面、专业性语言。

（4）节的标题要紧扣章的标题，是章标题的支撑，章的标题应能涵盖下属各节。千万不能出现章和节标题相同或者和论文标题一样的情况。

（5）千万不要在方案实施之后，再提出需要解决的问题。

2. 篇幅的控制

MBA 论文一般要求 4 万字左右，文章的篇幅不宜过长，要进行适当的控制。除了篇幅外，更重要的还是章节布局和章节之间的衔接。篇幅的长短不能反映论文质量的高低。同一理论观点，论述得当，要言不烦，不一定要长篇大论；相反，如果用大量的篇幅去论述某一观点，通常会让人感觉烦琐，可以不要的内容切忌出现在文章里。

MBA 论文一般以 6 章左右为宜。有一个办法可以直观检查各章篇幅是否适当。如果把各章所占页码数换算成毫米，画出一个个正方形，再排列起来，所成的图像应类似一个“睡美人”，如图 17–3 所示。

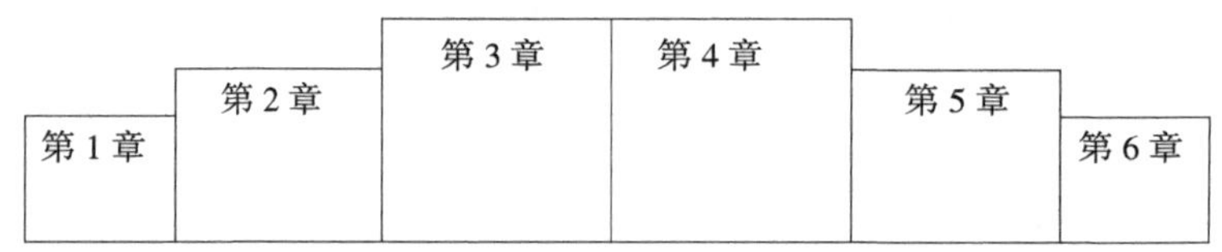

图 17–3　章节长度合理的形象图

17.2 专题研究型论文的结构

专题研究型论文聚焦“专题”，需要对所要研究的实际管理问题有清晰的阐述，论证解决此问题的理论意义和推广价值，对国内外本领域的研究动态有较好的了解和评价，了解同行业先进企业的状况，然后分析自身问题，提出解决方案。

专题研究型论文的 6 章式结构

对于专题研究型论文，推荐采用 6 章式结构，示例如下。

第 1 章　绪论

介绍研究背景、目的、意义、方法和内容。

第 2 章　理论概述

国内外相关理论的发展概况、发展趋势、先进经验借鉴。

第 3 章　外部环境分析

可以运用 PEST 方法、波特五力模型、价值链理论、SWOT 分析方法等工具，对外部环境进行分析。

第 4 章　现状和存在问题分析

介绍单位概况和所在领域的运作现状，分析其存在的主要问题，并论证改进的必要性。

第 5 章　解决方案设计

设计针对性较强的解决方案。解决方案往往不止一个，应该提出多个切合实际的解决方案，并运用评价方法对每个方案进行比较评价，得出最优方案。此部分应该作为论文的重点。

第 6 章　方案的组织实施

这部分主要论述方案的实施，即论文开头提出的问题如何得到解决。

结语

对整篇文章做出总结，点出文章的创新或有用之处，指明不足。

论文《合肥美菱公司供应商管理优化研究》的结构

第 1 章　绪论
- 1.1 选题背景及研究目的
  - 1.1.1 选题背景
  - 1.1.2 研究目的
  - 1.1.3 研究意义
- 1.2 国内外研究动态
  - 1.2.1 国外供应商管理的研究动态
  - 1.2.2 国内供应商管理的研究动态
- 1.3 研究方法、内容与技术路线
  - 1.3.1 研究方法
  - 1.3.2 研究的主要内容
  - 1.3.3 技术路线

第 2 章　供应商管理的相关理论
- 2.1 供应商的选择
  - 2.1.1 供应商选择标准
  - 2.1.2 供应商选择方法
  - 2.1.3 供应商选择应注意的问题
- 2.2 供应商的绩效考评
  - 2.2.1 供应商绩效考评的目的
  - 2.2.2 供应商绩效考评的评价体系
- 2.3 供应商关系管理
  - 2.3.1 供应商关系管理的集中类型
  - 2.3.2 供应商关系管理的重要意义

第 3 章　合肥美菱公司供应商管理现状及存在的问题

3.1 美菱公司概况

3.2 供应商管理现状

3.3 供应商管理存在的问题

3.3.1 成本问题

3.3.2 交货期问题

3.3.3 产品质量问题

3.4 供应商管理问题的根源分析

第 4 章　合肥美菱公司供应商选择与评价

4.1 供应商选择评价原则、程序和内容

4.1.1 供应商选择评价原则

4.1.2 供应商选择评价程序

4.1.3 供应商选择评价内容

4.2 供应商评价方法选择

4.3 供应商评价指标体系

4.3.1 供应商评价指标体系的构建

4.3.2 供应商评价指标体系的运用

4.4 合肥美菱公司供应商分级评价管理制度

4.4.1 评价项目及分值分配原则

4.4.2 评价内容、评分标准及数据提供

4.4.3 供方的等级划分管理

4.4.4 供方分级结果应用

4.4.5 合格供方目录

第 5 章　合肥美菱公司供应商管理方案重构

5.1 供应商分类管理

5.1.1 供应商分类的基本步骤

5.1.2 供应商管理的分类方法

5.1.3 物流管理和信息流管理

5.2 供应商管理方案重构

5.2.1 供应商沟通协调机制

5.2.2 供应商激励机制

5.2.3 供应商防范机制

5.3 供应商管理优化方案的实施

5.3.1 实施计划

5.3.2 保障措施

5.3.3 风险控制

结语

17.3 案例型论文的结构

案例是对企业或政府部门特定管理情境真实、客观的描述和介绍，是情境的真实再现。按照论文的要求编写案例，就是案例型论文。在实际工作中，经常会出现很多成功或失败的事例，以案例的形式将宝贵的经验或教训总结出来，在更大范围内交流，用于课堂学习和讨论，无论是对案例编写者本人，还是对所涉及的单位，都具有十分重要的意义。因此，专业学位教育鼓励学生编写高质量的案例型论文。

17.3.1 案例型论文的写作要求

案例型论文重要的是体现其学术价值，因此不能停留在介绍和引导问题阶段，而应该通过案例分析，提炼管理精髓，体现作者分析问题、解决问题的能力。

1. 目的性

案例的写作应体现理论与实践的有机结合，展现学生运用所学的理论分析实际问题、解决实际问题的能力。

2. 客观性

案例是对实际发生的事情的记录和描述，要做到真实、客观，不要编造故事，不能受作者个人偏好左右。

3. 相关性

尽管案例是对管理情境的描述，但不是随意的描述，应该选取某一两门管理课程所涉及的相关理论。也就是说，案例必须能说明某个具体的管理问题，不能单纯地描述环境。

17.3.2 案例型论文的写作思路

完整的案例型论文的基本结构包括收集案例素材、确定案例标题、介绍案例背景、描述案例事件与过程以及对案例的反思五个部分。

1. 收集案例素材

收集案例素材是撰写论文的前提，一篇优秀的案例型论文必须具有好的案例素材。案例的素材必须真实可靠，至少一半源于学生的亲身经历或本单位的管理实践。相关数据必须征得所在单位的同意才能使用，必要时需将有关单位名称、有关人物的真实身份、相关数据等做掩饰性处理。

2. 确定案例标题

标题最好能够突出案例中的典型情境或反映案例中事件的主题。一般而言，案例的标题有两种形式：一种是以案例中的事件作为案例的标题，如“明珠公司流程重组前后”“三鹿奶粉事件中的危机管理”等；另一种是将案例事件所反映的主题作为案例的标题，如“某某家族企业的管理成败”，这就需要将案例所反映的主题加以明确和归纳。

3. 介绍案例背景

所有的事件都发生在特定的时空框架与背景之中。案例背景一般简要介绍案例中事件发生的时间、地点、原因和条件等方面的基本情况，这些介绍对读者完整地理解案例的过程，评判案例中问题解决的策略是否合适等非常重要。实际上，案例背景就是案例事件和过程的“前因”，有此“前因”，才能有案例的发生过程这一“后果”。不同的背景，常常会导致不同的后果。对案例背景的叙述要简明、清楚。

4. 描述案例事件与过程

案例的主体就是对案例事件以及案例发生过程进行详略得当的客观描述。在描述的时候，要围绕案例的主题，说明事件是如何发生、发展的，产生了哪些突出的问题，原因有哪些，怎样解决这些问题，问题解决过程中出现了哪些反复、挫折和困难，问题解决的效果，等等。总之，要对事件发生、发展以及结局有较为完整的描述。

5. 对案例的反思

对案例事件进行分析与反思是一个完整案例的必要组成部分。撰写案例的过程，其实是对自己解决问题过程的一种回顾与再分析的过程，也是对自己在解决问题的过程中的经验和教训的总结过程。反思部分一般主要包括案例事件的发生和问题的解决过程中有哪些经验与教训、自己对案例事件发生过程的感想。

案例型论文的结构示例

某生产冰箱的企业，与外企合资后，开始延续以前的定位。由于供应商质量不高，生产过程质量要求不严，产品在市场上出现了锈蚀、门关不严等问题，经媒体报道后，其销量大幅度下滑。有此惨痛教训后，管理层下决心按国际先进水平对冰箱质量重新定位，并取用新的国外品牌，这一举措取得了很好的效果。某 MBA 学生以此为背景，写出《×× 公司冰箱质量重新定位的案例研究》论文，具体结构如下。

×× 公司冰箱质量重新定位的案例研究

第 1 章　绪论

1.1 研究背景和研究目的

1.2 研究意义和研究方法

1.3 文章结构安排

第 2 章　相关理论概述

2.1 质量管理理论

2.2 产品定位理论

第 3 章　×× 公司冰箱质量管理案例背景

3.1 ×× 公司简介

3.2 ×× 公司质量管理体系

3.3 合资公司简介

3.4 合资以后质量管理面临的问题

3.5 原因分析

第 4 章　×× 公司冰箱质量再定位

4.1 冰箱质量再定位的必要性

4.2 质量标准的重定位

4.3 目标消费者的重定位

4.4 供应商的重定位

4.5 生产运营过程的再设计

第 5 章　冰箱质量再定位效果分析

5.1 销售业绩提升

5.2 品牌形象提升

5.3 管理经验

结语

这篇《×× 公司冰箱质量重新定位的案例研究》，从绪论、相关理论概述到公司冰箱质量管理案例背景介绍，分析其质量管理面临的问题及原因，再对公司冰箱质量再定位，并对冰箱质量再定位效果进行分析，是一篇结构较完整的案例型论文。

17.4 调研报告型论文的结构

以调研报告作为专业学位论文，应体现学位论文“论证”的特点，突出调查方法、调查过程，以此保证调查结论的客观公正性。

17.4.1 调研报告型论文的要求

作为论文的调研报告，主要有介绍经验的调研报告和反映现象的调研报告两种。介绍经验的调研报告主要反映具体企业或单位典型的、具备示范效果的经验，可以为同类单位提供借鉴，如《关于 ×× 厂采购管理经验的调研报告》。反映现象的调研报告需要客观、真实地反映经济生活中出现的各种现象，以供企业领导或政府部门参考，如《上海市传统产业转移现状调查》。

为了使调研报告有价值，需要做好以下工作。

1. 深入调查，占有材料

调查是报告的基础和依据。调研报告不是总结自己经历过的事情，一切材料只能来自调查所得，因而首要的功夫在于调查。调查方法、过程设计非常重要。调查时，要扎扎实实地深入下去，采用多种方法听取意见，收集材料。

2. 分析研究，确立观点

对调查获得的材料，要进行科学的分析研究，去粗取精、去伪存真，由感性认识上升到理性认识，从现象中抓住本质，揭示规律，确立正确的观点。

3. 用事实说话，据事言理

调研报告是用客观的事实、确凿的数字来说明自己的观点，如果只有观点，没有事实和数据，就失去了说服力，所以调研报告要求据事言理，材料和观点之间有机统一。

4. 夹叙夹议，表达生动

调研报告要用事实说话，但又不能仅是简单地罗列事实，而是要由观点统率。对于调研取得的各种素材，要事先整理归类、划分层次。写作时，要以一系列观点为统领，夹叙夹议，注意引用有说服力的数据、事例等增强论文的表现力。

17.4.2 调研报告型论文的主要内容

调研报告通常由标题、前言、正文主体和结语四部分组成。其中，正文主体包括所在领域的概况、调查方法、调查实施、调查结果分析与讨论。调研报告型论文的具体内容如下。

1. 标题

调研报告的标题一般由调研对象、事由、文种三要素组成，常用“关于”开头，例如“关于 ×× 产品客户消费行为的调查报告”。还有一种新闻式标题，如“希望的火花——中关村电子一条街调查”，这种标题方式不符合学位论文规范，建议不要采用。

2. 前言（或绪论）

这是调研报告的开头部分，从论文角度来看，应说明调研工作的背景、目的、方法等。

3. 所在领域的概况

例如，要对农民工欠薪问题进行调查，就要事先介绍欠薪较严重的若干行业的行业规模、结构、经营状况等，使读者了解事件发生的社会背景。

4. 调查方法

可以介绍若干种相关的调查方法，并论证、选择适合本调查的方法。调查方法可以是定性与定量相结合的。此外，需要确定调查地点、时间、对象（抽样方法），并进行样本量的估计、质量的控制。

5. 调查实施

这包括调查问卷设计，访谈提纲设计，实施过程，实施后的样本等。

6. 调查结果分析与讨论

一般采用描述、分析、讨论等来写调查结果，描述事情的发生、发展过程，描述所要调查对象的人口社会学特征，描述所要调查事物的特征。在对比的基础上进行统计推断，以此反映作者学术思想的深度和广度。要紧紧围绕结果以及可能有争议的主要问题进行讨论。讨论时，应注意把调查结果上升到理论，去粗取精，去伪存真，由表及里，揭示内在联系。

7. 结语

要综合调查报告，提炼发现的主要经验或主要现象，用简明扼要的语言把论文的主要内容概括出来，切忌重复文章内容，最后为企事业单位、政府决策提出科学的建议，或者为进一步深入研究提出建议。

调研报告型论文的结构示例

1. 前言

1.1 调研的背景

1.2 调研问题的提出

1.3 调研的目的

1.4 调研的假设

1.5 调研的意义

2. 调研方法

2.1 调研的对象及其取样

2.2 调查方法的选取

2.3 调研程序与方法

2.4 操作性概念的界定

2.5 调研结果的统计方法

3. 调研结果及其分析

3.1 调研结果

3.2 统计的显著性水平差异

3.3 结果分析

4. 讨论

4.1 调研方法的科学性

4.2 调研结果的可靠性

4.3 调研成果的价值

4.4 调研的局限性

4.5 进一步研究的建议

17.5 企业诊断型论文的结构

企业诊断就是分析、调查企业经营的实际状态，发现其性质、特点及存在的问题，并以建设性报告分析的方式，提供一系列的改善建议。学生需要根据所学的有关知识，运用科学、有效的方法，在充分的调查、研究、分析、计算的基础上，找出企业在经营过程中的各个环节或某几个环节上存在的问题，并着重找出造成这些问题的内因与外因，最后提出改进建议。

17.5.1 企业诊断的过程

在撰写企业诊断型论文时，应当尽量选择本企业或实习过的企业作为对象，在对目标企业基本情况、运作流程有一定了解的基础上，进行深入诊断。企业诊断一般按以下程序进行。

1. 预调研

在正式诊断之前，需要与企业领导、有关部门交流，了解企业的基本情况和大致存在的管理现象或问题。根据预调研情况，应制定详细的诊断计划。

2. 调查

调查包括资料收集、实情调查、巡视企业等。调查形式有问卷、面谈、资料统计等，不同的形式相互印证，才能确定问题所在。调查往往不能一次性得到结果，需要多次往返。

3. 调查信息的分析

应进行资料整理、统计分析，并且与经营者研讨，逐渐明晰问题所在，形成问题—原因链，为后面的方案提供事实依据。

4. 问题的提出

根据国内外先进企业的状况建立目标标准，对本企业相关问题做出评价，确定问题的重要程度。由于企业可能存在很多问题需要解决，而一次诊断不可能解决所有问题，因此应根据企业的资源条件和工作重点，明确本次诊断需要解决的主要问题。

5. 建议方案的提出

应围绕问题，提出改进目标、原则和思路，设计系统、科学的改进方案，并提出方案实施的方法。这一阶段的工作和专题研究类似。

17.5.2 企业诊断型论文的要求

企业诊断型论文的写作，就是按照学位论文写作的要求，把诊断过程完整地记录并整理成文。除了诊断报告本身的要求外，还要注意学位论文的研究性、管理思想性和实践性。企业诊断型论文写作应符合以下几点要求。

1. 密切关注企业

对企业进行诊断，必须到企业中找原因，坐在资料室里，永远找不出问题的关键所在。企业是鲜活的，企业环境是变化的，每个企业都有个体差异。地域不同、产品不同，企业各不相同。因此，要做企业诊断，应经常密切关注企业，随时走进企业。企业一旦出现了经营难题，就要进行分析诊断，找出这个难题的病因。

2. 深入企业内部

企业的许多难题是由企业内部原因造成的，错综复杂，涉及面广，蜻蜓点水式的诊断只能找到表面的病因，欲求真正病因，只有深入企业内部才能发现。此外，大多数经营管理实践中出现的问题没有现成的解决方法可以借鉴，不可能套用某个现成的方法进行诊断。应该深入到企业、各级领导和员工中，做深层次、细致入微的定性访谈和定量问卷诊断，反复论证以找出病因和解决方案。

3. 提出解决方法

仅仅诊断出企业经营过程中的一些问题，无解决问题的方法，也于事无补，于人无益。做企业诊断更需要注重实效，不是为了诊断而诊断，而应根据诊断发现的问题，提出系统的改进方案，使问题得到解决。

4. 诊断的科学性

企业诊断要客观，不带任何主观意识、个人成见。应科学调查、分析问题，并提出科学的解决方案。应借鉴专家经过长期实践摸索出来、行之有效的定性与定量诊断方法，确保诊断的质量与效果。例如，企业战略诊断使用 SWOT 分析工具，可以很快地建立分析问题的框架。

17.5.3 企业诊断型论文的参考结构

企业诊断型论文，重在“诊断”“论证”两项。诊断需要和标杆单位进行比较；论证则需要阐明所采用的方法、工具、过程，使读者相信诊断结论。基于诊断结论的改进建议一般是需要的，但不是重点。

××公司组织结构诊断报告结构示例

第 1 章　绪论
　　1.1 研究背景和目的
　　1.2 研究方法
　　1.3 研究内容和文章结构
第 2 章　组织相关理论概述
　　2.1 组织理论的发展
　　2.2 几种主要组织结构形式
　　2.3 组织理论发展趋势
　　2.4 标杆企业（××公司）组织分析
第 3 章 ××公司组织结构诊断方案设计
　　3.1 ××公司概况
　　3.2 ××公司主要业务分析
　　3.3 诊断方法选择
　　3.4 诊断过程
第 4 章　××公司组织结构诊断结论与建议
　　4.1 组织结构诊断结论
　　　　4.1.1 组织战略目标
　　　　4.1.2 组织环境
　　　　4.1.3 人员与文化
　　　　4.1.4 组织规模
　　　　4.1.5 技术手段
　　4.2 组织结构改进建议
结语

17.6 体系应用型论文的结构

17.6.1 体系应用型论文的写作思路

体系应用型论文的写作，不在于告诉读者企业做了什么事情，关键是要论述为什么这么做。这和企业开展管理体系应用的工作思路是有很大差异的。以体系应用为体裁写专业学位论文，就要按照体系应用型论文的特点，确定写作思路。

1. 把重点放在结合企业实际上

体系的内容很多、很成熟，评委老师也很熟悉，所以论文中不需要过多介绍。企业应用的关键是和实际结合，这也是论文的核心。论文从头到尾都应该体现这一思想。

2. 注意应用层次

一种管理体系，通常包括基本思想、管理目标和原则、管理规范、应用程序等一系列内容。在我国，由于一些企业的管理基础太差，在应用某一体系时，往往会断章取义，只吸收一些管理思想，而没有完整地遵照体系要求，按照体系的目标、原则、规范和程序来实施应用。例如，某同学的论文标题是“供应链参考模型 SCOR 在 ×× 企业的应用”，但在论文中，只提及如何选择供应商，如何对供应商进行考核，显然对 SCOR 的理解不全面。这样的论文不能算体系应用型论文。因此，该论文的标题不应该用管理界有明确内涵的概念（SCOR），写作时也不能按体系应用型论文来写，不能因为新名词吸引人而盲目应用。

3. 写作风格应体现研究性

论文要深入分析现状以及体系实施前所面临的问题，分析体系应用已经具备和仍不具备的条件，提出把成熟体系应用于企业实际的、具有针对性的方案，明确重点、难点，防范风险，不能记流水账，面面俱到地介绍体系知识和实施过程。

构思论文时，要以管理体系应用为背景，抓住其中的几个关键，按照分析问题、解决问题的思路，论证以下几个问题。

①为什么这个管理体系能用于本企业？

②管理体系要解决企业哪些具体问题？

③为什么要选择这样的应用方案？

④应用方案最终怎么解决了当初提出的问题？

从论文写作的角度，可以用图 17–4 来说明管理体系应用的过程。

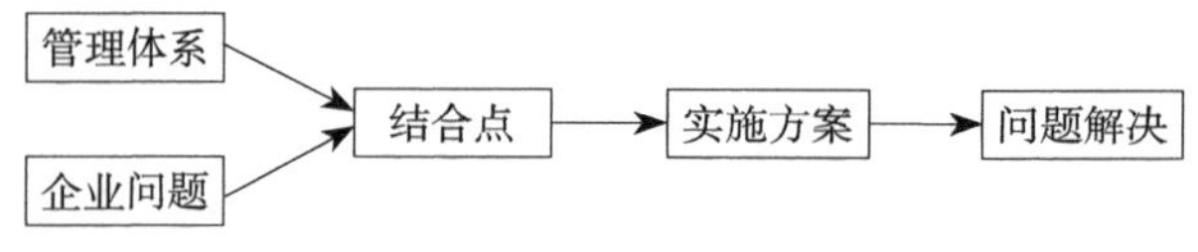

图 17–4　体系应用过程

首先，要分析管理体系的来源、特点、适用范围，分析企业存在哪些需要解决的问题；然后，分析管理体系和本企业的结合点在哪里，也就是应用的必要性、可能性；接着，提出应用方案，这个方案当然不是通用的，而是要结合本企业实际，针对企业需要解决的问题；之后，阐述如何实施这个方案，如实施计划、重点难点分析、风险防范等；最后，介绍实施结果。

17.6.2 体系应用型论文的结构安排

体系应用型论文可采用以下结构安排：简要介绍原理、实施背景；介绍现状并提出应用需求；分析应用中面临的问题（或需要解决的问题）；提出实施方案，一定要针对问题，使方案体现本项目的特点；分析实施重点、难点，提出保障措施和风险防范措施。

供应链参考模型在 ×× 公司的应用案例研究结构示例

以上文所提的 SCOR 项目为例，可以这样安排论文结构。

第 1 章　绪论

1.1 研究背景和目的

1.2 研究方法

1.3 研究内容和文章结构

第 2 章　供应链参考模型概述

2.1 供应链参考模型的概念和发展历程

2.2 供应链参考模型的主要内容

2.3 国内外供应链参考模型应用实例借鉴

第 3 章　某公司供应链管理现状及对存在问题的分析

3.1 公司概况

3.2 供应链管理现状

3.3 对供应链管理存在问题的分析

第 4 章　供应链参考模型应用需求分析

4.1 实施供应链参考模型的必要性

4.2 需求分析

第 5 章　实施供应链参考模型面临的问题

5.1 ×× 公司供应链参考模型应用方案设计

5.2 应用目标、原则及重点供应商管理改进

5.3 分销渠道改进

5.4 供应链库存控制

第 6 章　供应链参考模型实施过程及结果分析

6.1 实施计划

6.2 实施过程

6.3 实施效果评价

第 7 章　结束语

从上述结构来看，该论文并没有过多地介绍供应链参考模型的知识、应用过程，而是分析需要解决的问题，根据实际需求，提出有针对性的应用方案，体现了学位论文的研究性。

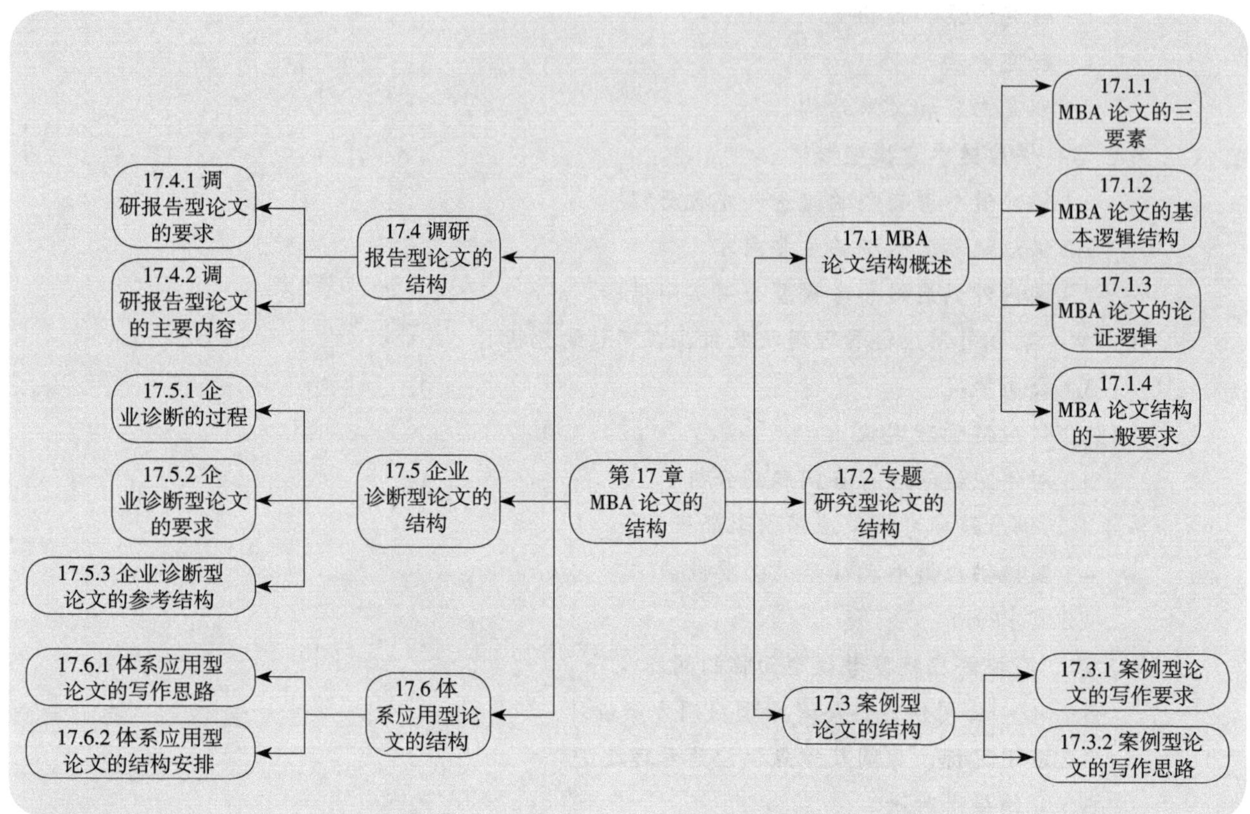

1. 什么是 MBA 论文的国家标准规范？这些规范对论文的整体结构和内容有哪些具体要求？

2. MBA 论文的一般要求是什么？这些要求如何体现在论文的逻辑结构和内容安排中？

3. MBA 论文有哪些关键要素？这些要素如何帮助作者发现、分析和解决实际问题？

4. 请结合一个具体的例子，详细说明 MBA 论文中的论证逻辑是如何运作的。

5. 不同类型的 MBA 论文的结构安排有哪些特点和要求？请具体说明其中一种类型论文的结构安排，并举例说明如何满足这些结构要求。

第 18 章

MBA 论文开题报告

1. 了解 MBA 论文开题报告的概念。
2. 掌握 MBA 论文开题报告主要内容的写法。
3. 掌握 MBA 论文开题报告如何突出论文主题。

18.1 开题报告的概念

开题报告是 MBA 硕士毕业论文工作的重要环节，是指为阐述、审核和确定毕业论文题目而做的专题书面报告。它是实施论文课题研究的前瞻性计划和依据，是监督和保证论文质量的重要措施。编写开题报告之前，需要按研究方案，查找并阅读一些主要资料，进行初步调查，分析初步的问题，提出初步的解决方案。开题以后，再细化这些初步的工作。开题报告通过后，方可进入撰写论文阶段，原则上一般不能随意改题。

18.2 开题报告的主要内容及其写法

开题报告主要包括论文题目，摘要，选题意义，国内外研究概况，主要研究内容及拟解决的关键问题，立论根据及研究创新之处，拟采用的研究方法、步骤、技术路线及可行性论证，研究工作总体安排及具体进度，参考文献，目录，等等。下面将对开题报告涉及的关键内容进行介绍。

18.2.1 摘要

摘要就是“摘取全文的精要”的意思，因此应字字珠玑。摘要应具有独立性，一般都包含数据、结论等重要信息，即不阅读报告、论文的全文，就能获得必要的信息，供读者确定有无必要阅读全文。摘要一般包括研究背景、研究目的、研究方法、研究内容、主要结论五项内容。其中研究内容要占 40% 以上的版面，研究背景不能超过 20%，总篇幅在 400 字左右。这些内容的写法如下。

1. 研究背景

研究背景即所研究的问题出现的环境，一般包括三个方面：一是外部背景，主要是国内外经济社会环境的变化、竞争对手的变化、消费趋势的变化等，这些变化对本企业（单位）经营造成了影响，使本企业经营产生了问题；二是本企业内部背景，即企业内部由于经营资源、劳动力、组织结构等发生变化，使得经营出现了新的问题；三是管理理论及其应用的背景，这些理论往往已经在国内外某些企业中得到应用，产生了积极的效果。比如 20 世纪 90 年代中期，由于信息化带来的经营环境变化，很多企业开始应用流程再造理论解决企业面临的问题。这三个方面的背景使得作者产生了运用某种理论解决内外部环境变化产生的经营问题的想法。如果外部环境变化为 A，企业内部变化为 B，问题为 Q，管理理论为 T，研究目的为 O，则这几者之间的关系如图 18–1 所示。

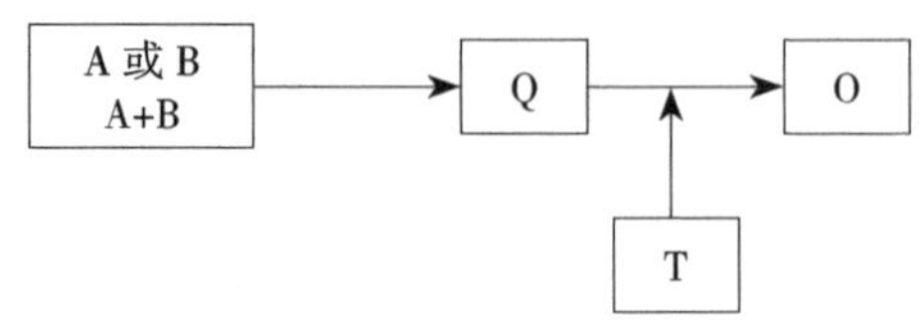

图 18–1　研究背景与研究目的之间的关系

把它们之间的关系介绍清楚，也就意味着写好了研究背景。

2. 研究目的

研究目的即通过该研究能够解决哪些方面的问题，这些问题的解决在实际应用中会产生哪些重大的影响。论文作者所供职的企业遇到的一系列问题，都可以作为研究的最初动力，这些问题在理论上是如何定义的、如何划分的，按照以往的方法是如何解决的，经过这样一系列的探索，最终可以明确作者自己的研究目的。

通常，研究背景和研究目的放在一起，组成摘要的第一段。需要注意的是，在背景和目的的描述中，应尽可能包含有效信息，比如内外部环境的变化、面临的问题、某项理论的作用、研究要解决的问题等，不能空洞地介绍背景和目的。

3. 研究方法

总的来说，研究方法可以分为两大类，一类是定性分析法，另一类是定量分析法。不同的学科一般会有不同的方法，即使是相同的学科，研究的方法也有很多种。专业学位论文写作的研究方法一般有以下几种：调查研究法、案例分析法、比较研究法、历史研究法、理论联系实际的方法。诸如 SWOT 分析法、波士顿矩阵、钻石模型等是分析工具，不要误以为是研究方法。

4. 研究内容

研究内容即围绕论文主题，一步步论证的过程，要尽量具体。一般可以这样写：论文在回顾相关理论、分析国内外环境和行业发展趋势的基础上，剖析公司某领域的现状，发现其存在的 ×××、×××、××× 等问题，提出了以某某为中心的 ×××、×××、××× 改进方案及其实施计划。这样写下来会让内容显得具体、生动，读者能获得很多有效的信息。

5. 主要结论

主要结论即通过研究，作者得到了哪些主要的结果。它是全文的总结，是整篇论文通过分析推理得到的结论。

摘要写作示例

物流在国民经济发展中将发挥着越来越重要的作用。中国邮政作为一家百年企业，从 2000 年开始正式进军物流业。鸿飞邮政作为中国邮政的分支机构，把物流业务作为邮政业务发展的主要方向之一。鸿飞邮政物流从零开始，经过短短 6 年的发展，截至 2009 年年末，业务收入增长到 8000 万元，但增长速度慢、利润率低，不如外资和民营物流企业。（背景）面对激烈竞争的市场，本文希望探讨鸿飞邮政物流大客户管理问题，通过有效地开发、维护大客户，提高邮政物流的竞争力。（研究目的）

论文通过文献检索、问卷调查、访谈等形式，分析鸿飞邮政物流相关现状，运用比较分析法分析其存在的主要问题。运用决策树找出鸿飞邮政物流系统优化方案。（研究方法）

本文在回顾第三方物流相关理论的基础上，分析了鸿飞邮政物流大客户管理存在的 ×××、×××、××× 等问题，提出了以客户满意度改进为中心，以 ×××、×××、××× 为主要措施的邮政物流运作优化方案。（研究内容）

根据论文分析，要提高鸿飞邮政物流的运作效率，必须建立大客户分类体系，针对不同客户实施差异化服务方案，建立 CRM 系统提高服务质量。（归纳研究结论）

18.2.2 关键词 / 主题词

关键词的目的在于让别人精准地找到你的文章。一般将研究领域、主要理论、主要研究方法、工具等列为关键词。主题词要求按照涵盖范围由大到小排列，比如供应链管理、采购、供应商评价。一般概念的词，如“研究”“策略”“对策”“安徽”“合肥”等，不能单独做关键词。中文关键词之间空一格，英文关键词间用逗号隔开。有些人简单地从论文标题中提取几个词作为关键词，是不可取的。

18.2.3 选题依据

选题依据需要阐述该选题的研究意义，分析与该研究课题有关的研究现状和趋势。

1. 研究意义

研究意义不是写研究什么内容、如何研究，而是写研究本课题的意义。一般来说，可以从本课题对本企业、本行业、国家等的意义来写。

2. 研究现状和趋势

这一部分的关键是围绕选定的主题来写。研究现状是指围绕主题，列出什么人、什么时间提出了什么观点，特别是所在领域的著名专家对这个问题是如何进行研究的。如果找到的相关文献不多，可以适当放宽范围查找文献，不要简单地下结论说“研究不多”等。研究趋势要引用国内外权威机构的报告、权威专家的观点，要很清晰地描述，不能想当然地写。研究趋势既包括专家学者研究的趋势（比如越来越关注劳工关系），也包括理论应用的趋势（比如大部分企业采用 CRM 系统）。

比如，如果写关于网络营销的论文，就要写“网络营销的研究现状”“网络营销的发展趋势”，否则就容易写偏题；如果写税务审计，就要写“税务审计的研究现状”“税务审计的发展趋势”；如果写项目管理，就要写“项目管理的研究现状”“项目管理的发展趋势”。

选题依据写作示例

对员工离职行为的早期研究认为，员工只有在同时具备离职意愿和离职可能性时，才会采取行动离开组织，而这种离开组织的意愿就是离职倾向。Porter 和 Steers（1973）表示“离职倾向”是当员工经历了不满意以后的下一个退缩行为。Mobley、Horner 和 Hollingsworth（1978）认为离职倾向是对工作不满意、离职念头、寻找其他工作倾向与找到其他工作可能性的综合表现。虽然对员工离职行为的研究非常重要，但直接研究离职行为的难度较大，Kraut（1975）、Mobley 等人（1979）、Newman（1974）、Michaels 和 Spector（1982）等学者皆认为离职的最佳预测值是离职倾向，因此具有重要的研究意义。（研究意义）

Mobley 等人（1979）通过实证研究指出，离职倾向是其他许多与员工离职相关因素的一个总结性因素，离职倾向与员工离职显著相关。Abelson（1987）实证研究表明离职者的工作满意度与组织承诺较低，所承受的工作压力较高。Bluedorn（1982）以因径分析模型支持了工作满意度和组织承诺，以及组织承诺和离职倾向的因果关系，并提出组织承诺是离职过程的中介变量。方杰等人（2012）的研究表明工作满意度在员工组织承诺形成过程中具有重要的影响。Schein（1996）指出较高的组织承诺可以有效降低员工的离职倾向。（研究现状）

Wright 和 McMahan（1992）、孙清华（2008）等学者指出，战略人力资源管理对企业保留员工起到举足轻重的作用。而需求理论、心理契约理论、组织承诺理论和工作满意度理论以及员工离职模型从不同角度为战略人力资源管理在保留员工方面的重要作用提供了理论依据。根据需求理论，人在生理需求得到基本满足后，会有三种基本需求，即权力、归属和成就。战略人力资源管理关注员工的职业发展、员工的工作参与及保障、企业文化的建设以及团队的管理。根据心理契约理论和组织承诺理论，组织成员和组织之间存在隐含的、非正式的合约，企业应满足员工的心理需求，尽量不违背企业与员工之间的心理契约，使员工对企业形成较高的组织承诺度，以实现组织与成员的共同成长。根据工作满意度理论和员工离职模型，当员工对工作感到不满意时，如果有适当的外部工作机会，他就有可能选择离职。（研究现状）

因此，了解员工离职倾向的影响因素，并提出员工保留对策，采取具有针对性的管理措施，有助于减少员工尤其是关键员工的主动离职率，保持企业经营管理的稳定性。

18.2.4 参考文献

在这里，要列出自己已经阅读的国内外主要参考文献，包括作者、论文名称、期刊名称、出版年月等内容，其格式和正式论文的格式一样。专业学位论文对参考文献的格式有很规范的要求，每个项目的位置、标点符号都有严格规定，必须按照规范的格式来写。

参考文献
格式规范

专业学位论文一般要求有 20 篇以上的参考文献，其中英文文献要在 4 篇以上。在文献中，书籍一般占 1/3，期刊论文占 1/3，其他调查资料、网站等占 1/3。

18.2.5 论文框架

论文的框架结构也就是论文的提纲，一般列到三级。比较合理的结构是每一章下面包含三四节，每一节下面包含三四目。绝不能出现一章下面只有一节，一节下面只有一目。章、节、目之间的标题不能重复。

论文框架示例

第 1 章　物流产业环境分析

1.1 国内外物流业务发展现状与趋势

1.1.1 国外物流发展现状

1.1.2 国内物流发展现状

1.1.3 我国物流业发展趋势

1.2 我国邮政物流业务发展现状与趋势

1.2.1 我国邮政物流业务背景

1.2.2 我国邮政物流现状

1.2.3 我国邮政物流业务趋势

……

18.2.6 研究工作进度的安排

要分别写出论文研究过程中，理论研究、调查研究的大致安排，包括研究内容和时间进度。理论研究应包括文献研究、理论分析、文献评述等。

研究工作进度安排写作示例

2024 年 5—6 月：文献资料的收集和整理阶段。就论文框架，向导师请教，完成开题报告的撰写工作。

2024 年 7—8 月：钻研资料。开展调研，对各地开发的大客户进行分析和整理，完成论文初稿。

2024 年 9—10 月：系统地分析和整理资料，完成论文撰写工作。提交给导师，并结合导师意见进行修改和完善，准备答辩。

2024 年 12 月：论文答辩，修改、完善并提交最终论文，申请学位。

18.2.7 预期研究成果

预期研究成果是指在本研究结束后，预计会取得哪些成果。学术上所说的成果，包括研究报告、学位论文、文章发表、专著出版等。

预期研究成果写作示例

（1）向企业提交《×× 公司市场渠道建设调查报告》一份；向营销部提交《营销渠道建设改进建议》报告一份；整理收集的资料，编制《营销渠道管理资料汇编》一本。

（2）完成了本人的专业硕士学位论文。

（3）在国内核心期刊上发表论文两篇，初定题目分别为“××”“××”。

（4）发表国际会议论文一篇，力争出席会议并做报告。

（5）公开出版专著一本，初定题目为“××”。

18.3 开题报告与论文主题

主题也叫主题思想，最初是指文艺作品中通过具体的艺术形象表现出来的基本思想，是文艺作品内容的核心。题材的选择，人物的塑造，情节、结构的安排，语言的锤炼，都应服从表达主题的需要。学位论文的主题，就是学位论文的核心思想。一篇文章洋洋洒洒写了几万字，如果主题不清晰，就不是好文章。因此，应围绕主题，组织文章各部分的内容。

在管理学中，很多概念之间有涵盖、并列等关系，因此，在提炼论文主题时，一定要甄别概念的内涵和它们之间的关系，否则很容易出现论文主题不突出的问题。下面将举例说明。

小王是企业制造部部长，负责企业生产相关的管理工作，包括生产计划、采购、进度、质量等，其中质量管理问题较多，但其他方面的问题并不严重。小王的论文聚焦于质量管理，但是经过分析，他发现产生质量问题的原因有很多，除了质量管理方面的问题（如质量体系、检测方法等）之外，还有供应商管理问题，偶尔也会出现采购过程问题、计划不合理问题等。在小王看来，要解决质量问题，仅仅写质量管理是不够的，还需要拓展到生产管理各个方面。因此，他准备将主题改为生产管理。

质量管理的目标是尽可能提高产品质量，而生产管理的目标是高效、低耗地生产产品。小王首先需要判断，他的出发点是质量管理目标还是生产管理目标。如果他的出发点只是改进质量，那就不要把生产管理作为主题。另外，如果把生产管理作为主题，研究的着眼点不同，工作量也不同，就需要对选题进行重新评估。

确定主题之后，开题报告、论文的各个部分都需要紧密围绕这个主题来写。关于开题报告各部分的写法，本章 18.2 已经进行了说明。在研究背景、国内外研究概况、研究趋势、研究方法、论文结构等方面的写作过程中都要突出主题。

如何在论文结构上突出主题呢？下面将举例介绍。为了节省篇幅，以下案例简化了大部分三级目录。

H 车辆检测公司网络营销研究

第 1 章　绪论

　1.1 选题背景

　1.2 研究目的与意义

　1.3 国内外研究现状

　1.4 主要研究方法和研究内容

第 2 章　供应商管理的相关理论

　2.1 营销的相关理论

　2.2 网络营销方式简述

　2.3 PEST 分析法和 SWOT 分析法的基本概念

第 3 章　H 公司营销现状分析

　3.1 H 公司发展战略

　3.2 H 公司营销现状

3.3 H 公司网络营销存在的问题及分析

第 4 章　网络营销方案的可行性分析

4.1 营销环境的 PEST 分析

4.2 开展网络营销的 SWOT 分析

4.3 可行性调查与分析

第 5 章　相关网络营销方案的应用

5.1 开展网络营销的策略选择

5.2 H 公司网络营销的具体方案

第 6 章　保障措施与预期成效

6.1 保障措施

6.2 预期成效

第 7 章　结论与展望

这篇论文的提纲存在很多问题。就论文主题来说，标题中明确提出的是“网络营销”，第 1 章没有问题；2.3 介绍的是分析工具，和网络营销关系不大；第 3 章介绍的是营销现状，没有介绍网络营销现状，以至于无法分析网络营销存在的问题。在第 4 章之前没有写明方案，因此不能分析方案的可行性。因此，从提纲上看，这篇论文的主题不突出。

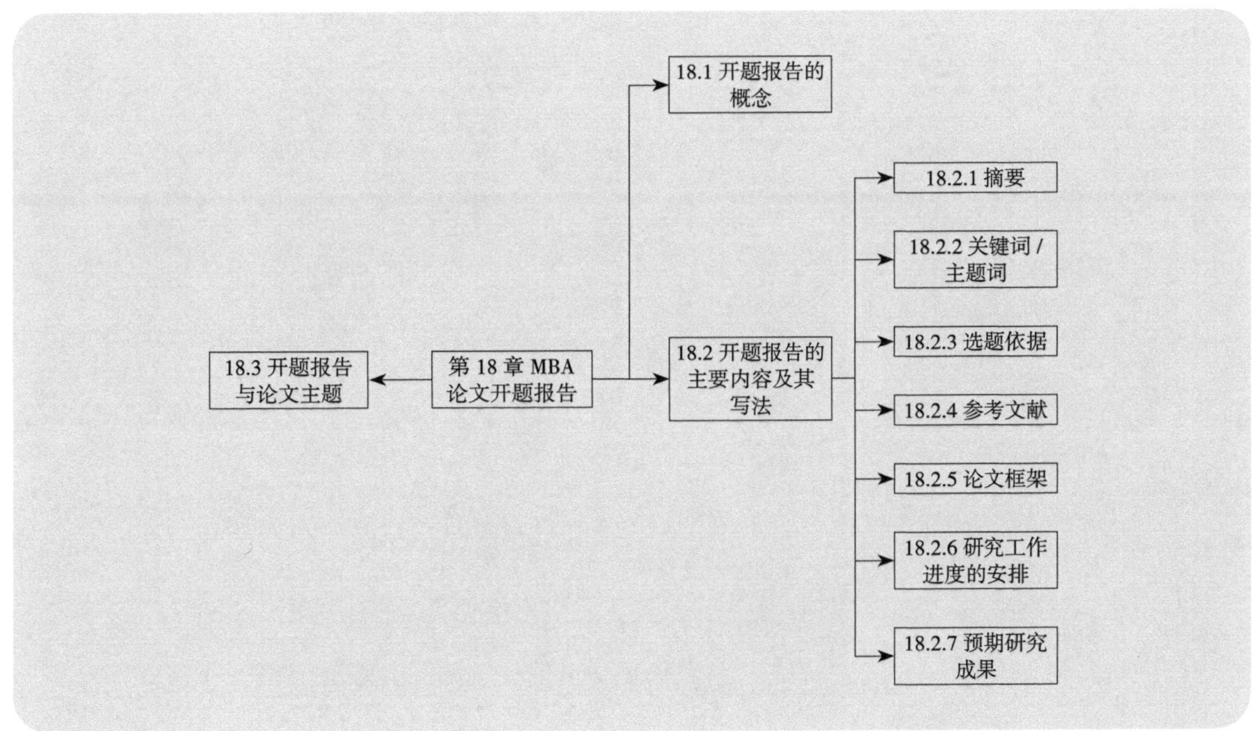

1. 为什么要写开题报告？开题报告在整个MBA论文写作过程中扮演什么角色，其重要性体现在哪些方面？

2. 开题报告的主要内容包括哪些部分？每一部分内容的写法有哪些具体要求和规范？

3. 如何确定一个合适的论文主题？在选择论文主题时，应该考虑哪些因素和标准？

4. 在撰写开题报告时，有哪些实用的写作技巧和方法可以帮助提高报告的质量和说服力？请结合实例说明如何运用这些技巧。

5. 在提交开题报告之前，应该如何审查和修改报告内容，以确保其符合学术要求并具有较强的逻辑性和可行性？请详细说明审查和修改的步骤和方法。

第 19 章 MBA 论文正文的写作方法

1. 掌握 MBA 论文绪论和理论概述的写作方法。
2. 理解 MBA 论文企业环境分析、行业分析以及企业现状分析的写作方法。
3. 掌握 MBA 论文企业存在问题分析的写作方法。
4. 掌握 MBA 论文企业解决方案与实施方案设计的写作方法。
5. 掌握 MBA 论文结论的写作方法。

19.1 绪论的写作

19.1.1 绪论的概念与结构

1. 绪论的概念

学位论文的绪论是指在论文开篇时，概括论文的整体内容、研究要点及相关方法的部分。

论文通常要求有一篇绪论，用来阐述论文的选题、论文的主要研究方向、论文的创新点（或综述整理情况）、使用的研究方法、论文的基本结构，以及其他需要说明的关于论文的问题。绪论部分的语言讲究严谨、精练、明确。

2. 绪论的结构

学位论文绪论部分的结构大同小异，通常包括以下内容。

第 1 章　绪论

1.1 研究背景

1.2 国内外研究现状

1.3 研究目的和意义

1.4 研究方法

1.5 论文结构安排

1.6 论文创新点

专业学位论文不要求有创新点，因此，可以去掉 1.6。下面将具体介绍各节的写作方法。

19.1.2 绪论中各节的写作方法

1. 研究背景

关于研究背景，在开题报告的摘要部分已经简要讲述（详见第 18 章）。开题报告需要运用高度概括的语言，绪论则需要运用数据、事实进行论述。

论文中所研究的问题都是基于一定的组织、环境提出的，研究背景部分要具体介绍所研究问题的组织、环境特征。例如，某论文研究企业生产管理中的某一问题，其研究背景需要介绍以下四个方面的内容。

（1）企业经营的外部环境。生产管理是企业系统的一个部分。企业面临的环境总会对其中的各子系统产生影响。例如，当国家经济环境处于上升时期，企业就可以大胆改革，采取积极的投资政策扩张产能，而当国家经济逐渐进入萧条期，企业就应该稳健运营。

（2）企业整体的变化。包括企业提出新的战略、组织结构变化、绩效考核方式变化等。这些变化对企业各方面都有影响，当然也会影响生产管理。

（3）生产管理的发展趋势。国内外该领域的发展趋势会影响企业在该领域中的决策。例如，20 世纪 90 年代初，管理学家提出了“流程重组”的思想，到 21 世纪初，大部分世界 500 强企业都实施了流程重组，流程重组成为信息时代提高企业竞争力的必然趋势。

（4）本企业做这件事的迫切性。随着环境的变化，企业如果还按照原有的生产管理体系运行，成本会大幅度上升，交货期得不到保证，再不变革，就会失去客户，导致大幅度亏损。问题越迫切，论文选题的必要性越强，研究的意义越大。很多同学只介绍国内外趋势，不介绍企业自身的迫切性，使读者对论文的兴趣减弱。

2. 国内外研究现状

国内外研究现状是针对本论文研究的主题（具体的研究方向，不是整个领域），收集、整理国内外的研究情况，列举他人研究成果，旨在通过对比分析，阐述他人研究结论对自己开展课题的启示等，或发现他人研究中未解决的问题。例如，某篇论文研究的是企业配送体系的构建，其国内外研究现状就要围绕“物流配送”来写，如果写“物流”“第三方物流”，则范围太大，而写“配送线路优化”，范围又太小。

写作时，需要注意以下三个问题。

（1）不要过多介绍概念及其发展历史。专业学位论文应强调应用，概念与理论部分篇幅不宜过长。

（2）不可简单使用“研究表明”或“多数研究表明”，而应该规范地表示“某某人、某某机构研究表明”或加注释。

（3）在理解别人的理论、观点的基础上，用自己的语言表达。由于相关研究有很多，需要整理、归类成几个方面。每个方面要综述若干专家的观点，不要大段引用别人的成果，尤其是不要在小标题上标注引用，因为这样会让读者认为整段都是抄袭的。

3. 研究目的和意义

研究目的就是论文的研究要达到什么目的。企业管理类论文的最终目的在于提高企业竞争力。用何种途径提高竞争力，是论文的直接研究目的。例如，某篇名为《国际工程项目风险体系建设研究》的论文，其研究目的可以表述为“针对公司在国际工程项目风险管理上的不足，建立一套有效的风险管理系统，有效识别、评估、应对和控制风险，降低公司国际工程项目的实施风险，提高企业国际竞争力”。公共管理论文的最终目的是提供更多的公共服务，这可以进一步分解为提高效率、降低成本等，作为具体研究目的。

论文的研究意义，就是要阐述做此项研究之后，得出的结论对现实生活或生产实际会产生哪些效用，或者这项研究得出的结论可以为其他研究奠定基础。论文所研究的问题一般都源自经济商业活动，故主要阐述其研究的社会、经济、商业价值等。一般来说，对于研究意义，可以从四个方面来写：①对本企业的意义；②对行业的意义；③对国家或社会的意义；④对理论的贡献。这四个方面还可以细化成若干具体的意义。例如，一篇名为《某企业采购系统改进》的论文，其研究成果可用于指导企业改进采购系统、提高采购保障能力、降低采购成本、缩短采购周期、提高供应商满意度。由于专业学位论文不强调理论创新，因此可以不包含对理论的贡献。

4. 论文创新点

论文创新点就是在哪些方面比别人做得更好，这里的“别人”是指国内外同行，不是作者身边的人，因此不要轻言创新。创新点并非要求彻底地颠覆以前的结论，或者彻底地创新出一套新的体系，更多的是在对前人的研究、现状的总结的基础上就解决同一问题提出不同的方法，或对以前的方案做出一点改进。专业学位论文讲究应用，一般来说，创新点在于把国内外一项成熟的方法用于有针对性地解决企业实际问题，很少会在理论上创新。有些学生把提出一个新的概念、画出一个逻辑模型称为创新点，还有的说自己提出或改进了某个理论，这样写都是不对的。有些学校对专业学位论文，不要求有创新点，因此论文中关于创新点的内容可以不写。

5. 论文结构安排

论文结构安排旨在介绍论文整体的模块划分、每一模块所需要论述的内容、所涵盖的章节、每一章节所要论述的问题等。可以适当借助图表进行说明。论文结构就是论文的框架，通过介绍论文结构可以让读者从宏观上掌握论文的内容布局情况。

例如，某篇名为《合肥神鹿双鹤药业有限责任公司物流模式变革及运行研究》的论文，其结构安排如下。

本论文共分为 5 章。第 1 章绪论，主要讲述课题研究的意义和研究思路。第 2 章主要介绍企业物流与第三方物流的相关理论，为企业物流运行模式的分析和解决物流难题奠定理论基础。第 3 章从医药行业的环境分析入手，重点分析合肥神鹿双鹤药业公司传统第三方物流模式的特点、运行效果和存在的问题。第 4 章提出物流运行模式改革的必要性、可行性及具体内容。第 5 章是多赢物流模式的实施和效果分析，并指出在现代物流发展到供应链一体化程度时，必须对物流的运作模式进行新的改进。论文结构如图 19-1 所示。

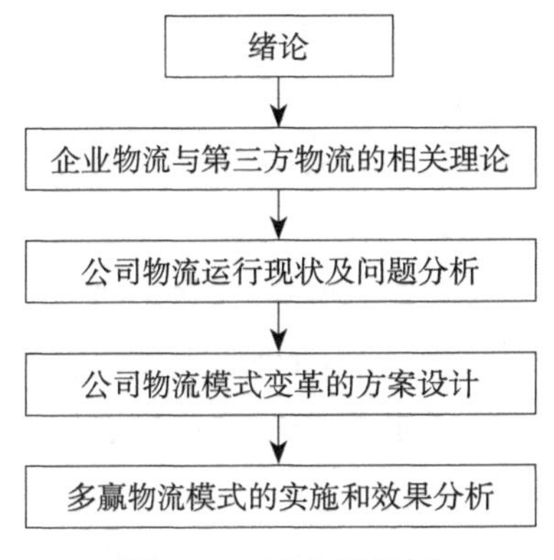

图 19-1　论文结构图

当然，论文逻辑结构图可以不是串联关系，有些内容可以是并联的。

19.2 理论概述的写作

绪论中的国内外研究现状，应该集中于论文研究的具体问题，引述相关专家的观点，重在追溯过去。而论文中的理论概述部分需要概括论文解决问题时所涉及的相关理论，为后面的写作做好理论准备，重在服务未来。

19.2.1 理论概述的主要内容

理论概述是对论文研究所运用的主要管理理论的系统阐述，是学位论文的重要组成部分，通常作为论文的第 2 章。理论概述的好坏可以反映学生基础理论学习的扎实程度，决定读者对整篇论文的印象。

对于这一章的标题，应该用“理论概述”，而不是“理论综述”“理论回顾”或“理论概要”。“理论综述”是学术论文的一种文体或一个部分，需要严密考证理论的来龙去脉，表明本研究在一个领域中理论体系的一脉相承关系，强调的是严密性。“理论回顾”主要侧重于理论的发展历史，以时间先后顺序叙述理论的演化过程。“理论概要”一般具体针对某一个理论，例如流程再造理论，描述其主要思想和方法。“理论概述”需要围绕本论文的论点，从众多理论中选取适合自己用的一些理论，用自己的语言进行概述，不需要很严密的考证。

理论概述部分一般由以下几个部分组成。

1. 理论的历史发展过程

任何一个理论都是从无到有，历时数十年甚至上百年发展才成为成熟理论的。首先，可以按时间顺序，对于理论发展的各个历史阶段给予简要的介绍。

以大家所熟悉的项目管理理论为例，其历史发展过程可做如下介绍。

项目管理在国外有着较长的研究历史，早在 1917 年，甘特就发明了著名的甘特图，使项目经理按日历制作任务图表，用于日常工作安排。1957 年，杜邦公司将关键路径法（critical path method，CPM）应用于设备维修，使维修停工时间由 125 小时锐减为 7 小时。美国项目管理学会（project management institute，PMI）成立于 1969 年，PMBOK（project management body of knowledge），是 PMI 早在 20 世纪 70 年代末率先提出的。项目管理人员通过在实践方面进行经验总结，在 1976 年的一次会议上，把能否将这些总结形成“标准”作为一个议题，进行深入的思考和研究。1981 年，PMI 组委会批准了这个项目；1983 年，PMI 组委会发表了第一份报告。1984 年，PMI 组委会批准了第二个关于进一步开发项目管理标准的项目，增加了项目管理的框架、风险管理、合同 / 采购管理的内容。1987 年，该小组发布了研究报告，题目是“项目管理知识体系”。在此后的几年里，该小组广泛地讨论和听取了关于 PMI 的主要标准文件的形式、内容和结构的意见。1991 年，该小组提出进行修订。1996 年，该小组对其进行了修订，使其成为现在的项目管理知识体系。

由于我国企业现代化管理起步较晚，很多管理学理论都来自西方，从某个时期开始逐步传入我国，因此在介绍理论发展历史时，也可以顺带交代该理论何时引入我国，并介绍其在国内的若干发展阶段。

以项目管理在国内的发展历史为例，其写法如下。

中国建设工程项目管理工作起源于学习鲁布革工程管理经验，进行建筑施工企业项目管理体制改革。自 20 世纪 80 年代以来，我国项目管理体制改革不断深化，逐步建立起新型的项目管理体制，包括项目资本金制度、项目法人责任制、招标投标制、建设监理制等。相关法律、法规的出台为我国项目管理的健康发展提供了法律保障。1991 年，建设部在全行业全面推广项目管理。2000 年 1 月 1 日开始，我国正式实施中华人民共和国全国人民代表大会通过的《中华人民共和国招标投标法》，这项法律涉及项目管理的诸多方面，为我国项目管理的健康发展提供了法律保障。2002 年，通过对国内众多地区与企业项目管理经验与成果的总结，结合国际通行的项目管理运作模式，形成了中国第一部《建设工程项目管理规范》。

2. 理论内容的概述

要全面阐述任何一个已经发展了数十年的理论，都需要很大的篇幅。学位论文中的理论概述不需要全面、详细，只需要对相关理论的内容做简要性概述即可。需要注意的是，不要过多地介绍名词术语和基本概念，因为论文的读者大多是专家。

3. 理论的发展趋势

随着经济社会环境的变化，任何理论都需要进一步发展。这就需要论文作者在阅读众多文献的基础上，概括理论的未来发展趋势。其目的是要说明本研究采用的是最新的、符合未来发展方向的理论，而不是已经过时的理论。

4. 理论在国内外的应用案例介绍

此节是整个理论概述的重要部分，在多数情况下是必不可少的。应用案例可以是国内或国外的，也可以是成功或失败的。案例一般包括企业概况、事件背景、主要做法、取得的成效等。需要对收集的资料进行加工处理，不能简单地从网上找一段资料贴到论文中。给出案例之后，需要简要总结该案例的经验或教训，以及带来的启示。

5. 论文中需要用到的一些分析工具

分析工具包括战略管理中的SWOT分析法、波士顿矩阵等。严格来说，分析工具不是理论，但放在这一章中介绍也是很有必要的。

以上五个部分是理论概述的基本构成部分。理论概述部分在MBA等专业学位中并不是必不可少的。比如某些应用领域中并没有成熟的理论，所以也就不需要写理论概述。切不可为了凑字数而生硬地编排一个理论概述部分。

一篇比较完整的论文理论概述，结构如下。

第2章　企业物流与第三方物流相关理论概述

- 2.1 物流基本理论
  - 2.1.1 物流的起源
  - 2.1.2 物流的定义
  - 2.1.3 物流的发展历程
  - 2.1.4 国内外物流发展趋势
- 2.2 第三方物流理论
  - 2.2.1 第三方物流的概念
  - 2.2.2 第三方物流的形成机理
  - 2.2.3 第三方物流的优势分析
- 2.3 企业物流相关理论
  - 2.3.1 企业物流的内涵
  - 2.3.2 企业物流的三个环节
  - 2.3.3 企业物流的发展趋势
- 2.4 企业物流成功案例
  - 2.4.1 戴尔物流系统

2.4.2 海尔物流与供应链管理

2.4.3 戴尔和海尔物流对我们的启示

19.2.2 理论概述写作时常见的问题

结合多年审阅专业学位论文的经验，笔者发现许多学生在写理论概述时常常会出现以下问题。

1. 概念介绍过多

从泰勒的科学管理理论算起，现代管理学已经有逾百年的发展史，在这 100 多年的发展史中诞生了许许多多的管理理论，到现在许多理论已经很成熟了。许多学生在理论概述部分常常会把关于某理论的方方面面都罗列出来。如果说一篇论文是“人体”，理论概述是人的“脑袋”，给人加上很大的一个脑袋显然不合适。理论概述要精练，不要让论文审阅老师有“故意凑字数”的印象。

2. 没有抓住理论主流

这也是许多学生的论文中常见的问题。例如，战略管理的主流思想是迈克尔・波特的竞争理论。有一篇关于战略管理的论文用了国内一个专家的理论，论述在行业垄断的特定情况下企业如何制定战略，而论文研究的企业属于一般竞争行业，这样的理论来源不适合，没有采用主流理论，是难以取得预期研究成果的。

3. 内容陈旧

一些学生在专业学位论文理论概述部分只是将 10 多年前管理学教材中相关的部分照搬到论文中，这是极不可取的。对于那些已经有了很长发展历史的理论，介绍理论的最新进展是必要的。

4. 介绍有争议的理论

理论概述中介绍的理论是不是越新越好呢？当然不是这样。新固然好，但不可有争议，理论概述中介绍的理论是论文中论述的依据，那么用有争议的理论来论述，显然是不合适的。

出现以上问题的根本原因在于学生阅读的资料过少，写起来没有内容，缺乏对理论的甄别能力。因此，静下心来多读文献和经典教科书，是不可或缺的。

19.3 环境分析与行业分析

企业总是在一定的环境中经营，企业战略也是在一定的环境因素制约下制定与实施的。环境决定企业的战略，企业的战略决定相应的组织结构和管理方式，影响营销、生产、采购、财务等一系列管理职能的发挥。因此，企业的环境分析和行业分析是以企业为研究对象的论文（MBA、EMBA、MPM 等）写作中的重要组成部分。

企业环境是指存在于企业周围、影响企业经营活动及其发展的各种客观因素与力量，一般可以概括为外部一般环境、行业、竞争对手三个方面。一篇优秀的专业学位论文，应该简要而重点突出地对论文中涉及企业的环境进行分析。许多学生看别人的论文中有环境分析，自己也将从各处收集的大量笼统的文字放在论文中，和前后文没有衔接。建议在进行环境分析时，多提供相应的数据图表而不是仅有干巴巴的文字，这样更具有说服力。

19.3.1 外部一般环境分析

外部一般环境是在一定时空内存在于社会中的各类组织均面临的环境，通常称为大环境。PEST

分析法是一个常用的对于外部一般环境的分析工具，它通过政治（politics，P）、经济（economic，E）、社会（society，S）、技术（technology，T）四方面的因素从总体上把握宏观环境，并评价这些因素对企业战略目标和战略制定的影响。

1. 政治因素

政治因素是指对组织经营活动具有实际与潜在影响的政治力量和有关的法律、法规等因素。当政治制度与体制、政府对组织所经营业务的态度发生变化时，当政府发布了对企业经营具有约束力的法律、法规时，企业的经营战略必须随之做出调整。例如，为降低塑料袋对环境的污染，2007 年 12 月 31 日，中华人民共和国国务院办公厅下发了《关于限制生产销售使用塑料购物袋的通知》。这项法规就将严重影响塑料袋生产企业的发展。

2. 经济因素

经济因素是指一个国家的经济制度、经济结构、产业布局、资源状况、经济发展水平以及未来的经济走势等。构成经济环境的关键要素包括 GDP 的变化发展趋势、利率水平、通货膨胀程度及趋势、失业率、居民可支配收入水平、汇率水平等。例如，国际金融危机、通货膨胀等，都对企业经营有不利影响。

3. 社会因素

社会因素是指组织所在社会中成员的民族特征、文化传统、价值观念、宗教信仰、教育水平以及风俗习惯等。构成社会环境的要素包括人口规模、年龄结构、种族结构、收入分布、消费结构和水平、人口流动性等。其中人口规模直接影响着一个国家或地区市场的容量，年龄结构则决定消费品的种类及推广方式。

4. 技术因素

技术因素不仅仅包括那些引起革命性变化的发明，还包括与企业生产有关的新技术、新工艺、新材料的出现和发展趋势以及应用前景。例如，平板电视技术的突破会对传统的显像管电视生产企业造成很大的冲击。

许多学位论文中关于这四个方面的分析多是一般性的理论介绍，并没有具体地对本企业所面临的环境进行分析，内容很空泛。在运用 PEST 分析法时，应该分析与所涉企业相关的政治、经济、社会和技术因素，而不是对企业所处的行业大环境泛泛而谈，要做到有的放矢。

对外部一般环境进行分析之后，要简要总结外部一般环境对企业的影响——哪些是有利的，哪些是不利的。这样可以为后续研究提供环境信息。

19.3.2 行业分析

根据美国学者波特的理论，对于行业的分析主要包括行业概况、行业竞争结构、行业内战略群分析等内容。分析的目的是明确整个行业的历史、现状及未来的发展趋势，以及企业在所处行业中的位置。

1. 行业概况分析

行业概况包括行业的定义、行业的发展历史、现状（总规模、企业数、总体盈利状况等）、未来的发展趋势等，应该用相应的数据说明。比如论述家电行业，则要给出家电年产量的时间序列表以及每户使用家电的数量、种类等图表。例如，我国家用空调生产量和出口量就可用表 19–1 的形式来进行表示。

表 19–1　我国家用空调生产量和出口量（单位：万台）

年份	1990	1995	1999	2005	2010	2015	2020
生产量	24.07	520.00	960.00	4950.00	10000.00	14400.00	16500.00
出口量	—	—	210.00	2560.00	5000.00	7800.00	8500.00

对于表 19–1，还可以增加“增长比例”等栏目，也可以用折线图更直观地反映增长趋势，如图 19–2 所示。

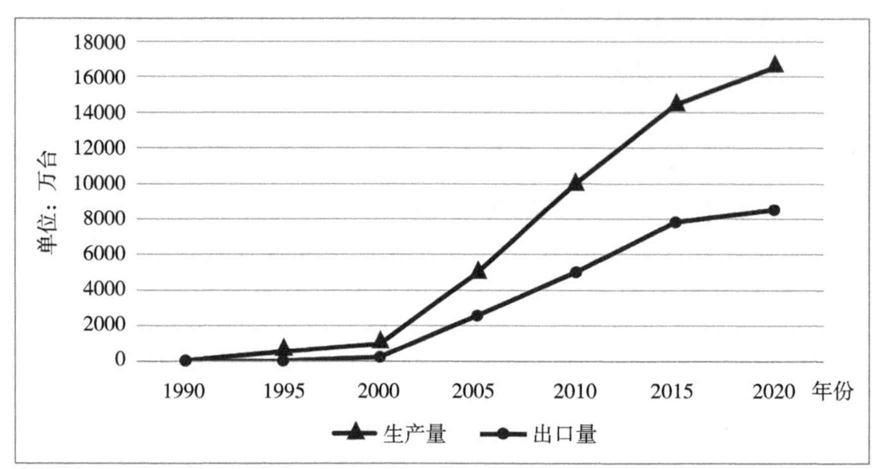

图 19–2　我国家用空调生产量和出口量

在撰写论文时，折线图和表格只需要一个，因为信息是一样的，不要重复。需要注意的是，表 19–1 与图 19–2 中的数据整理方式稍有瑕疵：它们的年份的间隔期不一致。所以从图形上看到的增长趋势和实际有偏差。

2. 行业竞争结构分析

一个行业的竞争状态取决于行业竞争对手、供应商、买方、替代品生产商和潜在入侵者等五个方面的综合作用力，这些作用力汇聚起来决定着该行业的最终利润潜力，并且最终利润潜力也会随着这种合力的变化而发生根本性的变化。论文中对于这五个方面的分析可以采用波特五力模型，具体模型如图 19–3 所示。

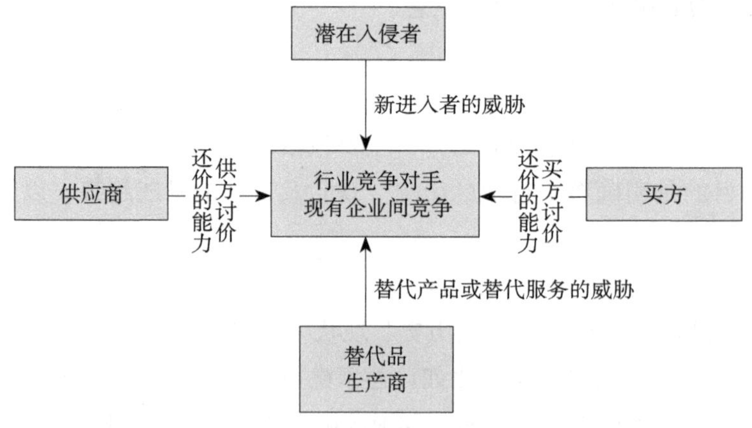

图 19–3　波特五力模型

论文要分别对模型中的五个方面进行分析，用具体数据、典型企业等资料说明观点，但是很多论文中的分析依据不足。例如，“比行业竞争者具有资源优势”，这种判断应该通过比较双方（或多方）的资源后，客观得出。

3. 行业内战略群分析

行业内战略群，又称为战略集团，属于次行业范畴。一个战略群是指某一行业内在某些战略特征方面相同或相似公司的集合。战略群分析的目的在于明确企业的竞争对手是谁，只有定位差不多的企业才能构成竞争关系。例如，电冰箱行业可以按规模和品牌，分为第一、第二、第三集团。在论文中，应该选择合适的变量绘制战略群分布图，以明确论文所涉及企业在战略群中的位置。垄断行业中只有数个竞争者，属于寡头竞争。所以在论文写作中对于企业的定位应视企业所处行业而定。图 19-4 是以电冰箱行业为例，从服务水平和品牌国际化两个维度出发，划分的行业内的若干战略群。

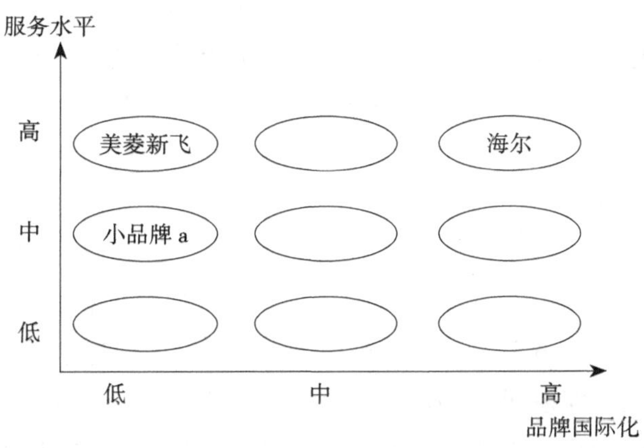

图 19-4　电冰箱行业的战略群

19.3.3 竞争对手分析

作为未来的管理者，敏锐地识别竞争对手是一项很重要的管理技能，在专业学位论文中能否直观地指出企业的竞争对手则是这种能力很好的体现。竞争对手分析部分的写作需要解决两个问题：谁是竞争对手，如何分析竞争对手。

企业竞争对手一般包括：①行业内现有的竞争对手；②不在本行业，但可以克服壁垒进入本行业的企业；③进入本行业可以产生明显的协同效应的企业；④在战略实施中自然而然进入本行业的企业；⑤那些通过后向或前向一体化进入本行业的买方或供方。

论文不需要分析所有对手，只需要选择对企业构成威胁或直接交锋的对手。这些对手一般具有以下特征：在同一市场，面向同类客户；企业规模差距不是很大；品牌差别不是很大。如果市场、客户、规模、品牌差距很大，则构不成直接竞争，因而就不需要分析。

分析竞争对手时，一般要介绍竞争对手的发展历史、概况、主要经营指标、主要做法（在论文研究的领域）、竞争地位和优劣势。最好在介绍若干竞争对手之后，用图表比较本企业和竞争对手的一些主要指标，以便判断双方的优劣势，为论文后面所写的对策提供依据，如图 19-5 所示。

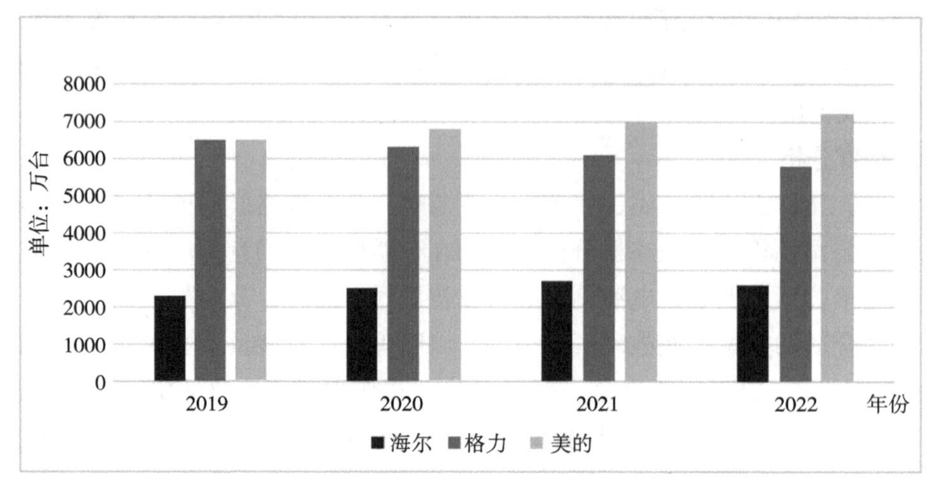

图 19–5　三个空调品牌 2019—2022 年的销售走势图

从图 19–5 中可以看出，2019 年，格力与美的的销售情况旗鼓相当，但随后的 3 年，格力逐年下降，美的稳步增长，海尔波动下滑，美的与格力正在逐渐拉开差距。

19.3.4 企业内部因素分析

企业内部因素分析也称“自身分析”，其目的是“识别长短”，即和对手相比，认识企业自身的实力与不足。只有撰写战略性的论文，把企业当成一个整体时，才需要写“企业内部因素分析”。如果论文只是关于企业管理的某个方面（比如营销渠道），则不需要进行企业内部因素分析，但要在下一章“企业营销渠道现状和对存在问题的分析”中分析营销问题。

进行企业内部因素分析的目的是“识长短”，所以通常要运用分析工具，找出企业的优劣势。分析的关键是正确使用工具，增强说服力。

1. 分析工具简介

内部因素分析常用的工具有价值链分析法、波士顿矩阵和 SWOT 分析法。需要注意分析工具的适用范围。由于每种工具使用的目的、范围是不同的，因此应该视具体情况而定，而不要盲目地使用，或者认为多用几种工具会显得更有水平。这是论文写作中关于分析工具应用经常出现的问题。

上面三种工具都把企业作为一个整体和对手进行比较，得出对整个企业优劣势的判断，从而为后面扬长避短、制定战略服务。因此，只有在写企业整体改进的战略类论文时才需要运用这些工具。有些同学不论写哪类论文，都使用 SWOT 分析法，这样做是不合理的。

2. 用数据增强可信性

在优劣势分析中，经常要判断对手在某方面的强弱。以“人才队伍优于对手”这句话为例，虽然简单，但如何让别人相信呢？这就需要先介绍对手和自己的人才队伍组成，比如总人数、学历比例、获国家奖励成果数量等，再得出“人才队伍优于对手”的结论。企业文化、价值观、产品定位等方面，没有优劣之分，也就不需要比较。此外，不能只比较有形资产而忽视无形资产。企业无形资产的价值很难比较，但无形资产是企业真正实力的体现，也需要通过间接方式予以介绍。总之，在做判断之前，一定要有可靠的数据支持。

一篇写海尔的论文在谈到海尔品牌优势时，引用的是下面这段话，其可信度很高。

中国质量协会用户委员会、中国标准化研究院顾客满意度测评中心以及清华大学中国企业研究中心对全国 50 个主要城市和郊区的消费者展开大量调查，它们共同发布了“2007 年中国耐用消费品用户满意度指数”。此满意度调查显示，海尔空调夺得 5 个项目共 25 颗星中的 24 颗，高居各品牌之首。这也是海尔空调继 2003 年成为我国首个用户满意度第一品牌后，连续 5 年以高分居于首位，五连冠证明了全国消费者对海尔空调品质及服务的高度信赖。

19.4 企业现状分析

描述企业现状的主要目的：第一，使读者了解企业基本概况和内部运营的现状；第二，为研究问题的提出和研究课题的提炼提供客观的数据。企业现状描述一般包括历史沿革和企业概况、组织结构、主要产品、市场与供应状况、主要经营指标等方面。

19.4.1 历史沿革和企业概况

历史沿革和企业概况，是指企业的起步、发展、转型、搬迁等过程，应以时间为轴，描述企业在起步和发展过程中有重大影响的历史事件，如企业的成立、战略转型、组织结构的重大调整、企业性质的转变等，还包括主要产品、经营特色等内容。

一篇写时代能源公司的论文按照企业的时间发展路径，从公司的成立、股份制改制、搬迁、合资等方面来描述企业的历史沿革和概况，并介绍了公司的产品、行业地位和经营特色，示例如下。

时代能源公司成立于 1998 年，是某高校老师创立的。2002 年，一批技术人员和管理人员加入公司，公司进行了股权变革。2004 年，公司落户合肥民营产业园，建立了自己的生产制造基地，至此公司进入了一个新的发展时期。2005 年，美国硅谷某半导体公司投资 5000 万元，该公司变更为中外合资企业。目前，该公司注册资本为 2 亿元。自成立以来，该公司的销售收入年均增长 30% 以上。

经过 8 年的发展，公司现有员工 230 多人，主要产品有逆变电源等 6 大类。2006 年，公司销售收入达 1.6 亿元，在国内同类企业中名列前茅，其中可变电源市场占有率达 40%。

公司以电源领域雄厚的开发能力和良好的售后服务，赢得了客户的赞誉。公司有博士、硕士 40 多人，每年开发 20 种以上的新电源，一直保持技术领先地位。

19.4.2 组织结构

组织结构是表明组织各部分排列顺序、空间位置、聚散状态、联系方式以及各要素之间相互关系的一种模式，是整个管理系统的框架。企业的组织结构包括直线型、职能型、直线参谋型、事业部型、矩阵型、委员会型等几种形式。

组织结构部分的写作应注意以下几点。

1. 结合企业的整体现状

不应仅仅局限在对组织结构本身的描述上，应该与企业的整体现状相结合，分析组织结构的类型是否与目前的企业运营相适应等。

2. 尽量使用图表

为了能清晰地描述企业的组织结构，应尽量使用图表，尤其是组织结构图。例如，某能源有限公司下设制造、营销、财务、人力资源等部门，其组织结构如图 19-6 所示。给出组织结构图后，还应简要分析企业组织结构的特点、主要业务单位和部门职能，为后面分析问题奠定基础。

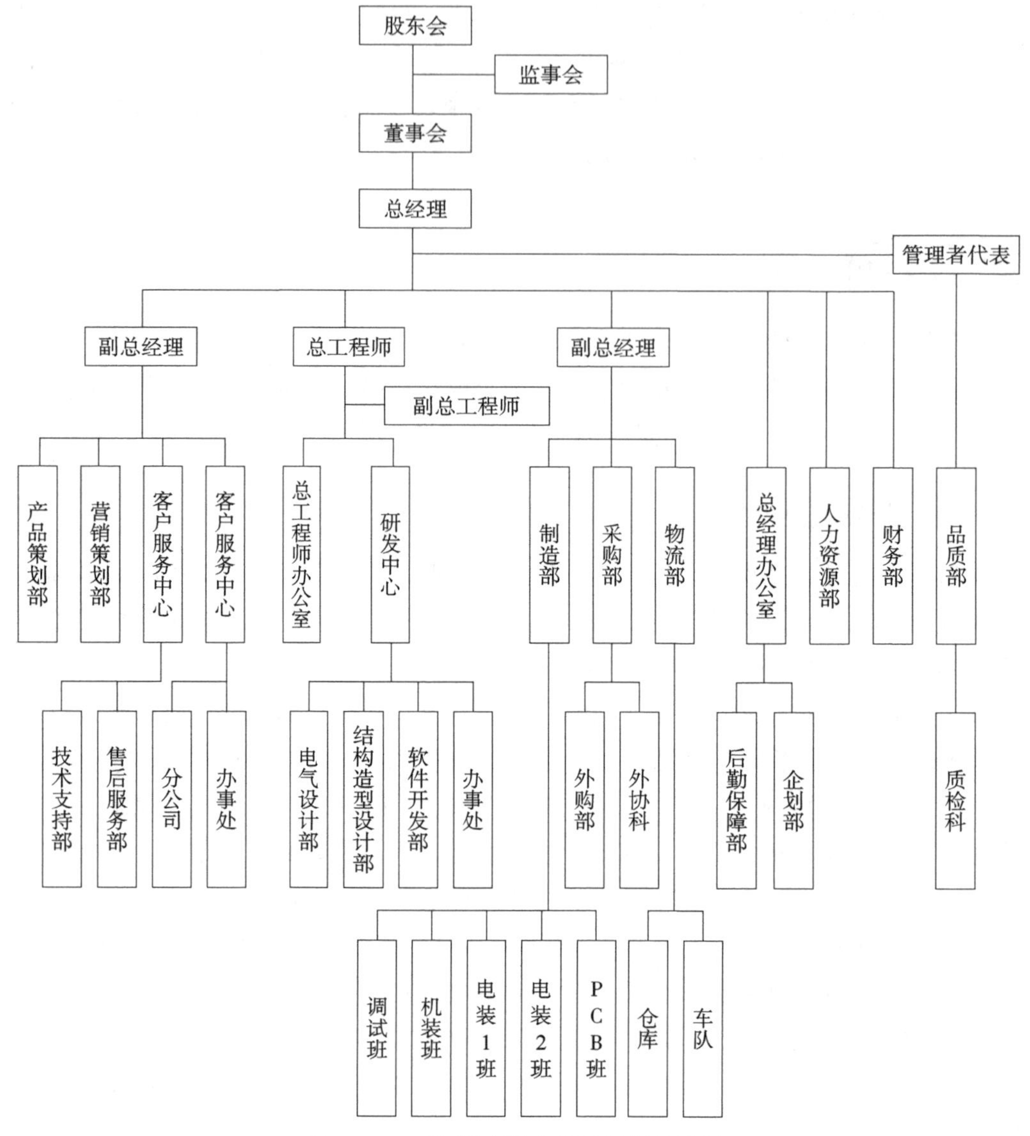

图 19–6 某能源有限公司的组织结构图

3. 注意组织结构图的层次、美观

组织有不同的层级，结构图应体现部门之间是上下级、平行还是其他关系，不能一字排开。有的企业组织结构很复杂，可以对其适当简化，把论文不涉及的部门归类表达，不必一一列出。有的组织结构图很大，可以使用页面横排技术，也可以用 A3 等大开本纸单独打印，装订时对折。

19.4.3 主要产品分析

产品是指满足用户需求的载体，也是企业一切日常活动的核心。企业的产品一般由有形产品和无形产品（服务）共同组成。对此需要从以下三个方面来写。

1. 产品类别

整体介绍企业产品（服务）的种类，每一类产品的用户对象、规模以及各类产品的比重等。

2. 主要产品或重点产品

主要产品是企业销售额和利润的主要来源。应对主要产品进行更深入的分析，介绍其工艺过程。

例如，一家手机销售企业的主要产品是三星、华为等品牌手机，次要产品是手机配件以及手机维修服务等。因此，应该深入分析手机产品，介绍手机的品牌、型号、销量等情况。

3. 运用产品生命周期理论

产品生命周期（product life cycle，PLC）是产品的市场寿命，即一种新产品从开始进入市场到被市场淘汰的整个过程。典型的产品生命周期一般可以分成四个阶段，即进入期、成长期、成熟期和衰退期，如图 19–7 所示。

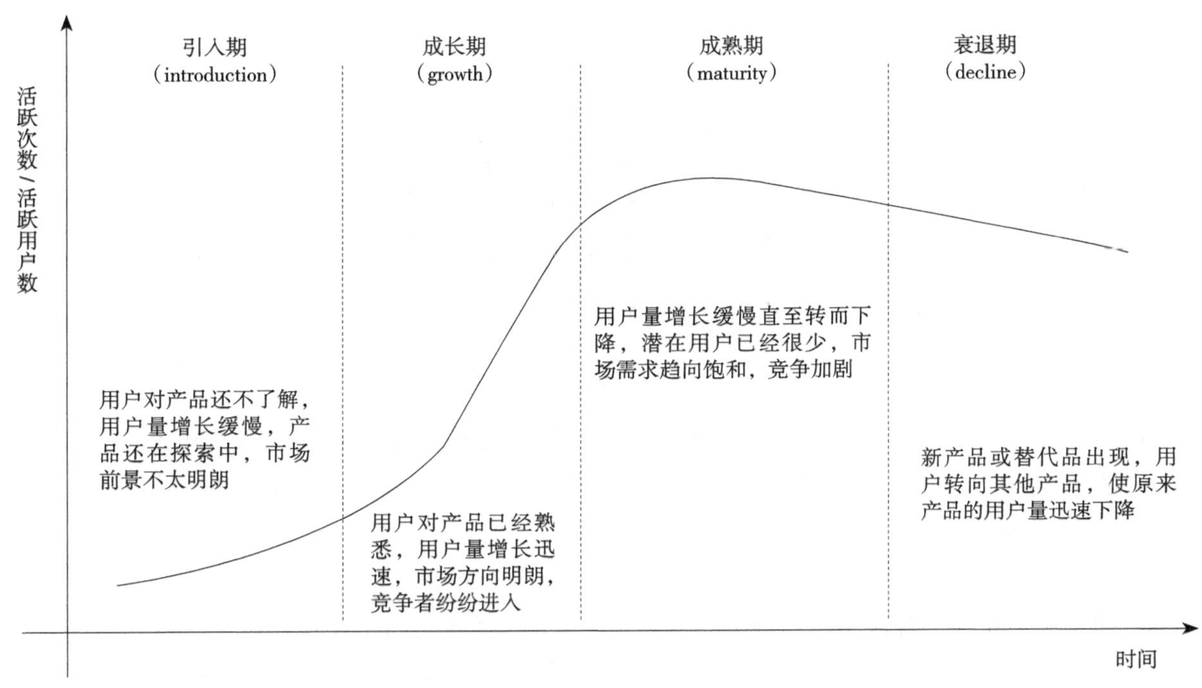

图 19–7　产品生命周期曲线图

产品生命周期是一个很重要的概念，它和企业制定产品策略以及营销策略有着直接的联系。从图 19–7 中可以看出，产品在寿命周期内的每个阶段都有自己的特点，例如，产品在进入期几乎没有利润，而在成熟期的利润最高。每个阶段的市场环境也不相同，例如，在成长期生产成本大幅度下降，利润迅速增长，但与此同时，竞争者看到有利可图，将纷纷进入市场参与竞争，使同类产品供给量增加，价格随之下降。因此要准确判断本企业产品所处的阶段，采取相应对策。

对上述产品情况进行介绍之后，就应开始进行分析。分析的目的在于发现产品对企业的贡献程度，找出主要产品，发现产品（产品线）的不足，等等。例如，销售公司在介绍产品概况之后，通过图表对比，发现某品牌手机销售额只占 30%，而利润贡献达 70%；整机销售利润率为 4%，而配件销售利润率为 30%；等等。这些分析结果可以为后面的决策制定提供依据。

19.4.4 市场与供应状况分析

市场与供应状况分析是指分析企业上下游的状况。一般营销类专业学位论文需要进行详细的市场分析，采购和生产类专业学位论文则需要分析供应状况，同时进行详细的市场与供应状况分析的情况比较少。

1. 市场分析

市场分析是先从市场销售角度来描述产品的市场特征，具体包括产品的特点、市场和用户分布、分类市场销售量、盈利状况等，再分析其特点和优劣势。市场分析的写作应注意以下几点。

（1）要有整体销售状况的信息。例如，图 19-8 列出了某公司产品历年销售额。从图中可以看出，该公司的销售额稳步上升，没有太大波动。

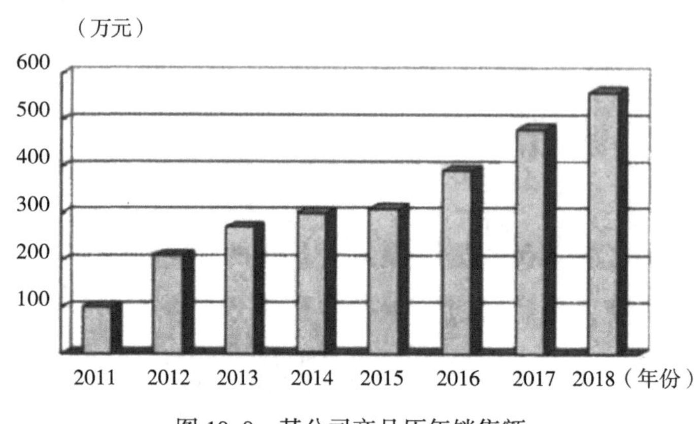

图 19-8　某公司产品历年销售额

（2）把市场按照地域、人群等分成若干类，对各类市场的销售量、市场份额、利润等进行比较。

（3）从分析中导出问题。应注意与之后的问题分析部分相结合，并为其提供数据支持。

2. 供应状况分析

随着全球性资源短缺的出现，供应状况不良往往会危及企业生命。对制造型企业来说，增加供应渠道、降低采购成本、保障供应安全是非常必要的。供应状况分析主要包括以下内容。

（1）供应需求的趋势预测。通过建立模型，预测本企业所需要的主要原材料在未来若干年中的增长趋势。

（2）主要供应渠道分析。这包括历史上供应渠道的变迁、目前国内外的主要渠道及其特点、未来供应商走势等。例如，20 世纪 80 年代，我国显像管供应主要依赖进口，价格很高，供货周期长；20 世纪 90 年代中期，我国掌握了显像管生产技术，生产厂家也比较多，国产显像管质量稳定，价格大幅度下降；2007 年以后，平板电视开始走俏，显像管行业开始萎缩，只有少数几家显像管厂还在坚持生产。因此，如果公司还要持续采购显像管，就应该选择破产可能性较小的厂家。

（3）未来原材料价格走势。铁矿石、石油、水泥等大宗物资的价格不断上涨，影响企业盈利能力。分析价格走势，可以未雨绸缪，提前制定采购政策，实行成本与销售价格的联动。同时，要引用权威机构发布的价格预测信息。

19.4.5 主要经营指标

公司的经营指标一般包括总资产、销售收入、利润等，按照论文研究的内容，可以细化到资金周转率、应收账款周转率等财务指标。经营指标分析属于定量分析，一般通过图表与文字相结合的形式展现企业在一定时期内的运营状况。

在撰写论文之前，要收集最近几年的历史数据和未来几年的预测数据，进行加工处理，最后通过数据的变化来分析企业运营的情况以及未来的发展趋势。图 19-9 是 2013—2018 年某汽车制造公司销售收入实绩和未来趋势预测。

对图 19–9 进行分析，该公司 2013—2016 年销售收入增长率超过 100%，预计 2016 年年底销售收入可达 5 亿元，由此可见公司在这期间处于高速增长期。但是随着市场的逐渐饱和，市场竞争进入白热化，该公司的增长率会逐年下降，预计 2018 年的增长率仅为 26.2%，但销售收入预计将达到 10.6 亿元，该公司将由成长期进入成熟期。

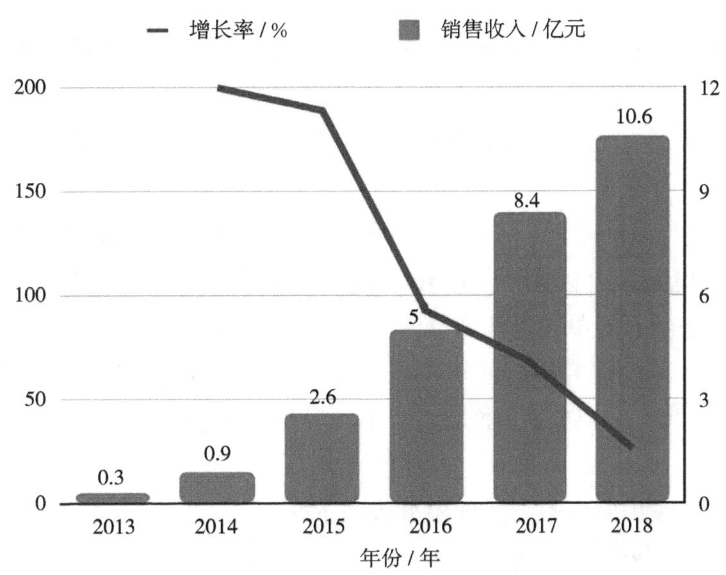

图 19–9　2013—2018 年某汽车制造公司销售收入实绩和未来趋势预测

企业现状描述一般包括以上五个部分，但是具体到论文写作，并不需要将每个部分都写入论文中。有些企业的技术研发能力特别强，所以可以增加研发机构、成果等方面的介绍。总之，需要根据论文研究的问题，选择相关的内容。

19.5 存在问题分析

任何论文总是要解决一个问题。科学论文解决变量之间的关系问题，MBA 论文解决社会实际中的问题。有些论文虽然篇幅很长，却找不到需要解决的问题，这样的论文肯定是不合格的。还有一些学生混淆现象、问题和产生问题的原因，提出的是“伪问题”。本节从明晰“问题”的概念开始，对问题进行分层、分类，介绍问题分析的写作方法。

19.5.1 问题及其分类

现象是事物表现出来的、能被人感觉到的一切情况。在企业中，现象指的是通过企业运营表现出的最表面、最直接的方面。例如，顾客抱怨不断增加、库存积压严重、员工积极性不高等，都是企业经营的一些现象。

企业中的问题是指在企业运营中出现的阻碍企业良性发展的某种表现形式，更确切地说，问题是用来描述其偏离主题事件的程度。在这里，问题是指通过定性或定量分析之后，发现的企业运营中偏离正常运营方向的状况，如企业的利润率很低、生产成本过高、客户满意度降低等。问题和现象的差别在于：现象是肤浅的、显而易见的，并且有些和管理无关，而问题是以管理学知识体系为角度，根据阻碍企业发展的程度判断得出的阶段性结论，是对现象的归纳、提升。

原因是指造成某种结果或者引发某件事情的条件。在这里，原因是指引起企业运营过程中出现问题的深层次条件。

看问题之前，要区分现象、问题和原因这几个不同的概念。有一个关于“鸟粪”的故事很具有启发意义。

某博物馆发现馆内的卫生环境存在问题，每天都有很多鸟粪，准备增加清洁工。调查发现，鸟粪是燕子带来的；燕子之所以喜欢飞来，是因为博物馆中有很多蜘蛛可食；蜘蛛繁殖很快，是因为有丰富的虫子可以当作食物；进一步调查发现，博物馆光照充足、湿度较大，非常适合虫子的生长繁殖。

在这个故事中，卫生环境—鸟粪—燕子—蜘蛛—虫子—温暖、湿润的环境，构成了一个链条。从管理角度看，卫生环境是一个问题，但一步步调查下去，发现其根源竟然是温暖、湿润的环境。根源找到了，解决的方法就很简单：为玻璃墙装上窗帘，而不必增加清洁工。

这个故事给的启示：论文研究不能停留在表面的问题上，要追根溯源，找到产生问题的真正原因，才能从根本上解决问题。如果只是增加清洁工，虽然每天打扫可以改善当天的卫生环境，但没有解决根本问题。

例如，对于员工的工作积极性不高的现象分析如下。

现象：公司员工的工作积极性不高。

问题：通过全公司员工的满意度调查发现，薪酬福利是导致员工满意度不高的因素。前期理论研究表明，员工满意度和工作积极性高度相关。

原因：调查发现，员工对薪资福利满意度较低的原因可以分为以下三方面。

①物价涨幅大于收入涨幅，导致员工消费能力下降。

②薪资涨幅小于同行业其他公司的薪资涨幅，使员工对公司产生抱怨。

③公司薪酬体系不合理，造成同级别员工的收入差距较大，员工心理不平衡。

通过进一步分析，发现公司薪酬体系不合理是导致员工工作积极性不高的最主要原因。

根据问题所涉及的范围，可以将问题分为行业普遍问题、企业整体问题、相关部门问题和某个管理领域问题四个层次。围绕论文的选题，要选择需要分析的问题的合适范围。比如撰写企业营销方面的论文时，应主要分析本企业营销的问题，对于其他问题要略写。

问题分析的流程是：先概括介绍问题，然后聚焦到更为具体和准确的问题上。分析存在的问题可以分为问题界定和分析问题产生的原因两个层面。

19.5.2 问题界定

问题界定是指对企业或行业现状进行分析，并提炼、汇总成若干具体、普遍且具有代表性的问题。问题界定的准确度关系到论文选题的质量，因此问题界定是论文写作的前提和基础。

1. 问题的依据

言之有物、言之有理，是论文的基本要求。经过调查，可以发现企业存在很多不合理的现象或者问题。这些现象应该是有现实基础、以事实为依据的。可以用图形、表格等说明问题。

示例一：

人员流失率很高。调查显示，工贸公司的人员流动率达到16.8%，人员在某一岗位上的平均工作时间是7.8个月，这还不包括工贸经理等总部外派人员的正常调动。公司内勤人员在最近3年内已全部换成新人。除正常考核淘汰之外还有许多人选择辞职，在工贸现有的386名工作人员中，工作超过10年的不足10人，工作超过5年的不足30人。

上文用大量数据说明“人员流失率很高”这一问题，言之有据，非常可信。

示例二：

缺乏统一的企业数据模型。电信公司在当初建设信息支撑系统时，按照本身系统的需求规划数据模型，造成各系统的业务人员、IT人员、集成商对客户、产品等业务概念的理解不同，相互之间没有“共同语言”。

上文作者想写明企业存在“缺乏统一的企业数据模型”这一问题，但其内容并没有充分的数据支撑。

2. 问题的初步归类

对于一个个现象或者问题，不能在论文中简单罗列，需要按照一定的次序对问题进行归类，表19–2列出了常见的问题归类方法。

表19–2 常见问题的归类方法

分类特征	问题归类
按领导层次	高层、中层、基层
按管理层次	战略层、管理层、作业层
按部门或管理职能	生产、销售、采购、财务、人力资源、物流
按经营环节	采购、生产、销售、售后服务

如果论文研究的是营销问题，还可以进一步细分为产品、渠道、定价、促销、售后服务等。

某论文列出了10个品牌方面的问题，如下所示。

电信公司在品牌方面存在以下问题。

（1）品牌设计和宣传一般只考虑产品、套餐、资费，很少考虑服务、渠道和老客户关怀。

（2）品牌内涵没有形成区隔差异，容易引发价格战，使品牌营销初衷大打折扣。

（3）以价格驱动为主的设计考虑，使得品牌往往成为价格战的精美包装。

（4）忽视品牌文化、价值、个性的建设推广，没有达到对客户生活、文化、价值的渗透，生命力不强。

（5）全省没有品牌年度规划的过程，对重点品牌的预算分配以及品牌发展要求缺乏预先安排，从而导致品牌与业务发展关联度差。

（6）各地业务部门根据需要随时推出地方性品牌，对新产品开发、新品牌推广没有年度总体计划，对是否需要品牌没有统一的评判标准，一个产品一个品牌，造成营销资源浪费的同时，还导致了客户的不理解、不满意。

（7）省公司对于各地的品牌宣传规范执行以及品牌投入情况缺乏必要的监控，导致品牌既定规范难以落实。

（8）品牌经营手段单一。品牌经营仅仅靠传统广告投放，几乎没有其他有创意、有影响力的公益活动。如果目标客户不接触传统广告，那么信息将会出现传递丢失的现象。

（9）品牌经营的渠道没有针对性。广告投放没有针对性，投放媒介都是如电视、报纸等传统媒介，而且同一媒体进行的广告投放比较粗放，导致广告投放效果差、营销资源使用效率低。

（10）品牌经营没有效果评估机制。品牌推广缺乏科学的品牌推广效果评估机制。营销资源使用效果缺乏衡量和反馈。

上述罗列的问题，有的是现象，有的是做法，有的是问题。这种罗列没有意义，让人无法判断问题究竟出在哪里。

在问题归类过程中，应避免简单地将问题划分为内外部问题，因为企业面临的问题大多是由企业所面临的外部环境和内部环境共同决定的，只是不同问题的内外因素的影响程度不同。还要合理利用数据，数据是解释尚未发现问题的重要手段，建议尽可能多地加以运用。

3. 一般问题的提炼

要区分哪些是现象、哪些是问题，并对问题进行分类及重新排列。上个示例中所列的问题可以从品牌定位、品牌宣传推广、品牌维护等方面进行归纳，每个方面以若干现象来支持，论文就有血有肉了。

电信公司在品牌方面存在着以下问题。

①品牌定位不准确……

②品牌宣传渠道单一……

③品牌维护不足……

还要注意问题之间的关系，提炼出的问题，应该是有一定联系但又相互独立的，不能交叉重复。某篇论文分析“客户信息支撑系统存在的问题”时，列出了以下四个问题。

①缺乏统一的企业数据模型。

②形成了“信息孤岛”。

③信息质量有待提高。

④信息不能共享。

这四个问题中，“信息孤岛”和“信息不能共享”是一个问题；“缺乏统一的企业数据模型”是从系统投入的角度说的，信息孤岛和信息质量不高是结果。可以直观判断，“客户信息支撑系统”运行过程的问题肯定被遗漏了。

4. 核心问题的提炼

核心问题也就是最关键、最重要的问题，决定或者影响着其他问题。核心问题解决了，其他问题往往可以迎刃而解。因此，需要从错综复杂的问题中提炼核心问题。提炼出来的核心问题往往成为论文标题的主要组成部分。

例如，某企业存在交货不及时的问题，经常引起客户抱怨，被客户罚款。经过分析，该企业生产 1000 多种产品，每种产品批量不大，按客户订货要求进行设计、采购材料、组织生产、进行测试，周期很长。经过深入分析，发现其“订单工程”式的生产方式是造成交货不及时的根本原因。因此，企业的核心问题是生产方式落后，可以围绕生产方式的改进开展研究工作。

19.5.3 问题产生的原因

界定问题之后，需要找出产生问题的原因，这时可以采用因果分析法，对产生问题的各种原因一层层展开、分析，直到找出真正的原因。

因果分析法（causal factor analysis，CFA）是通过因果图表现出来的，因果图又称特性要因图、鱼刺图或石川图。这一方法早期由日本川崎制铁公司的质量管理专家石川馨使用。为了寻找产生某种质量问题的原因，石川馨发动大家谈看法，做分析，将群众的意见反映在一张图上，这种图就是因果图。这种图反映的因果关系更直观、醒目、条例分明，用起来比较方便，效果好，所以得到了许多企业的重视。以某公司次品产生的原因分析为例，其因果图如图 19–10 所示。

使用该方法时，首先要分清因果地位，其次要注意因果对应。按事物之间的因果关系，知因测果或倒果查因。因果预测分析是整个预测分析的基础。

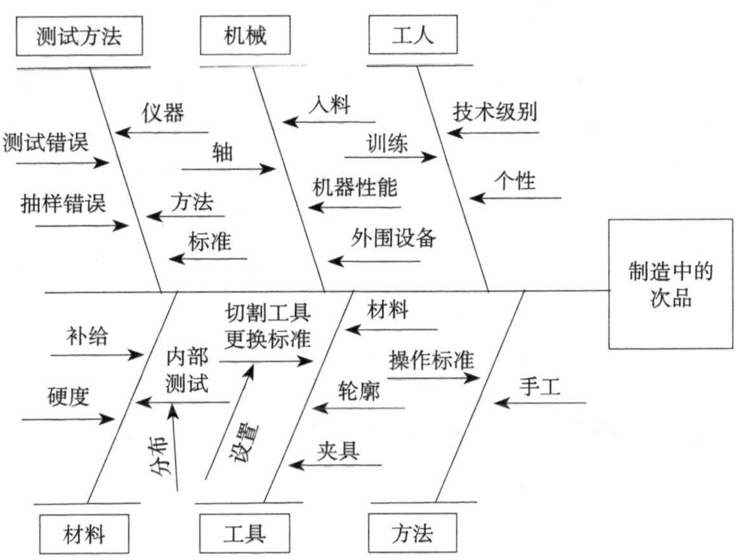

图 19–10　因果图示例：次品产生的原因分析

因果图的画法

（1）决定评价特性。

（2）列出大要因（人、机、料、法、环、测）。

（3）分解各大要因，记入中要因、小要因（应用头脑风暴法，共同研讨；按类别在各大要因上记入中要因、小要因；最末端必须是能采取措施的小要因；间接部门由圈员从中小要因中归纳）。

（4）圈出重要要因 4—6 项，记入必要的事项（如产品、工艺、日期、圈员、圈长等）。

（5）整理（整理成墙报，张贴现场）。

一旦确定了因果分析图，就应该对其进行解释说明，通过数据统计分析、测试、收集有关问题的更多数据或通过与客户沟通来确认最基本的原因。

奥西中国公司——发展战略研究（节选）

（1）产品价格和成本的劣势。奥西产品的价格相对于竞争产品的价格偏高，比一般同类型机器价格总体高 10%—20%，或者价格接近，但配置不如竞争产品。下表以竞争品牌奇普的产品为例进行价格对比（限于本书篇幅，表略）。

（2）内部管理和激励不到位，人员流动频繁，公司资源流失严重。一旦销售人员离职或跳槽，将对公司业务造成损失，尤其是一旦这些销售人员跳槽到竞争者的公司，不仅使公司的客户流失，最严重的还在于他们将公司的许多客户信息和公司的商业资料也暴露给竞争对手，这样将在一个时期内对公司的销售造成一定的负面影响。

（3）营销手段和方式落后。现在的客户需求已不是片面地提出对某个设备或某项服务的需求，而是提出对某一项业务的整体功能的需求。但是营销人员可能还是停留在表面的单项设备和服务的需求层次上。

（4）缺乏完善的客户服务体制，客户忠诚度下降，客户流失。由于市场的选择面扩大，以及公司自身在售后服务方面的缺失，造成部分原有客户在更新设备时选择竞争产品，从而导致客户流失，尤其是一些老客户流失明显。售后服务的缺失主要是体制的不完善造成的，技术服务人员的技术水平往往较高，但是公司没有一整套科学的售后服务体系和制度，导致技术人员只管维修设备，而不去关注客户满意度，甚至技术服务还带有一定程度的官僚性质，有时客户要求维修必须是三请四邀，这就造成了客户的极大不满。

以上论文写得比较好，其中提到某企业的产品营销竞争能力不足，经过具体分析，找出了成本和价格、内部管理与激励、营销手段和客户服务等方面的原因。

19.6 解决方案设计

解决方案是针对前面分析的主要问题，而采取的一系列策略、方法、计划和行动。解决方案设计要有明确的目标、原则、整体思路和构成内容，这样才能对企业的具体问题提出切实合理的解决办法。

19.6.1 解决方案的概念

解决方案是针对某些已经出现的或者可以预期的问题、不足、缺陷、需求等，所提出的一个解决问题的方案（建议书、计划表等）。在提出解决方案的过程中，需要运用创造性思维，综合考虑经营背景、需要解决的问题、企业可用资源、管理思想和方法等各种因素。解决方案是论文作者创造性的最好体现。

解决方案写作示例

论文题目：某省邮政物流大客户管理研究

解决方案：增加大客户数量，提高大客户保留率，提高大客户贡献度。

方案要点：

（1）建立大客户开发队伍。

（2）优化大客户开发流程。

（3）改进大客户维护方式。

（4）实施客户关系管理（CRM）系统。

解决方案就是针对核心问题，兼顾其他问题，提出改进目标，并以若干计划支撑该目标，保证目标的实现。因此，解决方案需要具备以下三个特性。

1. 针对性

解决方案要和前一章所述的存在问题分析相呼应。很多论文前面分析问题的部分和后面的解决方案脱节，提出的问题没有得到解决，这样就失去了意义。

2. 先进性

解决方案所采用的理论方法，应是科学、先进的。例如，写作示例中提到的 CRM 是客户管理新方法，采用 CRM 就在一定程度上体现了大客户管理思想的先进性。

3. 可行性

解决方案中列出的每项工作都要执行，因此要考虑计划之间的衔接问题。此外，每项工作都需要投入人力、资金等，如果方案预算超出了企业的承受能力，或者计划前提条件不具备，不能执行，解决方案就变成了空中楼阁。

当然，世界上没有完美的、一定能解决问题的最佳方案。要清醒地认识到解决方案的局限性、优势和劣势以及在变化条件下的不确定性。

19.6.2 解决方案设计中的目标及整体思路

1. 目标

对企业管理来说，解决方案设计的目标一般都是建立一套高效、系统、全面的管理体系，以提高市场竞争力。具体到营销、生产、财务等某个领域，还要细化目标。例如，营销管理的目标一般是提高市场占有率、盈利能力；生产管理的目标一般是提高质量、降低成本、按时交货；财务管理的目标一般是控制资金等。

在论文写作中，在定性描述改进目标之后，作者还可以提出具体的指标、分阶段的指标，这样方案就会更加具体，也便于执行和事后检验。

SS 公司供应链库存管理对策研究（节选）

从前面几章的分析中可以看出，本公司供应链库存管理存在的主要问题是销售预测的误差，包括供应商质量水平低、交货准时率低等供应链中的不确定因素。在这种情况下，SS 公司为满足激烈竞争的市场需求，保持较高的客户服务水平，不得不增加各环节的库存水平。因此，改善供应链管理库存的目标必须符合公司整体战略方针目标的需要，解决存在的问题，抵消供应链中的不确定因素，真正打造一条符合公司长远发展的高效率的敏捷供应链，具体目标如下。

（1）健全内部供应链信息管理体系，提高信息传递的及时性、准确性和规范性。

（2）完善计划体系，实现和上游供货商、下游用户的计划衔接，减少计划的盲目性，提高生产计划的及时性、准确性。

（3）降低公司库存水平，在保持当前客户服务水平的前提下，将库存总水平降低 20%—30%，将存货周转率提升到 3.5—4.0。

2. 整体思路

整体思路是指系统、简要的计划，是解决方案中的要点。整体思路要清晰、全面、有步骤、分阶段。之所以建议先写整体思路，是因为解决方案中的内容较多，如果一一列出，往往看不清论文整体思路，不利于读者对方案的理解和判断。

SS 公司供应链库存管理对策研究（节选）

针对前文所分析的 SS 公司形成库存的原因，要解决 SS 公司库存管理问题，整体思路如下。

首先，要从信息体系建立入手，建立一套完善的企业信息系统，改善信息传递的准确性、及时性。其次，加强供货商关系管理。库存的形成在很大程度上是 SS 公司与供货商之间的合作关系处于低层次、企业间缺乏协调、片面追求各自利益造成的。因此，SS 公司应该加强供货商关系管理，通过合理压缩供应商，与较少的优选的供货商建立起伙伴关系。最后，在健全信息管理体系并加强供货商关系管理的基础上，引进 JIT 采购的思想，通过与少数优秀的重点供货商达成 JIT 采购合作协议，加强供货商业务培训以改善交货质量，实现信息系统平台的数据共享，实现 JIT 采购。

19.6.3 方案要点的写作

解决方案包括若干方面的改进要点，写出这些要点的具体内容对于增加解决方案的可行性具有重要意义。撰写时，要注意以下问题。

1. 主体改进和配套改进合理搭配

由于企业各系统的关联性，改进方案一般包括主体改进和配套改进两个方面。主体改进，是指直接围绕问题的改进，而配套改进是和问题相关方面的改进。企业管理中的配套改进，一般包括流程再造、组织机构调整、信息系统建立或完善、绩效考评体系的改进等方面。任何领域的改革都可能涉及这几个方面的配套改进。

以下为一个“改进供应商管理”的方案要点，其中 4.1—4.3 是直接针对供应商管理的主体改进，4.4—4.5 是配套改进。

第 4 章　供应商管理改进方案设计

4.1 改进供应商选择标准

4.2 加强交货质量控制

4.3 建立供应商评价系统

4.4 完善供应商管理组织

4.5 实施供应商管理信息（SCM）系统

2. 每个要点要有内容支撑

一个解决方案需要三个以上的要点支撑，一个要点也需要有三个以上的计划（活动）支撑。例如，某论文中的要点是“改进定价策略”，其具体内容包括：①价格体系重建；②规范价格变动机制；③调整价格折扣策略。其中，“调整价格折扣策略”的具体要点写法如下。

实行现款现货制。以现汇或银行承兑汇票结算，不接受商业承兑汇票，结算价格在开具发票时直接体现，对应结算价格如表所示（附表，并做说明）。

增加季度销售进度奖励额。对于淡季的优秀销售者，加强奖励；旺季的优秀销售者，适当减少奖励。具体数量见附表。

规定折扣报销时间。如果报账不及时，会造成很多折扣费用留存在市场上，当期财务无法反映这些费用，造成总部和分公司利润虚增，分公司考核失真；长期不报账，由于人员变动或单据丢失导致折扣政策无法下账，不能保护代理商和公司利益。因此，规定报销时间为折扣发生后的一个月内，逾期责任自负。

这样写出来的解决方案，有实质性的内容，可操作性强。下面这一段文字中，虽然各方面都有涉及，但不具体，难以操作，可以作为反面例子。

洗衣机各级别市场渠道差异化对策如下。

一级市场作为产品形象窗口，狠抓卖场建设与管理，加强导购员技能培训，极力提高高端全自动产品销量，提升洗衣机品牌形象。

二级市场是洗衣机的主要市场，在二级市场打好区域经销商的零售、批发两张牌，大力拓展中小区域经销商，鼓励并给予一定的优惠政策，扶持区域经销商在二级市场进驻零售商终端市场，以提升形象，提高零售量。

三、四级市场是全自动特价机产品以及双缸机主战场，公司主要依托二级中心区域经销商向三、四级市场渗透，在有购买力的三级市场鼓励分公司建立直供经销商以增加营销能力。

3. 方案要点应能够解决前面分析的问题

方案是需要解决问题的，论文之前的章节已经分析了这些需要解决的问题，这里需要检查方案能不能解决前面提出的问题。此处需要注意以下三点。

（1）不要提出新的问题。论文前面的章节已经进行了问题分析，这里可以简要提及，但不要在方案制订时，又重新列出新的现象，分析新的问题。

（2）问题和解决方案不是一一对应关系。管理需要系统性，不能头痛医头、脚痛医脚。例如，成本高可能是采购、生产、库存等一系列原因造成的，在解决成本问题的论文中，就不能仅仅限于降低材料采购成本，可能还需要和供应商合作，改进计划系统，才能从根本上降低成本。

（3）要有一定的推理，表明什么问题可以得到解决。例如，前面发现供应商质量差，方案中提出了选择优秀供应商、帮助供应商改进质量、加强对材料质量的考核等措施。因此可以认为，优秀的供应商能提供高质量产品，通过过程控制可以惩罚质量低劣行为，解决“供应商质量差”这个问题。

4. 紧密结合实际

紧密结合实际就是在方案中，明确告诉读者企业该怎么做。下面的这个方案充斥着大量有着重要性、必要性的内容，但对于企业应该如何做讲得很少，也很含糊。

产品组合策略

产品组合，就是一家证券公司可以提供的全部产品的有机构成和量的比例关系，本文主要以证券经纪业务为分析对象。一般认为，证券公司的经纪业务仅仅指受投资者委托，进行证券的买卖，其实，从更广义上讲，证券经纪业务应包括：委托前信息咨询、技术支撑、服务质量提供，委托后信息咨询、交易环境提供等。证券公司针对不同的投资者群体的需要，提供不同的产品组合。对于一些交易规模较大者，证券公司可以提供最新的委托前与委托后的信息咨询服务，并可以提供更好的硬件环境；对于换手率较高的投资者，证券公司在技术支撑方面要高于其他投资者群体，在交易流程方面可以适当简化；保证金规模较小且换手率不高的散户，在服务质量与信息咨询方面，远没有前面所言的投资者群体所需的要求，证券公司仅需要提供一般化的服务质量与信息咨询。证券公司实行不同的产品组合，可以在更大程度上满足不同消费群体的需要，从而吸引更多的顾客，稳定和扩大公司证券经纪业务的市场份额。

有些方案把教科书中的内容抄录下来，看不到该企业的痕迹。

加强市场调研可以采取的途径和手段

①主动拜访客户。

②邀请客户访问。作为与客户交流的另外一种形式，同拜访客户一样，邀请客户访问不仅可以对客户的需求进行调研，还可以利用同客户直接交流的机会获取第一手的市场需求信息，从而更准确地理解客户需求。

③电子商务网络的利用，通过互联网捕捉顾客的各项信息，以此来了解顾客的偏好，确定新产品的概念，最终使顾客间接地参与产品的设计。

④利用极其丰富的市场信息资源，主动挖掘消费者的潜在需求，发现消费者自己可能都不曾预见的潜在需求。在网络经济下，根据市场信息生产的产品不仅是发现市场需求的结果，还是创造市场需求的结果。

上面两个例子中的方案，没有结合本企业的实际，是很难执行的。

5. 不要介绍理论和经验

有些同学在制订方案时，发现没有介绍一些理论以及别人很好的做法，于是在方案中先介绍理论和先进经验，这是不合理的。例如，某论文对于方案设计一章是这样安排的。

第 4 章　H 发电厂生产管理改进方案设计

4.1 H 发电厂的危险点分析及预控管理

4.1.1 危险点控制的概念和重要意义

4.1.2 H 发电厂危险点的分析方法和控制步骤

4.1.3 H 发电厂在危险点预控执行过程评价

4.1.4 H 发电厂在危险点控制方面的改进措施

4.2 设备可靠性管理

4.2.1 发电设备可靠性

4.2.2 H 发电厂可靠性管理现状

4.2.3 H 发电厂可靠性管理改进

4.3 技术经济指标管理

4.3.1 发电厂技术经济指标管理的概念及作用

4.3.2 小指标竞赛促进节能降耗中发现的问题

4.3.3 建立小指标核算系统

4.3.4 发电厂节约用电管理的措施

4.3.5 出台发电厂节约用水管理办法

从结构上看，三个要点互不相关；每个要点下面的写法也是五花八门，但都不知道到底改进了哪些方面。

19.7 实施方案设计

如果说解决方案设计是描绘未来美好的蓝图，那么实施方案就是指引从现在开始实现美好未来的计划。对于企业来说，只有好的解决方案是不够的，还需要详细的实施计划，让企业真正能把方案实施下去，最终解决企业存在的问题。

方案实施是一项复杂的系统工程，有其内在的客观规律，属于项目管理的范畴。项目管理在确定目标后，主要管理进度、成本、质量和风险。和一般的项目不一样，管理方案的实施，还需要一些配套改革工作，在撰写实施方案设计时一般应包含以下内容。

实施方案设计

（1）实施目标和进度计划

（2）重点难点分析

（3）保障措施

（4）风险分析与控制

（5）实施效果评价

19.7.1 实施目标和进度计划

1. 实施目标

管理方案的实施目标，是指为了让前面提出的方案达到预期效果，必须完成的各项指标标准。实施目标主要分为质量目标、进度目标、资金目标，也称三大目标，它们彼此之间存在着相互联系和制约的关系。由于实施管理方案所需的投资很难预测（除非是请管理咨询公司来做方案），因此一般不提方案所需经费，而工程项目方案的实施（如 ERP 实施、设备改造等）需要确定投资目标和收益目标。

方案实施目标通常包括以下几个方面。

（1）工作范围，即对可交付成果、交付物的描述，主要是针对方案实施的结果。

（2）进度计划，说明实施方案的周期、开始及完成时间。

（3）成本及收益，说明完成实施方案的总成本及预期的总收益。

确定实施方案的目标，即确定本方案的目标定位。确定目标时，要紧扣问题，用词要准确、精练、明了。论文中常见的问题包括：不写目标、目标扣题不紧、目标用词不准确、目标定得过高或过低等。

某工程项目的实施目标如以下案例所示，这样的目标有很多具体指标，是比较可信、可行的。

小型无人驾驶气象探测飞机研制项目

某飞机制造公司承担无人驾驶的小型气象探测飞机研制项目。项目拟于 2013 年 7 月开始实施，市场需求为每年 50—100 架，首架交付日期为 2017 年 12 月。项目目标包括飞机研制和用于保证飞机性能的特种设备 / 设施采购。为保障研制与试飞任务的顺利进行，项目总投资为 1.2 亿元。

问题：要求对项目的目标进行描述。

可交付成果：无人机研制项目目标为研制小型无人驾驶气象探测飞机。

进度计划：首架交付日期为 2017 年 12 月，研制时间从 2013 年 7 月到 2017 年 12 月，总工期为 4.5 年。

总成本：研制总经费为 1.2 亿元。

2. 进度计划

进度就是时间计划，包含三层意思：第一，各子项目实施的先后顺序；第二，每个时间段做什么；第三，主要承担部门做什么。因此，对于进度计划可以围绕这三个方面来写。

（1）实施思路。

采用工作分解结构（work breakdown structure，WBS），对方案设计的项目进行层层分解，再论述各子项目实施的紧迫性、关联性，确定其先后顺序。写法示例如下。

要改进供应商管理，需要改进供应商选择标准，加强交货质量控制，建立供应商评价系统，还需要建立企业内部供应商管理组织，完善供应链信息管理系统（简要回顾主要任务）。

选择标准和评价系统的建立是整个工作的前提，需要提前进行。考虑其专业性较强，需要请专业咨询公司来设计，预计需要半年时间；交货质量控制可以稍后一步。供应商管理部可以在选择标准和评价系统设计完成后开始运作；供应链信息管理系统需要在原有 ERP 的基础上增加 Oraclei2 模块，建议尽快开展调研，制订实施方案。

（2）实施阶段划分。

为了便于组织成员理解，一般把项目实施划分成若干阶段，明确每个时间段的目标、任务和重点。时间段的划分标准，可以是整年、半年、季度，也可以是某些里程碑事件。例如，某 ERP 实施项目时间段是这样划分的，如下所示。

本企业 ERP 实施项目分为五个阶段。

第一阶段（2019 年 1 月 1 日—3 月 31 日）：网络建设和硬件配置。

第二阶段（2019 年 4 月 1 日—6 月 30 日）：流程再造和基础数据准备。按照 ERP 实施计划的要求，调整部分组织机构和业务流程，同时准备 ERP 应用所需的基础数据。

第三阶段（2019 年 7 月 1 日—8 月 31 日）：销售、库存与财务子系统试运行。

第四阶段（2019 年 9 月 1 日—10 月 31 日）：计划、生产系统正式运行。

第五阶段（2019 年 11 月 1 日以后）：系统正式运行。

有了这样的阶段计划，相关部门和人员就可以基本了解项目进展，朝着预期的目标前进。还可以用甘特图等形式列出各项活动，如图 19–11 所示。

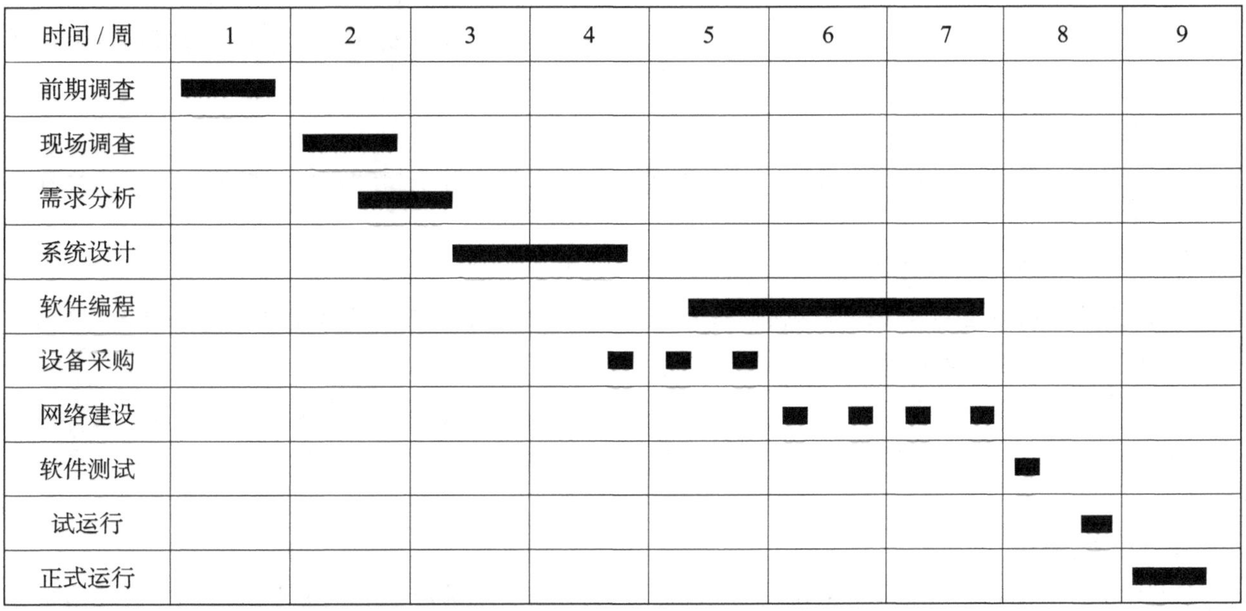

时间 / 周	1	2	3	4	5	6	7	8	9
前期调查									
现场调查									
需求分析									
系统设计									
软件编程									
设备采购									
网络建设									
软件测试									
试运行									
正式运行									

图 19–11　某软件开发项目进度计划

（3）主要实施部门的工作。

这里主要是明确每个阶段、每个部门的工作。例如，在 ERP 实施项目中，研发中心需要在 6 月底之前完成产品和零部件编码工作，工艺处要完成零部件工艺文件的准备，等等。

19.7.2 重点与难点分析

方案的实施是一个复杂的系统工程，对项目的重难点予以预计和分析，有助于在时间进度和成本的约束下，保证方案的顺利实施。常见的重难点分析包括以下几个方面。

1. 核心的子项目

任何方案都有一个影响全局的、最重要的子项目。该子项目往往难度最大、工作量最大、持续时间最长，需要高度关注。

2. 涉及部门较多的项目

由于涉及部门较多，协调工作困难，如果有一个环节配合不上，可能会影响整个项目的运行。

3. 新技术或管理方法的应用

新技术或管理方法的应用往往存在很多不确定性，会对方案实施产生负面影响，是方案实施的重难点之一。

当然，每个管理方案所面对的问题不同，实施环境不同，其重难点也不同。在资源有限、不确定因素多、干扰因素多的条件下，在实施过程中必须不断掌握计划的实施状况，并将实际情况与计划进行对比分析，必要时采取有效措施，使方案进度按预期的目标进行，确保目标的实现。

19.7.3 保障措施

保障措施是指在方案实施中，需要在组织、人力、制度、设备、能源等方面采取各种措施，从而保证项目按计划完成。

某论文针对营销能力不足的现状，提出了“以扩大销售量为中心”的解决方案，包括增加产品种类、拓展营销渠道、合理降低产品价格、加强售后服务等内容。该方案实施的保障措施可以包括以下内容。

1. 组织改进与组织优化

针对目前销售能力较弱这一问题，成立专门的销售公司，财务相对独立，提高营销团队的自主决策能力。

2. 销售人员增加 15 人左右

在充分、合理地运用内部选聘、内部人员晋升机制的同时，利用社会渠道吸纳符合要求的人才。

3. 加强销售人员的培训

将岗前培训、强化培训、在职培训相结合，运用理论与案例相结合的方式，提高员工的专业素质，全年培训时间不少于 40 小时。同时，培养员工爱岗敬业、严谨细致、争先创优、不甘落后的职业精神。

4. 加大激励力度

通过给予晋升期望、增加奖金比例等方式，加强对销售人员的激励，对于业绩优秀的员工发放季度奖、年度奖，评选销售标兵。

19.7.4 风险分析与控制

风险是指损失发生的不确定性，风险的发生往往会使企业、个人遭受难以承受的直接或间接损失。在方案实施过程中，存在着各种各样的风险。风险管理包括风险识别、风险评估、风险应对和风险监控四个方面的内容。在论文写作时，需要根据论文提出的方案，分析其在实施过程中的具体风险。

1. 风险识别

风险识别是指确定可能导致费用超支、进度推迟或性能降低等的潜在问题，并定性分析其后果。管理方案实施面临的风险可分为技术、计划、保障性、费用和进度五个方面。

（1）技术风险。方案实施或技术研发项目的实施过程中，可能需要采用新技术，而这些新技术可能并不成熟，因此存在一定的技术风险。

（2）计划风险。计划风险是指方案实施前提条件发生变化，或者所需资源得不到保证。例如，随着最新的《中华人民共和国劳动法》的实施，原来的薪酬改革方案需要中断或者重新设计。

（3）保障性风险。保障措施既包括综合后勤保障，又包括制度保障。这些保障措施失效或中止，可能导致方案不能继续实施。

（4）费用和进度风险。方案实施所需费用不能保证，或者资金迟迟不能到位；天气反常等自然灾害，导致进度计划得不到保证。

例如，某国际工程项目的风险识别如表 19–3 所示。

表 19–3　某公司国际工程项目风险的识别

风险分类	具体风险形式
政治环境风险	政治局势不稳
	政策变化
	动乱与骚乱
经济风险	通货膨胀
	外汇汇率变化
自然风险	不可抗力（雨、冰雹、海啸、地震等）
	恶劣的地理和地质条件
技术风险	设计和施工失误
管理风险	分包方或供应商违约

2. 风险评估

风险评估就是估计风险的性质，估算风险发生的概率，评价其后果的严重程度。这可能需要综合应用多种模型。例如，层次分析法是一种定性与定量相结合的多准则决策分析方法，它把一个复杂问题解析为有序的递阶层次结构，通过逐层计算组合权重，最终求得目标层（最上面的一层）的综合结果。某公司信息化建设项目风险评估如表 19–4 所示。

表 19–4　某公司信息化建设项目风险评估

风险类型	风险描述	产生原因	对项目的危害	可控性
市场风险	铜加工费大幅下跌 进出口受到限制 原料无法获得 环保要求提高	国际市场走势 国内外政策变化	可能造成企业生产经营困难，利润减少，没有资金投入本项目，造成项目停止	难预测不可控
技术风险	技术落后，不适应未来技术环境，无法升级、换代、维修	信息技术的高速发展 新的技术标准出台	前期投资损失 后期维护没有保证 长期应用困难	难预测不可控
组织管理风险	项目实施职责不明、管理不当、推行困难	组织设计存在问题 职责不清、授权不足等 来自企业内部的阻力	项目延期 投资增加 应用效果差	可预测可控制
人员变动风险	关键人才流失	企业待遇等问题 个人发展需求	前后衔接不上，造成项目延期甚至停止	可预测可控制
资金风险	投资不能及时到位	企业经营出现问题 专项资金计划不足 资金管理问题	项目进展断断续续 偷工减料，降低档次	可预测可控制

3. 风险应对

风险应对就是对风险提出处理意见和办法，主要策略有风险回避、风险转移、风险保留等。风险应对有两个层面：第一个层面是管理策略，第二个层面是具体的应对措施。某公司国际工程项目风险的管理策略和应对措施如表 19–5 所示，如果有这样的风险应对预案，工程实施风险造成的损失就不会太大。

表 19-5 某公司国际工程项目风险的管理策略和应对措施

风险事件	风险管理策略	风险应对措施
政治环境风险 政治局势不稳 政策变化 动乱与骚乱	风险回避 风险保留 风险转移	索赔 购买保险
经济风险 通货膨胀 外汇汇率变化	风险保留 风险转移 风险保留 风险利用	执行价格调整 投标中预留应计费用投保汇率险，套汇交易 履约保函合同中规定汇率保值 市场调汇
自然风险 不可抗力（雨、冰雹、海啸、地震等） 恶劣的地理和地质条件	风险转移 风险保留 风险转移	购买保险 索赔 预防措施 投第三者责任险
技术风险 设计和施工失误	风险控制 风险转移	严格的规章制度 投保工程全险
管理风险 分包方或供应商违约	风险回避	进行资格审查 索赔

4. 风险监控

风险监控就是通过对项目风险规划、识别、评估、应对全过程的监视和控制，保证项目风险管理能达到预期目标。当风险确实发生时，还要启动事先准备好的应急计划，把风险可能造成的损失控制在能接受的范围内。

19.7.5 实施效果评价

实施效果评价是指对已经实施的方案的目的、执行过程、效益、作用和影响进行系统、客观的分析。

1. 评价的内容

完整的评价体系包括目标评价、实施过程评价、效益评价、影响评价、持续性评价等内容。需要对照实施前后的状态对方案进行评价。MBA 等专业学位论文的篇幅不能太长，一般不需要完整、全面地评价方案实施效果，可以只对经济效益等主要方面，概括性地描述实施效果，进行少量评价。

（1）目标评价。主要是评定预定目标的实现程度。目标评价要对方案原定目标的正确性、合理性和实践性进行分析与评价。有些方案的原定目标不明确或不符合实际情况，方案实施的过程中可能会发生重大变化，如政策性变化或市场变化等，此时要重新分析和评价。

（2）实施过程评价。实施过程评价应对照方案设计时所预计的情况和实际执行的过程进行比较与分析，找出差别、分析原因。

（3）效益评价。对企业来说，方案效益评价即财务评价，主要指标可以是利润、销售额、成本等；也可以是内部收益率、净现值和贷款偿还期等项目盈利能力和清偿能力指标。效益评价还涉及直接效益与间接效益、经济效益和管理效率等。在撰写这方面的内容时，要尽量用定量指标。

（4）影响评价。方案的影响评价内容包括企业内外部的经济影响、环境影响和社会影响。

（5）持续性评价。方案的持续性是指在方案实施完成后，既定目标是否可以持续发展。

一篇名为《中国石油某销售公司成品油物流体系建设的研究》的论文的效果分析如下，内容比较充实，但定量内容不足，分类也不够严密。

油品调运改革方案通过近一年的运行，取得了良好的经济效益，有效地提高了工作效率，降低了经营成本。概括起来，这主要体现在以下几个方面。

（1）二级调运范围从原来的一个省扩展到现在的四省一市，可以优化的路径大大增加，使公司物流费用大大降低。

（2）物流信息系统的应用大大提高了企业物流信息化水平，提高了工作效率，也能够比较轻松地完成原来不敢想象的、纷繁复杂的任务。

（3）加油站及油库数据自动采集与销售预测相结合，初步实现了调运计划的自动生成，提高了计划提报的科学性。

（4）二次水路运输工作采用第三方物流方式进行合作，既提高了二次调运的管理水平，同时也使合作伙伴的管理水平大大提高，实现了共同发展的双赢结果。

（5）打破行政区域限制，总体平衡资源，为公司在资源紧张时完成“三个责任”发挥了巨大的作用，保证了地方能源的及时供应，同时也为公司创造了较好的经济效益。

（6）库存控制合理，既保证了资源的平稳供应，同时又降低了库存水平，减少了资金沉淀。

有些管理方案还没有来得及实施，可以预测其实施效果，而不一定要等实际实施完成后再写效果评价。下面是金山公司信息化建设效益预测的例子。

金山公司信息化建设需要投资2600多万元，包括生产控制系统、制造执行系统（MES）和管理系统三大块。建成以后，金山公司不仅在管理手段上迈上了一个新台阶，更重要的是带来了企业经营方式的变化。实施效果包括直接经济效益、间接效益和社会效益三个方面。

1. 直接经济效益

信息化项目的直接经济效益包括企业收益增加和费用减少两大类。由于市场可预测性较差，信息化在帮助销售方面的作用难以评估，其带来的费用减少项目主要有以下几种。

首先，生产控制系统的主要效益在于提高作业率，增加产量，降低成本。

其次，制造执行系统的作用在于降低成本，减少产品单耗，按照同行企业估算，预计可降低制造成本2%。

最后，管理系统的主要作用在于提高管理效率，减少管理费用，降低库存水平。参考国内企业实施管理系统的成果，预计可减少管理费用10%，降低库存水平30%，降低销售费用5%。

目前备件库存资金年平均3000万元，按降低库存水平30%、年利率5.8%计算，年可降低利息52万元，即财务费用降低52万元。

按照高氯技术改造后的达产期年均水平，主要项目费用减少预测如表19–6所示。

表 19-6　金山信息化建设直接经济效益分析（金额单位：万元）

序号	费用减少项目	达产期年均水平	预计减少费用	计算依据
1	制造成本	430497	861	降低 2%
2	管理费用	2317	232	降低 10%
3	财务费用	9581	52	降低 0.54%
4	销售费用	3864	193	降低 5%
	合计		1338	

按照静态价格计算，预计每年可产生的直接经济效益为 1338 万元。

2. 间接效益

金山信息化项目的间接效益包括以下几个方面：成本优势进一步加强；企业运作效率提高；企业对市场的反应速度加快；销售客户增加，客户服务更好；承受市场风险的能力增强；企业整体竞争力得到提高。

3. 社会效益

金山信息化建设项目的社会效益包括以下几个方面：提升企业全体员工的素质，体现以人为本的科学发展观；为集团信息化建设积累宝贵的经验，成果可以为兄弟企业借鉴；带动本市企业的信息化建设；为“数字上海”的建设提供现实的案例。

2. 评价方法

说起评价方法，经常会联想到层次分析法、灰色评价法、数据包分析法、模糊综合评价法等。从学术角度来看，对于评价方法的选择会影响评价结论。学术型研究生（尤其是博士）的研究往往在于方法本身的改进，用方法来评价一个项目只是验证其方法的改进之处。

专业学位论文强调的是解决实际问题，因此建议不要在评价方法上纠结，具体来讲：第一，不要觉得某种方法新颖，就去赶时髦；第二，不要轻易想着改进方法，从笔者既往评审过的几百篇专业学位论文来看，没有一篇可以称得上方法改进；第三，不要用复杂的方法评价实施效果，因为学生很难理解复杂的方法，时间也不允许。学生只需要较全面地描述方案实施后，为企业带来了哪些好处即可。

3. 效果评价写作经常出现的问题

（1）缺乏效果评价。方案设计、实施后，效果如何？是否解决了问题？产生了哪些效益？有些论文对于这些只字未提。一定要写实施效果或者预期效果，否则论文就缺少了必要的一环。

（2）过于简单。有的只有寥寥数行文字，内容空洞，如员工积极性大大增强，精神面貌焕然一新，生产效率大幅度提高，等等。这些都是定性的评价，缺乏定量的描述。

（3）重复方案设计或方案实施的内容，实施过程介绍过多，效果分析不足。

（4）提出一个模型，又不用模型来进行评价。例如，在某论文的“实施效果评价”一章中，第一节介绍“员工绩效评价的层次分析法模型”，第二节介绍取得了哪些成果，第三节介绍经验和教训。过程中并没有利用模型进行分析，所以可以将第一节的内容删除。

19.8 结论的写作

论文的结论，就是论文的总结。这是论文内容发展的必然结果，也是全篇逻辑推理必然得出的结论。古人说文章的结构安排就是“凤头、猪肚、豹尾”，即开头要写得漂亮，中间要写得充实，结尾要写得响亮有力。结论在一篇论文中的地位是不可忽视的。

就 MBA 论文而言，结论不仅是论文的收束与终结，也是衡量应用是否正确和成功的依据，更是读者加深对论点或中心论点的理解与认识的关键。论文结论主要有两种写法：完整的结论、结束语。

19.8.1 完整的结论

结论是整篇论文的结局，而不是某一局部问题的结论，也不是正文中各段小结的简单重复。它应当体现作者更深层的认识，且是从整篇论文的全部材料出发，经过推理、判断、归纳等逻辑分析过程而得到的新的学术总观念、总见解。

1. 完整的结论写作内容

完整的结论必须准确、完整、明确、精练。该部分的写作内容一般包括以下几个方面。

（1）本文的研究结果说明了什么问题、解决了什么问题、提出了哪些新方法。

（2）对前人有关的看法做了哪些修正、补充、发展、证实或否定。

（3）本文研究的不足之处或遗留未解决的问题，以及解决这些问题的可能的关键点和方向。

某篇论文的结论一章如下所示。

第 6 章　结论和展望

6.1 本文的研究工作

6.2 论文的结论和不足

6.3 未来研究展望

2. 完整的结论写作类型

结论的具体写法多种多样，主要有以下几种类型。

（1）分析综合，即对正文内容重点进行分析、概括，突出作者的观点。

（2）预示展望，即在正文论证的理论、观点的基础上，预见研究的生命力。

（3）事实对比，即对正文阐述的理论、观点进行分析，最后以事实做比较，形成结论。

（4）解释说明，即对正文阐述的理论、观点做进一步说明，使作者阐述的理论、观点更加明朗、全面。

（5）提出问题，即在对正文论证的理论、观点进行分析的基础上，提出与本研究结果有关的有待进一步解决的关键性问题。

3. 完整的结论写作要点

写好结论，应该注意以下三点。

（1）要让结论部分真正起到收束全文的作用，结论是对原有观点的概括，一般不要提出新的观点或材料，以免画蛇添足。

（2）结论的语言要简洁有力，给读者留下深刻的印象，还要避免两种错误：一是草草收尾，不当止而止；二是画蛇添足，当止而不止。

（3）不要夸大研究成果的作用。例如，论文中只是介绍了 ×× 理论，结论中却写成了“深入研究了 ×× 理论”；只是引用了 ×× 模型，论文中却写成了“提出了 ×× 模型”；只是用了一个新名词，论文中却写成了“创新”。

19.8.2 结束语

结束语又叫结语，与完整的结论不同，它是指文章末尾带有总结性的一段话。结语作为全篇文章的结束部分，体现了文章结构和内容的完整性，在结构上可与开头的引言相呼应。结语并不能代表学术研究最终的结论。

专业学位论文强调应用，所以一般不用完整的结论，用结语的情况比较常见。结语内容较宽泛，是对全文的总结性、概括性表述或进一步说明。比如再次点明论题，概括本文的主要内容和研究成果，指出本研究的不足或局限性，提出需要深入研究的课题或指明研究方向，阐明论题及研究结果的价值、意义和应用前景，对有关建议及相关内容做补充说明，等等。其客观性较结论弱，主观性较强。

结语一般不分条表述，没有定量信息。下面将给出一个实例供大家参考。

A 公司基于供应链的 VMI 项目实施研究

结语

VMI 策略的主要思想是，客户将库存外包给供应商进行管理的方式可以提高生产计划的准确性，降低库存成本与风险，增加供应链的灵活性。本文重点对 VMI 策略进行了论述，阐明了 VMI 策略对解决供应链环境下的库存问题的有效性。通过对 A 公司 VMI 项目实施的研究，可以看到 A 公司与一些供应商在 VMI 项目上已经取得了相当丰硕的成果，但是也被一些供应商拒绝过，还有一些供应商作为下一阶段的潜在合作者正在进行艰难的谈判。

A 公司将面向国内的供应商推广海外供应商成功实施 VMI 的经验，以弥补一些供应商由于距离过远，无法使用看板来拉动物料需求的库存管理模式。将这些供应商纳入 VMI 模式中，可以进一步扩大以 VMI 方式采购的料件范畴。同时，针对国内供应商的情况考虑在设置 VMI 仓库时将仓库置于出口加工区之外。这样的好处是在加工区外就能处理来料不良料件，开展金像试验、金属探伤试验等事宜，避免了进入海关关区内烦琐的手续。

随着 A 公司的销售数量不断增加，如何改进下游供应链的库存管理策略以适应变化，结合现有的“车道战略”来提高客户响应速度和服务水平，将是今后研究的方向。此外，A 公司需要进一步研究 VMI 支撑体系的各个模块之间的关联机制，提高其柔性和快速反应的能力。

可以预见的是，VMI 作为一种库存管理方法必然有它的历史性，它会被阶段更高、集成度更高的库存管理方法所取代，不变的趋势是客户将被置于更加中心的地位，客户价值将会越来越受到重视。

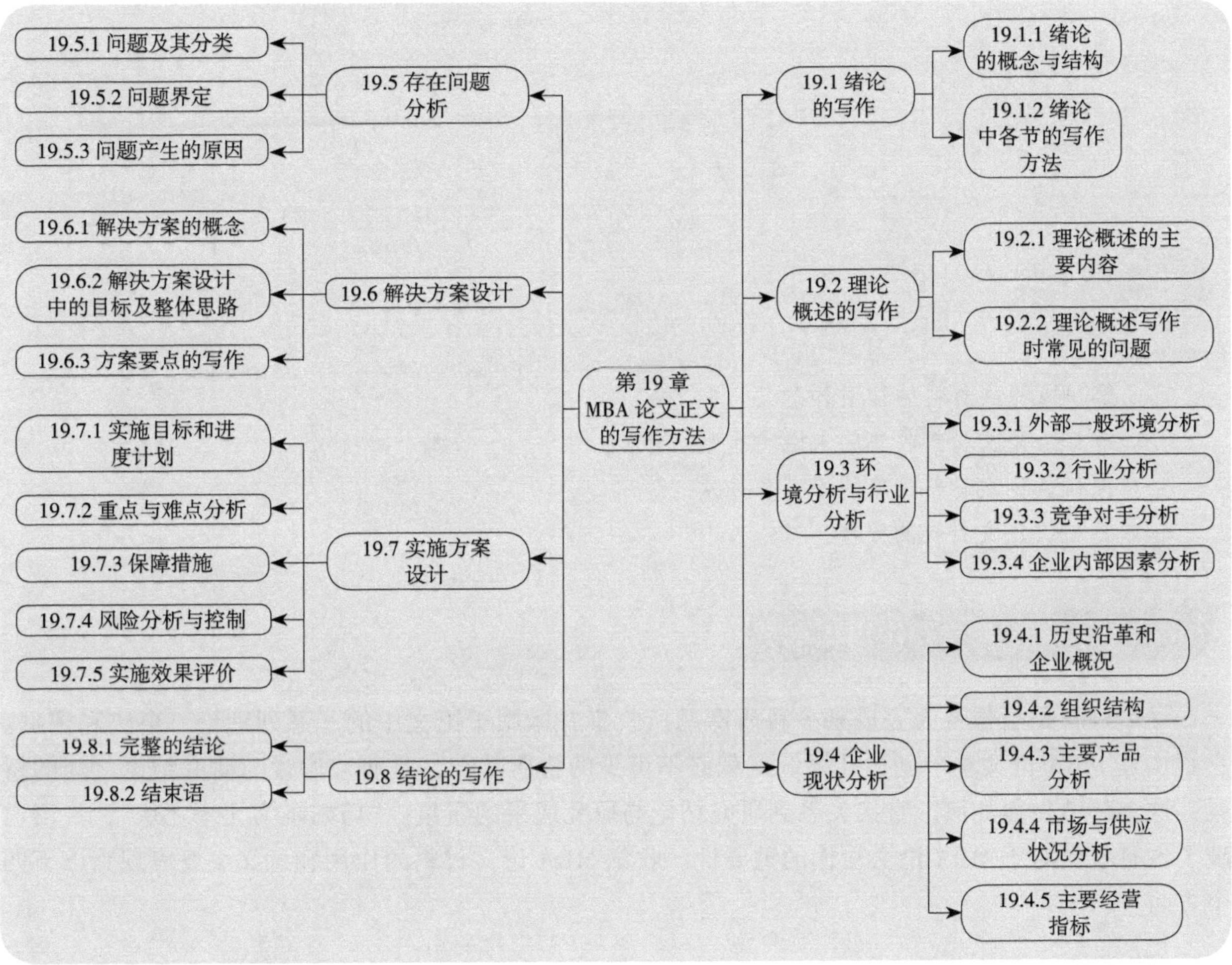

- 第 19 章 MBA 论文正文的写作方法
  - 19.1 绪论的写作
    - 19.1.1 绪论的概念与结构
    - 19.1.2 绪论中各节的写作方法
  - 19.2 理论概述的写作
    - 19.2.1 理论概述的主要内容
    - 19.2.2 理论概述写作时常见的问题
  - 19.3 环境分析与行业分析
    - 19.3.1 外部一般环境分析
    - 19.3.2 行业分析
    - 19.3.3 竞争对手分析
    - 19.3.4 企业内部因素分析
  - 19.4 企业现状分析
    - 19.4.1 历史沿革和企业概况
    - 19.4.2 组织结构
    - 19.4.3 主要产品分析
    - 19.4.4 市场与供应状况分析
    - 19.4.5 主要经营指标
  - 19.5 存在问题分析
    - 19.5.1 问题及其分类
    - 19.5.2 问题界定
    - 19.5.3 问题产生的原因
  - 19.6 解决方案设计
    - 19.6.1 解决方案的概念
    - 19.6.2 解决方案设计中的目标及整体思路
    - 19.6.3 方案要点的写作
  - 19.7 实施方案设计
    - 19.7.1 实施目标和进度计划
    - 19.7.2 重点与难点分析
    - 19.7.3 保障措施
    - 19.7.4 风险分析与控制
    - 19.7.5 实施效果评价
  - 19.8 结论的写作
    - 19.8.1 完整的结论
    - 19.8.2 结束语

1. 绪论在 MBA 论文中扮演什么角色？绪论的结构应该包括哪些主要内容，各节的写作方法有哪些具体要求？

2. 在撰写理论概述时，通常需要涵盖哪些主要内容？常见的写作问题有哪些，如何避免这些问题？

3. 环境分析和行业分析的目的是什么？外部一般环境分析、行业分析、竞争对手分析和企业内部因素分析各自的侧重点和方法是什么？

4. 在进行企业现状分析时，应该从哪些方面入手，如何系统地描述企业的现状？在存在问题分析中，如何分类和界定问题，并分析问题产生的原因？

第 20 章

MBA 论文材料的收集与处理

1. 了解 MBA 论文材料的作用和意义。
2. 理解 MBA 论文材料收集的来源和原则。
3. 掌握 MBA 论文材料收集的途径与方法。
4. 掌握 MBA 论文材料的处理。

20.1 MBA 论文材料的作用和意义

写作材料是指作者为完成某一科研课题所收集并运用于论文中的一系列理论、事实和依据。它是构建 MBA 论文整个创造性系统工程必不可少的物质基础，是研究假说与研究结论之间的桥梁，这个环节做得如何，直接关系到研究结论与研究成果的质量。“巧妇难为无米之炊”，一语道破了占有材料对于 MBA 论文写作的重要性。收集 MBA 论文材料的作用和意义主要表现为以下四个方面。

20.1.1 材料是选题的依据

论文选题是在调查研究和查阅文献、占有材料并对它们进行阅读、整理和分析，了解已有的研究成果和研究动态的基础上确定的。在材料准备不足或根本没有进行材料收集工作的情况下，就随意挑选一个自认为可行但实际上却没有新意和价值的选题，最终不仅会造成人力、物力和财力的浪费，更重要的是会影响 MBA 论文完成的质量。没有大量、足够、有用的材料，没有对这些材料的分析、综合、归纳、整理等加工和提炼工作，论文的选题就无从谈起。因此，充分地占有材料是选题的重要依据。

20.1.2 材料是产生观点的基础

材料是 MBA 论文产生观点的基础，因此，应该收集、占有尽可能多的资料。一篇学位论文的论点并不是作者凭空想象出来或随意提出来的。当作者在收集、阅读和分析材料时，往往能从中发现独到的见解。作者应对已有的材料进行充分的占有和分析，从中得知本学科及其相关学科发展的新动向，从而找到创新的灵感，启发出新想法。一篇两三万字的 MBA 论文，没有收集几十万字的材料，是很难形成观点的。要想占有大量全面的材料，就得靠平时的积累，注意收集不同时期、不同观点、不同角度的著作和论文，以防偏差。

20.1.3 材料构成论文的“血肉”

材料在 MBA 论文中不仅仅是形成论点的基础，同时还是论点的支柱。材料蕴含思想、支撑论点，是论文写作的基础。收集材料是论文写作的物质积累，同时也是思想的积累。如果说观点是学位论文的灵魂，那么材料对论文来说，就犹如人的血肉。确定 MBA 论文的论点之后，就要开始对论点进行论证与支撑，需要寻找大量充分有力的论据，这就要求作者积累材料，并对其进行归纳分类。论文的写作过程实际上也是收集材料和围绕论点组织材料、分析材料，提出新见解的过程。在写作过程中，要“摆事实，讲道理”，用事实说话，以理服人。没有材料，即使有一些好的思想与观点，也不能很好地表达出来。在引用前人研究的材料和成果时，要注意使它们与作者的思想融为一体，使其成为 MBA 论文的“血肉”。

20.1.4 材料深化中心论点

一般而言，MBA 论文的中心论点通常都是在作者接触了经济生活和企业管理中具体的现象后，在对占有的材料进行梳理、分析、研究的基础上得来的。在对学位论文进行布局谋篇时，甚至在将自己的观点雏形外化为具体的文字表述时，随着作者思维活动趋于活跃，对中心论点的认知也会因对材料的认识不断升华，更有些人还可能修正甚至完全改变原来的观点与主张。这些情况更加说明了 MBA 论文的材料在立意与表述过程中对作者的观点与主张的巨大影响。材料的使用是学位论文是否具有说服力的重要体现。在硕士学位论文的评议和审定上，答辩能否通过的评价因素中，材料是否丰富和翔实被视为实体性的审查内容。正是因为如此，在写作 MBA 论文时，一定要注意广泛收集和使用典型材料，以便确立和深化中心论点。

20.2 MBA 论文材料的收集

MBA 论文的撰写应该从收集材料开始，应该尽可能了解前人在该领域的研究成果和结论，以此启发自己的创新性思维。本节将着重介绍如何开展材料收集工作。

20.2.1 材料的来源

通过收集材料，可以了解前人研究所取得的成果，吸取、继承好的经验和做法。那么，如何寻找材料呢？材料的来源在哪里呢？

1. 报刊书籍和其他材料

无论是本科生还是研究生，大部分时间都是在课堂与图书馆度过的，间接获取材料通常是收集材料的主要方式，因此，不要忽视报刊书籍对于收集材料的作用。论文写作者要明确地把报刊书籍，以及通过其他方式获得的各类材料当作 MBA 论文材料的重要来源。报刊书籍和其他材料（主要包括音像视频等），尤其是经济管理类的报刊书籍和其他材料是社会信息和经济信息的重要载体。因此，论文写作者平时要养成良好的阅读习惯，多读、多看、多记，注意积累相关的材料。

2. 社会生活

MBA 论文研究既来源于社会生活，又高于社会生活。MBA 论文写作者可以通过对社会生活的观察、体验、实验、感受、调查，从中收集到自己所需要的写作材料。社会经济生活及企业管理实践是 MBA 论文材料的主要来源，所获取的材料属于直接材料。只有在生活实践中不断发现新问题、新现象，进而对其进行分析和论证，才能写出有价值的论文。因此，论文写作者要多参加社会实践活动，深入广泛地开展社会调查。对于 MBA 学生来说，通过专业实习和在岗工作，可以多了解社会和所在企业出现的新问题、新现象，收集、分析和研究所需要的第一手材料，获取最直接的经验和体会。

20.2.2 材料收集的原则

在材料收集的过程中，应当遵循以下五个原则，即定向、全面、新颖、精练、真实。

1. 定向

所谓定向，就是指收集材料的目的性。在信息爆炸的经济时代，关于任何主题的资料都浩如烟海，为了迅速收集所需的 MBA 论文材料，就必须有目的性、有针对性地进行收集。在收集材料时要时时记住自己的目的和任务，时时联系自己研究的问题来分析思考，时刻以自己的论点为中心，与主题关系不大或者没有关系的材料即使很生动、很真实，也应该剔除。

2. 全面

所谓全面，就是指所选取的材料要有足够的数量，要有一定的广度。只有通过多种渠道，采用多种方法收集材料，才能用大量的材料来充分而有力地证明自己的观点。真正有好见解的论文和著作都是在详细的收集、占有材料的基础上写成的。占有了丰富的材料，写出的 MBA 论文才可能有广度和深度；反之，材料不充足，就势必造成论据的不充分，说理不全面，以偏概全，不能自圆其说。

3. 新颖

所谓新颖，就是要掌握最新的研究动态、发展趋势和研究成果，尤其提倡通过亲自调查获得第一手材料，这样的材料常常最有新意。材料越新，越有助于激发新的灵感，激发新的创造。因此，在收集材料过程中作者必须做个有心人，学会细心观察和捕捉新的变化和新的问题，从别人没有涉及、没有发现的方面或问题入手去准备材料和选用材料，从而使论文立意新颖。强调选择新材料，并不是说完全舍弃旧材料。它们虽然是过去的历史文献，如果仍然富有生命力或具有新的价值，能够给人耳目一新的感觉，也可以对其进行巧妙选用。

4. 精练

MBA 论文中使用材料力求少而精，千万不要罗列材料、堆砌材料。撰写 MBA 论文虽然需要收集许多有用的材料备用，但是能够被选入 MBA 论文中的毕竟是少数，要选用具有典型性与代表性的材料。典型材料能够反映客观事物的本质和共性，触及问题的实质，选材得当能够达到“以一当十”的效果；反之，取材不当，则容易淹没主题或导致偏题。因此，在收集材料时要注意分析研究，将材料进行分类，区分主次。在 MBA 论文的准备过程中，对一般的次要材料要做到自己心中有数，而在具体论文写作中则应精选出那些与自己的选题方向关系紧密、有影响力的、对自己有启发的和在学术界尚存在争议的材料，要注意避免无价值的重复智力劳动。

5. 真实

所谓真实，就是指所选择的材料要绝对真实和准确。MBA 论文的特点是学术性和科学性，因此，所选择的材料必须可靠无误，符合客观事实，建立在真实材料的基础上才能得出正确结论。如果使用的材料虚假，将会使别人对论文的可靠性产生怀疑，这样会削弱材料对论点的说服力，影响整篇学位论文的质量。因此，在平时收集材料时，要认真考虑其准确性，摘录的材料一定要注明出处。对于材料中的数据和引文，尤其要注意准确、翔实。即使是第一手材料，也必须进行考证、核对。

20.2.3 材料收集的途径

收集材料就是从研究的问题出发，着力探索寻觅，通过多种方法和手段，尽可能广泛地获取与选题有关的材料。根据材料的来源不同，收集材料的途径和方法也不同。一般来说，材料收集可以分为间接材料的收集和直接材料的收集两种途径。

1. 间接材料的收集。

间接材料的收集，也就是对文献材料的收集，它可以从以下四个途径进行。

第一，前人的研究成果。前人的研究成果指的是国内外学术界对相关研究问题或领域已有的研究观点或进展。撰写 MBA 论文不是凭想象进行的，而是在他人研究成果的基础上进行的，因此，对于他人已经解决了的问题就可以不必再花大力气去重复研究；但作者可以从中得到有益的启发、借鉴与指导。对于他人未解决的或解决不圆满的问题，则可以在他人研究的基础上继续研究和探索。切忌只顾埋头写作，而不管他人的研究，否则撰写的 MBA 论文将远远低于前人已经达到的水平。

第二，边缘学科的材料。当今时代是信息时代，人类的知识体系呈现出大分化、大融合的状态，传统学科的分界逐渐被打破了，出现了令人眼花缭乱的分支学科及边缘学科。MBA 论文写作者要努力掌握边缘学科的材料，这对于所进行的学科研究、课题研究大有裨益。它可以使作者研究的视野更加广阔，分析的方法更加多种多样。譬如研究管理学的有关课题，就可以参考社会学、心理学、人口学等学科的已有研究成果，或借鉴人类学等学科的研究方法，如果知识面和思路狭窄，就很难撰写出高质量的学位论文。

第三，专业人士的有关论述和国家的政策文献。专业人士的论述极具权威性，对准确有力地阐述论点有很大的帮助。例如，在经济学界，著名经济学家张五常和吴敬琏的论述就很有权威性和影响力，媒体也非常重视对他们观点的报道和转载。至于国家最新的方针与政策，既能体现社会经济活动的实践经验，又能反映出现实工作中存在的多种问题。因此，研究一切现实的问题都必须占有和熟悉这方面的材料，否则如果出现与国家的方针或有关政策不一致的现象，会给学位论文的写作造成障碍，从而影响论文质量。

第四，背景材料。首先，收集和研究背景材料，有助于开阔思路，提高学位论文质量。例如，要研究金融行为学理论，不能只研究它的理论和模型，还应该大力收集金融行为学产生和发展的社会、政治、经济等背景材料，并把理论和模型放在大的背景下进行研究，从而取得深入的研究成果。其次，在作者思路枯竭时，背景材料也可以给作者另一个思考角度，有利于 MBA 论文的顺利完成。

2. 直接材料的收集。

由于 MBA 论文具有很强的实践性，因此，仅利用间接材料是不够的，还必须收集直接材料。直接材料的来源主要有科学观察、实地调查与科学实验。

第一，科学观察。观察是收集直接材料的一种重要途径。通过细心观察和感悟社会生活，可以获得各方面的信息，从中受到启发。科学观察是在自然状态下进行的，不对客观事物或现象进行干扰，因此获得的数据、信息较为自然、客观、真实，缺点是比较耗费时间。另外观察者也可能在无意间改变被观察者的情境，影响被观察者的行为举止。在实际观察的过程中要做到全面、系统、动态地观察事物；要不带主观框架或成见客观地观察事物和现象；要细心准确地做好观察记录，边观察边思考。

第二，实地调查。实地调查作为一种研究方式产生于 20 世纪初期，是最早由芝加哥学派倡导的一种研究方式。实地调查（field research）又称为田野研究、田野调查，有的学者也称为田野工作（field work）。它是指研究者深入社会现象的生活背景中，以参与观察和非结构式访谈的方式收集资料，并通过对这些资料的定性分析来理解和解释社会现象的一种调查研究方法。在进行调查之前必须制订一个周密的调查计划，以保证调查质量。调查计划包括确定调查目的、调查对象、调查地域、调查方法、调查项目及编制调查表等几个方面。采用实地调查方法时，务必做到态度端正、谦虚谨慎，不能畏惧困难、半途而废，也不能没有任何逻辑地进行调查；此外，要做到实事求是，切忌先入为主。

第三，科学实验。科学实验就是根据选题的需要，人为地控制或模拟客观现象（如模拟仿真），排除各种干扰，在有利的条件下获得事实材料。它是在观察方法的基础上发展而来的，是观察方法的延伸和补充。通过实验，使得研究对象的某种属性或联系以简化的状态出现，能够强化研究对象，使其处于受控状态，有利于揭示新的特殊规律。科学实验在经济管理类专业学位论文写作中比较少见，而科学观察和实地调查则比较常用。

20.2.4 材料收集的方法

1. 通过图书馆收集材料

图书馆是人类一切知识载体的总汇。研究者要想以较少的时间从“知识海洋”里寻找比较多的可用材料，就要学会文献检索，掌握了解资料来源、明确检索范围、选择检索工具、确定检索途径以及查找文献资料等文献检索的方法。

（1）了解资料来源。图书馆的藏书具有很强的专业性，特别是专业期刊及核心期刊的收集比较系统和完整，并藏有科技报告、会议文献、政府出版物、技术标准、专利文献、学位论文、科技档案、产品资料等特种文献。图书馆的藏书也涉及人类知识的各个门类，它依照一定的分类方法，将信息载体组成一个庞大的、从属明确的科学分类体系。图书馆收藏有某一学科及相关学科的文献检索工具（目录、索引、文摘等）和参考工具书（专题述评、动态综述、手册、年鉴、大全、百科全书等）。在图书馆查找检索工具书和参考工具书，是进行文献检索最基本、最常见的方法。

（2）明确检索范围。文献检索要从课题研究的中心内容和研究重点出发，从多方面进行分析。检索范围一般可从区域界限、时间区间和专业范围三个方面进行考虑：一是区域界限，即明确是取得某一作者的某一具体文献，还是要取得某一地区、某一国家有关某一问题的全部文献；二是时间区间，即明确是取得近一年内有关某一问题的文献，还是要取得若干年的全部文献；三是专业范围，即明确查找的专业。

（3）选择检索工具。在查找文献资料前，首先要了解和熟悉检索工具的具体情况。例如，哪些检索工具收录的所查专题的文献资料比较丰富，哪些检索工具中收录的文献资料价值比较高。有关这方面的问题，学生可以直接到图书馆参考咨询部门或者文献检索室咨询，工作人员可以圆满回答此类问题，当然也可以请教导师。

（4）确定检索途径。文献检索途径可以分为两类：一类是按照文献外部特征（作者、标题和编号）进行检索，另一类是按照文献内部特征（分类和主题）进行检索。查找资料的方式有手工检索和计算机检索两种，目前已逐步过渡到以计算机检索为主。

（5）查找文献。利用各种检索方法，就能获得所需的文献资料的线索。如果查找到的题录、简介、文摘等满足了课题需要，也就完成了查找文献的工作；如果不能满足需要，则可以根据现在的文献及其涉及的参考资料为线索逐一追踪，不断扩展，从而查找出原始文献。

通过图书馆可以找到的材料类型

通过图书馆可以找到的材料类型主要有图书、期刊、报纸、会议文献、学位论文和其他特种文献。

（1）图书。图书中论述的观点都比较成熟，能够帮助 MBA 论文写作者比较系统、全面地了解某一问题。对于初涉研究领域的大学生和研究生来说，在开始学位论文写作之前，很有必要找一些相关书籍来帮助自己对所选题目做一个全面的了解。

（2）期刊。期刊通常分为中文期刊和外文期刊两大类。最新的科学研究成果中有很大一部分是通过期刊发表的，是学生掌握各种新知识、新理论和了解最新信息的重要途径。由于期刊是连续出版的，通过查阅期刊，MBA 论文写作者可以更好了解某一学科领域和专业方向的研究动态。

（3）报纸。报纸是最迅速、最灵活、最有时效性的信息来源。它反映的各方面新动向往往能够使 MBA 论文写作者从中捕捉到新的灵感。

（4）会议文献。会议文献具有专业针对性强、反映信息早的特点，通过会议文献能够收集到相关研究领域最新的观点、材料和研究成果。

（5）学位论文。学位论文主要分为学士学位论文、硕士学位论文和博士学位论文三种。撰写 MBA 论文时尤其要注重对硕士学位论文和博士学位论文的查阅，因为这两类论文的选题一般较为新颖。特别是博士学位论文，通常有一定的创新性，具有较高的参考价值。

（6）其他特种文献。主要包括科技报告、政府出版物、技术标准、科技档案、产品资料等。

2. 利用互联网收集材料

从互联网中获取所需资料已成为当今人们获得信息的最常用的一种途径。通过互联网能够以最快的速度查找到国内外比较新的资料。在 MBA 论文材料的收集过程中，作者应充分利用好这一方法。

（1）利用数据资源库和报刊网站搜索材料。目前各类中外文数据库急剧增加，这些数据库规模不等，内容包括自然科学、社会科学各专业，专题或大或小，部分为免费使用，部分为有偿服务。常见的中文数据库见例证。需要注意的是，MBA 论文材料最好来自经管学科专门的数据库。

此外，还可从报刊网站搜索材料。目前几乎所有的报纸均建立了自己的网站，可通过其网站浏览和查询标题和部分报刊内容，如光明日报（epaper.gmw.cn）、中国证券报（epaper.cs.com.cn）。许多期刊已经建立了自己的专门网站，可查阅发表的所有论文的题录、摘要和部分样板论文全文，如《经济研究》杂志（www.erj.cn）、《管理世界》杂志（www.mwm.net.cn）。报纸杂志也有数据库，常见的有 CNKI 中国知网（www.cnki.net）。

常用的数据库网址

（2）利用公共图书馆和高校图书馆网站搜索材料。公共图书馆和高校图书馆网站的资料通常可分为非电子资源和电子资源两种，其中电子资源日益增多。很多高校购买了大量的数据库供用户使用。目前，高校学生一般是通过所在高校图书馆所提供的数据库阅读和下载各种电子资源，包括电子版论文和书籍。高校的每个院系基本上都建有网站，建立了与本专业相关的许多链接，使学生能够迅速查到许多本专业的信息资源。一些高校已经建立了馆际互借的制度，学生或教师可以免费或有偿使用馆际互借，将外校的电子资源下载使用。

常用的公共和高校图书馆网址

（3）利用搜索引擎搜索材料。互联网的迅猛发展使互联网上的信息呈几何级数增长。因为互联网上的信息是极其无序的，所以信息量越大，也就越难被人们有效地利用。因此，如何快速、有效地获取和利用互联网上的信息就成了一项艰巨的任务。目前解决这一问题的最佳途径就是利用搜索引擎。例如，用读秀学术搜索（www.duxiu.com）或百度学术（xueshu.baidu.com）可以迅速找到许多相关学术论文的标题、作者、摘要、发表刊物和日期，甚至全文。

目前国内的主要搜索引擎包括百度（www.baidu.com）、搜狗（www.sogou.com）、360 搜索（www.so.com）。常见的英文搜索引擎有 Lycos（www.lycos.com）、Microsoft Bing（www.bing.com）、Excite（www.excite.com）。

搜索引擎的通用查询方法

每个搜索引擎都有自己的查询方法，只有熟练地掌握它，才能运用自如。但有一些通用的查询方法，各个搜索引擎基本上都是具备的，充分掌握这些必要的搜索技巧，可以最快地获取查询结果。

（1）使用双引号（“”）。给要查询的关键词加上双引号，可以实现精确的查询。这种方法要求查询结果要精确匹配，不包括演变形式。例如，在搜索引擎的文字框中输入“电传”，它就会返回有“电传”这个关键字的网页，而不会返回“电话传真”之类的网页。

（2）使用加号（+）。在关键词的前面使用加号，也就等于告诉搜索引擎该关键词必须同时出现在搜索结果的网页上。例如，在搜索引擎中输入“经济 + 管理 + 金融”就表示要查找的内容必须要同时包含“经济、管理、金融”这三个关键词。

（3）使用减号（—）。在关键词的前面使用减号，也就意味着在查询结果中不能出现该关键词。例如，在搜索引擎中输入“经济—循环经济”，它就表示最后的查询结果中一定不包含“循环经济”。

（4）使用通配符（*和？）。通配符包括星号（*）和问号（？），前者表示匹配的数量不受限制，后者表示匹配的字符数要受到限制。例如，在中文搜索引擎中输入“电*”，查询结果可以包括计算机、电影、电动机等内容。

（5）使用括号[（）]。当两个关键词用另外一种操作符连在一起，而又想把它们列为一组时，就可以给这两个词加上圆括号。例如，在搜索引擎中输入“（企业管理—营销）+（国家政策）”，就可以搜索到包含“企业管理”，不包含“营销”，但同时包含“国家政策”的网站。

（6）使用元词检索。大多数搜索引擎都支持“元词”（metawords）功能，用户把元词放在关键词的前面，这样就可以告诉搜索引擎自己想要检索的内容具有哪些明确的特征。例如，在搜索引擎中输入“title: 清华大学”，就可以查到网页标题中带有清华大学的网页。在输入的关键词后加上“domain:org”，就可以查到所有以 org 为后缀的网站。其他常用的元词还包括 image（用于检索图片）、link（用于检索链接到某个选定网站的页面）、URL（用于检索网址中带有某个关键词的网页）。

3. 收集材料的传统方法

收集材料的传统方法很多，但是比较常用的是做卡片、做笔记和剪报三种。

（1）做卡片。卡片具有方便、灵活、可分可合、可随时另行组合的特点。读书阅刊时发现有价值的材料，应随时记下，然后分门别类整理，需要时检索即得。卡片最好按统一的标准制作，一般与出版社或信息机构出版发行的图书提要卡或论文文摘卡片规格一致，也可以买现成的卡片柜使用。根据文献的特点和自己的具体需要，可以将卡片写成不同的样式。

第一，索引卡片。只抄录论文的题目、著者、出处，并在左上角注明所属类目。这种卡片不反映论文的详细内容，仅起到索引作用，制作迅速，包含信息量少。写卡片时，用字要精练，有些论文标题没有明确反映文章的内容，可以在题下加注。

第二，提要卡片。注明论文的题目、著者、出处，并用最简练的语言概括全文的要点和主旨。一般而言，数千字至万余字的论文，提要写三百字左右即可。提要内容一般应按原文的顺序，写出简短、连贯的文字，应包括基本观点、基本事实、中心思想、结论意见以及有关数据等。有的期刊发表的论文，标题下附有论文提要，可依此作为写提要卡片的参考。

第三，摘录卡片。它是指摘录报刊、书籍、论文中有价值的片段。摘录时要注明原文名称、作者、出处、日期、页码等，忠于原文，一字不差，宜加上引号，原文中不需摘录的内容可用省略号表示。

第四，心得见闻卡片。它是把读书的心得、所见所闻写下来。心得见闻卡片的书写形式多种多样，依各人的习惯而定。一般来说，先把原文的有关部分摘录下来，然后写上自己的心得。一卡只能记一条材料或一个问题，以便于分类检索。心得见闻卡片最好单面写，并在卡片左侧留些空白，以便以后阅读卡片时在上面加按语或补充资料。

（2）做笔记。做笔记是任何一位 MBA 论文写作者都必须做的事情，好记性不如烂笔头，阅读书报杂志时，进行调查研究时，都要随身携带笔和纸，随时记下所需要的内容或有关的感想体会、理论观点等。MBA 论文写作者必须用科学的方法对笔记进行管理：第一，用笔记本中的资料编制分类目录，注明页码，贴在本子的前面。第二，编制关键词索引。关键词是从文献的标题或正文中选取的，具有检索意义的人名、书刊名、篇名、地名、机构名、事件名、概念术语等。关键词按汉语拼音音序排列，注明出处，便是关键词索引。

（3）剪报。剪报就是将有用的资料从报纸、刊物上剪下来，或用复印机复印下来，再进行剪贴。对所剪材料，要在上面标明报刊名称、日期和版面，以备引用或查找。要把所剪材料贴于相同规格的纸上，便于整理保存。对剪报中的精彩之处，要用红笔标出，以便选用。当积累剪报到一定数量时，可进行分类整理，装订成册。这种方法的优点是可以节省抄写时间。

在收集材料的过程中，做卡片、记笔记还是剪报，可依材料的情况而定。短小、分散的材料用卡片，较长、系统的资料用笔记本，剪报资料则分类存放。也可兼用多种方法，但宜少不宜多，否则材料分散，检索费时。

20.3 MBA 论文材料的处理

不同时间、地点、途径和渠道获得的材料，有可能显得杂乱无章，要想利用这些材料来写成 MBA 论文，一定要对其进行分类、编码、阅读、记录、分析、整理，最后选取合适的材料，并合理使用这些材料。

20.3.1 材料的分类与编码

把所需的材料收集妥当之后，必须加以整理，以分类编码为首要任务。只有把材料分门别类整理出来，才可以按论文的逻辑组织材料，把学位论文写好。

1. 分类

一般的材料分类方法主要有观点分类法和项目分类法两种。

（1）观点分类法。观点分类法又称主题分类法，就是围绕观点（或主题）来对材料进行加工与分类。具体而言，就是先提炼出一个具有代表性的观点，然后把所有与这个观点相关的论点与材料等汇总起来，组成一个材料系列。这种方法有助于人们把杂乱无章的材料系统化，从而方便对材料进行纵向或横向分析，厘清事物的差异和内在联系。观点分类法是论文写作者最为常用的方法。

（2）项目分类法。项目分类法就是按照材料的内容属性及其今后在论文中所起的作用进行分类整理的方法。例如，可以把材料分为理论类、事实类、心得类。理论类材料可以按照概念、观点、政策、法规等分别归类；事实类材料可以按照事例、数字、图表等分别归类；心得类材料可以按照观察所得、调查所得、实验所得、阅读所得等分别归类。这些材料将分别成为今后学位论文写作的理论论据、事实论据以及观点的来源。

2. 编码

将资料进行分类以后，作者可以根据个人论文写作选题的不同需要与写作习惯，将它们编成卡片或是书本式的目录，在计算机的文档管理中则体现为文件夹，予以保存。一般而言，在计算机的文档管理中，编码工作可以按照标题、内容、作者、年份等不同的形式进行，以便于索引和查找。以名为“1.2 陈国海 –2024.pdf”的文件为例，表示主题编码为 1.2，作者是陈国海，发表年份是 2024

年，保存的文件格式是 pdf。

材料如果不全面，研究就会有偏颇、有漏洞，论述也就会不完美。通过材料的分类与编码，可以弥补初次收集材料时，由于对研究问题认识不足以及时间的限制等原因而留下的缺陷。在这一系列过程中，如果发现材料有薄弱之处、遗漏之处、可疑之处，都要及时地再次展开材料的收集工作，直至材料达到在现有条件下最为完善的程度。

20.3.2 材料的阅读与记录

1. 阅读

这里的阅读不同于一般材料收集阶段的阅读浏览，而主要是指精读，即针对经初读挑选出来的材料，按照粗读的提示，深入细致地进行阅读，并做好记录备用。

根据与选题的密切关系，精读大体有以下两种方法。

（1）选读。这是指经过认真鉴别后，重点研读材料中有用和作者自身感兴趣的部分（如生动的事实、有说服力的数据、启发性的观点、严谨的推理、写作的重点等），其余部分可做大概的了解。这样做可以提高阅读的效率，不至于陷入材料的流沙中。

（2）通读。与研究课题密切相关的材料必须列为阅读的重点，深入地、系统地，甚至反复多次地阅读，不仅要弄清其内容实质，同时还要研究其论证手段、论证方法，从多方面吸取其精华，提高作者对问题的认识能力和表达能力。

2. 记录

记录是科学的材料储存方法。无论是选读，还是通读，都要做好重点材料的记录工作。所需记录的内容包括以下五点。

（1）材料中富有启发性的论点、见解和看法，最好完整、准确地摘录下来，以便于形成自己的观点。

（2）材料中典型、新颖的论据材料，最好原封不动地摘录下来，以便阐述自己观点时进行参考或者使用。

（3）材料中有关的中心论点、各个分论点和小论点等，建议以提纲的形式记录，以便了解材料的结构。

（4）阅读材料的过程中自己形成的心得体会。这些感受虽然可能是零散的，但记录下来对于形成自己完整的看法、观点，很有启发意义。

（5）摘录材料中所引述的有争议性的意见或作者与别人进行争论的内容。这种摘录往往可以帮助作者修正自己的论证角度，使论文更加具有针对性。

20.3.3 材料的分析与整理

1. 材料分析

对材料的分析和评价是在阅读的过程中同时进行的，阅读的过程就是对材料进行初步分析和评价的过程。当然对材料的分析也是对材料进行分类的基础，没有经过材料的分析过程，分类时就会发生错误。

一般来说，对材料进行分析可以从以下两个方面来进行。

（1）对材料的有用性、相关性、研究的深度和时效性进行分析评价。

有用性是指材料是否有助于佐证假设，是否有助于开拓思路，是否提供了研究问题的背景知识和发展线索。

相关性是指材料与所研究问题的关联程度，有些材料可能与该研究问题直接相关，这部分材料是 MBA 论文写作必须使用的。另外，还有一些材料虽然与该研究问题并非直接相关，但却从另外一个侧面提供了研究的思路，也具有重要价值。

研究的深度是指材料本身的研究水准，不同的材料有不同的阅读对象和不同的写作目的，甚至由于作者自身的学术水平，在研究层面上，可能也会有所不同。因此，选择哪种层次的材料取决于研究的对象及研究者本身的特定情况。对于硕士学位论文来说，除了选择一些导论性、工具性的文献外，必然还要检索一些研究深度较深的文献。

时效性是指材料仅适合某一阶段或者时期的情况。一些政策性很强的材料通常与政府颁布的政策法令密切相关，因此它们的时效性通常很强，当政策法令改变之后，这些材料通常会失去其原先的参考价值。MBA 论文经常会涉及一些政策性很强的材料，如与金融法规、劳动法等相关的材料，因此需要密切关注这些材料的时效性。

（2）对材料的真实性和权威性进行甄别。

真实性是对材料的基本要求，特别是在第一手文献很难获得的情况下，对收集到的二手文献甚至三手文献要进行仔细的核实和校对。这项工作充分体现了研究者严谨的学术作风和实事求是的态度，要求研究者保持良好的职业道德和敬业精神。

权威性是指材料要有说服力，在学术界有较大的影响力，能够充分论证所提出的观点。要保证材料的权威性，首先就要保证材料的真实性，不可靠的材料来源必然影响到其权威性。来自专业和权威学术期刊的论文材料通常比较具有权威性。

2. 材料整理

材料的整理是大脑对材料的“再加工”，也是作者发挥主动性和创造性，循序渐进、逐层深入的认识过程。在材料的整理过程中，要多读、多思考，力求准确地把握材料的性质和价值，取得整理的预期效果。材料的整理根据数据材料和文字材料两种类型而有不同的整理方法。

（1）数据材料的整理。

数据材料的整理一般要经过审核、分组、汇总、制作图表四个步骤。

审核。审核是指对调查资料进行认真审查和核实的工作过程。数据资料审核的办法一般有逻辑检验、计算审核和经验判断三种。

分组。分组是指对调查资料进行数据内容的分类，其步骤包括选择分组标志、确定分组界限、分配数列。

汇总。汇总是指根据研究目的，把分组后的各种数据汇集到相关表格中，并进行计算和加总，以集中和系统地反映调查对象总体的数量情况。资料汇总的常用方法有手工汇总、机械汇总和计算机汇总。

制作图表。制作图表是对前面数据材料的整理进行的形象鲜明的展示，统计图表的制作类型可参考相关统计学教材。

（2）文字材料的整理。

需要整理的文字材料包括开放式问卷的文字资料、各种原始谈话记录、观察记录材料及有关文献资料。文字资料的整理程序包括审查补充、分类归纳和汇编。

审查补充。审查是指仔细推究和详细考察文字资料是否真实可靠，出处信息是否详细。文字资料的审查主要包括文字资料的真实性审查和内容可靠性审查两个方面。研究者对于不真实和不可靠的文字资料，一般应进行补充调查。若是无法进行补充调查，则应坚决剔除这些资料，以免影响整个调查的真实性和可靠性。

分类归纳。分类归纳是指根据文字资料的性质、内容或特征，将相异的资料区分开来，将相同或相近的资料归为一类的过程。文字资料分类归纳是否正确，取决于分类标准是否科学。分类标准的确定必须以科学理论为指导，以客观事实为依据。

汇编。汇编就是按照调查的目的和要求，对分类后的资料进行汇总和编辑，使之成为能反映调查对象总体客观情况的系统、完整、集中、简明的材料。

20.3.4 材料的选择与使用

1. 材料的选择

材料的选择就是把经过初选出来的材料，进一步加工提炼，精心选择出更充分、更丰富、更适合研究和写作的材料。选择材料就是从本质上对材料进行严格的鉴别和审定，因此必须做到以下四点。

（1）选择其思想精华，增补自己的感受。也就是说通过对材料的整理，挑出与自己的想法吻合之处，从新的角度补充新的理由，丰富别人的见解。

（2）选择其争议之处，说明自己的理由。材料内容存在争议之处，往往是自己的主攻方向，把这方面的材料整理出来，对形成自己的观点、确定论文的论证角度和方法都大有好处。

（3）选择其问题欠缺之处，开拓自己的思路。把材料存在问题之处，未做详细而中肯回答的疑难之点归纳出来，可以从中受到启发，对修正原有选题的方向，以及对问题进行深入的思考非常有帮助。

（4）选择其独特之处，强化自己的创见。也就是把同类材料中不同作者阐述见解时所用的富有个性特点的典型论据、论证等选出来，为自己创见的提出提供充分的条件、手段和根据。

2. 材料的使用

材料工作的最后一步便是要正确使用选定的材料，把精选出来的材料化为已用，写出具有内在逻辑联系的学位论文。材料的使用直接关系到主题的表现，在使用材料时要注意以下四点。

（1）根据材料拟制论文框架。论文框架最好在现有材料的基础上搭建，如果论文框架不是建立在已有材料的基础上，论文写作过程中论点的阐述将没有材料支撑，这会直接影响论文的写作进度与质量。框架的构建即材料的组合，应该根据表达内容的需要来布局。组合时可以先按材料的性质和分量及其相互关系来合理归类，组合的重点在于多角度、多层次地阐释论文的主题。

（2）合理安排材料的先后顺序。收集到的材料必须合理排序。在安排材料顺序和位置时，要参照论文的结构、材料间的逻辑关系等，并根据材料的性质分类、归纳，然后按主题表现的需要确定先写什么、后写什么，有条不紊地展开论述。关于材料论述的先后问题，一般来说，可以根据材料的重要性，或遵循时间的先后，或依据材料之间内部的逻辑关系，或考虑作者的行文方便。

（3）详略得当，重点突出。使用材料应该根据主题的需要决定轻重详略。论文中重点论述或主要论述的部分，材料就应该详细些，量也要重些；反之则简略些，量也轻些。一些较为新颖的、能够直接而深刻地表现主题的材料，往往对论点有较强的说服力，这样的材料应该着重使用；避免无价值的重复智力投入，注意理论前沿的最新成果，防止对早已解决的问题基于过时陈旧资料的误导，而进行重复研究。

（4）材料与观点要高度统一。这一原则要贯穿整个 MBA 论文的写作过程。观点是论文的灵魂，材料是观点的依托，论文应该既有观点又有材料，两者缺一不可，而要达到这一要求，就必须做到观点统率材料，材料充分说明观点。常见的材料与观点的组织形式包括：先开门见山陈述主题，后列举材料（演绎法）；先有的放矢地列举事实材料，后归纳主题（归纳法）；等等。

总之，在使用材料时，要主动地、能动地驾驭材料，做材料的主人；不能被动地、盲目地受材料支配，成为材料的奴隶。只有对材料进行一系列提炼、加工、整理并灵活运用，把死材料变成活材料，使材料的精髓得到升华，才能为 MBA 论文写作工作打下坚实的基础。

3. 材料使用过程中的问题

在材料使用过程中常见的问题主要有以下三个。

（1）堆砌材料，逻辑性不强。有些 MBA 同学虽然能够收集到很多的材料，但是在材料使用的环节中因缺乏分析评价，未能突出对课题有较大贡献的材料，而把一些与研究课题无关的材料也一并使用，使边缘材料占据很大的篇幅，出现材料堆砌的现象，模糊了主题。建议在使用材料时，先对材料进行逻辑分析，定好论文框架之后，再合理安排材料的顺序和位置，使材料更好地为主题服务。

（2）无法驾驭和充分使用材料。一些 MBA 同学在使用材料时，没有明确自身学位论文的观点，虽然手头上有很多材料，却无从下手，无法驾驭材料使其为论文的观点做出应有的贡献；也有部分同学在论述观点时，不能充分利用现有的材料，造成材料的浪费，最后导致论文的质量不高，内容空泛。因此，在使用材料时，要注意吃透材料的内容，区分重要材料与次要材料，尽量突出对表现主题有重要作用的材料，以达到充分使用材料的效果。

（3）使用材料但不做文献引用，有抄袭嫌疑。MBA 论文中使用的材料很多是前人研究的成果，为表示对前人研究成果的尊重，按照学术规范的要求，使用别人的材料后一定要注明出处，否则就有抄袭的嫌疑。

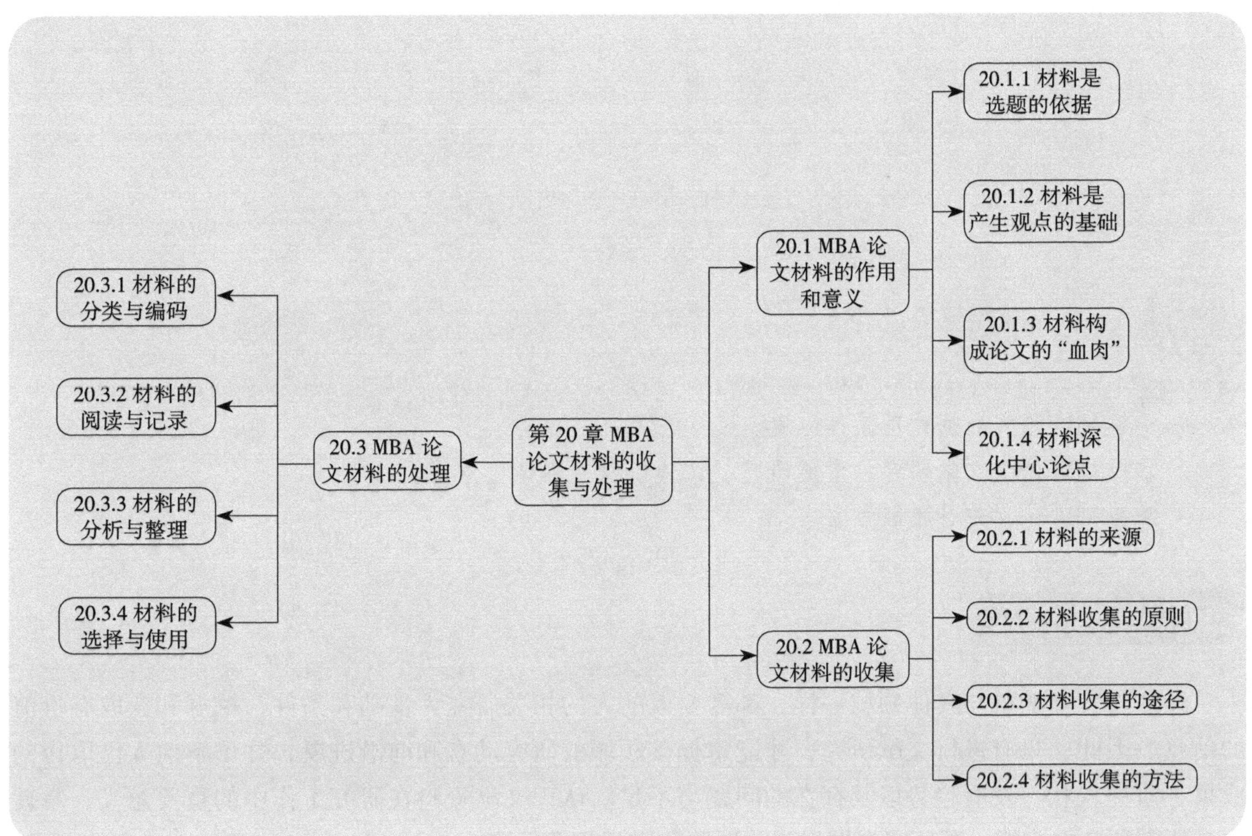

1. 收集材料时应该遵循的原则有哪些？
2. MBA论文材料收集途径有哪些？
3. MBA论文查找材料可以使用哪些中英文数据库？
4. 使用材料时应该注意什么问题？
5. 如何对MBA论文材料进行处理？

第21章

MBA 论文研究方法

1. 了解 MBA 论文数据处理软件应用。
2. 掌握 MBA 论文文献研究、案例研究、访谈以及问卷调查方法。
3. 掌握 MBA 论文统计推断方法。

21.1 文献研究法

经济与管理学科与其他领域一样，都需要以前人的相关研究为基础和条件，挖掘和获取有价值的信息。因此，只有进行文献研究，才能掌握该领域的研究动态和前沿进展，并了解前人已取得的成果、研究现状、发展趋势以及存在的问题与不足。认识文献资料在研究工作中的重要意义，掌握文献研究的基本方法，是研究者做好相关课题研究的重要保障。

21.1.1 文献研究法概述

文献在文献研究中具有重要的作用，它是文献研究的依据和工具。那么，究竟什么是文献，文献又可以分为哪几类，下面将对此逐一进行介绍。

1. 文献的含义与分类

“文献”一词，最早见于《论语·八佾第三》。朱熹注：“文，典籍也；献，贤也。”古人以文为典籍记录，献就是贤者及其学识。后来文献就被定义为用文字、符号、图像、音频等记录知识和信息的物质载体。

对文献的理解一般应分为两个层面：一是指用文字、符号、图像、音频等手段记录知识或信息的一切载体，包括各种书稿、书籍、报刊、文物、音频、视频、文件、档案、论文等；二是指这些载体所记载和传递的知识和信息。

目前全世界文献品种繁多、数量巨大，因此需要对繁多的文献进行分类。对文献的分类主要有两种方式：按文献加工深度和内容的性质划分和按文献表现形式或出版物的特征划分。

（1）按文献加工深度和内容的性质划分，文献可以分为以下四类。

零次文献。零次文献（non-printed sources）是指未经出版发行或未进入社会交流的原始文献，如手稿、记录、笔记，学校内部使用的教材、讲义、专题资料、研究提纲等。

一次文献。一次文献（primary sources）是作者本人在科学研究、工作实践中直接记录其研究成果的原始文献，如学术论文、专著、会议论文、专利说明书等。一次文献是文献参考与利用的主要内容。

二次文献。二次文献（secondary sources），也称检索性文献，是根据一次文献的内容特征，按照一定的编排方法将其加工整理成系统化、条目化并且便于查找的文献，如书目、题录、索引、简介、文摘等。二次文献是检索一次文献的主要工具。

三次文献。三次文献（tertiary sources），也称参考性文献，是根据二次文献提供的线索，按照一定任务和要求，选用一次文献的内容，经过系统整理、分析、综合，再论述其主要内容的文献，如动态综述、辞典、年鉴、手册、专题评述等。它具有综合性、参考性、广泛性等特点。

（2）按文献的表现形式或出版物的特征划分，文献可以分为以下六种。

图书。图书是论述或介绍某一学科或领域知识的出版物。图书的内容广泛，数量众多，形式多种多样。其特点是：形式比较规范、内容成熟稳定、论述全面系统、出版周期较长。

期刊。期刊是有固定名称、统一出版形式和一定出版规律的定期或不定期的连续出版物。其特点是：出版周期快、内容新颖广泛、信息量大、发表文章快、流通范围广等。

会议文献。会议文献（conference paper）是在国际和国内重要的学术或专业性会议上宣读发表的论文、报告、演讲等与会议有关的文献。其特点是：论题集中、专业性强、内容新颖、质量较高、传播信息及时。一些学术性会议通常会出版会议论文集。

学位论文。学位论文是高等院校、科研单位的研究人员从事科学研究取得的创造性成果，并以此为内容撰写而成、用于申请学位而提交的学术论文。其特点是：理论性、系统性较强，内容单一，阐述详细，具有一定的独创性。

政府出版物。政府出版物（government document），也称官方出版物，是由政府及其所属机构发表和出版的文献。通过政府出版物，可以了解一个国家的战略、规划、方针、政策、法规、制度和各种重大活动及取得的重大成果等。其特点是：数量巨大、内容广泛、出版迅速，并且具有权威性、指导性和可靠性。

智库出版物。智库（think tank）指的是由专家组成、多学科的、为决策者在处理社会、经济、科技、军事、外交等各方面问题出谋划策，提供最佳理论、策略、方法、思想等的公共研究机构。智库出版物则指各智库所出版的各种研究成果，包括各种蓝（白）皮书。专门的企业智库会发行出版专门的刊物。除此之外，随着社会经济的发展，如今各行各业都会有其组织和协会，这些行业社团也会定期出版行业报告。智库出版物的特点是：专业性、针对性、权威性强，影响力大，与时代发展挂钩。

文献阅读多益处

阅读文献不仅是文献研究的必要步骤，而且博览各类文献也有助于研究者的个人发展。一般而言，阅读文献的意义表现在以下四个方面。

（1）积累知识。知识来源于实践，但获取知识和聚集知识，不需要也不可能事事亲自去实践，而可以通过阅读来取得。文献是人类储存知识的宝库，阅读文献是获得和聚集知识的主要途径。

（2）把握研究水平。通过对大量资料的学习与研究，能够全面了解专业领域研究课题或学科建设专门问题的情况和学术前沿状况，以及迄今为止达到的国家水平或国际水平、存在的问题和需要研究的方面，以便把握研究的方向和研究水平。

（3）认识事物发展规律。从丰富的资料中，能够了解有关问题的历史和现状，揭示事物发展的动因和目标，分析影响事物发展的各个方面的因素，展望未来发展的趋势。

（4）借鉴研究思路和研究方法。选择性地对重要的文献逐项、认真地学习和研究其研究思路和研究方法，可以借鉴提出问题、分析问题和解决问题的思路和采用相应的研究方法，达到博采众长、为我所用。

2. 文献研究的基本含义

文献研究（literature research）是一种古老、传统的研究方法，历史学研究中的考据、训诂、校勘等方法就是一种文献研究方法。一般而言，经济、管理类研究中的文献研究是指通过全面收集、鉴别和分析相关文献资料，来挖掘事实和证据，搜寻发展趋势和规律的一种研究方法。文献研究不仅是一种收集资料的方法，还是一种研究方式。它既包括资料的收集，也包括对这些资料的整理、分析与研究。根据研究的具体方法和所用文献类型的不同，可以将文献研究划分为内容分析、二次分析和元分析等。本章将对这三种方法做详细介绍。文献研究法与调查研究、案例研究、实验研究等研究方法在策略、思路、材料、风格等方面有很大的不同。文献研究的最大特征是不直接接触研究对象，即不是直接以人或其活动为研究对象，而是收集和分析现存的文献资料，因而具有明显的间接性、无干扰性和无反应性。由此可见，文献研究既可以为其他研究做准备，也可以在其他研究方法无法对研究对象进行直接研究的情况下，利用文献资料开展独立研究。

3. 文献研究的优点与不足

文献研究在资料的来源及取得方式上与其他研究方法存在着很大的差异，这使得文献研究具有与众不同的特性。根据其特性，学者们归纳出了文献研究的优点与不足。

（1）文献研究的优点。

研究资料的抗干扰性强。无论何种形式的文献研究，都是对那些业已存在的文字材料、数据资料以及其他形式的信息材料进行收集、分析和研究，而无须直接与人打交道。因此，在整个研究过程中，研究对象不会受研究者的影响而发生变化，即收集资料的方法本身不会使正在收集的资料发生变化。

研究成本相对低廉。由于文献基本上是现成的，并且收集的地点主要集中在图书馆、档案馆、资料室等，索取文献资料的费用较低，比问卷调查、访谈、实验等方法更节省人力、时间和经费。

研究对象的间接性。文献研究可以把那些无法直接接触的人与事作为自己的研究对象。例如，如果研究者要研究某一历史时期的人或事件，而这些人已经离开人世，这些事件也已经成为历史，此时，只要研究者能够找到足够的相关文献资料，文献研究就能够使研究者达到研究的目的。

时间跨度的拓展性。文献研究可以拓展研究的时间跨度，将研究的视角向历史深处延伸下去。因为随着时间的流逝，各个不同历史时期的社会现象和社会生活，会或多或少地以各种不同的文献形式被记录和描述下来，这就为研究者提供了资料和素材。

（2）文献研究的不足。

文献质量难以保证。无论是何种形式的文献资料，都难免带有原作者的主观意图和个人偏见，还有他们所遇到的客观条件的限制，会不可避免地形成各种偏差和错误，从而影响文献资料的准确性、全面性和客观性，影响文献资料的质量。

文献资料不易获得。由于许多文献都不是公开的和可以随意获得的，因此对于某些特定课题的研究来说，往往很难得到足够的文献资料。另外，由于记载具有偏差、信息不完全和选择性存留、破坏等局限，也会使文献的收集存在困难。

抽样偏差问题。如果仅仅依据现存文献来了解和分析，很可能会导致研究者对研究对象的片面认识。而且，在某些研究领域可获取的文献资料很有限的情况下，如果仅依靠文献研究，不仅在研究开展的过程中会受到很大程度上的限制，而且得出的研究结论也会不全面。

4. 文献研究的作用

文献研究作为经管类学科研究中的一个重要研究阶段和研究手段，在了解研究动态、提出课题与假设以及提供科学论据等方面具有十分重要的作用。

（1）有助于研究方向和课题的确立。在对某一问题进行研究之前，要查阅有关文献，充分地占有和掌握与研究问题有关的资料和事实，了解这个问题的起源、研究历史、研究现状和研究趋势，了解哪些问题已经基本解决，哪些问题有待于进一步修正和补充，在此问题上的争论焦点是什么，以明确研究课题的科学价值，找准自己研究的突破点。因此，文献研究是完成一篇优秀论文必不可少的步骤。

（2）有助于提供科学论证依据和科学研究方法。通过文献研究，可以从过去和现在的有关研究成果中受到启发。它不仅为科学地论证自己的观点提供有说服力、丰富的事实和数据资料，使研究结论建立在可靠的材料基础上，而且能够帮助研究者找到解决问题的重要线索、研究手段和研究方法，使研究范围内的概念和理论具体化、可操作化。

（3）有助于避免重复劳动。文献资料能够提供科学研究的有关信息，使研究者充分占有资料，从而可以避免重蹈前人已经犯过的错误，也可以避免重复研究前人已经解决了的问题。

（4）有助于确保关键变量不会被忽视。在研究中，某些关键变量有可能未在访谈或问卷中提及，或许是因为研究者无法清楚地表达这些变量，也可能是研究者未察觉其影响。若有些变量是对问题有重大影响的关键变量，而研究者却将其忽略，这将使研究者直到研究结束时都无法发现出现问题的真正原因。为避免这种情况发生，研究者有必要收集过去所有有关特定问题领域的重要文献。

文献研究确保关键变量不会被遗漏

某公司在招募新员工的过程中，会通过测验来评估应聘者的分析能力、判断能力、领导力、积极性、口头沟通能力等。然而在一年之中，该公司虽然以高薪雇用了杰出的管理者，但新员工仍然陆续离职。研究者并未在与员工的访谈中得到满意的答案。然而，在研读研究此类问题的文献资料后，研究者了解到当员工未能满足工作期望时，则会有离开组织的倾向。在进一步与公司高层进行沟通时发现，公司从未在招聘面试中进行真实工作预览，以使应聘者了解有关公司工作及工作中的正面、负面信息，而这也许可以解释员工在工作上感到挫折而辞职的原因。

这项影响员工离职率的重要因素，若不通过文献调查，恐怕难以发现，而且若在研究调查时未考虑该变量，问题也许根本无法解决。

21.1.2 文献研究的实施

文献研究法与其他常应用于经济学、管理学研究领域的研究方法在实施步骤上有很多相似之处，但因文献研究有其自身特点，研究者在具体实施过程中仍需要注意一些问题。

1. 文献研究的步骤

与其他研究方法一样，在具体的研究过程中文献研究法需要遵循一定的实施程序。它主要包括五个步骤，即界定问题、研究设计、收集并整理文献资料、分析和综合研究、表达成果。

（1）界定问题。任何一项研究首先都要界定研究的问题。如果没有界定研究的焦点就开始进行研究，再好的研究都无法找到问题的答案。有问题并不一定表示目前的状况有严重的错误或需要立刻矫正，问题可能仅是指出研究者对某议题的兴趣，想找出有助于改善现状的正确解答。

（2）研究设计。研究设计即拟订研究计划。为了避免在研究过程中出现盲目性和随意性，文献研究与其他研究一样也应该做好研究计划的拟订工作，主要包括研究的目的和意义、研究的主要内容及阶段、收集文献的途径和方法以及文献分析的方法、研究工作的进度安排和时间分配、研究成果的表现形式等。

（3）收集并整理文献资料。文献资料的收集是文献研究的重要一环，是否全面、精准、迅速地收集真实可靠且符合特定研究需要的文献资料是决定文献研究质量的关键因素。对收集到的大量文献资料还要进行去粗取精、去伪存真的加工整理工作，剔除假材料，去掉相互重复、比较陈旧甚至过时的资料，并且对保留下来的资料进行分类编排，并编制题录索引或目录索引。对于资料的收集与整理，本书已在“4.4 材料的加工处理和观点的提炼”一节中做了详细的介绍，在此不再赘述。

读书笔记——收集和积累资料的好方法

专业文献阅读更多地不是为了享受，而是服务于提取精华和推进研究的目的。对要服务于研究的文献资料，研究者要在研究中检索、收集，同时也要重视平时的积累。基于以上两点，读书笔记可以说是一种有效的工具，它并无定式。针对单篇、单本文献，既可以写出三言两语的纪要，也能根据个人偏好构建提纲。如果文献对自己用处微小，就对那微小的收获加以简短的记录；如果文献令自己茅塞顿开，那就把其中曾经启发个人心智的“钥匙”绘制出来。无论何种形式的读书笔记，都可作为专题文献综述的构件。

针对特定领域的多种读物，还可以写作以专题研究为特征的读书笔记。

资料来源：朱玲 . 文献研究的途径 [J]. 经济研究，2006（2）：116-121.

（4）分析和综合研究。对已收集到的文献材料进行阅读、描述和分析，从中发现事实，挖掘证据，得出结论。对文献的分析研究主要分为定性研究和定量研究两种。定性分析方法是对研究结果的“质”的分析，是运用分析与综合、比较与分类、归纳与演绎对研究资料进行思维加工的过程，其目的在于解释各种现象，揭示各种规律。定量分析方法是从量的角度进行量化分析的，从而要求研究者在纷繁复杂的数据中寻求研究对象的特征和规律性。在社会科学的定量分析中，常用的统计软件有Excel、SPSS、SAS、AMOS、Liseral、HLM、Minitab、S-PLUS、Stata、EViews、CS等。

（5）表达成果。根据文献分析的结果，写出文献综述或研究报告。文献综述是在全面收集有关文献资料的基础上，经过归纳整理、分析鉴别，对一定时期内某个学科或专题的研究成果和进展进行系统、全面的叙述和评论。研究者在进行文献综述时应注意以下四个问题。

①忠实于文献内容。研究者在收集文献资料的同时也会收集到对文献的不同评论，在进行文献综述时，研究者应忠实于原始文献的内容，不能以评论代替文献内容。

②述评要“一分为二”。在对文献述评时，应该肯定各种理论、观点和方法的正确性、合理性；同时，要指出其不足之处和需要进一步研究的问题。

③文献综述要严谨。文献综述要以原始文献为基础，不能只根据摘要和二手资料；要准确地引用原作者的原文，不能断章取义；资料运用要恰当、合理，条理清晰，文字通顺简练。

④正确附录参考文献。文献综述要正确附录参考文献，反映综述所依据的文献资料。所附录的参考文献都应与所综述的内容直接相关，是研究者直接阅读过的文献资料，反映研究者对该研究领域的认识水平和研究程度。

文献综述示例

组织理论学者会以不同的方式来定义组织效能（organizational effectiveness），且运用目的（Georgopolous & Tannenbaum，1957）、目标（Etzioni，1960）、效率（Katz & Kahn，1966）、资源获取（Yuchtmatn & Seashore，1967）、员工满意度（Cummings，1977）、相互依赖性（Pfeffer，1977）及组织活力（Colt，1955）等来描述组织效能。正如Coulter（2002）所评论的，学者对如何概念化、如何测量及如何解释组织效能，并无共识。因为组织效能模型的概念基本上是以研究者的价值观为基础来做分类，而研究者所能发展的潜在模型是无限的。如今，研究者不再使用单一模型，而是运用权变方法将组织效能概念化（Cameron，1966；Wernerfelt，2001）。然而，这些学者仍仅限于检视组织中主要关系人及生命周期对组织效能的影响，而非采用较宽广、较动态的方法。

上述节录的文献综述介绍了研究的主题（组织效能），阐述了问题（目前没有一个较好的概念框架，有助于了解组织效能是什么），总结了目前已有的研究，并使读者相信研究者确实已对组织效能的研究做了深入调查。

2. 文献研究应注意的问题

（1）收集文献应当全面和客观。丰富的文献资料是进行文献研究的基础。因此，研究者要对文献资料勤查勤看。为了提高文献收集的全面性，研究者应多渠道收集资料，进入文献数据库进行检索是收集文献的有效方法之一。目前，主要的中文和英文专业数据库在国内的许多高校（特别是重点大学）图书馆都可以检索，一些英文专业数据库可到中国香港地区高校及北美、欧洲、澳洲等地的高校查找。

（2）注意文献中的矛盾点。对不同的观点进行分析、比较，有利于研究者找到研究中存在的矛盾。在阅读文献时，研究者经常会发现不同的研究者在分析同一问题时有不同的观点，有些观点甚至彼此矛盾、互不相容。发现现有研究的矛盾可以为研究者提供好的研究机遇。

（3）加强文献的理论批判与整合。研究者常常受到思维定式的影响，思维往往固定在某种模式上，缺乏变通，不能根据当前问题的需要灵活地选择一种新的模式。思维定式有利于研究者解决熟悉的、同一类型的问题，但往往不利于研究者在新的问题情境中寻找有效的解决方法。在文献研究中打破思维定式，要求研究者对现有的文献进行理论批判与整合，需要研究者在钻研文献的基础上，保持思维的独立性、自主性和批判性，注意分析现有研究的思维定式，选择新的视角和方向，突破思维定式，引进新的概念和理论模型。

（4）挖掘和记录自己的思想火花。研究者在思考问题时，有时灵感突发，会迸发出一些新思路、新观点，即思想火花。思想火花的出现是研究者智慧的真正体现。如果当时不重视，往往会稍纵即逝。在研究中一旦感到自己有什么要说、要写时，就应该专心致志地去追寻心灵的轨迹，任思想自由发展、延伸。这时的思维是自组织的，是跳跃式、非逻辑的，重要的是追寻和记录，而不是评价。如果一开始就进行评价，引入逻辑的干预，思想的大门就会自行关闭，灵感也就消失了。

（5）培养灵活的思维风格。如果缺乏创新的思维方式，不能够灵活地、批判地思考问题，就很难深入分析和研究问题。许多问题看起来难以解决，是因为研究者总是局限于定向寻找某种解决方法，而很少站在新的角度去分析问题。要提高思考问题的灵活性，扩大思维空间，需要研究者拓展思维方式，使用横向思维，提高创新意识，培养创造性思维的能力。

培养灵活思维的步骤

①在寻找解决方法时，先仔细考虑自己的逻辑前提。也许正是那些假设的前提在阻碍自己解决问题，这在科学研究中是常见的。②审视自己解决当前问题所使用的模式本身是否完全符合实际。尽可能用多种方式重新审定或排列问题，每一次审定或排列都可能引导出一种可供选择的解决途径。③反向思考。有些问题从正面分析很难解决，可考虑从相反的方向去分析。数学中的反证法，科学发明中的逆向思维等都是反向思考的实例。④从事实出发，而不要从逻辑出发。有些问题，之所以解决不了，是因为没有尊重眼前的事实，而是想当然地从某种假设的前提出发，结果假设的观念束缚了自己的思想。⑤让大脑自由联想。有时候，那些看起来似乎毫不相干的观念和空洞的建议能够突如其来地导致问题的解决。⑥密切注意问题的动向，看看是否还有其他的解决途径。⑦暂停。如果多方努力仍无进展，那就放下问题，暂停思考，交给潜意识去解决。人的大脑活动有其内在规律，创造性灵感常常是在没有考虑问题时意外出现的。⑧充分发挥想象力。很多问题的解决往往需要想象力的参与。缺乏想象或想象不够，思维就容易为原有的模式所限制。

（资料来源：章凯 . 文献分析的策略与思维风格 [J]. 学位与研究生教育，2004（6）:54-56）

21.1.3 文献分析的方法

收集到文献资料后，需要对文献进行分析研究。文献分析研究又反过来深化和指导文献的进一步收集。文献分析的方法主要有如下三种：内容分析法、元分析法和二次分析法。本节将介绍这三种文献分析研究的具体方法。

1. 内容分析法

内容分析法（content analysis）作为一种有效分析方法，在无法进行实践的情况下是一种很好的替代研究方法。因此，在管理学研究领域有很大的应用空间，也将在管理学研究领域取得很好的效果。

（1）内容分析法的含义。

内容分析法是发源于新闻传播领域的一种方法，其发展最早可以追溯到第二次世界大战期间，当时美国著名传播学家哈罗德・拉斯韦尔等人在美国国会图书馆组织了一项名为“战时通信研究”的工作，以德国公开出版的报纸为研究对象，通过内容分析法获取重要的军政机密情报，取得了重大成就。这项工作不仅显现出内容分析法的强大作用，而且总结出了一套内容分析法的工作模式——通过对传播内容进行定性与定量相结合的系统化客观分析，有效描述传播内容特征和检验传播研究假设。

20 世纪 50 年代，美国学者贝雷尔森发表著作《内容分析：传播研究的一种工具》，奠定了内容分析法的地位，其对内容分析法的定义也被广泛引用。目前，内容分析法已经被广泛运用到新闻传播、图书情报、政治军事决策、社会学、心理学、经济学、管理学等社会科学研究的各个领域。随着网络的发展，它开始成为网络信息组织、描述和利用的重要方法和研究热点。

贝雷尔森的经典定义，即“内容分析法是一种对具有明确特定的传播内容进行的客观、系统和定量描述的研究技术”，这一定义在学术界影响最大，并为许多教科书采用。但是这一定义仍然引起很多争议，如有学者提出内容分析法实际上是一种半定量研究方法，其基本做法是将文献中的文字、非量化的交流信息转化为定量数据，建立有意义的类目分解交流内容，并以此来分析信息的某些特征。内容分析法的研究目的主要是在对文献资料重新整理和分析的基础上，解释社会现象之间的关系和变化趋势。因此，内容分析法实际上是对现存的各种类型的文献进行再分析的一种技术，用以揭示文献的内在结构、传播过程以及与社会情境之间的关系。

（2）内容分析法的特点。

内容分析法的特点主要体现在以下四个方面。

第一，定性与定量相结合。内容分析法以定性研究为前提，找出能够反映文献内容一定本质的量的特征，并将它转化为定量的数据。尽管定量数据只不过把定性分析已经确定的关系性质转化成数学语言，仅是对事物现象方面的认识，不能取代定性研究，但是能够使研究者对文献内容所反映的“质”获得更深刻、更精确、更全面的认识，得出科学、完整、符合事实的结论，获得从一般定性分析中难以找到的联系和规律。这是内容分析法最基本的优点。

第二，结构化研究。内容分析法目标明确，对分析过程高度控制，所有的参与者都按照事先安排的方法、程序操作执行。结构化的最大优点是结果便于量化与统计分析，便于用计算机模拟与处理相关数据。

第三，客观性。内容分析法是一种规范的研究方法，对类目定义和操作规则十分明确与全面。

它要求研究者根据预先设定的计划按步骤进行，研究者的主观态度对研究结果的影响不大；不同的研究者或同一研究者在不同的时间里重复这个过程都应得到相同或者类似的结论。

第四，系统性。内容分析法的系统性体现在样本的选择和分析框架的建构上。内容分析法一般是对一段时间内的（通常是 5—10 年）、连续稳定的、内容体例基本一致的大量文献信息进行分析，因此，内容分析法从时间跨度、数量要求、稳定程度等多方面对研究样本进行了限定。在分析单元和框架体系上，内容分析法要求尽可能全面反映样本的所有信息特征，具有互斥、完备和可信的特征。

（3）内容分析法的实施步骤。

以内容分析法进行经济、管理学科研究，除了必须遵循所有研究都要进行的研究设计，为提出问题奠定理论基础等程序外，还必须遵循以下四个步骤。

①确定和选择内容分析的文献。首先，作为内容分析的文献材料不仅要符合研究的目的，而且文献还应达到规范性的要求，从而保证研究资料的真实性和可靠性。其次，对收集的文献资料进行抽样，量化分析一般采用纯随机抽样或分析抽样，在抽样时要确定抽样单位。

②分类和编码。分类是内容分析的基础工作。分类应该符合穷尽和互斥的要求，也就是说，文献材料的归类既能有所归属，又不互相冲突。每个类别要有明确的定义，即以操作化方法说明每个类别定义的内涵和外延。

无论是量化研究还是质性研究的内容分析，分类之后还必须进行编码。量化的内容分析主要是以数字作为编码的代号，用数字表示资料的类别，建立相应的“数据库”。质性研究一般是以文字进行分类编码，即通过对文献材料的“剪裁”，以文字的形式归在相应类别之下，分类建档，建立条理清晰的“资料库”。

③资料的分析。当“数据库”或“资料库”建成之后，即可进行资料的分析。量化的内容分析对于资料的分析方法主要是统计分析，除了一般的频数计算之外，相关分析、回归分析以及多元回归分析也是资料分析的常用方法。质性的内容分析对于资料分析的方法主要是主观分析法，即根据研究者的理论概念，在对资料详细分析的基础上，对资料进行归纳和概括并抽象到一定的层面，用资料说明、论证或诠释一定的理论。

④信度和效度检验。由于内容分析所使用的资料都是二手资料，或者是其他人的研究成果，对于信度和效度的检验相对比较困难。除了在确定和选择文献资料时，要认真对资料进行审核，考察资料的真实性和可靠性程度之外，还要在资料的分析时特别注意分类的合理性，即资料的归类和编码要符合类别的定义，被分析的资料能够有效地与研究目的联系在一起。在条件允许的情况下，还可以利用访谈或观察等方法收集的资料来检验内容分析的信度和效度。

内容分析法的运用

1. 学术期刊论文

本文运用内容分析法对 217 篇关于中国企业文化建设的案例文章进行了研究。研究发现样本企业对人员、规制、活动、器物、语言五类企业文化载体的应用缺乏系统性，表现在对人员类、语言类载体不够重视，对管理人员、人力资源管理、行为规范、仪式性活动、故事等重要的企业文化载体不够重视；不同性质企业对 CEO、制度、活动、媒体等载体的重视程度有显著差异。论文分析了存在这些问题的原因并提出了对策建议。

2.MBA 论文

中国奢侈品市场在过去十年经历了高速的发展，同时，互联网的出现也从根本上改变了传统的商务模式，奢侈品电子商务应运而生。在全球经济危机的压力下，奢侈品行业面临着巨大挑战。一方面中国的奢侈品电子商务发展迅猛，2011 年奢侈品购物网站成为投资新宠；另一方面奢侈品电商市场的繁荣维持了不到一年就急转直下，2012 年很多奢侈品网站走入寒冬，难以为继。作为奢侈品电子商务的研究者，结合现实和趋势，应该在奢侈品网站的构建方面献策，应该在如何构建一个营销型的奢侈品网站方面继续做些研究。奢侈品经营者的战略和决策正是通过网站内容传达于客户及消费者，本文希望通过分析不同网站，研究网站内容的沟通能力的差异，给经营者带来启示。本文拟通过国际上较为成熟，在社会学、传播学、情报学、信息学、心理学、管理学等多学科都运用的内容分析方法，对国内的中文奢侈品购物网站进行评价分析。文章共分为五个章节，第一章为绪论，阐述本文的研究背景、研究目的、研究意义以及技术路线。第二章为文献综述，分析国内外网站评价的研究方法和理论、内容分析法在网站评估中的应用，以及奢侈品线上管理营销现状，为奢侈品的网站内容的评价体系的建立提供理论依据。第三章是对奢侈品购物网站的评价系统进行研究设计，通过抽样、类目设计、编码、信度效度检验、调查实施等步骤进行实验。第四章是数据分析和对调查结果的讨论。第五章是对本文进行总结，对奢侈品购物网站的营销提出建设性意见，指出本文的创新点和不足。

资料来源：曲庆，马力．中国企业文化建设中载体应用情况研究：基于内容分析法 [J]. 管理评论，2013，25（7）:45-53. 郑浩然．基于内容分析法的国内奢侈品购物网站营销效果研究：以国内 22 家中文奢侈品购物网站为例 [D]. 上海：上海外国语大学，2014.

（4）内容分析法在管理研究领域应用的前景。

近年来，随着科技发展、工具进步和其他学科的交互影响，内容分析法逐渐发展和完善起来，其应用领域也从大众传播学扩展到教育学、心理学、医学、管理学、经济学等。内容分析法在管理学、经济学领域尚处于萌芽状态。近年来，内容分析法在企业管理研究领域中的有效性及优势已逐渐被发现和挖掘。下面简要介绍内容分析法在管理研究领域应用的前景。

第一，信息产业的迅猛发展为内容分析法的应用提供了前提条件。内容分析法要求将大量的资料作为分析对象。随着信息产业的迅猛发展，各类数据库的不断建立和完善，利用网络收集资料变得非常方便。计算机技术的发展为内容分析法提供了良好的软件支持，使得在内容分析法的应用当中，有了更多可供利用的工具，网络也能够使研究资源的空间得到更大的扩充。现在研究者可以通过网络和数据库轻松方便地收集到某一具体管理问题的大量资料，这为内容分析法的应用提供了前提条件。

第二，定性分析与定量研究相结合的途径。这是影响内容分析法在管理研究领域应用效果的瓶颈问题。在应用内容分析法较早的研究领域，如传媒、图书馆情报学等研究领域，对于内容分析法的应用步骤和标准已有比较多的研究。但在管理学领域，由于内容分析法还处于萌芽状态，没有比较规范的标准，因此，如何在管理学领域运用内容分析法需要在定量与定性结合理念的加强、内容分析法与其他研究方法的结合以及计算机技术的充分利用等方面进行探索。

内容分析法的事例——日本人巧妙收集信息

日本人十分重视信息的作用，时时处处留意信息的收集，而且善于从平淡无奇的信息报道中分离出重要的内容。20 世纪 60 年代中国开发大庆油田，唯独日本和中国谈成了征求设计的买卖。原因是别的国家的设计均不符合中国大庆油田的要求，而日本则事先按大庆油田的要求进行产品设计，等待中国人去购买。

当时日本人对大庆油田早有耳闻，但始终得不到准确的信息。后来，在 1966 年 7 月的一期《中国画报》封面上，日本人看到铁人王进喜身穿大棉袄，头顶着鹅毛大雪的照片，便猜测到“大庆油田是在冬季为零下 30 ℃的东北地区，大致在哈尔滨与齐齐哈尔之间”。后来，到中国来的日本人坐这段火车时发现，来往的油罐车上有很厚的一层土，土的颜色和厚度证实了“大庆油田在东北”的论断。1966 年 10 月，日本人又从《人民中国》杂志对王进喜先进事迹的报告中分析出油田位于黑龙江海伦县东面一个叫马家窑的小村，在北安铁路上一个小车站东边十多公里处。

从 1966 年 7 月《中国画报》上发表的一张大庆炼油厂反应塔的照片，日本人推算出大庆炼油厂的规模：首先找到反应塔上的扶手栏杆，扶手栏杆一般是一米多一点，以扶手栏杆和反应塔的直径相比，得知反应塔内径约为五米。据此，日本人推断：大庆炼油厂的加工能力为每日 900 千升，如果以残留油为原油的 30% 计算，原油加工能力为每日 3000 千升，一年以 360 天计算，则其年产量为 1000000 千升。根据这个油田的出油能力和炼油厂规模，日本人得出结论：中国将在最近几年出现炼油设备不足的问题，买日本的轻油裂解设备是完全有可能的。这就是日本人在 1966 年从中国公开报刊中获得的有关大庆油田的重要信息，然后他们按估计的大庆油田的要求进行产品设计。

目前日本的信息传递非常迅速，只要 5—10 分钟就可以收集到世界各地金融市场的行情，3—5 分钟就可以查询并调用日本国内三万多个重点公司、企业当年或历年经营生产情况的时间系列数据，5 分钟即可利用经济模型和计算机模拟出国际、国内经济因素变化可能给宏观经济带来影响的变动图和曲线，5—10 分钟可以查询或调用政府制定的各种法律、法令和国会记录。这种现代化的信息处理技术，大大提高了行政、决策和工作效率。

资料来源：黄明解，高建平，陈小丽 . 现代信息资源建设导论 [M]. 武汉：湖北人民出版社，2004.

2. 元分析法

元分析法在定性分析的基础上引入定量分析方法，能够在定量层面上综合各项独立研究的成果，从而形成一个综合结论。如今，越来越多的研究者已经开始从传统的文字综述方法过渡到专门使用元分析这种对研究进行定量综合的方法了。

（1）元分析法的含义。

在统计学上，元分析法（meta analysis）被认为是将多个研究结果进行组合的统计方法。这些组合后的结果会佐证或推翻某一类别研究的假设。在经济学、管理学、心理学等研究领域，元分析法被定义为是对已有同类研究结论进行综合评价、分析、整合以获得普遍性、概括性结论的方法。这是一种回顾性的、概括以往研究结果的方法，具有全面、系统和定量的特点。

（2）元分析法的内容。

元分析法是对众多现有实证文献的再次统计，通过对相关文献中的统计指标，利用相应的统计公式，进行再一次的分析，从而可以根据获得的统计显著性等来分析两个变量间真实的相关关系。

元分析程序输入参数包括：各个观察到的相关系数（已有研究文献中变量间的相关关系）、样本容量等。很多研究中并未直接给出变量间的相关系数，但给出了T检验、F检验、均值方差等统计指标，则可根据享特和施密特的转换公式将这些统计指标转化为相关系数；输出参数主要包括变量间总体相关性的未修正（r）和经过修正的（rc）指标，以及总体相关性的标准差（SDrc）等。其中，r与rc是两个主要的参数，用于衡量两个变量之间的相关系数。

元分析法要求每个观察到的相关系数经过研究样本的大小的权重处理，从而产生经过权重处理的总体相关性的平均估计值。这个观察值的误差包括总体样本的真实误差、样本误差以及测量误差。因此，为了获得精确的总体相关性及其误差，需要对样本误差和测量误差等进行修正，找出“调节变量”进行分组研究。另外，元分析法对使用的数据进行了一定的限制要求。例如，“一个变量在不同的研究中有多种衡量指标”出现时，需要首先将这种“异质性”进行处理，以保证数据来源及统计方式的一致性。

（3）元分析法的优点。

元分析法最主要的目的是将以往的研究结果更为客观地综合反映出来。具体来说，利用元分析法在以下四个方面具有明显的优势。

第一，增加统计功效，节省研究费用，提高论证强度。在研究中，经常由于样本量较小等原因，研究结果在统计学上没有显著差异，但结果并不一定就是真正无效应。如果采用大规模的试验研究，既费时、费力，又不切实际，然而采用元分析法可以合并不同的研究结果，从而达到增大样本量，改进和提高统计学检验功效的目的，使一些相对较弱的效应显现出来。同时，也提高了对研究结论的论证强度和效应的分析评估力度，节省了研究费用。

第二，分析各研究结果的差异，使结论更精确。应用元分析法，能够揭示单个研究中存在的不确定性，并通过异质性检验等方法来考察各研究间异质性的原因，估计可能存在的各种偏倚，使效应估计的有效范围更精确。元分析法合并的是统计量——效应尺度（常为相关系数、优势比、对照组与实验组的标准化差值），可给出处理效应大小的定量结果，且各研究的效应尺度可进行对比，提高了准确性，更具有实际意义，为进一步的研究和决策提供了更为科学和全面的文献综述。

第三，处理大量同类文献，不受研究数目的限制。对于某个问题，如果相关研究数目众多，如多至几百个，要想从这么多的研究结果中得出一个客观的结论，若使用传统的文献综述方法，已超出了个人的能力。使用元分析法，就能够解决这样的问题。

第四，比传统的文献综述结果更客观。传统的叙述性文献综述，会因为作者的一些主观看法及兴趣的不同而产生不同的结果，而且一般都是采用定性的方法，其结果一般也只能得出“有差别”或“无差别”的结论。元分析法有一定的“程序”，有章可循，能够增强结果的客观性。

（4）元分析法的局限。

虽然近年来元分析法在心理学、经济学、管理学等研究领域被广泛应用，不过有些研究者对元分析法仍持悲观态度，他们认为元分析法主要存在以下两个方面的不足。

第一，取样偏差。取样偏差是指元分析法多采用已发表的论文中的数据作为其分析的原始数据，然而已发表的论文不能代替所有的研究，即元分析法在其数据取样上缺乏普遍性。

第二，方法和性质的异质性。元分析法所纳入的各项独立研究具有不同的自变量、因变量或不同类型的样本单元，虽然有些元分析研究已将这些不同之处作为调节变量（moderator variables）进行处理，但是各项独立研究间的异质性必定会使其在一定程度上缺乏可比性。

元分析法在管理学研究领域中的应用

在一项关于人力资源管理实践对组织绩效影响的研究中，研究者采用了元分析法。下面以此为例，进一步介绍元分析法的应用。

研究者通过在 EBSCO、Elseviewer、ProQuest、CNKI 等国内外知名期刊数据库进行文献检索，得到 41 个重要期刊的 186 篇与人力资源管理实践和组织绩效相关的实证文献。通过精读，其中 126 篇文献的变量设计与研究目的相差较大而被剔除，占全部检索文献的 67.7%。最终研究共得到 60 篇可用的实证文章，占全部检索文献的 32.3%。

首先，研究者阐述了目前学术界对人力资源管理实践与组织绩效关系的三种主要观点：①人力资源管理实践直接作用于组织绩效；②人力资源管理实践通过某种机制间接影响组织绩效；③人力资源管理实践与组织绩效无关。

接下来，研究者开始对甄选出来的 60 篇文章进行元分析研究。为了提高研究的可靠性，根据元分析法对于因变量和自变量的要求，研究者将人力资源管理实践分为以下 12 个维度：员工招聘、工作设计、培训、职业生涯规划、职位保障、绩效管理、薪酬设计、内部晋升、员工参与、信息共享、团队建设、抱怨机制。对于组织绩效，研究者将其分为组织内部绩效和外部市场绩效进行分析。

研究者应用元分析专业统计软件 RevMan4.2（Review Manager）对所选文献进行数据分析，并将原始数据进行了二次加工：标准差（SD）通过转换公式转换为标准误差（SE），相关系数（r）通过 Fisher 的 r-Z 转换公式转换为效应值（r，effectsize）。在得到效应值 95% 置信区间之后，研究者又进行了齐性检验（Q，x2）以辅助数据的统计。最终得到表示人力资源管理实践总体与组织内部绩效和外部市场绩效的关系，人力资源管理实践各维度与组织内部绩效和外部市场绩效的关系，中国与西方人力资源管理实践对于组织内部绩效的影响比较，中国与西方人力资源管理实践对于组织外部市场绩效的影响比较的四组数据。在对这四组数据分别进行分析的基础上，结合理论分析，研究者最终得到了如下结论：

①人力资源管理实践总体与组织绩效显著正相关。

②组织内部绩效与外部市场绩效显著正相关。

③人力资源管理实践的员工招聘、职位保障、薪酬设计三个维度在不同的社会环境下对组织内、外部绩效影响不同。

④在中国，培训、职业生涯规划、绩效管理、内部提升和员工参与，这五个实践维度与组织内、外部绩效均有较高的效应值。

资料来源：乔坤，周悦诚．人力资源管理实践对组织绩效影响的元分析 [J]. 中国管理科学，2008-16（S1）：544-550.

3. 二次分析法

从广义上说，二次分析法是在研究过程中或他人已进行了第一次分析，并得出初步结论的基础上，后来或其他的研究者对事物和事件的再分析。运用这种分析的思维方法，可以导出二次评价法，也称“再评价法”。再评价可以是首次评价的延续，也可以是对首次评价的重新评价。在经管学科，二次分析法主要是对他人收集的统计资料进行再分析。由于经济、管理领域（如国民经济、金融、上市公司）定期发布有各种统计资料，因此二次分析法在经管类学科研究中被广泛应用，二次分析的过程及结果往往用图表进行展示。

（1）二次分析法的含义。

二次分析也称为次级分析，即对第二手资料的分析，它是对他人收集到的文献或资料进行再分析。广义上的二次分析也可以包括内容分析，但区别在于二次分析所依据的资料一般是统计资料。因此，二次分析主要是对他人收集的统计资料进行再分析。

二手统计资料可以分为原始数据和经过整理后的数据。原始数据是指他人收集的、没有经过统计整理的数据，例如各种向公众开放的数据库；经过整理的数据一般以频数统计或分组统计的形式出现，例如由政府公布的各种统计资料。

（2）二次分析的实施。

由于二次分析所依据的统计资料分为原始数据和经过整理后的数据，因此，二次分析一般分为两种情况：一是利用他人的统计资料来说明自己的观点，或者说在对他人统计资料再分析的基础上，通过某些分类对某个问题进行深入研究；二是利用他人提供的或者向社会公开的社会调查数据库资料进行研究。近年来，我国不少研究成果就是利用数据库资料得出的，这些数据库有的是公开的，有的是半公开的。

不管是利用原始数据，还是利用经过初步整理的统计资料，二次分析都要遵循以下三个步骤：首先，根据研究主体选择合适的资料；其次，在一定的理论框架下对资料进行再处理，尤其是对原始数据，通常还需要根据研究要求进行再编码、分类统计以及其他统计分析；最后，根据统计分析的结果撰写研究报告。

《自杀论》—— 一项来自统计数据的研究

涂尔干的《自杀论》是社会学研究中最为典型的利用他人的统计资料来说明自己观点的研究。涂尔干的自杀研究的资料主要来自欧洲一些国家政府机构发表的一些统计数据。最初的研究发现，在欧洲的许多国家中，自杀率在一个比较长的时期里是相对稳定的，但是涂尔干发现在炎热的夏季里，自杀率出现异常，表面来看温度似乎与自杀有关，但是发现温度比较高的国家，自杀率并没有相应提高。他还发现自杀率在不同的年龄、性别中是有差异的，但是很难做出社会学的解释。涂尔干通过进一步的研究发现，在政治动荡时期自杀率会上升，由此建立自杀的一般性假设，即自杀率的高低与社会整合有关。进而他通过对资料的分析，使这个一般性假设得到证明。涂尔干将他在宗教上的发现和政治动荡的发现综合在一起，指出许多自杀与“失范”有关。在政治动荡时期，旧的行为和道德规范被瓦解了，自杀就成为对这种状况极端不适应的最后结果。

资料来源：巴比．社会研究方法 [M]．邱泽奇，译．北京：华夏出版社，2005.

21.2 访谈法

访谈法是经济、管理学科研究方法体系中一种重要的资料收集方法，它是通过口头谈话从受访者那里收集第一手资料的研究方法，常见于定性研究，在战略管理、市场调查、人力资源管理、工作分析等领域中得到广泛应用。

21.2.1 访谈法概述

1. 访谈法的概念与原则

访谈法是访谈员通过与受访者直接接触、直接交谈的方式来收集资料的研究方法。访谈作为一种特殊的收集资料的方法，要求访谈员在实施中必须遵循特定的原则。

（1）访谈法的概念。

访谈法是以口头形式，根据受访者的答复收集客观的、不带偏见的事实材料，以准确地说明样本所要代表的总体的一种方式。在研究比较复杂的问题时，需要向不同类型的人收集不同类型的材料。

访谈法适用范围很广。通过访谈，研究者可以较为深入地了解受访者的所思所想，包括他们的价值观、情感感受、心理活动和所遵从的行为规范，也可以全面了解受访者过去与现在的经历，还可以了解受访者耳闻目睹的有关事件，以及受访者对这些事件的解释和评价，从而获得关于某一行为或社会现象的详细资料。

（2）访谈法的原则。

在访谈实施过程中，访谈员应持中立态度，以受访者为中心，而不是以自我为中心。具体来说，访谈法有三大基本原则：尊重原则、互动原则、倾听原则。

第一，尊重原则。尊重原则是指访谈员不能在访谈时对受访者进行价值判断。没有经验的访谈员在进行访谈时，往往忍不住对受访者的看法或说法进行价值判断。访谈员的价值判断使受访者产生戒备心理，从而不敢、不愿或不屑于真实地表达自己的看法；访谈员的观点与受访者的观点不一致，使受访者三缄其口，不能深入陈述自己的观点；由于访谈员批驳了受访者的观点，使访谈对象不得不违心地放弃自己的观点。这些结果都与访谈的初衷相违背。

进行价值判断的主要形式有：首先，先陈述自己对于某个事物的价值判断，之后再询问受访者对于该事物的看法；其次，对于访谈对象的观点进行批驳；最后，对受访者的观点和看法表现出过分惊讶、不屑一顾、失望等情绪反应。

第二，互动原则。访谈不仅是一种研究方法，更是一种社会关系的体现。要维护一种融洽而又有利于研究的社会关系需要访谈员和受访者之间的良好互动。这种良好的互动体现为访谈是双向沟通，也就是访谈员和受访者之间的沟通，使访谈员易于了解受访者的说法、看法，可以在访谈过程中对受访者进行观察，并将这种观察与访谈内容相互印证。在互动原则的基础上访谈员也要注意把握分寸，只偶尔分享自己的经历，有意识地限制自己的互动，更不能诱导受访者。

第三，倾听原则。访谈的目的是了解而不是表达，因此倾听原则非常重要。访谈的目的是调查受访者的看法、说法，而不是陈述访谈员的看法。倾听原则就是要做到少说多听。访谈员至少要进行三个层面上的倾听。在第一个层面上，访谈员必须倾听受访者讲述了什么；在第二个层面上，访谈员必须留心与外部公众声音相对的内部声音；在第三个层面上，访谈员必须聆听谈话内容，同时保持理智。

2. 访谈法的优缺点与适用范围

访谈法主要是借助语言这一交流媒介获取信息，是与文献研究、问卷调查等截然不同的获取资料的方式。访谈可能被用作收集数据的唯一方法，或与其他方法一起使用。

（1）访谈法的优点。

第一，灵活。首先，访谈法是访谈员根据调查的需要，以口头形式，向受访者提出有关问题，通过受访者的答复来收集客观事实材料。这种调查方式灵活多样，方便可行，可以按照研究的需要向不同类型的人了解不同类型的材料。其次，访谈是访谈员与受访者双方交流、双向沟通的过程。这种方式具有较大的弹性，访谈员在事先设计调查问题时，是根据一般情况和主观想法制订的，有些情况不一定考虑十分周全，在访谈中，可以根据受访者的反应，对调查问题做调整或展开。如果受访者不理解问题，可以提出询问，要求解释；如果访谈员发现受访者误解问题，也可以适时地解说或引导。

第二，准确。首先，访谈调查是访谈员与受访者直接进行交流，可以通过访谈员的努力，使受访者消除顾虑，放松心情，做周密思考后再回答问题，这样就提高了所收集材料的真实性和可靠性。其次，访谈要事先确定访谈现场，因此访谈员可以适当地控制访谈环境，避免其他因素的干扰，灵活安排访谈时间和内容，控制提问的次序和谈话节奏，把握访谈过程的主动权，这有利于受访者能够更客观地回答访谈问题。再次，由于访谈流程速度较快，受访者在回答问题时常常无法进行长时间的思考，因此所获得的回答往往是受访者自发性的反应，这种回答较为真实、可靠，很少掩饰或作假。最后，由于访谈常常是面对面地交谈，因此拒绝回答者较少，回答率较高。即使受访者拒绝回答某些问题，也可以大致了解他对这个问题的态度。

第三，深入。首先，访谈员与受访者直接交流或通过电话、上网间接交流，具有适当解说、引导和追问的机会，因此可探讨较为复杂的问题，可获取新的、深层次的信息。其次，在面对面的谈话过程中，访谈员不但要收集受访者的回答信息，还可以观察受访者的动作、表情等非言语行为，以此鉴别回答内容的真伪以及受访者的心理状态。

（2）访谈法的缺点。

第一，成本较高。访谈法通常采用面对面的个别访谈，面对面的交流必须寻找受访者，路上往返花费的时间往往超过访谈时间，调查过程中还会发生数访不遇或拒访的情况，因此耗费时间和精力较多；另外，较大规模的访谈常常需要一批训练有素的访谈人员，这就使费用支出大大地增加。与问卷相比，访谈要付出更多的时间、人力和物力。由于访谈调查费用大、耗时长，难以大规模进行，所以一般访谈调查样本也较小。

第二，缺乏隐秘性。由于访谈调查要求受访者当面作答，这会使受访者感觉到缺乏隐秘性而产生顾虑，尤其对一些敏感的问题，受访者往往会回避或不做真实的回答。

第三，受访谈员的影响大。由于访谈调查是研究者单独的调查方式，不同的访谈员的个人特征可能引起受访者不同的心理反应，从而影响回答内容；而且访谈双方往往是陌生人，也容易使受访者产生不信任感，以致影响访谈结果；另外，访谈员的价值观、态度、谈话水平都会影响受访者，造成访谈结果的偏差。

第四，记录困难。访谈法是访谈双方通过语言进行交流，如果受访者不同意现场录音，对访谈员的笔录速度的要求就很高，而没有接受过专门速记训练的访谈员，往往无法很完整地将谈话内容记录下来，追记和补记则会遗漏很多信息。

第五，处理结果难。访谈调查有灵活的一面，但同时也增加了调查过程的随意性。不同受访者的回答是多种多样的，没有统一的答案。这样，对访谈结果的处理和分析就比较复杂，由于标准化程度低，就难以做定量分析。

（3）访谈法的适用范围。

第一，访谈法适用于多种受访者。访谈法不仅适用于有一定文化程度的人，而且对于一些文盲、半文盲等文化程度较低的受访者，通过直接的访谈交流也可以取得满意的调查结果。同时，对一些特殊的受访者，如盲人等，也可以采用访谈法。一般来说，只要没有语言表达障碍，无论什么人都可以作为被访对象。在这一点上，访谈调查具有问卷调查不可比拟的优越性。

第二，访谈法比较适用于小范围的调查。访谈法需要投入较多的人力、物力、财力和时间，大规模的访谈会受到一定限制，因此，访谈法一般在调查单位和人数较少的情况下采用，且常与问卷法、测验法等结合使用。

21.2.2 访谈的类型

依据不同的分类标准，访谈法可划分出多种类型，分别适用于不同的研究目的和访谈对象。访谈的分类依据主要有三个：访谈内容的标准化程度、访谈员接触受访者的方式和受访者人数。

1. 按访谈内容的标准化程度分类

按照访谈内容的标准化程度，访谈可以分为三种类型：结构型访谈、半结构型访谈和非结构型访谈。这三种类型也分别被称为标准化访谈、半标准化访谈和非标准化访谈，或封闭型访谈、半封闭型访谈和开放型访谈。

（1）结构型访谈。结构型访谈是指按照预先设计的测量工具（调查表或调查问卷）、谈话程序和谈话方法所进行的访谈。在结构型访谈中，访谈员都要使用统一设计的、结构化的调查表或问卷，遵循一定的访谈程序，按照预先设计的谈话方法，逐项向受访者提问，并将受访者的回答填入调查表或问卷中。结构型访谈是一种对访谈过程进行高度控制的访谈形式，其控制形式主要表现在以下几个方面。

首先，选择受访者的标准和方式应保持一致。其次，访谈员提问的内容是受高度控制的，访谈员不能擅自更改、增加或删减访谈所用的调查表或问卷的主要内容。再次，提问顺序、提问方式以及对受访者回答的记录方式都是相同的，访谈员只能按照问卷上固定的问题顺序进行提问，采取相同的记录方式记录受访者提供的信息。最后，当受访者不清楚问题或答案的含义时，访谈员不能随意进行解释和发挥，而只能重复问题或答案。一些标准化程度高的访谈，甚至连访谈的时间、地点、周围环境等外部条件也要保持基本一致。

（2）半结构型访谈。半结构型访谈是访谈员对访谈程序、访谈方法和测量工具有一定的控制，但同时给受访者留有较大表达自己观点和意见的空间的一种方式。半结构型访谈在选择访谈对象、确定访谈内容、设计提问方式和顺序时会有一些基本要求，但访谈员可以根据实际情况做出必要调整，而且访谈员可鼓励受访者提出自己的问题。对于答案的记录、访谈时的外部环境等一般不做统一的规定和要求，而由访谈员根据具体情况灵活处理。因此，半结构型访谈在一定程度上保留了访谈员对访谈过程的控制，同时也发挥了访谈员和受访者的主动性和创造性，有利于调整原设计方案中没有考虑到的新情况、新问题，从而克服了结构型访谈束缚多、形式僵化等缺点。

通常，访谈员事先准备一个粗线条的访谈提纲。其中，单层次访谈提纲只是需要体现访谈的主要问题；双层次的访谈提纲不仅要列出主要问题，还要将这些大问题细化为许多小问题。一般来说，熟悉调查方法、有丰富调查经验、处理调查对象较为熟练的访谈员可以使用单层次访谈提纲；不熟练的访谈员或初次进行访谈的访谈员，最好使用双层次访谈提纲。

（3）非结构型访谈。非结构型访谈与结构型访谈相反，它没有固定的访谈问题和访谈程序。访谈员只是给出较为宽泛的话题，与受访者就这个话题自由交谈，受访者可以随意提出自己的意见，访谈员则鼓励受访者用自己的语言发表自己的看法，并在访谈过程中边谈边提出新发现或新形成的问题。这种访谈的气氛较为宽松、自由，它适用于深度了解受访者如何看待某一行为或社会现象，以及他们使用的概念及表述方式。

在非结构型访谈中，访谈员只起到辅助作用，尽量让受访者根据自己的思路表达，访谈形式也不拘一格，访谈者可以根据当时的情形随机应变。因此，在这种形式的访谈中，受访者提供的许多事实与观点是访谈员不曾料到的，这会给访谈员很大启发，深化他们对问题的了解和认识。非结构型访谈的目的是要探究与调查在情境中的因素，其问题区域可能是集中的，也可能是广泛的。在这个过程中，访谈员所提的问题是一系列更深刻问题的铺垫。通过与多名受访者进行非结构型访谈，可确认研究中的几个关键因素，然后进一步地在结构型访谈中获取更多相关的深入信息，这将有助于确认主要的问题并解决问题。

2. 按访谈员接触受访者的方式分类

按照访谈员接触受访者的方式，访谈可以分为直接访谈和间接访谈。直接访谈与间接访谈的区别在于是否借用一定的通信工具接近受访者。

（1）直接访谈。直接访谈是访谈员与受访者进行面对面的交谈。访谈员可以通过提问，直接获得受访者的答案，还可以观察到受访者的表情和动作，对对方的情绪波动、精神状况，特别是对方的言语行为与非言语行为之间的关系可以有一个比较完整、准确的把握。其最大好处是所收集的资料相对比较全面，其优点具体体现在以下三个方面。

首先，由于是面对面的访谈，当受访者谈到一些细节时，访谈员可以要求受访者做出更为详细的描述。其次，当受访者对某件事情的描述比较含糊时，访谈员可以要求受访者认真回想，对事情做出更为清晰的陈述。最后，当受访者用一些抽象的概念或理论表达一些态度和观点时，访谈员可以要求受访者对其使用的抽象概念或理论做出解释，从而对受访者有更为准确、真实的了解。

直接访谈可以分为“走出去”“请进来”和“相约”三种。“走出去”，就是访谈员到受访者当中进行实地访谈。在多数情况下，访谈员被要求尽可能采取“走出去”的访谈方式，以便能够体会受访者的工作、生活环境，从而准确地把握受访者对提问的思考和回答。“走出去”的访谈方法，能使访谈员获得更多有关访谈情境和受访者日常活动环境等方面的资料。这种访谈方法要注意两方面的问题：访谈员在走近受访者之前需要与受访者联系和沟通，征得他们的同意；在个别访谈时，要采取一些措施防止别人干扰受访者回答问题。“请进来”，就是将受访者请到研究机构或访谈员安排的地点进行访谈，一般是把受访者请到研究机构。当研究设计要求严格控制访谈的情境时，访谈员就会采取“请进来”的访谈方式，但它会使一些受访者感觉拘束和不自在，也会把一些不接受该访谈地点的受访者排除在抽样样本之外。“相约”，指访谈员和受访者在双方都同意的时间和地点进行访谈。这种方法具有一定的灵活性，可以根据双方的需求来选择合适的访谈地点，例如，访谈员与受访者相约在咖啡馆进行访谈。

（2）间接访谈。间接访谈是指访谈员通过电话、QQ、微信、MSN、Skype 等通信工具对受访者进行访谈。由于访谈通常是一种即时性谈话，邮寄问卷一般被认为是问卷调查法，而不属于间接访谈法。目前，电话访谈是最主要的间接访谈法，而最近一些研究者开始尝试用 QQ、微信、MSN、Skype 等聊天工具，对某些特殊人群进行网络访谈。

间接访谈比较节省时间和费用，且匿名性强。在欧美地区，间接访谈法是常用的资料收集方法。但是间接访谈法只能访谈拥有电话或网络设备的调查对象，而且只能询问相对简单、容易记录答案的问题，访谈时间也不宜过长，访谈员无法看到受访者的面部表情和形体动作，也不能控制访谈过程。

电话访谈法

电话访谈法是一种重要的间接访谈法，电话访谈法是指访谈员通过电话向受访者就某一研究课题进行交谈，收集研究资料的调查方法。

实施电话访谈，有以下五个技巧。

①给一个公司或组织的多个部门打电话。在需要对一个公司或组织进行电话访谈时，访谈员可以尝试给多个部门打电话，这不仅可以帮助访谈员找到正确的访谈对象，还可以帮助访谈员了解该公司的组织运行模式，例如项目的决策过程、采购流程等。

②选择一个组织的较高部门开始进行电话访谈。因为一个组织的较高部门的人员通常会清楚地知道组织中哪个部门由谁负责。考虑到他们的工作很忙，开门见山地提出问题是一个好的选择。

③如果访谈员从一个较高职位（例如公司负责人）获得一个较低职位的联系信息，在开始访谈时，访谈员应该说出较高职位人的姓名或职位，以提高访谈的可信度和重要性。例如，“贵公司王总让我打电话给您，了解一些信息”。

④在进行完访谈员个人和所属组织的简短介绍后，应首先征询受访者的许可，然后再进入电话访谈的正式内容。

⑤电话访谈进行中要注意倾听电话中的背景音，例如电话铃声、门铃、有人讲话等，此时应询问受访者是否需要离开处理，这表示访谈员对受访者的尊重。

资料来源：杨顺勇，牛淑珍，赵春华 . 市场营销案例与实务 [M]. 上海：复旦大学出版社，2006.

3. 按受访者人数分类

根据每一次访谈时受访者的数量，可以分为个别访谈和集体访谈，主要区别在于后者采用了群体互动的谈话方式。

（1）个别访谈。个别访谈是指对单个被访谈者的访谈。通常情况下，这种访谈形式有一名访谈员和一名受访者，两人就某些问题进行交谈，不会受到除访谈者外的第三者的影响。在个别访谈中，受访者与访谈者之间容易建立起相互信任的关系，有利于受访者消除思想顾虑，提供真实的信息。同时，受访者由于得到访谈员较多的关注和鼓励，可能对访谈员敞开自己的内心世界，并对访谈员提出的问题做出深刻探讨。因此，个别访谈比较适用于对某些敏感性问题和深度问题的访谈。

在个别访谈中，访谈员的表现对访谈效果的影响非常明显，合适的访谈员容易形成高质量的访谈。以我国社会的状况来看，人们一般强调长幼有序的人际关系，访谈员的年龄最好略大于受访者，因为年龄接近的双方对现有社会规范比较熟悉，社会生活经历有相似之处，容易建立起信任关系，且较容易沟通。在访谈员知识层次的要求上，访谈员最好具有一定的知识水平和较多社会经验。

（2）集体访谈。集体访谈是多个人同时作为受访者参与访谈，也就是通常所讲的开座谈会。集体访谈常用于团体社会工作和政策咨询等活动中，其特点是访谈过程受到访谈员与受访者之间互动、受访者之间互动的双重影响。一般来说，集体访谈可以由 1—3 名访谈员和 6—10 名受访者组成。访谈员主要控制谈话的方向和节奏，较少发表意见或反驳受访者的意见，而主要由众多受访者针对会议的总议题进行讨论。

集体访谈为众多受访者提供了相互交流的契机，受访者可以面对面讨论问题或描述某一事件，互相启发和补充。在访谈过程中，受访者之间产生的争论和冲突，便于访谈员发现受访者之间的分歧。因此，集体访谈所获得的资料可能更广、更可靠、更深入，而且为研究者提供了观察集体互动和团体动力的机遇。集体访谈适合于研究群体行为、群体关系的倾向，以及互动情境下的个人行为。但集体访谈中的群体压力可能会产生大量的从众行为，抑制部分受访者表达异议的愿望。另外，集体访谈不利于保密，不适合对敏感问题的调查。

“淡百事”是这样来的

饮料市场上备受欢迎的低糖可乐符合现代人对于健康的要求。这种新的可乐品种是百事可乐公司在实施一次类似小组座谈会的集体访谈的基础上诞生的，这种新品种当时叫作“淡百事”。“淡百事”的创意来源是，当时参加集体访谈的消费者在讨论什么是“好的可乐”时，有人提出喝可乐不“健康”。主持人问什么是“健康”，很多消费者的回答是让可乐的口味变得“更淡”，即降低可乐的含糖量，于是就有了风靡世界的可乐家族新品种。

资料来源：张彦．社会研究方法 [M]．上海：上海财经大学出版社，2011.

21.2.3 访谈法的实施步骤

为了保证访谈的有效性，访谈员除了要遵循前文提到的原则之外，还要按照一定的步骤实施访谈，任何一个步骤上的失误都会导致出现访谈误差。因此，访谈员要认真落实访谈的每一个环节，同时要注意培养各种访谈技巧。

访谈大体上可以分为四个阶段，即访前准备、初步接触受访者、实施访谈和结束访谈。针对不同阶段的工作内容，访谈员应具有相应的访谈技巧。

1. 访前准备

在访谈开始前，准备工作主要包括选择恰当的访谈方法，制定访谈问卷或提纲，确定访谈对象，选择访谈的具体时间、地点和场合。如果是项目式访谈，还应包括选择访谈员、编制测量工具和访谈员工作手册、培训访谈员、访谈员访前联系受访者等访前准备。下面重点介绍主要的准备工作。

（1）确定访谈方式和选取受访者。

研究者根据研究目的选择适当的访谈方式。如果是探索型研究，一般选择非结构型访谈，以便发现有价值的研究课题。如果研究目的是验证某一理论假设，或者是要获得人们对某一事件、某些行为方式或价值观念的态度，一般选择结构型访谈或半结构型访谈。

研究者选出一定数量的受访者，逐步了解他们所处的社会环境、所具有的社会地位。若条件允许，还要了解受访者的社会心理状况、文化教育水平、年龄、职位、习惯、兴趣、经历等，这将帮助研究者设计出恰当的测量工具。选取受访者的具体方法则要根据研究方式而定，通常情况下，个案调查一般选取具有典型意义的受访者，抽样调查则采用非概率抽样或概率抽样的方法，选取研究者所需的受访者。

（2）编制测量工具。

在进行访谈之前，研究者要编制出相应的测量工具。问题的表达方式要符合受访者的文化水平，针对文化水平相对较低的受访者，设计问题应尽量做到通俗易懂、简单具体和具有可操作性，不宜让访谈员临时用自己的语言解释问题与给出答案。访谈问题主要有五类：对该项研究的介绍和说明性问题、预备性问题、有关价值观或行为方面的实质性的但不致引起受访者恐惧的问题、涉及该项调查核心的问题和有关个人及动机的相对细致的问题、人口统计方面的问题。研究者要妥善安排提问的顺序。量表或指标体系中的问题类型一般由访谈方式决定。

（3）设计访谈提纲。

一次访谈时间最好控制在一小时内，因此，提纲一般不要过多、过细。问题总量大概分成两到三大类问题，每一大类问题由若干个小问题构成。

访谈提纲设计的原则有四个：首先，要紧密结合访谈目标设计访谈提纲；其次，问题设计不宜太多（8—10 个问题）；再次，按受访者思考问题的逻辑顺序提问；最后，访谈的问题应尽量覆盖达成访谈目标所必需的关键问题、疑难问题。

访谈提纲设计的形式有主题式、问卷式和剧本式三种。主题式要求列明本次研究的核心要点。只需要列出 5—6 个关键的问题，但这些问题属于起始性问题，用于最初的访谈引导，而实际的深层问题由访问者在访问过程中现场把握。这种形式对访谈员的经验和技能要求较高。问卷式需要列明非常具体的对话问题、提问方式，确保访问者关注的问题不会被遗漏，同时提供较为一致的研究方式及其相应的探讨结果。剧本式适合数量比较多的访谈员同时在很多区域做访谈，在这种情况下，访谈员需要把提纲做得很细。剧本式的问题不仅意味着有更多具体展开的问题，同时在提纲的关键处明确提出了追问、出示道具、不同答案情况的应对规则等。

（4）设计访谈问题。

访谈问题的设计，虽然因访谈类型而异，但大体上都要避免以下三类问题的出现。首先，暗示性问题。暗示性问题是指该问题可能导致受访者按照访谈员的思路回答问题。暗示性问题不仅会使访谈员得不到针对该问题的真实答案，而且会使受访者的思维更加混乱。其次，空洞的问题。访谈员在设计问题时，不能有“一口吃成个胖子”的想法。过于空洞的问题，使受访者找不到准确的切入点。访谈员要在受访者回答的答案中费时、费力捕捉对研究有价值的答案，或者根本得不到有价值的答案。最后，审问式的问题。访谈员要把访谈看成是与受访者平等交流的过程，因此，在问题的设计上应该避免出现审问式问题，要格外注意提问时的措辞。审问式的问题会使受访者拘谨，从而不能充分表达自己的想法。

（5）联系受访者并确定访谈时间与地点。

访谈开始前，访谈员还需要联系受访者，与其协商确定适合的访谈时间、地点。访谈的时间与地点也会直接影响受访者的思想、情绪和访谈效果。一般来说，访谈时间和地点应尽量方便受访者，这样既表示对受访者的尊重，也是为了让他们在自己选择的时间、地点里感到轻松、安全。如果访谈员与受访者是初次接触，还应与受访者协商访谈所需时间的长短和访谈的次数。

如何选择访谈时间与地点

（1）最佳访谈时间是受访者工作、家务不太繁忙而且心情舒畅时。例如，选择受访者生日前后或有纪念意义的日子，受访者比较乐于接受。

（2）访谈时间一般要求尽量考虑受访者的工作、学习和娱乐的安排，以免使受访者产生厌倦心理。

（3）在访谈地点上，尽量安排在受访者不受干扰的住所或工作点附近，以有利于受访者准确回答问题和畅所欲言。

（4）每次访谈的时间不应过长，对单个受访者的访谈次数也不宜过多，否则受访者可能会厌烦。

2. 初步接触受访者

在这个阶段，访谈员最重要的任务是进行关系运作和预备性访谈，以赢得受访者的信任，协商有关访谈的事宜，并通过重申志愿原则和保密原则以巩固信任关系。

（1）建立信任关系。

若没有引见者，访谈员只能直接面对素不相识的受访者，此时很难消除受访者的心理戒备。访谈员因此可以通过预备性访谈，建立、强化双方的信任关系，促使受访者产生回答问题的动机。最普遍的做法是，访谈员向受访者礼貌地表明来意以及出示相关证件以消除受访者的疑虑，还可以根据受访者所处的环境特点，主动谈谈受访者熟悉的东西，以消除拘束感，从而增进双方的情感交流，减少双方心理上的隔阂。访谈员也可以通过运用政府机构、知名人士、知名单位、报刊等的权威性，提高受访者对访谈的重视和接纳程度。

若条件允许，访谈员最好可以由熟悉的人或机构引见，因为引见者与受访者之间的熟人关系有助于访谈员快速建立起与受访者之间的信任。例如，访谈员可以借助学校老师与外界相关人士的关系获得引见，这将提高受访者对访谈员的信任。

巧妙建立信任关系

法拉奇是意大利著名的女记者，1980 年她选择在邓小平生日前后的 8 月 21 日和 23 日采访邓小平，见面后她首先祝贺邓小平生日快乐，然后再进行采访，使采访活动从一开始就显得非常亲切和活跃。法拉奇的这一选择，不仅表现了她对受访者的充分了解，而且显示了她自然切入话题的高超技巧。

（2）协商有关事宜。

建立初步信任关系的同时，访谈员还应与受访者协商以下相关事项。

①向受访者介绍研究课题。在开始正式访谈之前，访谈员要针对研究课题向受访者做必要的介绍，告诉受访者他是如何被选择作为访谈对象的，希望从他那里了解哪些情况。同时，访谈员要告知受访者，最好用什么语言回答问题。一般来说，访谈应以受访者熟悉的语言进行。接下来，访谈员要介绍访谈规则。例如，受访者对问题有疑问，访谈员是重复该问题，还是对该问题提供解释；受访者在不知如何作答时，是否可以向他人讨；等等。

②向受访者表明自愿原则和保密原则。访谈员应说明受访者在访谈过程中可以随时退出，而且不必负任何责任，并保证不向他人或其他单位组织泄露受访者提供的信息。初次接触受访者前，访谈员就被要求向受访者申明自愿原则和保密原则，这里重申两项原则的根本目的是强化双方的信任关系。

③征询受访者对使用音像设备的态度。如果条件允许而受访者也同意，访谈员最好录下该次谈话的内容，这有助于获取完整信息和减少笔录误差，也可以使访谈员将注意力集中到与受访者的互动之上，集中精力把握受访者的语言和思路，并有余力对访谈内容进行及时追问。

录音也可能带来负面效果，如一些受访者可能会因录音而感到紧张不安，从而隐瞒那些可能给他们带来不利后果的信息；另一些对录音感兴趣的访谈者，可能会在访谈中尽量使用比较正规的、被社会规范所接受的方式表达自己，而不愿意使用自己的日常语言，这在一定程度上也会影响访谈的效果。

3. 实施访谈

实施访谈是访谈员提问和受访者回答问题的过程，也是访谈员倾听、观察、理解受访者以及记录受访者答案的过程。也就是说，访谈员不仅要“用嘴问”“用耳听”，还要“用心领会”和“用手写”。

（1）提问。

①采取恰当的提问方式。提问方式受到很多因素的制约，包括受访者和访谈员双方的性别、年龄、个性、社会地位、民族、职业、受教育程度，以及双方关系、访谈的具体情境、所提问题的性质等。一个成熟的访谈员在提问时会考虑到这些因素，根据具体情况选择最佳的提问方式。

在对受访者提问时要注意以下四个问题。一是根据受访者的特征提问。针对教育水平较低的受访者，提问必须通俗易懂，并较少使用抽象的名词和概念；对于顾虑重重、敏感多疑的受访者，应该循循诱导，逐步提出问题，反之则可直接提出问题。二是根据访谈员与受访者的关系提问。若访谈员与受访者是初次见面或还未取得受访者的信任，这时访谈员应该耐心、慎重地提问，反之则可直率、简洁地提出问题。三是根据问题的类型提问。对于封闭性问题，访谈员要严格按照要求提问，切勿随意改变提问顺序；对于抽象性问题，访谈员要将其转化为具体问题，从具体的细节着手进行情景式、过程化、多角度的分析；对于比较尖锐、复杂、敏感和具有威胁性的问题，应该采取谨慎、迂回的方式提出；一般性问题则可大胆、正面地提出。四是运用恰当的语言。提问应尽量简短，用语要通俗化、口语化和地方化，尽量避免使用学术用语和书面语言，提问速度要适中，既要使受访者听清楚，又要紧随受访者的回答及时提出新问题。

从村主任访谈记录（节选）看提问的技巧

村名：甘肃省东乡族自治县大树乡乔鲁村	
受访者：马国华（M）	性别：男
年龄：59	民族：东乡族
文化程度：文盲	任职时间：1970 年
访谈员：赵小明（Z） 访谈地点：学校旁大树底下以及临时办公室 访谈时间：2000 年 5 月 23 日 13:00—14:30	

（以上人名均为化名，下文括号里宋体字部分为原文作者添加的说明）

Z：马主任，请您介绍一下学校的基本情况，比如说人口、土地、学龄儿童数、上了学的孩子多少、经济状况等。（这是以开放型的问题开始访谈）

M：（沉思片刻）这个地方是十年九旱，穷得很。尕的有些书费拿不起。有些好的念着哩，书费拿不起的就不念了。咱们这个村庄是 850 人，7 个生产队，140 户。这个学校是 1984 年修的。（“尕”是当地方言，就是“小”的意思）

Z：应该上学的娃娃有多少？（访谈者也使用了受访者的方言词语“娃娃”）

M：有 50 人，学费拿不起。没有票子嘛，男女共 50 个。（“票子”就是指“钱”）

Z：你觉得咱们村孩子上学最大的困难是什么？（用“咱们村”拉近与受访者的距离）

M：主要是穷，拿不起学费。

资料来源：白芸 . 质的研究指导 [M]. 北京：教育科学出版社，2002.

②提问时也要善于使用过渡性问题。访谈中的问题可以分为实质性问题和过渡性问题。实质性问题是指为了解所研究问题的实际内容而提出的问题。实质性问题包括四大类：提问事实方面的问题，提问行为方面的问题，提问观念方面的问题，提问态度、愿望方面的问题。在转换话题时，访谈员需要使用过渡性问题，以便由一个问题切换到另一个问题。过渡性问题在访谈中的好处主要体现在三个方面：使整个访谈过程显得流畅；避免访谈员突兀地提出新问题；帮助受访者做好回答新问题的准备。因此，访谈员应尽可能自然地切换话题，既使访谈进行得比较顺畅连贯，又不会使受访者因意识到“跑题”而感到尴尬。

过渡性问题在访谈中的应用

在一次旨在了解员工如何配置时间的访谈中，访谈内容从工作情况转换到休闲生活时，可以先这样提问：“你把公司事务安排得井井有条，在生活中是否也是这样呢？”但在受访者表现出对当前问题兴趣浓厚时，访谈员就应谨慎地转换话题。如一位已婚员工正在动情地向访谈员倾诉她在下班后还要承担繁重的家务劳动，而访谈员想转换到有关工作时间安排的问题时，就可以说：“你的家务活那么多，对你的工作有什么影响吗？”有了这些过渡性问题，访谈过程就变得比较连贯自然。

资料来源：张兴杰 . 社会调查 [M]. 南京：南京大学出版社，2008.

③访谈者还要敢于追问。追问是为了使访谈员真实、具体、准确、完整地理解受访者所回答的问题，进一步了解受访者的思想、深挖事件发生的根源以及发展的过程。追问一般出于下列情况：受访者的回答前后矛盾、不能自圆其说时；受访者的回答残缺不全、不够完整时；受访者的回答含混不清、模棱两可时；受访者的回答过于笼统、很不准确时；访谈员对于一些关键问题的回答没有听清时；受访者避而不谈、欲言又止、有意说谎时。

就追问的具体时机来说，访谈开始阶段最好不要频繁追问，这样会打乱正常的访谈程序，甚至会造成“跑题”。访谈员应该给受访者一些自由表达的时间，然后在此基础上进行追问，或把当前需要追问的问题插入到后续的讨论中。这样既可以将访谈员感兴趣的事情与受访者想说的事情连接起来，又不会伤害受访者的感情及回答问题的兴趣和动力。此外，不同类型的问题应该在不同时刻追问，如果访谈员发现自己对一些具体的细节不清楚，希望受访者进行补充或澄清，就需要进行即时追问；如果访谈员追问的内容涉及一些重要的概念、观点和理论问题，访谈员最好先将这些问题记录下来，留待访谈后期进行追问，因为即时追问会打乱受访者的思路。

在具体追问时，访谈员可以采取以下两种方式。一是直接追问。直接追问是指直接指出受访者的回答前后矛盾、不具体、不完整、不准确的地方，请受访者做补充。此时，访谈员可以重复问题或者提出要求受访者澄清的问题，可以说：“我想你刚才可能没有听清楚我提出的问题，我再说一次”“你刚才说你是通过其他同事知道这件事情，现在又说是自己亲眼所见，我想请你再仔细回忆一下”等。二是反感追问。反感追问，即采用“激将法”，观察在“激将”的状况下受访者有什么表现和反应，使其情绪激动而吐真言。不过，反感追问应该慎用，以不伤害受访者的感情、不危及访谈为原则。在多数情况下，访谈员应该采取迂回追问的方式，即针对那些敏感、威胁性问题，以及以往发生的、记忆不清的问题，访谈员可以从另一个侧面、角度或换一个提问方式追问相同的问题。

下面是对一个上市公司人力资源经理的访谈记录节选。

访谈员：您觉得优秀的人力资源经理应具备哪些方面的技能？

人力资源经理：技能某种程度上与知识是联系在一起的，包括会操作计算机、有驾照都是现在找工作必备的一个东西。专业知识应该是技能。其他的方面，包括业务方面、人力资源方面，应该说是一种管理手段。我都不把它当作一个技能。我偏重于薪酬这一块，财务很重要，最起码你要是半个财务，“人财不分家”，你如果说不懂，财务经理讲什么你不懂，或者财务经理讲得不对，比如到年底了（沟通），交流不起来。财务如果说算个技能吧。沟通也很重要。

访谈员：还有什么能力方面的？像沟通。你刚才提到一个协调能力、沟通能力，还有一些其他什么吗？

人力资源经理：不外乎就是这些了，还有一个就是性格。我觉得做人力资源经理的人，在刚开始学人力资源这个专业时，他应该有个测试。这个专业不同于其他专业，或者说这一行不同于其他。我觉得首先内向型的人不适合干这个，适合外向型的，还有就是粗中有细的，因为好多工作需要外向型的粗中有细的，而内向型的或者说是心胸比较狭窄的就不行。还有一个就是人品，像人力资源考证时，就有一个道德试卷，为什么？它就是要测试一下职业道德。一般的可能都没有这个说法。为什么考人力资源，要考一个职业道德，而且一定要及格，我说一个人力资源经理要害一个人，人家可能一辈子都不知道，真的。至于说一些小的方面，就是你和职工处理事情时，经常讲的换位思考，你站在别人位置上想想问题，可能解决问题的办法就多了。你不能老抱着个“制度”，抱着个“制度”来解决问题，可能问题能解决，但是很可能不能得到好的结果。

访谈员：刚才你讲的能力中给前三个排个序吧，最重要的三个。

人力资源经理：协调第一，沟通第二，第三笼统地讲是专业技能。对人力资源部经理而言，协调人际关系最重要。沟通这一块，有协调能力的人一定会沟通。协调是属于同级或者上级之间，而沟通更多是向下沟通。而业务技能……

从以上访谈记录节选中，可以发现访谈员主要针对人力资源经理应具备的能力进行追问，采用了直接追问的方式。

（2）倾听。

"听"是相对隐性的工作，但在访谈中非常重要。访谈员只有认真地倾听才能把握正确的提问方式，才能捕捉到需要追问的问题。访谈员应该在听的层次和方式上多加注意。

①听的层次。按照信息加工理论的观点，访谈员的"听"包含了三个环节：捕捉和接受一切有用的信息，理解和加工处理信息，进行记忆和反应。从这三个环节的衔接看，访谈员倾听受访者的状态可以分为以下三个层次。一是表面地"听"，访谈员只做出一种听的姿态，并没有认真地将受访者的回答听进去。二是消极地"听"，访谈员被动地听取了受访者所说的话，但没有理解受访者话中的意义。在这个状态下，访谈员只是在"听"，就好像一个录音机在机械地记忆，并没有积极的思维活动和情感共鸣。三是积极地"听"，访谈员将全部注意力都放到了受访者的身上，这时，访谈员注意察言观色，努力记忆和理解受访者的观点，推测言外之意，并考虑如何做出反应。访谈员一般被要求积极地听，即集中注意力倾听受访者，理解受访者所传递的信息，最大可能地记忆，适当地做出回应。

②听的方式。访谈员在倾听受访者讲话时要注意以下三个问题。

一是访谈员要集中注意力。如果访谈员忙于记录，或者思考受访者刚才传达的信息，或者由于受访者的某些行为和态度而情绪紧张，不能集中注意力听，这时一定要提醒自己将注意力集中到当前的问题上，跟上受访者的思路和提问的进程，否则访谈员不仅会遗漏更多信息，而且也会使受访者误以为访谈员并不重视他正在进行的回答。如果记录跟不上，访谈员应该集中注意力听和记忆，写下受访者回答的关键词和概要；如果对刚才受访者的回答不理解，或者觉得有必要深入讨论下去，可以先将问题记录下来，留待后面再问。

二是访谈员要保持连续地听。访谈员在倾听受访者时不能随便打断受访者的谈话。在非结构型和半结构型访谈中，受访者一般是按照自己的思路说话，访谈员若随意打断受访者，可能会破坏受访者表达的完整性和逻辑性，也会给访谈员自己造成理解上的困难。因此，访谈员如有要追问的问题，最好在对方谈话告一段落后再进行追问。此外，访谈员发现跑题时，也不宜轻率打断谈话。访谈员贸然打断谈话会打击受访者继续探讨的兴趣和积极性，而且受访者仍可能在后续谈话中重提那些跑题的话题，很多受访者认为这些跑题的答案或论述与问题有很大关联。因此，访谈员在试图打断受访者之前，一定要耐心倾听，思考对方述说这些话题的动机、愿望、需要和逻辑。

三是访谈员要理解受访者的沉默。受访者的沉默往往表达了某些含义，因此，访谈员除了倾听受访者的言语表达外，还应特别注意"倾听"受访者的沉默，发掘其中蕴含的信息。受访者在研究开始阶段保持沉默，拒绝、不习惯访谈或不信任访谈员的可能性比较大，访谈员在确定之后就应该采取措施让受访者放松，从而打破僵局。但在双方已经建立起互信的关系后，受访者的沉默就更有可能是因为他需要一定的时间回忆和思考，这种情况下访谈员应该耐心等待。因此，当受访者沉默时，访谈员不要马上打破沉默，而应该先思考和判断受访者沉默的原因。如果不能确定受访者长期沉默的具体原因，访谈员可以试探性地询问对方，然后根据具体情况做出恰当的回应。

（3）观察。

“用眼看”就是观察受访者表达的非语言信息。受访者的非语言信息可以提供言语无法提供的重要信息，帮助了解他的个性、爱好、受教育程度及心理活动，还可以帮助研究者理解受访者的言语行为。

①明确观察内容。在访谈过程中，访谈员要观察受访者的形象语言、肢体语言、情感反应和访谈的环境状况等。

观察形象语言。形象语言主要指受访者的衣着、服饰、打扮等外部形象，这些往往是一个人的职业、教养、经济状况和兴趣等内在素质的反映。访谈员要从受访者的衣着、打扮来获取信息。对讲究打扮的受访者，应该庄重、严肃、彬彬有礼；对不修边幅的受访者就可以坦率、随和些。

观察肢体语言。行为是受思想、感情支配的。一般来说，受访者会在访谈过程中运用相应的肢体语言，访谈员可以通过观察这些肢体语言来捕捉受访者的思想、感情信息。例如，受访者东张西望，表示注意力已经转移；受访者与访谈员保持距离，表示他对访谈员具有敌意和不信任；做无谓的小动作，说明不感兴趣、心不在焉；伸懒腰、打哈欠，表示已经劳累和疲倦；频频看表、看钟，则说明希望加快进度、尽快结束谈话；等等。在访谈过程中，通过细小的行为、动作和姿态来捕捉受访者的信息，往往能起到语言所不能起到的作用。

观察情感反应。除了肢体语言，表情和语气也是情感表达的重要方式。表情主要通过面部器官和肌肉的动作反映出来，如通过眼神。受访者目不转睛，表示精神专注；目瞪口呆，表示不知所措；目光炯炯，表示非常兴奋；皱眉不展，表示顾虑和深思；张口结舌，表示意外；等等。另外，受访者对某些事情或某些价值观念所产生的情感反应，还常常通过语气表达出来。

观察环境语言。人们周围的自然环境、各种摆设和人们的活动状态，也蕴含着一些信息。例如，在入户访谈时，家庭所在社区的绿化水平、楼宇新旧、建筑格调等物理环境，某种程度上可以反映这个社区居民的整体经济收入水平、社区文化等，从而间接反映受访者的收入状况和生活观念。家庭中的家具摆设，不仅可以反映出受访者的经济状况，而且能够表现受访者的修养、兴趣爱好及性格特征等。

②如何观察。访谈员在观察受访者时，要注意以下两个问题。一是访谈员在观察受访者时，要注意对受访者的观察要仔细，尽可能地观察与受访者相关的各个方面。二是访谈员对观察到的信息应加以理解和判断，即边观察边思考这些非语言信息所传达的意义和信息。

客观而准确地观察

在访谈中，如果受访者听到访谈员的问题后没有很快地回答，而是在笑，这时访谈员可能想知道他为什么发笑。一个笑包含多种不同的含义。如果访谈员不问受访者笑的原因，将不知道他为何而笑，此时，访谈员也许将与一条有趣的信息失之交臂，所以访谈员可以做这样的尝试。

访谈员：你在笑。

受访者：是的，你刚才的问题让我想起了与此相关的一件事情。

通过这种方式，访谈员能够获取更多的有用信息。对于受访者在访谈中的各种表现，如沉默、无声的表情，对其他物品的注视，访谈员都要用心观察，并适时对此发问，否则，访谈员就很有可能错误地解释受访者的行为，进而影响访谈的效果。

（4）回应。

访谈员在用心领会的基础上及时、准确地回应受访者，也就是将自己对受访者的态度、想法快而准确地传递给受访者，促使受访者进行积极主动地探索，这样有助于访谈的成功。访谈员对受访者的回应方式通常有认可、鼓励、自我表露等。

认可是指访谈员对受访者所说的话表示已经听见了，希望对方说下去。认可的方式有两类，即通过言语行为和非言语行为表示。例如，访谈员向受访者说“嗯”“很好”“是吗”“原来是这样的”，或向受访者点头、微笑和注视等。对受访者做出认可的回应，目的是向受访者表示接受、欣赏他的回答，愿意继续与他交谈下去。如果访谈员默不作声、毫无表情，受访者就不知道访谈员是否听到和理解自己，因此不愿意再继续说下去。但认可的表达也应该有度，不宜过多过滥。如果过多，可能会打乱受访者的思路；如果过滥，反而会让受访者感到未获得适当的理解。

鼓励也是重要的回应方式。有时受访者不知道自己所说的内容是否符合访谈员的要求，或因问题涉及隐私、个人关系和情感而有所顾虑，访谈员就要做出适当回应，以此促使受访者对谈话放心。如访谈员要了解公司里上下级关系的冲突，一位与上司发生过争执的受访者在谈论该问题时表示迟疑，这时访谈员就可以说：“我感兴趣的不是上下级冲突中具体的人，而是想知道究竟为什么而冲突，冲突中究竟发生了什么事情。”

自我表露是指访谈员对受访者所谈的内容就自己的人生经历和经验做出回应。自我表露的目的就是拉近访谈员与受访者的距离，使他们的关系变得轻松。由于访谈员的自我表露，受访者可能会感到访谈员与自己有相似的经历和经验，因此可以理解自己，还可能会感到访谈员和自己一样是个普普通通的人，可以进行平等交谈。

（5）记录。

在缺乏音像设备或受访者不接受录音录像时，访谈员就只能依靠手写方式记录受访者的答案。即使在录音录像的情况下，访谈员仍然需要用手写方式记录一些重要信息，帮助记忆、理清、理解和恰当回应受访者。同时，访谈员用手写的方式记录答案，会使受访者感到访谈员重视自己的回答，从而愿意更加积极和深入地探讨问题。

①记录方式。记录方式主要有当场记录和访后记录。当场记录主要适用于结构型访谈，而信息量大且没有结构性的非结构型访谈和半结构型访谈则要将当场记录和访后记录相结合。无论用何种记录方式，访谈员都要抓住回答的要点、特点、疑点和自己的感受。

当场记录就是边访谈边记录。由于受访者提供的信息量比较大，当场记录需要采用一些信息处理技术，如速记、详记和简记等。速记就是用速记法把对方的回答全部记下来，然后进行翻译和整理；详记是用文字当场做详细记录；简记是用一些符号或缩写来进行记录，访谈结束后再通过回忆将简记还原为完整的访谈记录。速记和详记的优点是记录信息全面，但需要访谈员把大部分注意力放在记录上，从而可能导致提问、倾听和回应方面的不足。简记不需要访谈员分散太多注意力在记录上，但在访谈结束后补记时容易受遗忘的影响。

访后记录是在访谈结束后依靠回忆进行记录。如果受访者不同意在访谈过程中记录，或者访谈员记录速度不够快而只记录了要点，就需要进行访后记录。访后记录的优点是，不会破坏受访者和访谈员的互动，但记录过程中由于访谈员的个人因素会造成信息在一定程度上的扭曲与失真，访谈员会重视某些问题而忽视另一些问题。因此，访后记录要求访谈员将自己置于访谈情境中，身临其境地回忆受访者的原话以及说话的语气。

②记录的完整性要求。保证记录的完整性就是访谈员要尽量做到将受访者传递的信息被完整地记录下来，减少记录的误差。访谈员在结构型访谈中只要按照事先定好的提问顺序，就能完整地将受访者的回答记录到访谈表或问卷上。但非结构型访谈和半结构型访谈所提供的信息非常庞杂，访谈员一般进行选择性记录，往往会遗忘或漏记一些有价值的信息。因此，访谈员在条件许可且受访者同意的情况下，最好使用录音录像设备。如果不能使用录音录像设备，最好安排专人做记录。这样，访谈员既可以集中精力提问、追问、观察、倾听和回应，又能最大限度地保持信息的完整性。访谈中出现受访者的回答与所提问题无关的情况时，访谈员最好能将这些信息全部记录下来。尤其在访谈初期，研究者并不知道哪些资料有用，哪些资料没有用，随着研究进展到一定阶段，研究者会发现遗漏了一些重要问题。而研究者在访谈过后的资料整理和分析时，也许会发现那些跑题的回答其实非常有价值。

③记录的全面性要求。记录的资料应该全面。访谈员除了要完整地记录受访者传达的言语信息外，还应该记录各种通过非询问得到的资料，包括自己在访谈过程中的所见、所闻、所思。为了保证在访谈过程中全面记录信息，研究者可以制作一个表格，包括受访者的生活状况、居住环境、访谈地点、访谈时间、受访者对调查的态度等方面。此外，访谈员在记录言语信息时，也应该记录下受访者表达这些信息时的语气、神情和动作。这些资料越是全面细致，对研究结果越有贡献。

④请受访者阅读并校正访谈记录。访谈员整理好访谈记录后，最好请受访者阅读访谈记录。一是这样可以显示访谈员对受访者的尊重，减轻受访者对访谈的疑虑；二是受访者阅读访谈记录，可以对访谈员记录不准确的内容进行校正，或者对记录不完整的地方进行补充。这样，可以更好地保障访谈记录的完整性与全面性。

4. 结束访谈

访谈员与受访者就所有相关问题进行交谈后，就可在良好的气氛下结束访谈。在一些特殊情况下，如访谈已经超出了约定时间，受访者不能够再提供新的信息，受访者已露出倦容时，访谈员就要立即结束访谈，或者在必要的情况下预约再次访谈。一般来说，访谈员应该采取迂回的方式结束访谈，不能让受访者感觉突兀或不自在。通常的做法是，访谈员在决定结束访谈前，给受访者一些语言和行为上的暗示，表示访谈可以结束了。例如，访谈员合上笔记本或关上录音机；转换话题，聊一下访谈之外的事情；对受访者表示谢意；等等。

访谈员在结束访谈时，还应该促使受访者把特别想说的话说出来。这时最好问受访者“你还有什么想说的吗”“你对研究的问题还有什么建议吗”“忽略了什么没有”等问题以结束调查。同时，访谈员还需要重申自愿原则和保密原则，并对受访者表达真诚的感谢。如果需要进行后续访谈，访谈员应该及时向受访者说明今后会再次登门请教。如果访谈内容没有完成，访谈员还应该与受访者协商下一次的访谈时间、地点和主要访谈内容等，以便受访者做好必要的准备。

21.2.4 访谈法的实施技巧

（1）注意对受访者的称呼。

当访谈员与受访者是初次接触时，访谈员要做的第一个工作就是有效接近受访者，消除顾虑，而恰当的称谓能为访谈开个好头。

①要符合陌生人初次交往的心理距离。访谈员与受访者的亲密程度较低，心理距离较大，相互

之间的称谓一般会突出对方的社会角色身份，以示客气、尊重。初次见面人们往往不能直呼其名，而是应该用受访者的正式身份头衔，或者用尊称。

②要入乡随俗，亲切自然。访谈员在与受访者打交道之前首先要了解当地的风俗习惯，做到有的放矢，称谓上要灵活处理。例如，“您”是尊称，但在有些地方特别是农村地区，人们更喜欢接受“老大爷”“老大娘”这样的称谓，显得亲切自然，不做作。

③要不卑不亢，恰如其分。访谈员对于受访者应始终保持尊重和礼貌，但也不能一味奉承、讨好甚至谄媚。有的访谈员过于拘谨，小心翼翼，但结果往往适得其反，甚至会引起对方的反感和厌恶。

（2）消除受访者的防卫心态。

如果在访谈中访谈员不消除受访者的防卫心态，让受访者在拘谨的状态下回答访谈员提出的问题，那么访谈员往往无法得到有价值的答案。因此，在访谈进行之初消除受访者的防卫心态，是访谈员获得对研究有价值的信息的关键。访谈员可以通过以下三种方法消除受访者的防卫心态。

①先谈受访者身边的、较熟悉的事情。在访谈开始时，为了创造较轻松的气氛，除了对受访者表示礼貌外，还应该先从受访者身边的、较熟悉的事情开始谈起，以消除受访者的拘束感，然后逐步地把话题引向访谈的内容。

②淡化敏感性与威胁性问题。在访谈过程中，访谈员应尽量淡化敏感性与威胁性问题。敏感性问题是指该问题涉及对方的隐私或不愿意谈论的问题；而威胁性问题是指对方感到回答后可能给自身带来麻烦，或遭受损失的问题。在必须谈论这些问题时，访谈员应极力创造有利于讨论这些话题的氛围，并且在发问时注意保持自然的语气和温和的态度。

③切忌审问式提问。访谈员在提问时要清楚、委婉、从容，切忌审问式提问。访谈员审问式的，或者咄咄逼人的提问方式，会让受访者在访谈中无法放开畅谈自己真实的想法。在受访者诉说时，访谈员要耐心、礼貌地倾听，并且经常用微笑、点头等对对方的回答表示理解并给予鼓励。

（3）访谈的把控。

访谈的过程是访谈员提问的过程，提问的成功是访谈顺利进行的关键，但在访谈过程中提问者的举手投足都可能影响到受访者的情绪和思路。因此，合适的提问与恰如其分的表情是控制访谈的两个主要手段。对于提问方式的控制在前文中已做较详细的介绍，下面主要介绍表情控制。

访谈是人与人之间的一种近距离接触，是人与人之间语言与表情复合双向的互动过程。在访谈过程中访谈员要始终如一地保持礼貌、谦虚、诚恳和耐心，和颜悦色、不卑不亢，尤其要注意以下两点。首先，表情不宜刻板严肃、不置可否。任何受访者都希望对方注意他的谈话，倘若对方面无表情、沉默寡言，可能会产生紧张感，影响对问题的回答。其次，要用表情牵制受访者的谈话，与受访者的情感波动保持一致。

（4）对拒绝访谈的处理。

访谈中经常会碰到受访者拒绝访谈的情况。访谈员被拒绝的原因各不相同，具体情况有以下五种。第一，受访者认为访谈主题政治化、商业化或敏感性太强。第二，受访者断然拒绝，但不表示拒绝的原因。第三，受访者认为访谈“无聊”或“浪费时间”。第四，受访者在以前类似的访谈中有过不愉快的经历。第五，受访者不会讲普通话或某种方言，有意识地回避。

无论碰到哪种形式的拒访，访谈员都不能灰心泄气，而是要耐心地找出受访者拒绝的原因，并有针对性地加以克服。例如，受访者担心访谈会导致个人信息外泄，访谈员就要说明访谈的保密性原则；受访者如果不了解访谈的意义而认为“无聊”，访谈员就要说明研究的价值。但是，如果访谈员确定受访者真的愿意接受访谈而只是目前暂时没有时间，就不要勉强或过多纠缠，而是应该礼貌地表示歉意，打搅了对方的工作或休息，同时约定等到受访者有空的时候再次上门完成访谈，并待受访者提出可能的时间安排后做出确认。

21.3 问卷调查法

如果想了解演讲中男性与女性领导风格的差异，你会怎么办？如果想了解员工对公司某项政策的态度，你会怎么办？如果想了解学校师生对食堂膳食质量的满意度，你会怎么办？如果想了解城市居民对该城市环境的看法，你会怎么办？问卷调查法，作为收集资料的一种方法，已经被人们广泛使用。它不仅可以运用于学术研究，也大量地运用于民意调查、意见收集、现象验证、行为预测等方面。

21.3.1 问卷调查法概述

1. 问卷调查法的概念

问卷调查法作为市场调查中收集资料的一种重要方式，也是社会科学领域重要的调研方法。为了在 MBA 论文调研中更好地运用这种方法，应当先弄清问卷是什么，问卷调研方法的目的是什么，进而去理解问卷调查法的含义。结合问卷调查的参与者与问卷的作用，本书对问卷调查法定义如下：问卷调查法是调查者运用统一设计的问卷向被选取的调查对象了解情况或征询意见的调查方法。

2. 问卷调查法的类型

分类依据不同，问卷调查法划分的种类也不同。根据调查方式，可分为书面问卷调查与网络问卷调查；根据问卷填答方式，可分为自填式问卷调查与访问式问卷调查。

（1）根据调查方式分类。

书面问卷调查是指调查者采用书面问题征答形式，将设计好的问卷调查表直接或间接地送到被调查者手中，由调查对象填写后返还给调查者的一种调查方法。一般认为，书面问卷调查包括邮寄问卷调查、电话问卷调查与专员访问调查。

网络问卷调查是指调查者通过被调查者在网上填写问卷而获取资料的一种调查方法。随着最近十几年互联网的普及，网络问卷调查呈现出蓬勃发展的趋势。

网络调查法的优势非常明显，快速地取代传统的纸质问卷调查。网络调查法能利用网络获取各种各样的资源，网络上的资源量是非常丰富的，而且查找起来明显比搜索纸质的资料快速得多。例如，要查找某一方面的资料，如果通过传统的方式估计要经历繁复的工作，查阅的书籍数量会很庞大，但是如果通过网络的关键词搜索，几乎几秒钟的时间就能获得相关的结果，效率大大提高。

网络调查法的高效也决定了未来调查法的发展离不开网络。通过网络调查不仅可以缩短人们开展调查工作的时间，也可以减少人们在调查中的工作量，提高调查工作的效率，获取更为精确和有价值的调查结果。在互联网发展速度丝毫没有停下来的背景下，未来网上调查法将会越来越盛行。

（2）根据问卷填答方式分类。

自填式问卷是由被调查者自己填写的问卷。一般适用于邮寄调查、网络调查等。

访问式问卷调查是由调查者根据被调查者对问题的口头回答而在问卷上做记录的调查方法。一般适用于电话问卷调查、专员访问调查等。

3. 调查问卷的作用

一份优秀的调查问卷，既要能正确反映调查者的目的，又要准确传达被调查者的想法，是连接调查者与被调查者的信息纽带。调查者在回收问卷后，通过整理问卷资料，对其中的信息进行分析、归纳和总结，进而根据所得的调查结果撰写调查报告。调查问卷的质量好坏，直接影响调查结果与调查报告的优劣。调查问卷在调研过程中起着中心作用。图 21–1 说明了问卷的中心地位，它被定位于调研目标（由调查者提出的问题）和调研信息之间。

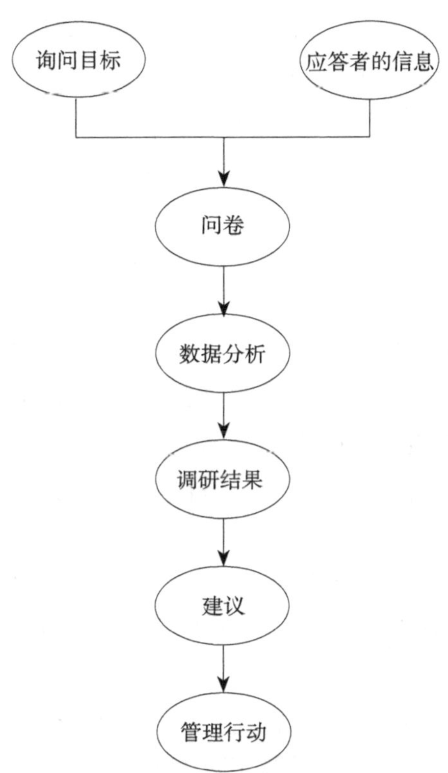

图 21–1　问卷在调研过程中的地位

科特雷尔总结了调查问卷的几种主要作用：一是获得各种观点、态度、偏好、评价和理解；二是收集可以进行系统性整理的定量数据，包括以电子方式整理的数据；三是收集定性数据，包括开放式回答；四是收集定量和定性相结合的数据。

正因为调查问卷具有以上的作用，所以，它是调研过程中的一个非常重要的因素。研究表明，调查问卷的设计直接影响所收集到的数据的质量，即使有经验的调研者也不能弥补问卷上的缺陷。

4. 问卷调查法的适用性

问卷调查法之所以应用广泛，是因为相对于其他调查方法，有其自身的优点，如操作简单易懂，可高效地获取信息。但是，它也有一定的局限性，使得调查结果有时并不让人信服。因此，研究者在选用问卷调查法时，要掌握其适用性，扬长避短，以取得最优结果。

（1）问卷调查法的优点。

①经济性。问卷调查可以通过邮寄、电话、网络问卷等方式进行，从而可以在短时间内完成大量资料的发放与回收。特别是网络问卷，其发放、回收与处理不仅可以通过网络软件快速完成，而且还可确保所得资料的准确性，节约了人力、财力和物力。相对于其他调查方式，问卷调查的成本较低，具有经济性，在一定的财力支持下可以有较大的调查样本规模。

②广泛性。问卷调查的经济性决定了它的广泛性。由于问卷调查成本较低，因此问卷可以在较大的范围内发放，涉及较多的被调查人数，达到较大的样本规模，而大样本对于描述性或解释性分析都是十分重要的。

③客观性。调查问卷的客观性体现在两个方面：一是客观性的选择题可以避免访谈调查可能导致的潜在偏差。当面访谈时，调查者的提问方式、表述质量甚至其外表，都会影响调查对象的答案，问卷调查则可以避免这种可能的偏差。二是问卷调查一般都采取匿名的形式。这样，被调查者在面对隐私、敏感问题时，更容易做出真实的回答。

④标准化。问卷一般采用标准化格式，内容明确，操作简单易懂，使调查对象比较容易理解问卷的目的。同时，标准化的问卷也使调查者能够更方便地统计和分析所得的数据，并处理调查结果。

（2）问卷调查法的局限。

①篇幅有限。问卷设计制作时一般要求不可太长，也不可太短；问卷内容受篇幅限制，调查者难以从有限的问卷中获取深层、详细的答案。

②回答率低。回答率是指完成问卷的人数占样本总数的百分比。回答率低，就无法知道所描述的特性能否推广到全体样本，基于低回答率的结论是有疑问的。回答率与问卷长度有关，短问卷的回答率通常比较高。研究表明，当问卷的问题超过 125 个时，会使回答率下降。特别值得注意的是，当目标人群是一般公众时，书面问卷调查回答率一般不到 50%，这限制了书面问卷调查的使用。

③答案偏差。一方面，如果问卷设计不合理，那么容易引起被调查者回答的偏差；另一方面，问卷调查法无法控制答题顺序，在有些调查中，如果被调查者知道后面要问的问题是什么，可能会引起对前面问题回答的偏差。

根据上述各种优点及局限，可知问卷调查法具有特定的适用范围。一般而言，问卷调查法适合针对一定数量的可控人群（如学校里的学生、公司里的职员、组织内的成员），在特定的场合（如教室、会议室、车间）集中发放。这种情况下，回答率会较高，问卷长度受限较少，成本也较低。但由于其局限性，问卷调查法一般不能采用自愿报名的方法取样。

21.3.2 问卷调查的基本步骤

问卷调查一般涉及五个步骤，即调查准备、问卷设计、调查实施、资料整理与撰写报告。

1. 调查准备

在问卷设计与调查实施开始之前，调查者首先要明确调查目的，以确定所需资料。调查准备对后续行动起到导向作用。

2. 问卷设计

问卷设计是依据调研目的，将所需了解的内容以一定的格式和顺序进行排列，组合在特定调查问卷的活动过程。

3. 调查实施

收集调查资料的过程，实际上就是调查的实施过程。调查者采取一定的调查方式，向选定的调查对象发放问卷，并通过回收问卷来收集所需资料。

4. 资料整理

资料整理是指调查者把回收的原始问卷资料进行条理化、系统化的加工过程。

5. 撰写报告

对原始资料进行分析和处理后，调查者归纳与总结调查结果，通过文书将调研结论表述出来的过程，就是撰写报告的过程。

以下将对问卷调查的五个基本步骤分别进行介绍。

21.3.3 调查准备

"凡事预则立，不预则废。"这里的"预"，就是准备。问卷设计之前的准备，对调查活动起着重要作用。在这一节中，主要介绍问卷调查准备阶段的内容，包括明确调查目的、设计调查问卷、选择调查对象、确定调查方式、确定其他相关资料。

1. 明确调查目的

调查目的是问卷调查的出发点和中心，它决定着调查问卷的设计、调查对象的选择、调查结果的分析等。只有明确了调查的目的，才能具体执行以完成任务。因此，在问卷调查的准备阶段，首先应该对调查研究的课题、调查活动进行审视和分析，明确调查目的。

2. 设计调查问卷

在对调查目的和内容有了比较清楚的了解后，即可进行问卷设计。在设计过程中，应该遵循问卷设计的基本原则，并根据调查目的，确定问卷问题的类型、问卷结构和问卷内容。问卷设计的具体过程，请参见本章"21.2、访谈法"。

3. 选择调查对象

调查对象，也叫分析单位，是指调查研究中进行抽样、调查和分析的基本单位，主要有以下几种类型：个人、组织（企业、学校、机关等）、群体（家庭、班级、老人、妇女等）、社区（村镇、区、市）。数据分析与调查结论应当针对特定的调查对象，而不能混淆不同类型的调查对象。一般来说，问卷的调查对象，应根据调查研究的不同目的和调查的复杂性，按抽样方法来选择。

（1）调查对象的抽样与选择。

抽样是指按照随机的原则从调查对象总体中抽取部分进行调查，并运用数理统计的原理，从调查所得数据推断调查对象的总体情况的方法。简而言之，抽样就是从总体中抽取一定数量的样本来推断总体情况的一种方法。恰当的抽样才能使样本具有代表性，调研结果才能有效推论到总体上。

在进行抽样之前，一般都会先制订抽样计划，在这个抽样计划中列出抽样调查的具体步骤。美国学者认为，抽样调查可分为七个步骤，如图 21–2 所示。

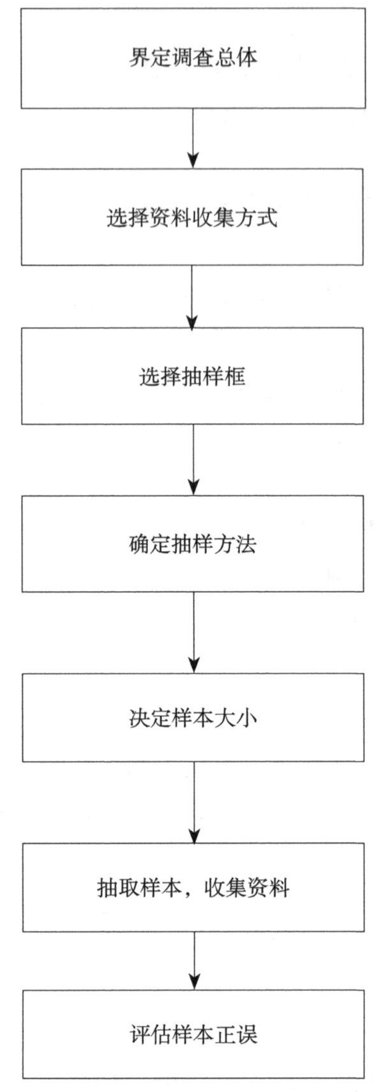

图 21–2 抽样调查的步骤

①界定调查总体。界定调查总体就是要清楚地说明调查研究对象的范围，如 A 市 B 大学中一年级至三年级的学生对互联网发展的看法。

②选择资料收集方式。选择资料收集方式对抽样过程有重要影响。例如，使用邮寄问卷调查、电话问卷调查、专员访问还是网络问卷调查对抽样结果都会有不同的影响。

③选择抽样框。抽样框又称抽样范畴，是抽取样本的所有调查单位的名单。例如，要调查 A 市 B 大学学生上网的情况，这时抽样框就是该校全体大学生的花名册。

抽样框误差的例子

菲什、巴恩斯和巴纳汗提供了两个有趣的关于抽样框误差的例子。一个是 1936 年《文学摘要》做的民意测验。这个杂志社从电话簿和汽车主登记表中选出了一大批选民（超过 200 万人次）做抽样调查，基于这个调查的结果，它预言阿尔佛·伦敦会在竞选中击败富兰克林·罗斯福。不幸的是，这份抽样框选择的（电话簿和汽车登记表中）选民并不能代表 1936

年整个美国的所有选民。因为，当时大多数人没有电话，没有汽车，并且这部分被忽略的选民收入很低。所以，在竞选后不久，《文学摘要》因其失误的预言使自身可信度急剧下降，最终导致了破产的结局。

另一个狗食品制造商的案例更有趣。这个厂商在超级市场里对狗的主人进行了广泛的调研，他们调查并评估顾客们对包装式样和型号的要求，并试探顾客们对广告设计方案的反应。产品投入市场初期，经历了一个高销售额的阶段。但数月后，销售额却停滞不前。这家公司在讨论研究后，把自己生产的狗食带到当地的流浪狗收容所，然后把狗食放在狗的面前，但它们却连碰都不碰！尽管调研了所有的狗的主人，但厂商却不知道自己的抽样框是错误的。

④确定抽样方法。抽样的方法可以分为概率与非概率抽样两类，分别叙述如下。

首先，概率抽样。概率抽样也称为随机抽样，是指按照随机原则抽取样本。也就是说，在抽取样本时概率抽样方法排除了主观上有意识的挑选，总体中的每个单位都有一定的机会被抽中。概率抽样的特点是可以用样本数据对总体参数进行估计，并计算总体参数可能落入的区间范围，故从概率样本中所获信息的含金量较高。但抽取概率样本的技术操作相对复杂，同时必须有抽样框，因而概率抽样的成本较高，对抽样设计人员的专业技术要求也较高。

其次，非概率抽样。非概率抽样是相对于概率抽样而言的，是指抽取样本时并不遵照随机原则，而是根据主观判断有目的地挑选，或是依照方便、快捷的原则抽取。因此，这种抽样效果的好坏在很大程度上依赖于抽样者的主观判断能力和经验。与概率抽样相比，非概率抽样的最大特点是操作简便、时效快、成本低，但因为在非概率抽样条件下，无法查明样本统计量的分布，或者这种分布根本就是不存在的，因此，尽管样本数据有可能对总体特征做出不错的描述，但是无法对估计结果的精确性做出评价，也不能从概率的意义上控制误差，因而在理论上不具备通过样本对总体进行推断的依据。

⑤决定样本大小。样本大小又称样本容量，是指样本所含个体数量的多少。样本的大小不仅影响其自身的代表性，而且还直接影响到调查的人力、物力和财力的花费。确定样本大小时，一般考虑的因素有：精确度要求；总体的性质；抽样方法；客观制约，如人力、财力的限制。

⑥抽取样本，收集资料。在前五步的基础上抽取样本，收集调查所需资料。

⑦评估样本正误。把样本从总体中取出来之后，不要急于做全面调查，要初步检查一下这个样本对总体的代表性如何。只有具有代表性的资料，才能正确推断总体的状况。

（2）考虑调查对象的阅读或表述能力。

一方面，从调查内容出发，在选择调查对象时，要考虑到调查对象的阅读能力。部分调查问卷可能涉及复杂的问题，这就需要调查对象具有一定的阅读和理解能力，否则，被调查者可能产生迷惑或错误理解，而问卷不能纠正误解，无法解答被调查者可能提出的问题，被调查者可能会因迷惑或生气而做出错误回答甚至不回答问题。

另一方面，当调查问卷中设置有开放式问题时，就要考虑调查对象的表达能力。开放式问题要求调查对象写出较长的答案，这比口头表达的负担要大得多。如果在选择调查对象时没有考虑到这个因素，那么可能会降低回答率。

4. 确定调查方式

调查者应该根据调查目的以及调查所需资源，如人力、物力、财力等，决定问卷的调查方式。按调查方式分类，问卷调查可分为书面问卷调查与网络问卷调查。

（1）书面问卷调查。在 21.3.1 中，介绍了书面问卷调查包括邮寄问卷调查、电话问卷调查和专员访问问卷调查三种方法。调查者在确定具体调查方式时，应该考虑到各种方式的优点及局限性。表 21–1 所示为各种书面问卷调查方式的优点和缺点。

表 21–1　各种书面问卷调查方式的优点和缺点

项目	邮寄问卷	电话问卷	专员访问问卷
调查范围	较广	可广可窄	较窄
调查对象	有一定控制和选择，但回复问卷的代表性难以估计	可控制和选择，代表性较强	可控制和选择，代表性较强
调查条件	问题量大，被调查者回答问题时需要思考时间	问题量少	问题量大，调查者需要控制调查环境
影响回答的因素	难以了解、控制和判断	不太好了解、控制和判断	便于了解、控制和判断
回答率	较低	较高	高
回答质量	较高	很不稳定	不稳定
投入人力	较少	较多	多
调查费用	较高	较高	高
调查时间	较长	较短	较短

（2）网络问卷调查。近年来，随着网络的普及和发展，网络问卷调查备受关注和青睐。同样，在决定采用网络问卷调查方法之前，调查者首先应该考虑网络调查的优点和缺点。表 21–2 所示为网络问卷调查的优点和缺点。

表 21–2 网络问卷调查的优点和缺点

优点	缺点
从开始实施到得到结果的时间短 不需要人头费，成本低 调查可以不受时间和区域的限制 可以寻找符合特定条件的人 能够以仅对某个特定的事物感兴趣的人为对象进行调查 可以进行使用图像及声音的调查 可以进行自由填写	抽样总体的代表性存在问题 不使用网络的人不能被作为调查对象 调查对象只有任意应征者 数据的可信性难以核实 性别、年龄等难以确认 有可能为了取得报酬而重复作答

一般来说，调查者如果决定采用网络问卷调查这种方式，那么通常需要使用网络调查程序或调查网站等媒介。网络调查程序与调查网站主要有自我开发、免费使用、有偿使用三种类型。

①自我开发型。自我开发型是调查者根据调查的需要，在互联网上自我开发出一种调查程序或建立调查网站，并通过该程序或网站，将设计好的问卷发布给被调查者。使用自我开发型的调查程序或调查网站时，一般要求调查者具有较高的计算机编程能力、操作技术等，开发难度较大。

②免费使用型。近年来，为了方便调查者，互联网上出现了许多免费的在线问卷调查网站。这些调查网站不仅具有人性化的在线问卷设计功能，而且还可以提供自定义发送问卷、分析调查结果等一系列服务。例如，问卷星、调研宝、调查圈、调查派等在线问卷调查网站，因为快捷、易用、成本低的明显优势，目前已经被大量企业和个人广泛使用。

③有偿使用型。与免费使用型问卷调查网站相比，更多的专业调查网站是提供收费服务的。这些专业调查网站可以根据不同调查目的，为调查者专门设计一套适用的调查问卷，并帮助执行调查、根据结果分析所得数据、进行数据整理归档等工作，如问卷网、易调研、数字 100 调查网、EnableQ、问道网、OQSS 网上调查等。

如何利用调查网站进行网上调查

下面以笔者在“广州市农民工人文关怀（读书活动）现状及优化服务”问卷调查中的操作实施为例。

利用调查网站进行网上调查的一般包括以下步骤。

1. 选择调查网站

在“广州市农民工人文关怀（读书活动）现状及优化服务”问卷调查中，调查者选择使用问卷星在线问卷调查系统。

2. 创建用户

调查者在调查网站上创建自己的用户，以便调查者查看储存在在线调查系统中的信息。

3. 创建问卷

在该步骤中，创建者一般需要完成三部分操作：选择问卷名和问卷类型、编辑问卷、生成问卷。在“广州市农民工人文关怀（读书活动）现状及优化服务”调查中，问卷名称为“关于广州市群众人文关怀（读书活动）现状及优化服务的问卷”，问卷类型为“社会调查”。关于此项问卷的名称改动是因为，当时相关部门对“农民工”的定义较广，只要不是广州市户口都纳入其范畴。而“农民工”这个词带有贬义，在文字上就做了处理。这说明，在具体调研问卷的创建中一定要注意相关调研的实际情况，从而进行斟酌处理，以收到良好的问卷调研效果。

4. 开始调查

在完成问卷编辑后，网上问卷已完成，调查者需要向特定调查者发放问卷。调查者发放问卷一般通过三种途径：

一是在调查网站上发放调查问卷。一般来说，调查网站拥有许多访问者，这些访问者可以对公布在调查网站上的各种问卷进行作答。但是，这时的被调查者不一定是调查者的目标调查对象，问卷可能无法取得好的调查效果。

二是通过电子邮件发送调查问卷，这是网上问卷调查中最常见的调查方式。这种方式简便快捷，费用很低，容易使被调查者注意。但是，被调查者可能由于不能充分了解调查者的背景，容易产生不信任而不愿意填写调查问卷的情况，而且，这种调查有一种强加于人的感觉，处理不当，很容易招致反感。因此，它主要适用于企业对老客户进行调查，因为双方有基本的信任。

三是通过新兴并且普及率极高的微信或 QQ 等通讯方式，直接以二维码和链接的形式推广至目标群体。这种直接推广的形式应当是在对于调研目的和内容有一定了解的群体内开展，针对性强，转化率高，信息来源更可靠。

5. 回收问卷

在被调查者填写完调查问卷后，调查网站会对问卷进行自动回收。

6. 分析问卷

一般来说，调查网站都会提供一些基本的数据分析功能。例如，在问卷星在线调查系统中，调查者可以通过柱状图、饼状图等显示所得数据，也可以对所收集的数据进行交叉分析等。

7. 问卷报告

调查网站还提供自动生成问卷报告的功能。例如，在此项调查中，问卷报告功能中显示对“如果有一本围绕异地务工者生存、创业、维权，以及居住、医疗、教育等一系列问题的文学杂志，您有兴趣阅读吗？[单选题]”这题的报告结果如下：

选项	小计	比例
非常有兴趣	278	22.66%
比较有兴趣	380	30.97%
有一点兴趣	433	35.29%
完全没兴趣	70	5.7%
说不清楚	66	5.38%

8. 数据导出

调查者可以将网上调查所得数据、数据分析结果和问卷报告等以 Excel 格式导出到自己的计算机上。

资料来源：陈国海 . 广州市农民工人文关怀（读书活动）现状及优化服务调研报告（内部报告）[R]. 广州：广州市人力资源和社会保障局，广东省人力资源研究会，2016.

5. 拟定其他相关资料

在问卷调查的准备阶段，即问卷设计和调查实施开始之前，应该把各种相关的资料准备齐全，如问卷的介绍信、问卷中的指导语以及问卷调查结束后的感谢信等。

（1）介绍信。

在问卷调查中，介绍信是相当重要的。邮寄调查和网络调查中的介绍部分通常作为调研信函。在专员访问中，介绍通过口头形式说给潜在调查对象以作为开场白。为了能引起被调查者的重视和兴趣，争取他们的合作和支持，介绍信的语气要谦虚、诚恳、平易近人，文字要简明、通俗、有可读性。由于每一个调查和它的调查对象都是独一无二的，调查者不应该使用相同的介绍信。介绍信具有以下五种功能。

①表明调查者的身份。介绍信不仅是一种礼貌的表示，而且提供了一个机会在调查开始前介绍调查者自己。例如：“您好，我叫 ××，我是 ×× 大学的 MBA 学员 / 学生”。

②说明调查目的。应该清楚简洁地表达调查目的。在介绍信的开始部分，调查目的往往用一两句话表达：“正在进行一项关于像您这样的成功人士使用的个人计算机图像软件包的调研。”

③解释如何选择调查对象。应该让调查对象了解为何被选作样本。回答被调查者的提问“为什

么是我？”只需一个简单的句子就够了，往往只要告诉他们是随机抽样的。当然，按常理讲，应当告诉他们真实的选择方法。如果对他们的选择不是随机的，则应该告诉他们所采用的抽样方法。

④提出激励措施，激发参与兴趣。调查者应该激发被调查者的参与兴趣。“能否请您花 5 分钟时间填写这份问卷，并将之封入已印好地址和已付邮资的信封中寄出？”调查者应该尽量说得简洁，同时要让被调查者了解调查者已经邀请他参与了。但是，现在消费者往往对电话调查者和访谈人员十分反感，调查者需要向被调查者提供一些激励，如给予被调查者一定报酬，让被调查者知道参与的重要性，等等。

⑤对被调查者进行筛选。被调查者要经过筛选，使用筛选问题来筛选出那些不符合调查要求的被调查者。是否对被调查者进行筛选是由调查目的决定的。如果一项调研的目的是调查那些想购买新车的顾客在选择销售商时的考虑因素，调查者可能想筛掉那些在最近两年内没有购买新车意愿的顾客。调查者可以问：“请问您最近两年有关新车的意愿吗？”对那些回答“否”的被调查者，调查者应该礼貌地对他表示感谢：“谢谢您的回答，占用您的时间了。”

介绍信的制作应该和设计问卷中的问题一样仔细。被调查者在读或听前一两个词时的感觉会在很大程度上决定他们是否继续参加调查。因此，对调查者来说，做一份好的介绍信或开场白是十分重要的，它可以最大限度地激发潜在调查对象的参与兴趣。如果调查者不能成功说服调查对象来参与调查，那么为问卷设计所做的所有工作都白费了。

（2）指导语。

指导语是指用来指导被调查者填写问卷的一组说明或注意事项。指导语要简明易懂，使人一看就明白如何填写。它主要有以下三种类型。

①选择答案做记号的说明。一般用圆括号“( )”或方框“□”来限定答案前或后的空间，并要求回答者在他要选择的答案前或后的圆括号或方框内做记号。

②问卷题型的说明。如果问卷的题型有多种，指导语一般在填写须知中说明，如果问卷的题型不多，也可以直接写在问题的后面，如“选择一项”“可以多选”等。

③填写答案要求的说明。例如，凡在回答中需选择“其他”一项作为答案的，请在后面用简短的文字注明实际情况。

（3）感谢信。

在问卷调查寄出时，调查者还应该准备一封感谢信附在问卷之后，以表达对被调查者对调查活动配合和支持的感谢。

21.3.4 问卷设计

问卷设计是一门科学，也是一门艺术。鄂尔多斯认为：一份好的问卷看起来就像一首好诗那样容易完成。最后的作品应该看起来像是由一个天才儿童轻松写出的——但它通常都是长时间辛勤工作的成果。可见，问卷设计不是一项简单的任务，它是问卷调查过程的关键所在，往往直接影响到调查结果。本节将介绍问卷设计的原则、问卷问题的类型、问卷设计的过程以及问卷设计中态度的测量这四个方面的内容。

1. 问卷设计的原则

在设计问卷时要求调查者具有一定的技巧性、灵活性和创造性。虽然问卷类型、问卷内容有所不同，但都要满足问卷设计的根本要求，即在一定成本下获取最小误差的有效数据。这一要求体现在问卷设计的四个基本原则中。

（1）功能性原则。

功能性原则是问卷设计最基本的原则，即实现问卷的基本功能，达到规范设计和满足调查者需求的目的。

（2）可靠性原则。

可靠性原则是指作为数据收集工具的问卷，应该保证数据在一定的条件下维持稳定性。具体来说，调查者、被调查者和调查环境的不同，都可能引起数据波动，问卷应具有一定的稳定性，以减少这三方面干扰对数据质量的影响。

（3）效率原则。

在遵循功能性原则和可靠性原则的前提下，问卷设计应该保证最大效率。简单地说，就是在保证获得同样信息的条件下，选择最简单和快捷的询问方式，以使问卷的长度最短，题量和难度最小，节省调查成本。

（4）可维护性原则。

问卷的设计往往不是一次性完成的，好的问卷需要经过反复的测试和修改，待错误全部修正后，再正式实施调查。一份便于修正的问卷应当结构清晰，不同的调查项目之间有明确的界限，当一个项目的内容需要进行调整时，不会影响到问卷的其他部分。

2. 问卷问题的类型

根据不同的分类方法，问卷中的问题可以分成不同的类型。其中，根据调查目标分类，可以分为以事实为调查目标的问题、以态度为调查目标的问题、以人际关系为调查目标的问题、以行为为调查目标的问题。

（1）以事实为调查目标的问题。

对这类问题的调查主要是想得到有关事实的信息，但是，调查存在着所报告事实错误的可能性，这种错误可能由记忆错误或回答偏见所致。记忆错误多出现在对过去发生的琐碎、平常的事件的回忆中。问及事实时，调查者要注意回答的准确程度受时间间隔的影响，时间间隔越短，准确程度越高。要使被调查人准确地理解问卷中的问题，避免他们按照自己的参考系解释问题，问题设计必须具体而明确，问题措辞、问卷形式也需仔细斟酌。

（2）以态度为调查目标的问题。

问卷调查经常涉及一些主观问题，各种主观问题都可以归作态度或看法。关于态度的问题是问卷中最难设计的一类问题。被调查人对态度的表达在很大程度上取决于问卷中的问题措辞、问题顺序和调查者的影响，其作用甚至超过事实本身。调查者问及以态度为调查目标的问题时，要注意调查中可能遇到的困难，具体包括以下内容。

①被调查人可能对所调查的问题没有看法，也可能从未考虑过这个问题。有些人在并未深思熟虑的情况下就随便给出一个回答，另一些人则回答“不知道”，调查者因此无法知道他们的态度。对待这种情况，调查者可以通过测量从提出问题到被调查者回答问题间隔的时间，将真正对某种事物有自己看法的人与并无看法而匆匆回答问题的人区分开来，但这种区分方法只能在电话调查和专员访问的调查方式下使用，适用范围较小。

②态度经常是复杂的和多方面的。一个人也许对企业减员增效的措施没有始终一贯的态度，在某些情形下可能支持它，在另一些情形下可能反对它，如站在改革的立场上支持它，站在个人利益

的立场上反对它。

③态度具有强度方面的差别。具有同样态度的人其强度会不同，如对企业减员增效的措施，一些人可能看得不那么严重，而另一些人反应会很强烈，甚至会写信上访。

（3）以人际关系为调查目标的问题。

以人际关系为调查目标的问题要了解的是一个群体内人们的实际关系和相互间所持的态度。这类调查问卷可能会问一个组织中的每一个成员，他们愿意和谁做伙伴，或不愿意和谁做伙伴，要求回答人写出他们愿意为伴者的名字，并限制名字的个数。如果被调查者相信随后的某种安排将根据他们的选择做出，一般会给出诚实的答案。当然，如果不能兑现，这种安排会产生道德问题。

（4）以行为为调查目标的问题。

以行为为调查目标的问题关注的是调查对象的某种行为习惯以及该行为的影响等。行为调查问卷设计中最重要的原则是问题应该具体明确。例如，“你现在正在看什么书？你经常买哪类图书？”的提问，要比“你经常看哪类图书？”更可取。关于电视节目的电话调查，“你昨天看了什么电视节目？你经常看哪个栏目的节目？”要比“你经常看什么电视节目？”更可取。以上两种情形中的第一个问题提供了较好的暗示，引导被调查者回答具体问题。

3. 问卷设计过程

问卷设计的具体过程主要包括确定问卷结构、设计问卷内容、获得相关方面的认可、问卷的预测试与修改以及问卷的定稿。

（1）确定问卷结构。

一般来说，问卷结构包括标题、主体以及结语三个部分。

①标题。每份问卷都有一个调研的标题。调查者应该开宗明义地定个题目，反映这个问卷调查的主题，让人一目了然，增强被调查者的兴趣和责任感。例如，“中国互联网发展状况及趋势调查”这个标题，把调查对象和调查中心内容都表达出来了，十分鲜明。

②主体。问卷的主体是问卷的核心部分。问题和答案是问卷的主体，也是调查的基本内容。从设计角度看，问卷问题的回答形式一般包括开放式问题与限选式问题两类。关于这两类问题的阐述，请参见设计问卷内容中的第一部分——确定问题的回答形式的有关内容。

③结语。结语可以是简单的几句话，对被调查者表示真诚的感谢。也有些简单的问卷没有结语部分，但是问卷的标题和主体是不可缺少的。

（2）设计问卷内容。

对问卷内容的设计是问卷设计中最重要的部分，主要包括确定问题的回答形式、注意问题的措辞、对问题进行排序、设计问题的答案以及问卷评议。

①确定问题的回答形式。在设计问卷时，应该确定问卷问题的回答形式。根据回答形成的结构松散程度，可把问题分为开放式问题和限选式问题。

开放式问题经常被称为自由应答或自由回答问题，要求被调查者对问题提供自己的答案。开放式问题允许被调查者按照自己的逻辑和思路不受限制地回答问题。例如，您认为某公司的服务在哪些方面应有所改进？请您畅所欲言。

在选择使用开放式问题时，调查者需要了解它的主要优缺点。开放式问题的主要优点：一是激励效果较好，研究者也不需要预先知道被调查者所有可能的选择；二是逐步深入的提问方式，有助于充分获得所需要的信息。开放式问题的主要缺点：成本高，编码困难。对开放式问题的回答不仅取决于被调查者对该问题的看法，还受被调查者态度的强烈程度、在该问题上的利害关系、卷入该问题的程度、所了解的有关知识、教育程度、语言能力和风格，以及其他因素的影响。被调查者的回答经常自相矛盾、难以分类、无法综合，要对这些答案进行编码整理很困难，有时甚至是不可能的。

限选式问题包括多项选择问题和两分式问题。多项选择问题要求被调查者从问题中或问题之后提供的列表中选择一个答案。被调查者可能会被要求选择一个或多个展示的可选择项。例如：

您的年龄是多少?

——1—19 岁

——20—39 岁

——40—59 岁

——60—79 岁

——80 岁以上

两分式问题是一种极端的多项选择问题，它让被调查者仅在两个选项中选择，这两个选项间没有一个中立选项，例如“没有观点”，或“不知道”。例如：

您在最近的一年里买过新车吗?

——有

——没有

选择使用限选式问题时，调查者要了解它的主要优缺点。限选式问题的优点：一是容易回答，容易编码，便于分析，答案具有可比性；二是调查效率较高，较适于调查敏感的题目或令人不快的题目；三是能帮助被调查者弄清问题意图或回忆起有关的事实。限选式问题的缺点：一是问卷的选项可能对被调查者产生诱导；二是被调查者容易选择自己不了解的答案，使答案不真实。

开放式问题和限选式问题也可以同时使用。有些问题并不是非此即彼，就需要同时使用开放式问题和限选式问题，以提供额外的信息。问过限选式问题后再利用开放式问题继续问下去，这叫作“追问”。

②注意问题的措辞。问题的措辞，就是将已定类型和内容的问题转化为标准提问的依据以及被调查者能够理解并据其回答的问题。措辞不当的问题会导致有偏差或无意义的回答。问题措辞合适的前提是对要调查的内容有清晰的概念和想法。调查者在采用不同的调查方式时，问题措辞应当有所不同。一般来说，问题的措辞应注意以下五点。

第一，措辞要礼貌。措辞不要伤害被调查人的自尊，要尊重被调查人的个人隐私权。

第二，措辞意义要明确。问题必须具体而详细。例如，询问某人的“收入”，这样的问题太模糊，因为“收入”有职业收入、家庭总收入、税前收入和税后收入之分。再如，“你对工作单位的工作条件满意吗？”和“你工作的单位中的工作条件令人满意吗？”这两个问题是不同的。前一个问题问的是个人感觉，后一个问题易被理解为问大家的感觉。

第三，注意专业术语的选用。专业术语如 earnings（劳动所得收入）和 income（总收入）、收益和利润等术语，用得不当可能完全改变问题的意思。使用专业术语的准则，一是要精确，二是要简单、容易理解。这两个准则有时会冲突。许多经常使用的术语常常被误解，如婚姻状态、失业、大众传媒等。这样的术语应避免使用，应以较简单的同义语来替代。但是，用简单词汇替代有时会将简单的句子变成复杂的长句子，所以不是所有场合都能这样做。

第四，避免无根据的假设。例如，“你的职业是什么？”这一问题假设被调查者有职业。有一些无根据的假设同双管问题相关联，这类双管问题不适当地合并了两个不同的问题，要求给出一个单一的回答。例如，“你认为公司对员工的激励政策是有效、公正的吗？”。

第五，避免使用模棱两可的词或含义模糊的词。某些词汇（如经常、有时、最近）含义模糊，容易引起误解，调查者应该避免使用这些词汇。另外，要避免使用容易产生偏见的词汇。容易产生偏见的词汇会产生有偏见的回答。例如，自由、平等、公正、民主之类容易引起某种强烈情绪的词汇，在调查问卷中应尽量避免使用。问题中出现褒义词、贬义词或否定问题都会影响被调查者的回答。例如，在“您是否认为美国应该禁止反对民主的公开言论？”这个问题中，“禁止”一词容易产生偏见，对被调查者的回答有诱导作用。

5个“应该”

①问题应该针对单一论题。

②问题应该简短。

③问题应该以同样的方式解释给所有的被调查者。

④问题应该使用被调查者熟悉的词语。

⑤如果可能，问题应该使用单句。

11个“不应该”

①问题不应该使用不一致的标准。

②问题不应该超越被调查者的能力和经历。

③问题不应该用特例来代表普遍状况。

④当被调查者只可能记得事情的大致情况时，就不应该询问过小的细节。

⑤问题不应该要求被调查者通过推断来猜测。

⑥问题中不应该过多询问无关的细节。

⑦问题中不应该使用夸张的词语。

⑧问题中不应该使用有歧义的词语。

⑨问题中不应该将两个问题并在一个问题中。

⑩问题中不应该诱导被调查者选择某一特定答案。

⑪问题中不应该使用“暗示性”短语。

③对问题进行排序。对问题进行适当的排序有两个作用：一是减轻被调查者的负担，激励他们完成答卷；二是避免被调查者在回答完前面的问题后对后面的问题产生偏见。其中，问题顺序涉及问卷的总体顺序和一个话题里的问题顺序这两个层次的问题。

问卷的总体顺序。在自填式书面问卷中，最好将被调查者有兴趣的、愉快的、比较容易回答的问题，以及社会上普遍关心且同时与调查目的相关的问题放在开头（可以用有2—3个选择项的限选式问题），以增强被调查者完成问卷的动力和信心。比较沉闷的一般性问题（年龄、性别等）应当放在结尾处。

在代填式问卷中，简短介绍调查目的之后，调查人员应当从一般性问题开始提问。建立起友善的关系后，再转向与调查目的有关的主要问题。关于被调查者的社会背景和个人情况等问题可以放到后面再问。

Aaker，Kumar 和 George 以表 21-3 总结了一份典型问卷的总体排序。

表 21-3　一份典型问卷的总体排序

位置	类型	功能	例子
开头问题	宽泛的一般性问题	打破僵局、与被调查者建立起亲善感	你有录像机（VCR）吗
随后的几个问题	简单而直接的问题	进一步让被调查者放心，感到问题既简单又容易回答	你买这台录像机时考虑了哪几个品牌
占到问卷 1/3 篇幅的问题	有侧重点的问题	与调研目标关系更为密切、告诉被调查者调研涉及的领域	你买这台录像机时考虑到了哪些属性
问卷的主体部分	有侧重点的问题，有些可能比较难、比较复杂	获取调研所需的大多数信息	根据下列这些 VCR 产品属性对你的重要性，排列它们的顺序
最后几个问题	被调查者可能会认为是敏感问题的个人问题	获取关于这个被调查者自身的分类信息和人口统计信息	你已完成的最高学历是什么

在一个话题内安排问题顺序一般遵循以下两个原则。

一是“漏斗”原则。通常先提一般性问题，再提特殊的和具体的问题，最具体的细节内容放在最后。按照从一般到特殊的顺序提问产生的偏见较少。例如，应该先问被调查者总体上对工作满意不满意，接下来再问工作中涉及的工作条件、同事、工资等比较具体的问题。如果先问被调查者对工资是否满意，随后在对工作满意度做总体判断时工资的权重就可能过大。

二是尽量避免因内容和问题顺序而可能产生的偏差。如果相互间存在某种关系的问题在问卷中紧挨着，对后面问题的回答可能会产生偏差，这种现象称为问题顺序效应。一般来说，一般性或概述性问题在先时，容易出现问题顺序效应。在问题顺序安排中，应尽量避免可能因问题顺序效应而导致的偏差。

④设计问题的答案。开放式问题与限选式问题的答案设计各有其不同的要点。

与限选式问题的答案设计相比，开放式问题的答案设计相对简单。一般来说，调查者只需在问题之后以空格或者横线提示被调查者回答问题。

限选式问题的答案设计应注意以下两个方面：穷尽性和互斥性。

穷尽性是指答案包括了所有可能的情况，下列问题的答案就是穷尽的。

您的文化程度是：

——小学及以下

——初中

——高中或中专

——大专及以上

互斥性是指答案相互之间不能相互重叠或相互包含，也即对于每个被调查者来说，有且只有一个答案符合他的情况。

在设计答案时一是要尽量注意提高问卷的可读性。问题与答案的设计如果语言呆板，会使被调查者觉得没有兴趣。例如，对于文化程度较高的被调查者，在设计答案时，可以采用成语；在对一般市民调查时，可以采用一些俗语；等等。二是答案不能带有更多的信息。有份问卷是这样设计的：

您最喜欢的某产品的品牌是：

——甲（2015 年最畅销的产品）

——乙（2015 年次畅销的产品）

——丙（2015 年第三畅销的产品）

——丁（2015 年第四畅销的产品）

这种设计等于对被调查者进行诱导，在没有特殊用途时，这种设计是不允许的，因为它不能反映被调查者的真实想法。

三是答案中尽量不用贬义词。在调查中，如果答案使用贬义词，会严重影响调查的结果，通常的做法是在褒义词的前面加上否定词，如不用“喜欢”和“厌恶”，而用“喜欢”和“不喜欢”来进行设计。

调查内容不同的问卷，还会有其他一些具体的答案设计要点。调查者在设计问卷时，要根据具体情况的不同来设计答案，做到考虑充分、设计恰当。

⑤问卷评议。在完成问卷内容的设计后，调查者应请有关专家对调查结果进行评论并提出建议。专家应尽可能代表不同的观点，以便找出因研究者的个人价值观和技术缺陷导致的偏见和盲点。评议问卷时，也可参考问卷设计的原则来进行。

运用这些要点来撰写一份优秀问卷

莱恩·纽曼，马瑞兹公司市场研究部的副主管，曾谈到撰写一份优秀问卷的难点。乍一看，撰写问卷并不是一件非常困难的任务，只要表达出你想了解什么，并写出能得到哪些信息的问题即可。虽然撰写问卷很简单，但撰写优秀问卷却不容易。这里有一些在撰写问卷时应该做什么和不应该做什么的要点：

①避免使用被调查者可能不明白的缩写、俗语或生僻的用语。

②要具体。含糊的提问会得到含糊的答案。

③不要过头。当问题的要求过多时，人们是不会回答的，他们会拒答或者乱猜。

④确保问题易于回答。要求过高的问题也会导致拒答或乱猜。

⑤不要过多假设，这是一个相当普遍的错误。调查者会预设人们的一些知识、态度和行为。

⑥注意双重问题和相反观点的问题，将多个问题结合起来或运用相反观点的问题会导致模棱两可的问题和答案。

⑦检查误差。带有误差的问题会引导人们以某一方式回答，但这种方式不能准确反映其立场。

资料来源：全国经营师执业资格认证培训教材编审委员会. 企业经营管理实操：双证教材 [M]. 北京：清华大学出版社，2007.

（3）获得相关方面的认可。

问卷设计进行到这一步，问卷的草稿已经基本完成。如果调查问卷是营销调研问卷，那么该问卷需要获得直接有权管理这个项目的各部门的认可。管理部门的认可表明他们想通过具体的问卷来获得信息，如果没有提出问题，信息将收集不到。因此，对问卷的认同再次确认了调研所需要的信息以及它将如何获得。

（4）问卷的预测试与修改。

在最终定稿前，应对问卷做最后的审定，往往通过做一次预测试来审核问卷能否达到预期效果。预测试往往是在正式调查之前，通过对一些典型被调查者的访谈来审核问卷是否有错误。参加预测试的对象是否具有代表性是十分重要的，应该有针对性地选择一些目标调查对象。

调查者应该了解调查研究的整个意图和每一个问题的目的，并在开展预测试之前，通知被调查者参加预测试，他们需要就问卷中的措辞、短语、问题流程、问卷中难以理解的问题或答案及其他各种问题提出意见。预测试有助于在实际调查研究前消除问卷缺陷，防止问卷有误的情况发生。

在预测试结束后，调查者需要分析预测试结果，对问卷做必要的修正，问卷的修正包括内容、形式以及对问题的说明和对回答问题的指导。如果问卷改动大，还要再进行一次预测试。

（5）问卷的定稿。

以上的步骤都完成后，问卷设计基本完成，调查者可以最终定稿准备实施调查了。

4. 问卷设计中态度的测量

态度有很多定义。一般来说，态度（attitude）通常被看成一种持久的性情，对于世界的各个方面，包括人、事件以及物体，以某种特定的方式做出的一贯性反应。在调查问卷中，调查者常常需要测量被调查者对人、事件、物体等的态度。

（1）态度测量的方法。调查者在测量态度时，通常使用排序、定值、分类技术、选择技术等方式来测量被调查者的态度。排序（ranking）要求被调查者对少量的行为、事件或物体，根据总的偏好进行排序。定值（rating）要求被调查者通过数量分数对某特征的大小或对象具有的品质进行评价。分类技术（sorting technique）给被调查者提供几张印有产品概念的卡片并要求被调查者将卡片分成几堆，换句话说，即让被调查者对产品概念进行分类。选择技术（choosing technique）要求被调查者从两个或多个待选物品中选择一个，它是态度测量的另一种技术。

（2）态度的定值量表。使用定值量表大概是问卷调查中测量态度最普遍的做法。态度的定值量表一般包括分类量表、累加定值法、语义差异、中心量表等类型。

①分类量表。一些定值量表只有两个回答类别：同意和不同意。另一些定值量表的回答类别可以根据一个描述或评价维度有序地排列。例如：

你的上司对你礼貌和友好吗？

——从不

——几乎没有

——有时

——经常

这种定值量表叫分类量表（category scale）。分类量表比只有两个回答类别的量表测量得更准确。

②累加定值法。累加定值法，也叫利克特量表（Likert scale）。使用该量表时，被调查者通过在仔细编写的、对一个态度对象从很肯定到很否定的范围的陈述中，标记出他们同意或不同意的态度的强烈程度，以表明他们的态度。被调查者一般在 5 个选项中进行选择：强烈同意、同意、不确定、不同意和强烈不同意。例如：

并购提供一种比内部扩张更快的增长手段。

强烈不同意	不同意	不确定	同意	强烈同意
1	2	3	4	5

要测量态度，调查者给被选答案分配分数或权数。在这个例子中，将权数 1，2，3，4 和 5 分配给回答。权数通常展示在括号中，可以不印在问卷上。因为作为例子使用的陈述对态度是肯定的，所以"强烈同意"表示对陈述最赞成的态度，应该分配 5 的权重。同理，如果给出的是否定陈述，权重应该颠倒过来，"强烈不同意"应该分配 1 的权重。在一个累加定值表中，一个单独的量表选项是一个定序量表。

③语义差异。语义差异（semantic differential）是由一系列量表构成的。这个态度测量技术包含给出公司、产品、品牌、工作或其他概念的标识，和一系列 7 点两级定值量表。与累加定值法相比较，语义差异对态度对象的陈述不是从肯定到否定，而是在量表的开始和结尾两端设计对立形容词。对立的形容词可以是"好"和"差"，"现代的"和"老式的"或"清洁的"和"肮脏的"。例如：

现代的　★　★　★　★　★　★　★　老式的

④中心量表。被调查者被指示在与适合的形容词最近的位置画记号。当量表区间段表示极端形容词有困难时，可以用单独一个形容词作为语义差异的代用品。修改的中心量表将单独一个形容词放在偶数个数值中间（例如，范围从 +3 到 –3）。表 21–4 给出了一个中心量表，它用于对监管人员的态度的测量。

表 21–4　测量对监管人员的态度的中心量表

监管人员的姓名
+3 +2 +1 0 -1 -2 -3 如果你认为这个词语精确地描述了监管人员，选择一个正数。如果你认为这个词语对监管人员描述得越精确，你选择的数值就应该越大。如果你认为这个词语对监管人员描述得不精确，选择一个负数。如果你认为这个词语对监管人员描述得越不精确，你选择的负数的绝对值就应该越大。因此，你可以选择从 +3（你认为这个词语很精确）到 -3（你认为这个词语很不精确）之间的任何数值

此外，各种态度测量技术都有各自的优缺点。表 21–5 是本节讨论的态度定值量表优缺点的小结。

表 21–5　定值量表的优缺点小结

定值量表	要求调查对象	优点	缺点
分类量表	指出回答类别	适用性强，容易回答	类别少、只能做出较粗的区分；选项可能模糊
累加定值法	在不同选项中选择	最容易编制的量表	难以判断单独一个分数的含义
语义差异	在关于适当的维度的对立形容词之间选择点	容易编制；形式比较标准	必须找出对立形容词；数据可能是定序的，而不是定距的
中心量表	在一个单独的形容词位于中间的量表中选择点	比语义差异容易编制，容易管理	两端点是数值，而不是语言，标签

21.3.5 问卷调查的实施

调查者在问卷设计完成后，需要组织一个调查团队实施调查活动。问卷调查的实施包括制订实施计划、培训调查者、问卷的发放、问卷的回收以及调查的管理。

1. 制订实施计划

调查实施前调查者需要制订实施计划，包括确定问卷调查实施的具体时间、地点，对调查工作完成进度的要求，等等。调查实施计划一般编写在实施指导手册中，条理清晰的指导手册对于现场调查人员的工作指导具有不可忽视的作用。

2. 培训调查者

对调查人员的培训是调查实施过程中的一项重要工作，它对调查数据的质量起着关键作用。一个优秀的调查人员，是经过培训、实践、再培训、再实践的过程成长起来的。有学者认为，对调查人员的培训内容可以分为基础培训和项目培训两种。

（1）基础培训。

基础培训主要是对新聘用的调查人员开展的。基础培训的内容主要包括以下几方面。

第一，责任心教育。调查人员的职责是利用合法的手段，以严谨的态度去采集信息，在这里职业道德十分重要，要坚决杜绝调查人员造假现象出现。调查人员要以健康和积极的心态面对调查工作，同时要为调查对象保密。

第二，行为规范。调查人员要按调查活动的要求，规范自己的行为。例如，严格按照项目要求确定调查对象，在现场调查中需要使用随机表确定调查对象时，不要轻易被周围环境（如被调查者的推脱）影响；严格按照规范要求进行操作，包括提问、记录答案、使用卡片等；调查中要保持中立的态度，不能加入自己的观点和意见来影响被调查者。

第三，调查技巧培训。调查技巧一般包括调查人员在调查开始前的自我介绍，实施调查活动时的提问、引导、追问以及非语言控制技巧，等等。在培训中，不仅要告诉调查人员应该怎么做，同时还要让调查人员明白为什么这样做，这对调查活动实施的效果起着重要作用。

（2）项目培训。

项目培训面对所有的调查人员，其目的在于让调查人员了解项目的有关要求和标准做法，使所有调查人员都能以统一的口径和标准的做法进行调查，同时，进一步明确调查纪律和操作规范。项目培训的内容通常包括以下几方面。

第一，行业背景简介。问卷调查活动会涉及不同的行业，每个行业都有不同的情况和专业知识，而调查人员对此未必都有基本了解。适当介绍一些行业背景和与调查内容有关的专业知识，既有助于调查人员理解调查问题的含义，也能帮助调查人员更好地理解被调查者答案的含义。

第二，讲解问卷内容。向调查人员解释调查问卷中每一个问题的含义，以及问题之间的逻辑关系。在问卷讲解中，要特别注意对有复杂选项的题目的分析，具体分析一般的情况、可能出现的特殊情况，以及处理特殊情况时所应该掌握的原则。

第三，其他要求。除上面的内容外，还要向调查人员介绍以下内容：被调查者的条件（筛选）；需要完成的样本量；所需要的调查工具，如调查介绍信、指导语、感谢信等。

3. 问卷的发放

根据不同的调查方式，调查人员应严格按照调查活动要求来发放问卷。例如，邮寄问卷和网络问卷都是由调查人员统一发放，而在进行电话调查和专员访问时，调查人员则是在规定的时间内依次询问调查对象，通过口头提问来进行调查。

4. 问卷的回收

同样，根据不同的调查方式，调查人员回收问卷的方法也不同。邮寄问卷可以等被调查者填完后由调查人员直接回收，也可以让被调查者寄回指定地点；网络问卷一般等被调查者填完问卷后单击“提交”按钮，可以直接回收；而电话调查和专员访问在调查人员询问结束后直接回收问卷。

（1）回收问卷时的注意事项。

第一，为研究对象的方便考虑。人们往往不愿填写和寄回问卷的主要原因是嫌麻烦。通过邮寄进行问卷调查的基本方法是将一份问卷、一封解释研究目的的信和一个写好回信地址并贴好邮票的信封同时寄出。

第二，做好回收问卷的记录。调查人员应认真记录每份问卷是在哪天寄回的。解决这一问题的一个很有效的办法是制作两张图，一张是每天寄回问卷的分布图，另一张是寄回问卷份数的累积比率图。其作用是让调查人员了解调查的进程，并为确定加寄催促信的适当时间提供依据。另外，每一份寄回的问卷都要有一个登记号，登记号应是连续的，这样做有助于分析历史事件的影响。例如，研究者要做一项关于人们对股市看法的调查，在收集数据过程中，报刊披露了一宗股市黑幕。如果了解消息见报的日期和问卷寄回的日期，就可推测出这一消息给人们对股票市场的看法带来的影响。

（2）如何提高问卷回收率。

提高调查问卷回收率的技巧是每个调查人员都必须掌握的技巧。以下提出几点有利于提高问卷回收率的注意事项。

第一，注意问卷发放的时间。调查人员在发放调查问卷时，应该尽量避开节假日、休息日或者可能发生重大事件的日子的前后，以免被调查者不愿意作答或者以非平常的心情胡乱作答。

第二，催促信。写催促信是提高邮寄调查问卷回收率的有效方法。最简单的方法是写一封信，敦促调查对象尽快填写问卷。更好的办法是随催促信再寄一份问卷。方法论文献表明，邮寄三次是调查问卷回收率最高的做法。每次投邮的间隔以两周到三周为宜。

（3）可接受的回收率。

从理论上讲，调查分析所使用的推论统计学是建立在所有的样本成员都填写并寄回问卷这一假设之上的，但这一点基本上是做不到的。因此，调查者应当检验回收样本与初始设计的差距，看其是否仍然符合随机样本的要求。回收率直接影响样本的代表性，高回收率造成的偏差显然小于低回收率造成的偏差。一般认为，50% 的回收率是可以用来分析的起码标准，60% 的回收率是好的，70% 就非常好了。但这只是一般的看法，并无统计学的依据。

5. 调查的管理

虽然在调查活动开始前已经对调查人员进行了讲解和训练，以减少他们在调查中出现错误的可能性，但是，仍然存在相当多潜在的现场调查误差。为了保证调查活动的质量，管理者应该对调查人员进行管理直到调查结束，发现问题时，应该及时纠正。一般来说，调查的管理包括检查已完成的问卷、对问卷进行归档、召集调查人员进行总结以及评估调查工作。

（1）检查已完成的问卷。

检查现场的记录是否规范、字迹是否清晰、有没有缺失数据等。对发现的问题，采取及时的补救措施。对工作质量较差的调查人员，需要再次进行培训。

（2）对问卷进行归档。

对现场操作中每个阶段的实施情况，都要建立必要的文档进行管理，如问卷收发表、入户接触表、复核记录等。这些文档材料不仅有助于现场管理时及时发现问题，有针对性地进行工作，同时有助于项目组对调查现场操作的质量进行评估。

（3）召集调查人员进行总结。

随着调查活动的展开，调查人员应定期提交工作报告，汇报和总结调查过程中的情况。必要时，管理人员要将调查人员召集在一起进行座谈总结。

（4）评估调查工作。

对调查工作的评估可以通过以下两个方面。

第一，调查人员的工作质量。调查人员是成功收集数据的关键因素。首先要确保聘用的调查人员具有进行问卷调查的素质和能力，同时还具有很强的责任心，并经过良好的专业技术培训。对调查人员工作质量的评估包括四个方面：调查过程的规范性、问卷的填写、工作记录、调查完成时间。

第二，调查管理工作的质量。调查管理工作的质量可以通过一系列的文档文件反映，包括培训资料、项目进度表等操作控制文件以及问卷复核记录等检查性文件。

21.3.6 数据资料的整理

问卷调查资料收集回来以后，调查者必须进行数据资料的整理。数据资料的整理包括问卷的审核、数据编码与录入、数据分析以及图表展示分析结果。

1. 问卷的审核

对调查所得资料进行审核是保证调查工作质量的关键。资料的审核是指对回收问卷的完整性和访问质量的检查，目的是要确定哪些问卷可以接受，哪些问卷要作废。如果对回收的问卷不经过审核就直接加工，往往会降低分析数据的准确性。

因此，调查者必须对问卷进行检查，这些检查常常是在调查还在进行的过程中就已经开始。调查者在审核问卷时，需要区分所得资料的真假和粗细，消除资料中的假、错、缺、冗等现象，以保证资料的真实、准确、完整和简明，经审核整理后将无效的或不能接受的问卷剔除。

2. 数据的编码与录入

有效的问卷，是进行数据编码与录入工作的依据。

（1）编码。

编码就是将问卷（包括调查问题和答案）转化为统一设计的计算机可识别的代码，以便对其进行数据整理与分析。编码是信息转换的重要手段之一，一般采用数字代码系统进行编码。

编码的基本原则：一是准确性，设计的代码要能准确有效地替代原信息；二是完整性，在转换信息形式的同时尽量不丢失信息，或者减少信息浪费；三是高效率，易于操作，尽量节约人力、物力；四是转换的代码要便于数据的整理与分析；五是标准化原则，以便于比较。

编码的设计即确定各问卷、问卷各项目和答案对应代码的名称、形式、范围以及与元数据的对应关系。表 21–6 为某项调查的编码表格式。

表 21–6　某项调查的编码表格式

变量序号	变量名	变量类型	变量所占字节	取值范围	取值对应含义	备注	对应题号	对应问题
38	V28	数值型	1	0—4 或 9	0—3 表示台数 4 表示 4 台或 4 台以上 9 表示缺失		28	家中拥有电视机数

（2）录入。

对于计算机辅助的电话调查（computer-assisted telephone interview，CATI）和网络调查，数据收集与录入可以同时进行，无须再进行数据的录入。对于邮寄调查、专员访问调查等，还需要进行数据录入。数据的录入除键盘录入以外，还可以采用扫描、光标阅读器等方式。目前应用最多的仍是键盘录入。数据的录入可以利用数据库形式，也可以使用其他一些专门的数据录入软件，如 PC-EDIT 或 SPSS 等。此外，还可以直接用一些普通的中文、英文文字编辑软件，按文本文件的形式输入。

3. 数据分析

一旦数据资料准备就绪，即可进入问卷调查的数据分析阶段。数据分析是问卷调查过程中的重要阶段，需要选用相应的数据分析方法，从前期获得的数据中挖掘出调查目的所要求的并且确实能够得出的调查结果。统计分析方法是调查者较常使用的数据分析方法。根据研究目的的不同，可以把统计分析大概分为描述统计分析和推论统计分析两类。

（1）描述统计分析。

描述统计分析着重于数量水平或其他特征的描述，可能是通过某具体指标反映某一方面的特征，也可能是通过若干变量描述它们的相互关系。描述统计分析的结果着重于数量描述，不具有推断性质。

（2）推论统计分析。

推论统计分析主要用于通过对样本的研究推断总体。推论统计分析的结果不仅可用于描述数量关系，还可用于推断总体、进行预测、解释原因以及检验理论等。

4. 图表展示分析结果

调查的结果，特别是重要的结果，可以用图表有效、充分地表达。下面介绍常用的三种图形：线形图、饼状图和柱形图。

（1）线形图。

线形图可能是所有图中最简单的，尤其适用于在不同时间点上进行的测量。图 21–3 显示了一家女子泳衣零售商 Just Add Water 公司 1997—1998 年的月销售记录。

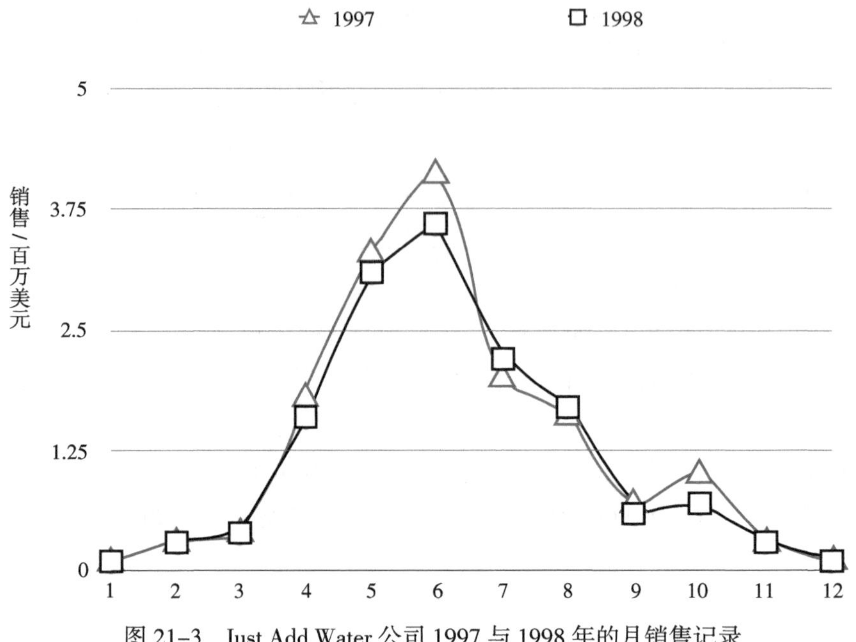

图 21-3　Just Add Water 公司 1997 与 1998 年的月销售记录

（2）饼状图。

饼状图是另一种较常用的图形，适用范围较广。一项有关某地区居民对电台音乐偏好的调查结果如图 21-4 所示，该图是由软件生成的饼状图。

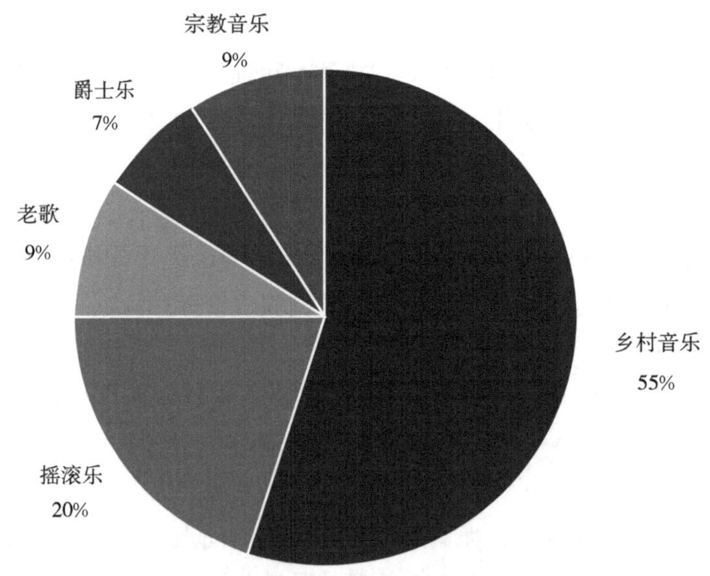

图 21-4　某地区居民对电台音乐的编号（饼状图）

（3）柱形图。柱形图是最灵活的图形之一，任何可在线形图、饼状图中表示的数据结果均可在柱形图中表达。另外，许多不能表达的或不能在其他图表中有效表达的数据，也能用柱形图表达。柱形图有以下四种。

第一，简明柱形图。简明柱形图是柱形图中最简单的一种。图 21-4 中的部分信息可用简明柱形图表示出来，如图 21-5 所示。

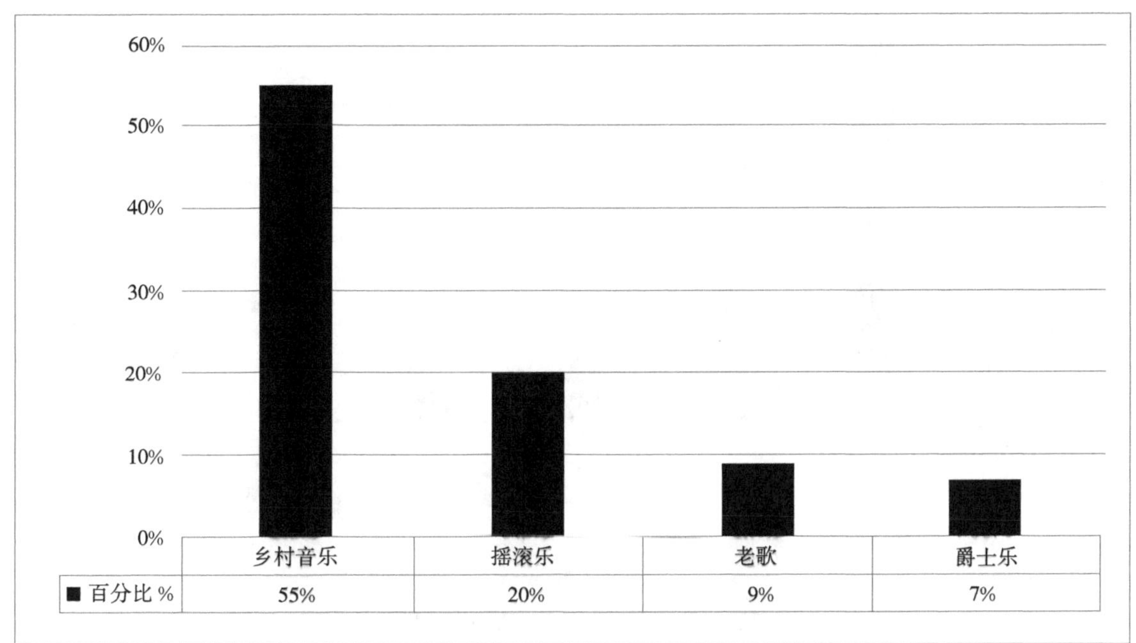

图 21–5　某地区居民对电台音乐的编号（简明柱形图）

第二，聚类柱形图。聚类柱形图是可以表达交叉表格内数据结果的一种柱形图。图 21–6 显示了按照年龄编制的音乐偏好的结果。

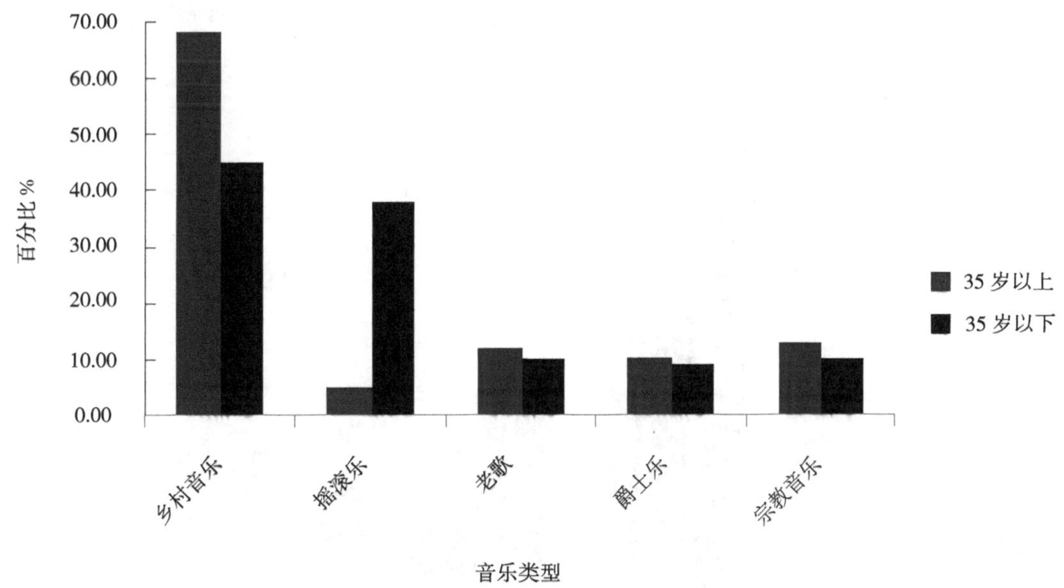

图 21–6　某地区居民对电台音乐的编号（聚类柱形图）

第三，堆积柱形图。图 21–7 以堆积柱形图的形式提供了与图 21–6 相同的信息。

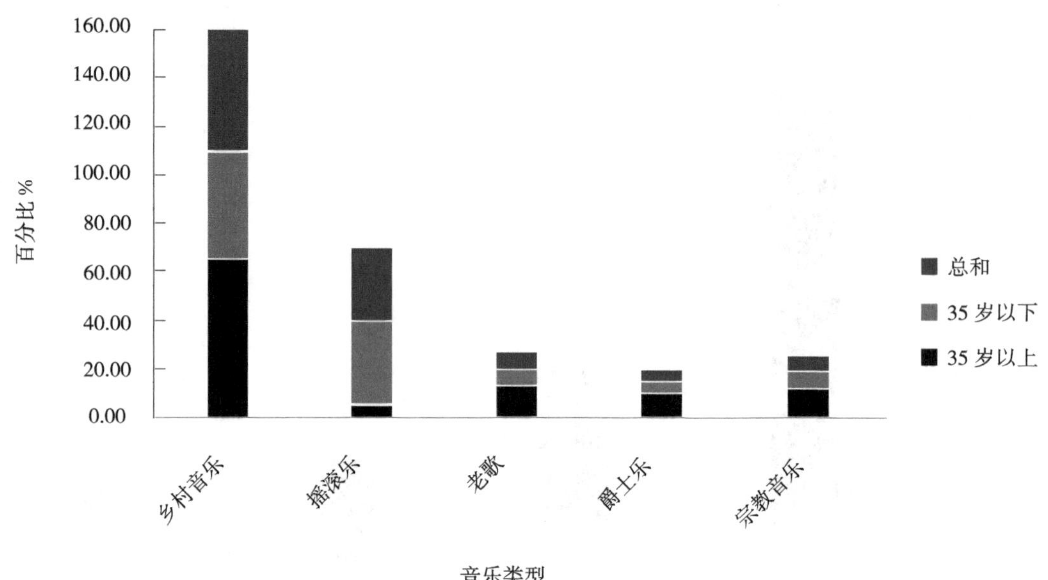

图21-7 某地区居民对电台音乐的偏好（堆积柱形图）

第四，多行三维柱形图。一般认为多行三维柱形图是表达交叉表格信息中最具有视觉吸引力的形式。图21-8以多行三维柱形图的形式提供了与图21-6和图21-7相同的信息。

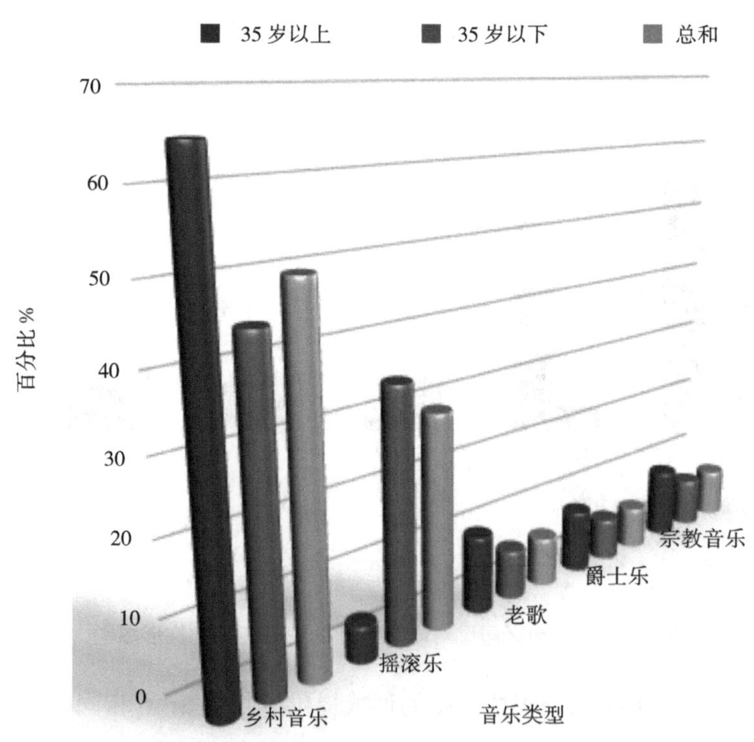

图21-8 某地区居民对电台音乐的偏好（多行三维柱形图）

（4）使用图表需要注意的问题。

在使用图表时，调查者应该记住图表只是为了说明主题，并不能代替主题，更不是调查报告的装饰。在设计和制作图表时要注意以下四点。首先，图表要简明扼要，把统计资料简洁地表达出来。

其次，每张图表都要有号码（图号或表号）和标题，图序和标题置于图的下方，表序和标题置于表的上方。再次，图表中要准确表达数据的意义，数据和相关的文字描述要对应标记。最后，图表的度量单位选择要适当，使得图形表现均衡。

21.3.7 撰写调查报告

撰写调查报告是问卷调查活动的最后一步。调查报告是问卷调查活动的最终成果。调查报告是用书面形式表达的调查结果，如果调查报告写得拙劣，那么即使问卷设计实施得再好，得到了很好的原始数据，最终也会由于报告的问题使得整个调查工作黯然失色，甚至功亏一篑，前功尽弃。

1. 调查报告概述

（1）封面。封面中包括调查报告的标题、执行调查项目的研究人员或机构（名称、地址、电话）、提交报告的人员或机构（名称、地址、电话）、报告的提交日期等。

（2）目录。目录应该列出调查报告各部分的标题及其对应的页码。在多数报告中，目录部分只需包含大标题和小标题即可。目录的详细程度取决于报告的长度。如果图表较多，调查报告目录之后还应该有图表目录、附件目录等。

（3）摘要。摘要是调查报告中最重要的部分，是整个报告的精华。摘要按照调查项目的顺序将问题展开，并对调查的原始资料进行选择、评价、得出结论、提出建议等。摘要一般包括五个方面的内容：调查目的、问题的描述、处理问题的途径、主要的发现以及结论和建议。

（4）引言。引言即调查问题的定义。这一部分给出调查问题的背景，并据此对调查项目的必要性做简要的解释。

（5）调查方案设计。这部分详细描述执行调查的具体方案，包括调查的准备、问卷的设计等，这一部分要用易于理解的方式来描述，要使用非技术性的语言，说明调查者所选用的具体方法是正确的。

（6）数据分析。描述数据分析的方案，说明所采用的方案及技术是正确的。数据分析的技术应当用简单的非技术性语言来描述。

（7）调查结果。提出调查的结果，包括基本结果、分组结果和关联性分析结果等几个方面。它是报告正文中最长的部分，一般要由几个章节构成。这部分内容要紧紧围绕调查问题和所需的信息，按照调查目的的逻辑顺序来安排。调查结果的说明要简单扼要，细节可用图表作为辅助。

（8）局限性及一些必要的解释说明。在这部分，调查者应该持公开坦率的态度，指出调查存在何种局限性，资料收集过程存在什么问题，并简要讨论这些问题对结果可能的影响，目的是使报告的阅读者和使用者能够对调查结果作出自己的评估。

（9）结论和建议。结论和建议是撰写分析报告的主要目的，包括对引言和正文部分所提出的主要内容的总结。在这一部分中仅将统计的结果总结出来是不够的，调查者应当按照定义的问题来解释统计结果，并从中提炼出一些结论性的东西，然后根据调查统计结果和结论，提出自己的建议。

（10）附件。附件是指调查报告正文包含不了或没有提及，但与正文有关且必须附加说明的部分，它是对正文的补充或更详尽的说明。

2. 评估调查成果

评估调查成果，一般包括两个方面：一是从学术成果来评价，二是从社会成果来评价。对调查成果的评估必须以实践为基础，它实质上是在实践中应用调查结果和检验调查结论的过程。

3. 总结调查工作

总结调查工作，主要是通过总结，积累成功经验，同时吸取失败教训，特别是要注意寻找改进调查工作的途径和方法，为今后更好地进行问卷调查活动打下基础。

本章思维导图

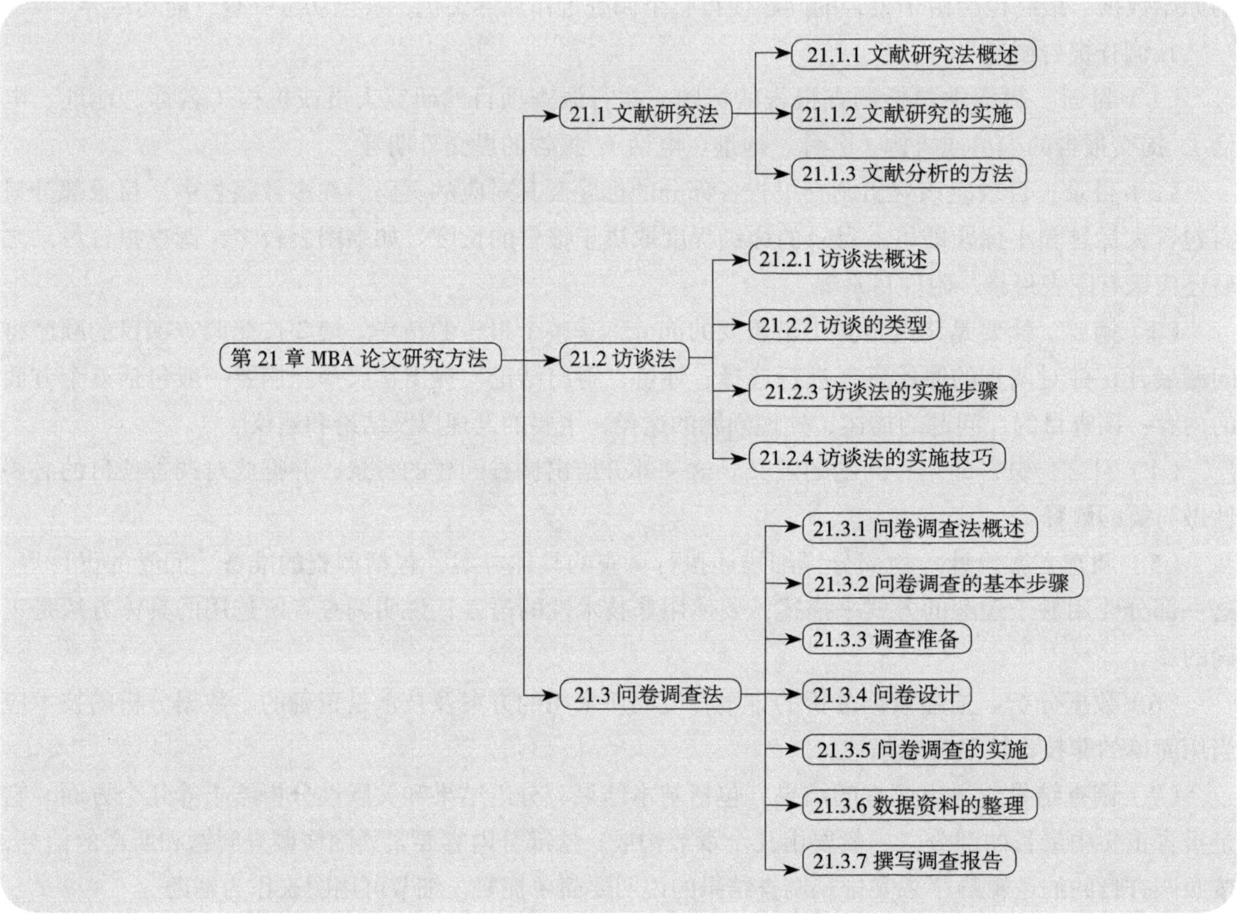

第 21 章 MBA 论文研究方法
21.1 文献研究法
21.1.1 文献研究法概述
21.1.2 文献研究的实施
21.1.3 文献分析的方法
21.2 访谈法
21.2.1 访谈法概述
21.2.2 访谈的类型
21.2.3 访谈法的实施步骤
21.2.4 访谈法的实施技巧
21.3 问卷调查法
21.3.1 问卷调查法概述
21.3.2 问卷调查的基本步骤
21.3.3 调查准备
21.3.4 问卷设计
21.3.5 问卷调查的实施
21.3.6 数据资料的整理
21.3.7 撰写调查报告

思考与练习

1. 文献有哪些种类？
2. 什么是文献研究？文献研究包括哪些步骤？
3. 什么是内容分析法？元分析法有哪些优点？
4. 访谈法与其他研究方法相比，有哪些优点？
5. 访谈前，有哪些问题需要与受访者协商？
6. 对受访者的回答，访谈员有哪几种回应方式？

7. 问卷调查的基本步骤包括哪些？

8. 什么是书面问卷调查？书面问卷调查具体包括哪些方式？它们的优缺点是什么？

9. 设计问卷内容时，需要注意哪些因素？

参考文献

[1] 梅子惠，罗丽琼，曹承锋 . 企业管理案例分析教程［M］.3 版 . 北京：高等教育出版社，2021.

[2] 潘善琳，崔丽丽 .SPS 案例研究方法：流程、建模与范例［M］. 北京：北京大学出版社，2016.

[3] 埃利特 . 案例学习指南［M］. 刘刚，殷建瓴，钱成，译 .2 版 . 北京：中国人民大学出版社，2020.

[4] 泰特 . 案例研究：方法与应用［M］. 徐世勇，杨付，李超平，译 . 北京：中国人民大学出版社，2019.

[5] 欣德勒 . 管理研究方法［M］. 李原，于坤，孙健敏，译 .13 版 . 北京：中国人民大学出版社，2021.

[6] 李超平 . 管理研究量表手册［M］.2 版 . 北京：中国人民大学出版社，2020.

[7] 王永贵 . 管理研究方法：理论、前沿与操作［M］. 北京：中国人民大学出版社，2023.

[8] 于晓宇，赵红丹，范丽先 . 管理研究设计与方法［M］.2 版 . 北京：机械工业出版社，2023.

[9] 李平，杨政银，曹仰锋 . 案例研究方法：理论与范例［M］.2 版 . 北京：北京大学出版社，2019.

[10] 李 . 组织与管理研究的定性方法［M］. 吕力，译 . 北京：北京大学出版社，2014.

[11] 慕凤丽，金汉弛 . 案例教学在中国：机遇与挑战［M］. 北京：北京大学出版社，2015.

[12] 威廉斯 . 管理创新案例集［M］. 戚依南，译 . 北京：北京大学出版社，2014.

[13] 陈国海 .MBA 学位论文写作［M］. 北京：清华大学出版社，2018.

[14] 丁斌 . 专业学位硕士论文写作指南［M］.3 版 . 北京：机械工业出版社，2019.

[15] 赖一飞，吴思 .MBA 研究方法与论文写作［M］. 北京：清华大学出版社，2019.

[16] 李怀祖，田鹤亭，苗迺玲 .MBA 学位论文研究及写作指导：MPA、MEM、MPAu 等专业硕士均适用［M］. 重庆：重庆大学出版社，2018.